U0330062

国家出版基金项目
NATIONAL PUBLICATION FOUNDATION

雅斯贝尔斯著作集

尼 采

——其哲学沉思理解导论

鲁 路 译

华东师范大学出版社
·上海·

图书在版编目（CIP）数据

尼采：其哲学沉思理解导论／（德）卡尔·雅斯贝
尔斯著；鲁路译.—上海：华东师范大学出版社，
2021
（雅斯贝尔斯著作集）
ISBN 978-7-5760-1756-4

Ⅰ.①尼… Ⅱ.①卡… ②鲁… Ⅲ.①尼采（
Nietzsche，Friedrich Wilhelm 1884-1900）-哲学思想-
研究 Ⅳ.①B516.47

中国版本图书馆 CIP 数据核字(2021)第 200824 号

雅斯贝尔斯著作集

尼采
——其哲学沉思理解导论

著　　者　（德）卡尔·雅斯贝尔斯
特约策划　李雪涛
译　　者　鲁　路
策划编辑　王　焰
责任编辑　朱华华
责任校对　王丽平
装帧设计　高　山
出版发行　华东师范大学出版社
社　　址　上海市中山北路 3663 号　邮编 200062
网　　址　www.ecnupress.com.cn
电　　话　021-60821666　行政传真 021-62572105
客服电话　021-62865537　门市(邮购)电话 021-62869887
地　　址　上海市中山北路 3663 号华东师范大学校内先锋路口
网　　店　http://hdsdcbs.tmall.com/
印　刷　者　上海中华商务联合印刷有限公司
开　　本　890×1240　32 开
印　　张　18.625
插　　页　2
字　　数　480 千字
版　　次　2021 年 12 月第 1 版
印　　次　2023 年 3 月第 2 次
书　　号　ISBN 978-7-5760-1756-4
定　　价　98.80 元

出　版　人　王　焰

（如发现本版图书有印订质量问题,请寄回本社客服中心调换或电话 021-62865537 联系）

谨以此书纪念我的母亲

汉译凡例

一、结构

本著作集每一本译著的结构是一致的：除了原书的翻译部分之外，书后附有"解说"、"索引"、"译后记"。"解说"主要对本书的主题、时代背景等进行说明；"译后记"主要对翻译的情况与问题进行交代。已出版的德文单行本大都没有索引，中文索引主要依据日译本、英译本编纂而成。正在陆续出版的德文全集版只有"人名索引"，中文版除"人名索引"外，增加了"事项索引"。

二、标题

雅斯贝尔斯德文原著的标题、标号较之一般著作颇为特殊，但从目录上基本可以体现他对某一研究的整体设计和他自己哲学思想的结构。在编辑过程中，采用以德文原版为准，同时参考日译本的处理方式。

三、注释

雅斯贝尔斯著作的德文原著，大部分使用的是尾注，也有部分著作用页下注。本书正文注释，不论是原注，还是译注，统一都以尾注的方式出现，均连续编号。

四、专用名词、术语、人名

重要的专用名词和术语以及人名的翻译，可在"事项"、"人名"索引中查到。

目　录

第三部
尼采在其生存整体性中的思维方式

第一版序言

有些人觉得，尼采的书读起来轻而易举。只要一打开他的书，就可以径直读懂他。他的书几乎每一页都扣人心弦，他的论断引人入胜，他的语言令人如痴如醉。草草浏览一下，就让人获益匪浅。可要是有人拘泥于这样一些印象来大读特读他的书的话，就会立刻产生迷茫。那种对尼采直截了当、引人入胜的特点所抱有的好感会转变成为一种反感，即他的书看上去内容繁杂、毫无联系，总是前言不搭后语，实在让人受不了。这样，既不能真正理解他，也不能碰到真正的难题。

我们要从单纯浏览尼采的书走向研究尼采，将研究尼采理解为吸收尼采、掌握尼采在我们这个时代的全部思想感受，即人类自身走向临界处与起源处的命运。

任何一位一流的哲学家都需要得以恰如其分的研究。只有在这种研究中才会产生内在的行动，而这种内在的行动才是真正的理解的精髓。为一位哲学家著书立说，意义在于激发这种内在的行动。这些著述应当使读者——不同于走马观花式的浏览，不同于一知半解式的断章取义，不同于消极地沉湎于动听的文字——做到真正地有所理解。应当尽可能清晰地揭示这位哲学家所做的工作，而且在体会其思想时，体会到其思想的本末源流。

卡尔·雅斯贝尔斯

1935 年 12 月于海德堡

第二版与第三版序言

这一版是跟第一版没有什么变化的重印本。

本书试图整理尼采哲学的内容,抵制迄今接受尼采思想的各代人均带有的重重误解,抵制这位濒临疯狂的人在自己做的摘录中给人留下的种种歧义。应当消除假相,显现这位或许是迄今最后一位伟大哲学家的先知式热忱。

我这本书意在做出一种诠释,其实际意义与此书束笔时的那段时光无关。但是,在1934年至1935年的那一段时光中,这本书同样意在针对那些纳粹分子——纳粹分子曾将尼采解释为自己的哲学家——唤醒尼采的思想世界。这本书取材于几次讲座,在做这几次讲座时,一些听众听懂了我援引尼采的话:"我们是流亡者。"在这本书中,我删去了这条引文,也删去了尼采偏爱的那些关于犹太人的语句。所有这些引文,此时我都没有补上,因为它们对于此书的意旨来说是无关宏旨的。本书应当在资料方面同样保持原样。

原定有一章收集多条引文,以证实尼采那些自然主义式的和过激的措辞均流露出他的疯狂,其带来的结果和一番毁人的描述相等。出于对尼采的尊敬,我将它删去了。谁像本书意在传授的那样理解了尼采,这些旁枝末节便从谁的面前消失得无影无踪了。谁要是在意这些段落,抓住它们不放,或者甚至拘泥于这些段落,被它们牵着走,谁就还不够成熟,无权阅读尼采的著作。这是因为,尼采的生命与思想的内容是如此之宏大,以至于谁要想分享它,就会远离尼采一度落入其中的那些迷误。这些迷误甚至会在词句上为纳粹分子的野蛮行径提供素材。

由于尼采事实上不可能成为民族社会主义哲学家,所以民族社会主义后来便对他保持缄默,不予理睬了。

我这本书是一气呵成地写就的。关于它的各种意旨,固然可做些扩充和增益,但这样似乎就带来一个危险,即这一已然部头很大的著作也许会失去其体裁形式。新写一部补卷或从头到尾重新起草写出一部完整的书,或许比改写这部旧书要好。

卡尔·雅斯贝尔斯
1946 年 2 月于海德堡
1949 年 2 月于巴塞尔

导　论

对尼采著作的理解

阐释尼采的各种典型方法——如何阅读尼采的著作——阐释的基本原则——阐述以及我们划分的三个部分——阐述的方法

理解取决于理解者的本性

哲学真理——对理解者之本性的要求——传达真正的真理时的危险与迟疑态度——尼采不希望有信徒——尼采想传达些什么——尼采是否找到他心目中的读者了？

20 年间积累起来的一篇又一篇论文、大量的残简、信札与诗作——所有这些，有一部分是完整的文献，另一部分是规模庞大的遗著——就是尼采的思想借以向我们展现出来的形式。

尼采的思想既不像箴言大师的那样，是格言警句式的，尽管尼采曾一度有意向这些箴言大师靠拢，也不像那些有意为之的哲学体系那样，是系统严密的。

他反箴言大师之道而行之，因而他的思想是完整的。他在思想中表达出一种哲学生命，这种生命富有因使命感而迸发出来的活力。他对思想的孕育是创生性的力量。

他反体系大师之道而行之，因而没有成为某种逻辑性思维整体的构造者。他那些系统性的写作规划要么是用来整理自己总是有可能一再变化的写作活动的，要么是出自种种特定目的，而这些目的或者形成于零零散散的研究性认识，或者意在借此发挥自己哲学思想的影响。

尼采的著作看上去什么样，是可以借比喻来说明的：它就如同一座峭壁被炸开了一般。那些被炸得参差不齐的石块显示出，它们本是一个整体。但是，炸开峭壁，显然是为了修筑建筑物，而那建筑物却未修筑起来。对于一度尝试修筑这一建筑物的人来说，尼采的著作形同一片废墟，似乎并未掩盖尼采的精神。在这样的人看来，一些残岩断壁会拼合起来。只是有一点并非明明白白：许多段落都是一再重复的，只是稍加变化而已。另有一些段落则显示出独一无二的珍贵形态，就好像无论在何处，它们都适于作柱石用，或者可以用来托起一道拱顶。要发现这些段落，非着眼于建筑整体观念、细心做出比较不可。但是，同样有一点并非明确无疑：似乎有更多建筑方案要废除掉。有时人们要怀疑，是否有块石料形态不符，抑或它符合另一种建筑构思。

看来，我们的任务是：穿越这一片废墟去寻找建筑物，即使这一建筑物不会完整竣工，作为独一无二、明明白白之物呈现给任何人。要成功地寻找到这隐秘之物，我们就只能这样来做，即仿佛是我们自己要来从事建筑。而尼采要建筑时，则留下了一片废墟。关键在于，不要因这片废墟杂乱无章而精力分散，不要沉湎于近乎显而易见的个别思想闪光之处，不要凭偏好、依偶然念头捕捉只鳞片爪，而要就尼采论尼采地将他的思想当作一个整体来理解，认真对待他的每一个字，但不能孤立地、目光狭隘地看待每一个字。但是，如果把一个类似考古复制品的完整思想强加给尼采，也等于对尼采施以强暴。必须要体会到尼采有可能成系统之处,同时借此来体会其零乱之处。这样,我们便会感受到一种强烈的冲动,如此来向后人昭示尼采,即他并未为后人提供栖身之所,而是唤醒后人,走上这样一条道路,即分享由他奠定的人类升华之路。除了亲身分享之外,没有人能够洞悉尼采那种独一无二性。

这片巨大的废墟埋藏着尼采其人及其思想的晦涩艰深之谜,就好像一种陌生的力量炸开峭壁,同时试图将碎裂的岩石筑入一座建筑物,却没有成功的可能性,以至于岩石废料与建筑部件此时均搁在那里。或者说,就好像一座峭壁被炸开,变得支离破碎;就好像它的生命始终在努力趋向一个整体,因为在整体之中才既不会丧失又不会忘却自身的一丝一毫,只是它从未成其为一个整体,或变成一个整体。

要借助简便的办法让人理解起来更省事,就要了解他的代表作,了解各部著作孰轻孰重、分量如何。有人认为《悲剧的诞生》是尼采最优美的著作,另有人将重点放在从《人性的、太人性的》到《快乐的科学》这一系列光彩夺目、明澈清新、才华横溢、出类拔萃的格言警句式著述上,还有人视尼采晚期哲学为其精髓与巅峰。这里又有人认为,《查拉图斯特拉如是说》尽善尽美,另有人觉得,遗著中讲述的强力意志哲学才尽善尽美。有人偏爱尼采本人出版的作品,另有人反而视遗著为基础性著作,因而从这一基础出发来看,他生前出版的著作不过是无法得以充分理喻的个别赘生物。与此相应的是,有人对未经尼采考证核查便径直发表的遗著札记抱不信任态度,因为这些遗著札记并非已成定局之语,如那些信件草稿就在对待尼采身边人物的整体态度上极其自相矛盾;而另有人宁可对尼采生前出版的著作中那些意义被夸大、文字上经过渲染的措辞抱怀疑态度。

所有的人都针锋相对,没有人言之成理。这些评价中流露出来的任何一种狭隘眼光都令尼采明显地变得简单明了。但只有将所有这些评价汇总起来,以便最终通过人们自身的思想,透过五光十色的反映,真正领会他这个人原初的哲学思想运动时,尼采之为尼采,才是可以理喻的。

同样,任何一种表达形式均不具有为尼采所偏爱的特征。他的思想实质无法套入某种无所不包的形式,就好像这一形式更为优越,可以容纳其他一切形式似的。他的诸篇论文是作为一个整体构思成形,在娓娓叙述中演示出来,脉络清晰地取得演进的。这些论文的体裁在《不合时宜的考察》最后一篇中被弃之不用,但在《道德的谱系》与《敌基督》中又重新出现了。那些格言警句充斥于他中期的著述中,最终也没有被放弃,并且早已潜伏于早期著述的背后了。正如在遗著中清晰可见的那样,他那残简式论述滔滔汩汩、浩瀚无尽,一再迸发出新颖思想,是那一时期所有著述的基础。至于论战式形式,则充斥于前两篇《不合时宜的考察》与晚期著述之中。而预言性的、烘托某种理想的形式则充斥于第三、第四篇《不合时宜的考察》与《查拉图斯特拉如是说》之中。一方面,尼采的著作从来就没有一个真正的中心,没有什么代表作。另一方面,凡他作实质性思考的,也恰恰表现在那些看起来是即兴之作与随意之作的作品中。

对尼采著作的理解

阐释尼采的各种典型方法——

迄今的文献所援引的对尼采的阐释,大多犯有一个根本性错误:它们仿佛理所当然就很了解尼采的生平及其为人,因而给尼采贴上标签,据此概括出一个完整的尼采。这样做首先缺乏对这位诗人与作家的欣赏态度,因为它所付出的代价是,不能把尼采当作哲学家来认真对待。这样做的欠缺之处还在于,像对待以往的哲学家一样来对待他,并用以往的哲学家作尺度来衡量他。与此相反,真正的阐释是深入研究,而不是贴标签;真正的阐释不知何为最终结论,而是在始终有所触动、质询、回应中前进。这样,真正的阐释就开启了一个吸收的过程,并确定了这一过程的前提及界限。错误的阐释是在冷眼旁观,将被阐释者当作陌生者,虚幻地享受大致的印象,而真正的阐释却是自我有可能有所触动的媒介。

在各种歧义性阐释中,常常出现下述因画地为牢而自以为是、因自身绝对化而虚妄不实的做法:

第一,尼采的个别学说被孤立化、系统化,并被当作他原本的成就。像在《强力意志》中便可看到对体系予以综合这一主导思想,由此就不可避免要排斥尼采的神秘精神飞跃与永恒轮回学说。人们要么看到尼采对生命的构想,看到他对摧毁生命且自我掩饰的强力意志所做的揭示,看到这种构想与揭示所昭示的真相(随后惊讶于尼采将这强力意志当作生命本身,因为这样一来就摧毁了尼采自己对生命的构想);要么看到尼采那广博的、披露性的心理学昭示的真相,摒弃他所有的实证性思想苗头。这些方法中的任何一种虽然揭示出尼采思想中的某种联系,却没有揭示出他的思想本身与完整的思想。

第二,尼采其人被塑造成一个形象,进而被随意当作一个与可加以感性直观的命运具有内在关联的完整体现。有的人看到其人格主体的魅力,即一个天才心灵陷于孤独的命运。有的人在他身上看到一种客观的命运,即一个真实的人处于两个时代的转折期,注定会是什么样子。此时,一切现存之物均已空洞腐朽,而即将来临之物尚未实现出来。尼采代表欧洲危机,欧洲危机在他身上浓缩为一个人物形象。由于时代处境的缘故,这一人物形象注定变得支离破碎,同时又预示出这一时代的状况及其走向。有的人过于关注尼采的心理,有的人又过于无所不知,仿佛上帝一般洞观人类历史,并洞察到尼采置身之处。这两类人自以为在阐释尼采时深受触动,却因为虚假做作的预设反而未真正感受到尼采的触动。因此,他们没有感受到尼采本来有可能给予的推动。

第三,尼采的全部实际情况都是借神秘的象征手法得以阐明的,这些象征赋予他以历史性根基这一永恒意义与深度。例如,用犹大来象征尼采那一贯的辩证否定性,用驰骋于死神与魔鬼之间的骑士来象征他那毫不浮夸的无畏精神等(参见贝尔特拉姆语),是颇具说服力的。但是,一俟这些象征超出优美、巧妙的手法之外,就变得不真实了:它们把尼采简单化了,取消了他的思想变动;把尼采僵化了,将某种众所周知、无所不包的必然性强加于他,而不是追踪他的实际情况。而可以看出的是,尼采本人是如何将这些象征手法当作一种阐明手段来运用,且只是将其当作多种手段中的一种来运用的。

第四,尼采的思想与态度得到了心理学上的解释。至于揭示他是如何成为这样的,则事关价值与真理的判断。这一方法似乎来自尼采本人,因为尼采强调生活与认识相统一,懂得要将哲学体系理解为体系创立者的个人活动。但是,他解释道:"我常常给自己的批评者留下一个坏蛋的印象。不是说别人说了什么,而是说这是我说的,以及我是如何变成坏蛋的,这似乎才是他们唯一的兴趣所在……他们评论我,以便同我的作品摆脱干系。他们解释我的作品是如何产生的,似乎这样就足以将我的作品——束之高阁。"(第 14 卷第 360 页[1])[2]这不是尼采的矛盾之处,而是他在驳斥人们将澄明生存地、出自爱心地审视所思之物的实质同无视问题、随意做心理理解彼此混淆的做法。这是因为,心理学本身尚不能澄明生存。像从这位患病教授的病态心理出发(据说他这位敏感而神经质的人颂扬野兽),或从争夺权力与地位的斗争出发(这大概是他反德国人、反俾斯麦立场的由来,是他靠轰动效应来满足影响欲、喋喋不休地与人争辩的由来),这样来理解尼采的思想,是无法接触他的实质的。这种理解方法与其说是在真正地理解,不如说是在贬低。它所把握的,无论如何都是无关紧要的,要么是虚妄不实的,要么不具有澄清尼采自身实质的力量，即使它可让人领会尼采的一点儿东西。

问题在于，可否有一种对尼采的阐释——它只是否定性地利用上述四种做法，从而塑造出真正的尼采——有可能充当吸收尼采的手段。它要针对某种理论体系、针对某种人物形象、针对某种神秘的象征手法，并针对做心理学理解的审视方法而放开眼界，从而接触尼采的实质，分享这种实质，并自己成为这种实质。不是仅仅处理尼采在思想中、著述中、生平中表露出来的什么，不是把他仅仅当作他人来了解，人们才会自己涉入原初的尼采的思想活动。

寻找到真正吸收尼采的入手处，当真困难。对这样的人而言，尼采就在各种思想起源与思想界限纷纷表露出来的根基处。在这里，思想与形象、辩证体系与诗作都是表达方式。尼采似乎是这样一个人，他由于有全身心的勇气，能够将自己对一切的把握及对自身的理解真实而实质性地表露出来。

如何阅读尼采的著作——

大多数哲学家都担心，人们阅读关于他们的书，而不是阅读他们自己写的书。而在尼采这里，由于他看起来过于通俗易懂，危险反倒在于把他自己的书读糟了。

如若有的人建议说，应当在此处或彼处入手翻阅尼采的书，以便受到启发，有所收获，享受欢乐，那么他就错失了接近尼采的道路："最糟糕的读者莫过于像进行掠夺的士兵一样行事的人。他们拿走一些自己有可能用得着的东西，将剩下的东西搞得肮脏不堪，乱七八糟。这样就亵渎了完整的东西。"（第3卷第75页）"我嫌恶读书懒汉"（第6卷第56页）。

如若相反有的人以为，应当一口气阅读许多，阅读所有的，以便掌握整体,那么他就又错了。尼采是"从容的读者的教师。不写过多的东西,以便不把所有'匆匆忙忙'的各色人等都逼得绝望了……才符合我的胃口"。尼采称赞语文学说:"它教人很好地阅读,即慢慢地、深入地、瞻前顾后地、带着自己的想法、敞开心怀、手指轻轻翻过纸页、目光和缓地阅读。"(第4卷第9至10页)

但是,读者不应满足于这样"做针线活儿和把玩文字",而应当透过字里行间、透过论断主张深入思想的原初状态,以便分享真正的推动力。尼采有一次给威尼斯的加斯特写信道:"如果您拿到一本《曙光》,请您再向我显示一次诚意:哪一天拿上这本书到海滩去,把它完整地读下来,并试着从中得出完整的东西来——一种充满激情的状态。"(1881年6月23日致加斯特的信)

将这类每一句均似非而是的表述概括起来,阅读的重重困难才会显露出来。无论何时,只有接触到尼采思想的起源处,研究尼采才有可能富有意义。尼采所要求的那种"充满激情的状态"不是目标,而是思想源泉。这才有了读者应做之事。对此我们可以举出一些方法:

阐释的基本原则——

如若一位作者的思想具有绝对的重要性,那么读者依照自己的见解有所选取、有所舍弃,就是不许可的。应当说每一句话都值得严肃对待。尽管如此,并非所有表述都具有同等价值。它们的重要性彼此不同,但孰前孰后,不可依照一个事先拟好的尺度来确定,而是由从未得以企及的这一思想总体性决定的。

阐释依靠的是关键性文句之间的关系,它们造就了一个具有多重取向的核心。在阐释过程中,这一核心要么得到确证,要么发生变迁,但始终根据随之而来的问题,将阅读引导向明确的、实质性的理解。较之于任何一位哲学家来说,这一点对于尼采来说更为有效。这首先是因为，他的著作形式零散，其次是因为，他的任何一种思想都呈现出一种间接性，即它游移在表面上的绝对肯定性与绝对否定性之间。

为了正确理解尼采，就需要针对阅读他的作品时看起来会径直误入歧途之处，反其道而行之：不要将明确的论断当作不可动摇的最终真理接受下来。这样做并不能接近他，而要长长舒一口气，借机进一步提出问题，倾听不同的观点，以及相反的观点，在各种理解的可能性之间保持一种张力。那种要将这些论断当作最终确定不移地来把握的求真意志并不能够富有意义地吸收尼采，只有深入浅出并由表及里、惯于疑窦丛生、接受一切并期待一切的求真意志才可做到这一点。

要在阐释中研究尼采，就需要将同属一类的林林总总的所有表述汇总起来。要寻找出那些相互诠释、前后印证、彼此限定、内容连贯之处，不是靠收集仅凭使用同样词汇就被算作相互联系之处——尽管这样做可以在一定程度上使得按图索骥的方法轻松易行——，而关键要靠在阅读时凭借良好记忆建立起实事求是的相互联系。

这番有步骤的概括活动充分表明：

第一，任何表述看起来都可为其他表述所扬弃。自我矛盾是尼采思想的基本特征。针对有关尼采的某一判断，几乎总能找到同样相反的判断。表面看来，他对一切均怀有两种看法。因此，人们可随心所欲地从尼采那里找出自己想要的任何引文。有时，大多数持一己之见的人可以引证尼采，说他是无神论者或信徒、保守的人或激进的人、社会主义者或个人主义者、讲究方式方法的科学家或空想家、热衷政治的人或冷淡政治的人、自由思想家或狂热的人。由此，有的人得出结论说，尼采混乱不堪，对什么都不严肃，只有随心所欲的一时之念。我们根本不值得认真看待这些无边无际的话语。

但是，或许问题就在于这些绝非随心所欲的矛盾之处。这些为读者所熟悉的、关乎理智的、自相矛盾的不同说法本身就有可能在误导人们,将事情简单化了。如果要保持理智在事情当中的首要位置,那么当理智的思想者在仅仅自己才熟悉的首要位置中探寻事情原委,却又受到求真冲动的驱使时,也许恰恰是这种自相矛盾的形式才透露出事情的原委来。如此这般形成的矛盾似乎就是由事情本身而来的、必然的。它不是伪劣思想的标志,而是思想具有真理性的标志。

无论如何,阐释的任务在于搜寻各种形态的矛盾,找不到矛盾便永不满足,然后或许就是去体会这些矛盾的必然性。不是偶尔去触及矛盾,而是要探寻矛盾的由来。

第二,尼采的重复之处俯拾皆是。由于尼采无论何时写下的所有东西都要付印,以便让人了解他的思想,一再重复就是不言而喻。我们在这些重复之处找出多端变化来,由于这些多端变化,尼采的基本思想才褪去他在个别语句中流露出的平淡无奇、僵化凝固。尤其要显示出来的是,都有哪些情况使得针对一个主题有可能出现上百条引文,又有哪些情况截然相反,或许仅在一处就取得了其在思想上的重要性。

第三,那种对尼采思想矛盾之处的不满之情与对于他初看上去似乎随心所欲之处的不耐烦情绪推动着人们,在汇集他的思想时,深入真正的辩证法,这种辩证法才解释得清尼采的意思。人们会体会到,他是如何无意统辖存在与可思之物的一切可能性,就走上了这一条必由之路的。能在不同的文论中找到几分实际性思想联系,就能做出几分辩证性阐释。但是,辩证性阐释不能单单靠某种逻辑性见解就可获得,而只能靠扩展可能性生存的澄明性空间才可获得。谁没有耐心寻求尼采思想在逻辑上与内容上的多方联系,体会他内心演绎出的丰富可能性,谁就无法富有意义地阅读尼采。

第四,尼采的整体思想并未形成,它是作为愈发尖锐的追问,即对这一整体思想的实质性核心愈发尖锐的问题,推进在各个思想阶段中的。这不是一个概念、一个世界图式、一个体系,而是探寻存在的激情。

它升华为本源性真实之物,对一味克制进行了无情的批判。他那些彼此内在联系的语句奠定了一种基础,在此基础上,其他的一切才可真正得以理解。这些语句一经显示出来,单纯学说在体系上的完整性——这只不过是无所不包的完整性的一个功用——与生存性统摄本身——它并非基本学说,而是基本的推动力——之间的本质性区别便可确定下来。这两者都要靠恰当地汇总尼采的各个语句来得以澄明,以至于丰富的特殊之物围绕着本质之物各就其位。这项探寻整体的研究无穷无尽,但只有从整体出发来把握概念和对象,才可成功。

只有以这类着眼于整体的阐释为基础,才可从尼采本人那里得出标准。由此来看,他的各个语句才具有不同程度的重要性;其特点或具有实质性,或只是些旁枝末节;其表述或恰当中肯,或差强人意。尼采没有随时随地都同样明确地意识到自己的实质性思想,这是在所难免的。但是,人们可以取得这样一些立场,从这些立场出发,借助于尼采自己特有的批评,来跟踪尼采的思想活动。可以自觉地走上的道路有两条:

首先,可以不考虑尼采思想形成的先后时间顺序,将他的思想汇总为一个具有必然性思想联系的现成整体。其次,这些思想联系是在几十年间发展起来的,可以视为带有时间形态的生命整体。在第一种情况下,非时间性体系整体观念是追寻他任何思想的非时间性所在,是追寻他的思想体系本身的线索。在第二种情况下,他生活、认识及患病的发展变化是追问他的任何所思在这一过程整体中的时间所在的线索。首先,人们认识到尼采思想的变化、矛盾、发展的可能性这些实际联系有多少,尼采的每一思想就可得以理解多少。其次,只有借助于尼采得以被认识的各个时间点,他才可被彻底理解。在阅读尼采时,人们必须始终清楚,自己阅读的东西是在何时写就的。

这两条道路似乎是彼此排斥。一条要求洞察体系整体,从而将一切相互联系起来,把握每一思想的非时间性所在。另一条要求将这一思想整体视为一个传记性时间序列,从其时间性所在出发来理解他生命之路上的一切。这两条要求彼此矛盾。

实际上,尼采有一些基本思想在任何时候都是彼此相似的,即使有一些非同寻常的变化,它们也早自尼采青年时代起就已形成,并支配他的思想了——这是大部分思想的情况,令人惊讶的倒是,何以这些思想竟贯了他的一生。另有一些思想,是在他思想发展历程上经历一次飞跃,才面目一新地出现的。还有一些思想仅出现于一个时期之内,随后显然被淡忘了。但这是罕见的极端情况。所有这些思想都要纳入一个既是体系性的、又是生平性的宏大过程。它们同属一个人的现实情况,这个人不得不用时间形态呈现自己最为深刻与真实的思想体系。时间形态可以是自然而然的、符合思想事实本身的,也可以由于并非实事求是的因因果果而在生平上含含混混,或一塌糊涂,因为这些因因果果扭曲了这个人的经验性实际。在尼采身上,这两种情况都表现得令人惊讶。

研究尼采的思想同研究大多数大哲学家不一样,首先,它要求我们设身处地地研究尼采的生平实际。我们要了解他的种种经历、他在各种境况中的态度,以便看出那密不可分地同属尼采生活与思想的哲学内容。这种关联可在他著作中的特定思想与象征手法中得以追踪,直至细枝末节之处。我们了解他的生平,为的是发现与认识他的思想活动。在这种思想活动中,他每一部著作都有迹可循。

相反,如果听凭他的生平实际与思想世界彼此无关地各行其道,那么我们研究尼采的生平,便失去了其意义。在这两者彼此分离的情况下,一方面,人们收集过于富有人情味儿的事实,品味一篇生命史诗,就满足了好奇心;另一方面,他的思想脱离了他这个人,就被打上了永恒真理的印记,甚至被打上愚蠢想法的烙印。

其次，尼采的思想要求人们深入研究它那些系统性联系。但是，与庞大的哲学体系相反，可以设想出来的尼采的体系似乎只是他博大思想整体的一个侧面，或一种功用，而这思想整体则再也无法被展现为体系。更确切地说，人们在阐释它时，要考察表述思想的各种措辞，将零零散散的措辞汇总起来，并考察各种矛盾之处，以便琢磨透各种可能的意思，就如同这样做仍可企及某一整体一般。最终，虽然一切密切相关，但这团思路的乱麻会重新随着时间散布开来，无法形成一个体系。

如果始终不能自圆其说地陈述尼采的思想，那么他依照时间的思想发展与思想体系这一整体的统一性，即生活与思想的统一性，就仅仅是尼采研究的一个观念。至于人们会在何许程度上做到明确地、有根有据地从客观方面把握这一整体，则是不可预见的。在研究尼采时，无可回避的是，既要毫无保留地致力于他经验性生活实际的事实，又要着眼于尼采思想得以致思的时间，来长久地研究他的思想。恰恰是由于这两条道路中的任何一条都不可恰当地单独走下来，尼采研究才总是麻烦不断。同样由于这两条道路并非彼此毫不矛盾地和谐一致，尼采研究才不可遏制地出现驱动人的躁动不安。

阐述以及我们划分的三个部分——

阐述不同于单纯的判断，它要展示出事情本身。阐述不同于陈述，它要突出事情的本质特征。做阐述时，人要在被阐述之物面前隐去自己的思想，不能利用对象作诱发自身哲学思辨的契机。阐述性思维是不断投身另一个人思想的努力，人做思考，仅仅是为了通过自己的思考来揭示他人所思考的。

并非所有的思想成就都值得阐述，只有创造性的、在创造中永生的思想成就才值得阐述。它们那无限的思想根基要通过后人的吸收一再得到重新的、当下的表述。就创造性思想成就而言，人们始终在尝试着,通过阐述一再取得原汁原味的理解。对于有限的、特定的,因而纯属业已完成了的思想成就而言,合适的是给它的结论写一篇评论,而不是做阐述。

阐述尼采,不可以怀着这样一种目的,即我们最终要对他有所了解。他的思想不是现存之物,既不可被当作他的实质的封闭形态,也不可被当作哲学体系,而始终只能通过他的思想的每一种联系与对他这个人的每一个侧面来加以把握。如果在总体上将他固定了,则必定无法理解他。正如尼采只是在思想变动中间接传达自己的思想一样,要接近他,也不能靠观察思想形态与体系,而只有靠我们自身的思想运动才可做到。这是因为,把握他的思想与生平事迹,并不会告诉我们他是怎么一回事。只有靠每一个人亲身研究与质询,才能通过尼采发掘出尼采对每一个人而言是怎么一回事。

因此,阐述尼采——将此行动落实在文字中——并不能替他人做这项工作。它只是为每一个人自己要对尼采有所作为做出了一番准备。但是,阐述尼采,意义在于创造前提条件,使得人们无论是分享尼采的思想,还是抵制他的思想,对尼采的吸收或许都会较之以往更为明确。这样,虽然尼采这个人物像恶魔一般焕发出的不可解除的魔力未被去除,但涤除这一魔力、深入他那生命深处的原动力,则成为人们的目标。进而言之,即使那原本源出于尼采——哪怕是经过他人修改尼采思想而流露出——的诡辩术不可轻易消除,但破除这一诡辩术,则成为人们的明确任务。

任何阐述之路都无法直接通向尼采思想的核心。想当然地指出某一思想核心,有可能错失他给我们造成阵阵不安、却又带来累累硕果的重要思想。因此,我们要先后走上多条道路。要终结认识尼采之路彼此分道扬镳这一情况,靠的不是某种综合,而是对洞悉思想深处的目光的澄明。这种思想深处是尼采有意无意地流露出的形象所间接启示出来的。

条条阐述之路具有同样的目标：清晰地了解他的特点，从而为全面吸收尼采做出准备。条条阐述之路具有同样的起因：体会他那一再表现得变化多端、因而无以掌握的思想根基。起因与目标是无法直接传达的，但只有借助于起因与目标，每一条道路及其针对特定对象的明确性才有意义。尼采的思想是取之不竭的，其作为整体并非一个似乎有待解开的问题。这是因为，尼采的思想还要由此展现出来，即在后人对他有所吸收时，尼采才成其为尼采。

我们选择三个主要部分用于阐述：第一，是将尼采生平当作尼采之事始终不可或缺的基础；第二，是将他的基本思想视为他的思想丰富多彩的特定内容中蕴含的原初动力的体现；第三，是我们要在他的生存中寻觅他思想方式的整体。在每一主要部分中，只要对一些事实情况的认识是我们理解尼采所必需的，这些事实情况就成为基础。但是，在每一主要部分中起主导作用的，始终是由特定使命而来的某种看法。

对尼采生平的阐述可以揭示出他极端的偏激性。我们不能迷失在这些事实情况当中（谁一度真正被尼采所打动，谁就知道自己对这些事实情况的求知欲有限），而要将构成他这个例外人物的经验性前提感受为他始终在自我牺牲并被牺牲的生命的实际（既不掩饰，也不拔高经验性实际）。

阐述基本思想，要依照起到实际作用的每一基本思想动机的顺序，揭示出没有哪一思想是固定的，毋宁说每一思想都会再度成为问题。要考察尼采所发现存在的各种形式，直至这些形式落空了为止。我们要做的是，在极端的正反两方面事物中都永不止步。

正如尼采的自我理解与我们对他的理解所显示的那样，整体性阐释要澄清他的生命与思想所具有的生存性意义。我们要做的是，在吸收尼采思想时保持开放态度。这就不仅要避免任何一种将其实质固定为个别思想的做法,而且要领会这里所需要的至高要求。尼采显然是无法最终理喻的例外人物,他不是让人效仿的榜样,他对我们这些绝非例外人物的其他人所起到的振聋发聩作用,是根本无法被取代的。最后的问题是,一个并不代表所有人的人物,何以能够取得举足轻重的意义,就如同他表述了人性本身一般。

阐述的方法——

阐述尼采思想的关键在于,要突出尼采真正的基本哲学思想。虽然尼采本人未在方法论与体系性上有所发挥,但阐述却形同可以给他的思想勾画一个轮廓。尽管尼采没有哪一个别思想、哪一个别概念可以为此起到实质作用,但从他那常常是音乐般的、也常常是造型般的大量语言中,可以发掘出一个潜伏于其中的基本思想结构。我们无需重复这些语言及其演示出来的直观性——这似乎是无意义的,因为我们可以阅读尼采本人的东西——,而应当随即揭示出其基本轮廓,以便在自己阅读尼采著作时,能够借助这种认识,更好地把握所读之物的相互联系及其局限,并借助真正的,即创造性的批判活动,形成自己的思想萌芽。

关键还在于,要始终依据文献资料来做阐述。虽然说看上去我们以己度人、有所损益地阐述尼采的思想,更为舒服省事,但这样做恰恰错失了激发我们追求真理的那种对立观点,而这种观点存在于尼采思想不相协调之处。将他的思想汇总起来,使得它们相互补充、彼此对立、共同运动,越是严格地证明每一步骤,则对于理解尼采来说越有效果(即使在这里,我们的做法无可避免是在极其有限的范围内仅仅局限于各种实质性思想)。

因此,有理由大量摘引几乎全部的尼采的文献。但关键在于,这些引文有何新颖之处,而不仅仅是一本由优美段落组成的文选,不仅仅搭建起风趣的偶然性联系,或将各种思想倾向随意孤立起来,甚至不过是耸人听闻的语句摘录而已。有些思想，要在它们实质上从属的联系中得以阐述，尽管尼采没有对此明文强调。这是因为，尽管在每一页纸上，这位作者的光辉都映入读者眼帘，但哲学思辨本身所迸发出的光芒却大多隐而不显。随意摘引尼采，或选取尼采恰恰符合某一意图的构思，只会令人眼花缭乱而已，它在哲学上则诱人误入歧途。而将各个段落予以澄清地汇总起来，才是着眼于整体的阐释工作的成果。其目的在于，突出一些特定的基本思想，以便对它们的认识令人们阅读尼采时——阅读尼采，始终是首要之事——能够看得清晰透彻，尤其是能够同尼采一道做研究，并致力于尼采研究。必须终止依照个人偏好做筛选的做法，因为对整体的认识迫使我们，将这一整体阐述得尽可能令人可触可感。

理想的摘引仿佛金饰技术一样，真正把握这各种哲学思想的宝石，随后如此处理它们，使得它们不仅一块块地各自有益，而且相互增益，以至于它们合为一体，较之零零散散或随意堆积在一起更有效益。这些宝石换一种组合方式，还会焕发出新的光芒[3]——它们不会一下子焕发出全部光芒的。关键在于，任何一道明澈的光芒都来自人们——不加歪曲地——明确了尼采所说、所指的实质内容。

经过汇总之后，各种思想便开始相互磨擦，这之后便产生了思想的自我批判。人们可以就尼采的个别表述之正确与否争论得无休无止。这样，他只是话题的缘起，而他本身未被认识。正如他思想整体的演进中会出现不相协调之处、局限之处与失误之处一样，究其根底已然由尼采本人做出的批评也是可能的，因为这种批评属于他不断自我克服与前进的真理之实质。

理解取决于理解者的本性

按照尼采的意图与他所讲述的真理的意旨，一个人是什么样的人，是通过他如何做理解表现出来的。因此,尼采寻找的,不是一般的读者,而是他的读者,属于他的读者。

哲学真理——

我是凭借某种原本不同于单纯科学性认识的方式获取哲学真理的。科学认识,任何具有正常理智的人都会理解,只需要训练和勤奋就可掌握。相反,在理解某种哲学真理时(以及在所有仅仅依靠哲学推动力而存在的学科当中),有可能形成一种自我生成,形成一种觉悟,会依据存在如何向我启示出来而形成我的开放性。

然而,如若真理并非在一个水平上对所有人而言是均等、同一的,如若个人的存在具备某一前提才可接近真正的真理,如若把握真理是一种自我生成,那么那一古老的问题——如何传达真理——便会威胁一切明确的可传达性,并最终威胁真理本身。这是因为,由于真理仅存在于对真理的传达之中,因而仅仅出现于语言之中,即无可避免是公共的,真理必定由于它面对的各种条件实质不同而至少落入这样一种境地,即它遭误解、受歪曲、被滥用,即使它本身不成问题。

在这一界限处,有两种基本观点:一是有真理的各个层次对应于人的各个生存层次这一学说(以毕达哥拉斯学派为典型),二是真理及其结论无可避免具有歧义性这一学说(尼采将这一学说推行到了极致)。

关于各个层次的学说促使人们有意维持秘密,并促成一种教育方案,以便人成熟得有可能理解真理:没有人获准了解什么是真的,直至他为理解真理做好准备,能够正确地把握对于处于前几个层次上的人来说尚属秘密的真理。但是,这似乎是一种非同寻常的规矩。它的前提是,教育者知道,如何确定生存层次,以及与此相应的真理层次。教育者必定像诸神一样,洞悉全部真理,并理解全部真理。再有一个前提似乎就是,精选读物的筛选并不关乎人的认识及现有能力,而是涉及一个人怎么样,他高贵与否,是否有潜力。而这又要求有一种超人的智慧,来甄别人的精神。最终的前提似乎就是真理的显现形式,这种形式掩盖了真理,使真理不至于成为粗暴的权威。就是说这种显现形式将真理恰当地隐藏起来,使它依然保持为真理。

这种情况,尼采一点儿也不认可。他采取另一种基本观点:没有人了解那些层次,没有人在绝对意义上享有天赋来做区分,除了即使最为显见的真理也可遭误解,因而是对真理的掩盖之外,再没有其他什么可以有效地掩盖真理本身了。真理的歧义性在于,真实之物抗拒自身为无权接受真理的人所接受。因此,尼采走向公众,在公开场合让每个人都能听到自己,以便触动那些可以真正为真理所触动的人,并揭露那些无权分享真理的人。后一种人听到自己误解了的真理时,其态度大概可以这样说:"一丝愠怒悄然袭来,吹落了他最为内心、最为可笑的一面。"(第14卷第359页)

对理解者之本性的要求——

因此,尼采一再对能理解他的人的本性提出要求。他认为,"在思想方式低下的人那里,传授真理是不可能的"(第14卷第60页)。谁同他的感触相反,谁就不理解他的心态,因而也不理解他的理由。为了理解,人们必须"成为这种激情的牺牲者"(第11卷第384页),在自己内心体验到"日辉、彩霞与曙光";"我只能回忆——再不会别的了"(第5卷第217页)。

尼采将人们对他的理解称为"人们必须去争取的一项荣誉"(第15卷第54页)。他想围着自己的思想竖起一道篱笆。"以免恶棍与疯子侵入我的花园"(第6卷第277页)。他看出,最糟糕的危险来自"仰慕者纠缠不休"(第14卷第230页),将纠缠不休的人与没有资格的人统统赶走,讥笑他们是"查拉图斯特拉的猴子"(第6卷第258页及以下几页)。初次遭到误解,引发他表示,"想到自己的权威性要为那些非法之徒与纯属不当之人所援引,不禁毛骨悚然"(1884 年 6 月致妹妹的信)。

结果是,并非所有的人都拥有同等权利来分享尼采的思想,尤其没有权利来评价尼采。毋宁说,只有同尼采势均力敌的人,才有这份权利。"报纸上满是大相径庭的思想方式,就好像做评价有什么了不起似的。似乎每个人都可做评价,就像处理自己的私事一般。这里的前提是:大家都是同一个档次的人"(第 14 卷第 58 页)。"做价值判断,就像穿衣服一般"(第 14 卷第 60 页),其解释在于,"人们相信,所有事情都随每个人判断"(第 14 卷第 60 页)。如今,由于"自以为是的时代精神的缘故……人们都不相信有精神上的特权,再也不相信最终认识是无法传达的"(第 14 卷第 419 页)。尼采全部思想的根据,就在于他意识到这种特权,在于他了解最终之物是无法传达的,在于他倾听那些属于他的他人的自我。

如果说真理的实质在于,它只可为相应档次的人所理解,那么每一个人都面临一个问题:我是什么人?我能做到理解吗?我有权利分享真理吗?这一问题没有答案,唯一的办法是:借助于研究尼采,取得那无法预计的思想飞跃。实现了这一飞跃,才会表明一切是怎么一回事,我是什么人,尽管我事先对此一无所知,或者说从未将其当作现成之物来掌握。

传达真正的真理时的危险与迟疑态度——

尼采看到,真理的生命无可避免地蕴含着危险:"有些书籍对于人心与健康具有相反的价值,这要看人那或低下或高尚的内心如何阅读它们。在前一种情况下,这是些危险的、具有破坏性和毁灭性的书籍;在另一种情况下,它们是英雄的呼声,鼓舞着最勇敢的人显示出自己的勇气。"(第 7 卷第 50 页)由于传达出来的真理必定是歧义性的,所以尼采要求:"我们至高无上的认识必定——也应该——像愚蠢之见一样,在某些情况下听起来像犯罪一样，如果它不适当地传递进那些与真理无缘或不配享有真理的人的耳朵里的话！"（第 7 卷第 49 页）因而当维特曼在伯尔尼学社中称尼采的著作具有危险性，将其比喻为炸药时，尼采听之任之。

这种危险是应当有的，谁也不该让任何人免遭这种危险，因为没有人事先知道，对谁而言，这些著作是毁灭性的，或对谁而言，这些著作是造就人的。关键不在于隐瞒真实之物，而在于那艰难之事：鼓起勇气，对自己真正了解的东西做实际性思考，并将它诉说出来。

真理的歧义性与欺诈无关，欺诈是在隐瞒，或有意维持自己感受到的歧义性。真理的歧义性则非蓄意为之，它之所以存在于传达真实之物之际，是因为接受真实之物的人们是如此之本性不同。勇于承担歧义性，却不希冀歧义性，则是接受真理的勇气。

想必迟疑是便于理解的：当沉思的人看出，思想中有可能爆发出毁灭性力量，当他意识到思想受歪曲、被滥用的情况，他就会有所保留。因此，尼采一度质询历史上的伟人，他们是否"拥有足够的深刻性，以便——不将自己所了解的写下来"（第 14 卷第 229 页）。他本人在青年时期写道："我们的思想与意愿的根源……不应当暴露于刺眼的光线之下"，因此，"在恰当的时刻对这类事情保持沉默，是一门高贵的艺术。言词是个危险的东西……有多少东西不许可表达出来啊！恰恰宗教与哲学的基本观点就属于这难以启齿之物"（1871 年 9 月 18 日致格尔斯多夫的信）。接下来，他一再体验到自己的迟疑。每当此时，他都要求自己，毫无畏惧地思考与表达真理。这是因为，同一切为了所谓人们的利益起见而有意为之的隐瞒做法相反，思想的力量仅存在于公开性之中，这同那种装作表述真理的毫无顾忌的无原则言论毫无共同之处。查拉图斯特拉讲道："稍许的隐瞒都会令他全部力量瘫痪，他感觉到自己迄今都在回避一种思想，……稍微有一些保留，有一丁点儿沉默，都

会妨碍人取得伟大的成就。"（第 14 卷第 293 页）

尼采不希望有信徒——

由于尼采的思想既不能被认可为权威思想，又不能被当作绝对有效的真理接受下来，所以做他的"门徒"，就同样是本末倒置的做法。这种真实思想的实质在于，只有当人出自自身地有所呼应时，它才可以传达出来。因此，尼采自始至终是个"预言家"，他有别于所有预言家，指示每一个人反省自身：

"仅仅忠实于你自己：这样你就是在追随我"（第 5 卷第 16 页）。"谁仅仅在走自己的路，谁也就将我的肖像举到了明亮之处"（第 5 卷第 20 页）。"这是我的道路——你们的道路在哪儿呢？我就这样来回答那些向我'问路'的人的。道路——是没有的！"（第 6 卷第 286 页）尼采渴望有独立的他人："我只想同这样的人交往，他们有自己的榜样，而不是把我当作榜样。这是因为，后一种做法让我替他们负责，把我当成了奴隶。"（第 11 卷第 391 页）

因此，尼采始终在抗拒："我想唤醒人们，对我抱极不信任的态度。"（第 14 卷第 361 页）"一位大师的人情味儿在于，警告他的学生们提防他"（第 4 卷第 304 页）。查拉图斯特拉离开了他的门徒："离开我，你们要反抗查拉图斯特拉！"（第 6 卷第 114 页）《看啊，这人》再版时，用一条附录强调了这番话："这里没有狂热的人在讲话，这里没有布道，这里不要求信仰。"（第 15 卷第 4 页）

就连尼采以"立法者"的面目出现，也不过是他的一种间接表达方式。它既意味着"我只是我自己的法则，我不是一切人的法则"（第 6 卷第 415 页），又意味着，那些原本倾听他的话的人应当抗拒着他来反省自身："我为自己赢得的权利，是不会交给别人的；别人应当自己去赢得权利！ 就像我一样……必须要有一条源出于我的法则，就仿佛它要将

所有的人都变得酷似我一样：以便每个人都抗拒我这肖像，以此来发现自身，增强自身力量。"（第 12 卷第 365 页）

与这种态度相一致的是，尼采既不想支配人，也不想被人说得神乎其神："要支配人吗？要把我这一套强加于人吗？这太恶心了！难道我的快乐不就是洞察许许多多的他人吗？"（第 12 卷第 365 页）最后，"我同一位宗教奠基者毫无共同之处。我不希望有'信徒'。我想，我过于邪恶，无法相信自己，我从来不向大众诉说……我极度担心，有一天人们把我说得神乎其神……这本书就是要防止人们跟我胡闹。"（第 15 卷第 116 页）

尼采想传达些什么——

尼采既做预言式宣示，又拒斥那些盲目追随他的人们；既作立法者，又号召人们抵制他的法则；既是导师，又是怀疑一切的人。他到底想借助这些矛盾之处、借助所有这些打动人心的语句自相矛盾之处达到什么目的，对他来说，什么才可取代宗教奠基者，他想对他人起到什么作用，这些他都是以"心灵的天才"这一名义模模糊糊地揭示出来的："心灵的天才……懂得要将自己的声音传递到每一个灵魂的阴曹地府去，擅长揭示，对于他的追随者来说，约束还意味着什么，以便他们内心更为充实、更加坚定不移地追随他；心灵的天才让一切喧闹嘈杂、自吹自擂变得寂静无声、宁神倾听，令质而不文的心灵变得文质彬彬，赋予它们一项新颖的要求去品味，像一面镜子一样宁静安然，以便反射出深邃的天穹；心灵的天才探测出，昏暗厚重的坚冰下面掩埋着为人遗忘的宝藏，它的探矿杖能够点石成金；……无论是谁接触心灵的天才后，都会更加充盈、更加内心充盈地……启程，仿佛经一阵饱含露水的微风吹拂与侵袭，也许他更不自信，但他满怀尚且无名的希望，充满新的意志。"（第 7 卷第 271 页）

尼采是否找到他心目中的读者了？——

尼采本人年轻，也更相信年轻人："从这些抱有希望的人那里我了解到，他们都是从切身之处来理解所有这些老生常谈的，而且他们会用最切身的经验将这些老生常谈转变成为一种针对他们个人的学说。"（第1卷第381页）但不久他就要"警告这些热情奔放、渴望信念的年轻人，不要马上重又将他的理论视为某种生活准则，而要将其视为或许值得琢磨的假定……"（第11卷第398页）最后，那些崇拜他的著作的年轻人成了他的累赘，"因为显而易见，这不是适合于年轻人的书"（1887年5月13日致欧文贝克的信）。

这之后，他便失望地寻找同伴。他将自己的著作当作鱼钩，用来钓合适的人。但没有真正的读者：尼采拒绝做任何妥协，他揭露一切假相，看到自己愈发孤单地恪守自己的真实性。他激情荡漾地企盼着，却自知在他那个时代，自己缺乏被人理解的任何条件。

尼采肯定预见到自己会享有声誉，但他甚至没有赶上声誉到来之初。尼采从此便原汁原味地为人所理解了吗？几乎还没有人有权用是或否来回答这个问题。我们要做的是，借吸收尼采的思想来生成我们自己。他要求人，不要受诱骗，将表面上明确无误的理论与法则当作普遍有效的接受下来，而要创造出自身本性尽可能高的层次来。我们不能臣服于简单化了的要求与语句，而要通过他寻找到通向真正的朴素真理之路。

第一部

尼采的生平

概况

从外表看他的生涯——构成世界的素材——尼采的形象——基本特征：例外的为人

思想发展过程

著述的发展过程——尼采对自己所走道路的理解——第三个时期——在整体思想演绎过程中保持不变的

友谊与孤寂

洛德与瓦格纳——孤寂的日子——在尼采的人际关系中持续存在的——尼采的友谊与孤寂的界限

患病

疾病——患病与著述——尼采对疾病的态度

结局

概　况

如果未能自觉地认识尼采的生平就去研究尼采的思想，则做不到真正的理解，因而我们先来简洁扼要地回顾一下他的生平事实。[4]

从外表看他的生涯——

(参见年表)尼采出生于洛肯地区的一个牧师家庭。父母双方的先人当中，有许多都是牧师。尼采 5 岁时丧父，母亲举家迁居瑙姆堡。尼采就是在那里同比他小两岁的妹妹一道,在女性亲属的包围中长大的。10 岁时,他就读于瑙姆堡文科中学。14 岁时(1858 年),他从校方获得一个免费住宿名额。这所古老的寄宿学校有许多优秀的、富有人文主义精神的教师。20 岁时(1864 年),他去读大学,最初在波恩大学读了两个学期,是当地的法兰克尼亚学生社团的成员。由于他的观念同该社的实际旨趣相去甚远,他于 1865 年退出该社。他同自己的老师李奇尔一道离开波恩,前往莱比锡。尼采同埃尔文・洛德一起,成为李奇尔这位语文学大师最出色的学生。在莱比锡,尼采建立语文学学会,发表语文学研究作品,并在取得博士学位之前就凭李奇尔的推荐而得到出任巴塞尔大学教授的邀请。李奇尔在写往巴塞尔的信中讲道:"39 年来,我亲眼看到那么多的年轻人成长起来,但我还从未见到有一个年轻人……像这位尼采一样如此早熟,而且这样年轻就已然如此成熟……如果上帝保佑他长寿,我可以预言,他将来会成为第一流的德国语文学家。他如今 24 岁,体格健壮、精力充沛、身体健康,身心都很顽强……他是莱比锡整个青年语文学家圈子里的宠儿……。您会说,我这是在描述某种奇迹,是的,他就是个奇迹,同时既可爱又谦虚。"(施特罗克斯著述第 32 页)"无论什么,只要他想做,就能做到。"(施特罗克斯著述第36 页)

这一年距离尼采精神病发作有 20 年。1869 至 1879 年间,尼采任巴塞尔大学教授,同 J.布克哈特授课时间一致,每周授课六课时。巴塞尔的城市贵族家庭纷纷向他打开大门。他同 J.布克哈特、巴霍芬、豪埃斯勒、吕蒂迈耶尔等这些大学里的精英人物都保持着或近或远的关系,同欧文贝克缔结了友谊,共居一幢住宅。他平生同人交往的最重要一段经历——他直至临终都还记得这一经历——是他于 1869 至 1872 年间在卢赛恩地区的特里布申数度拜访理查德・瓦格纳与柯西玛。他的《悲剧的诞生》一书出版后,遭到维拉莫维茨领导的语文学家圈子的排斥,巴塞尔语文学专业的大学生们都不来听他课了。1873年,他出现了病症,导致他于1876至1877年休假一年。这段时间,他大多是同保尔·雷一道在玛尔维达·冯·梅森布克位于索伦特的家中度过的。1879年,他35岁时,因病被迫申请免除教职。

在1879至1889年这第二个十年间,尼采从一个地方旅行到另一个地方,始终在寻找适于他患痛苦疾病的身体的气候。由于季节变换,他逗留任何地方的时间都不超过几个月。他大部分时间是在英伽登和里维埃拉地区,有时在威尼斯,最后是在都灵。他大多是在尼斯度过冬天,在西尔斯-玛丽亚地区度过夏天。作为一名"自我放逐的流浪者",他只携带尽可能少的生活用品,住在简朴的房间里,整天在郊野漫游,顶着绿色阳伞,以防眼睛受阳光照射,并接触了许许多多的旅人。

他的早期著作《悲剧的诞生》与第一篇针对施特劳斯而作的《不合时宜的考察》给他带来了声望,招来一片狂热的喝彩声和生硬的拒斥态度,而这之后的著作毫无成就。那些用箴言写成的书籍几乎卖不出去,尼采被人遗忘了。由于极其偶然的情况,他同出版商发生纠纷,陷入出版困境,最后是自费印刷自己的著作的。直至意识尚清楚的最后几个月,他才赶上那份姗姗来迟的声誉的最初迹象。而他一刻也没有怀疑过自己会享有这份声誉。

他抛弃职业,全身心致力于自己意识到的真正使命,生活得离群索居。随着身体愈发健康,他重新感受现实的愿望便觉醒了。1883年,他计划在莱比锡大学授课。但是,大学里那些人却觉得他的著作内容有问题,认为让尼采授课是不可能的。于是,尼采仍旧离群索居,愈发紧张地埋头著述。

1889年1月,他45岁时,一种机能性大脑病症导致他彻底崩溃。长时间卧病不起之后,他于1900年病逝。

构成世界的素材——

尼采借以做观察、思考和表述的他熟悉的世界，从他年轻时起，就是由德国教育界、人文中学、诗人以及他的祖国的文化传统展示给他的。

尼采研究古典语文学，不仅由于那伴随他终生的古代的伟大思想而备感充实，他还有幸在上学时遇到一位真正的专家——李奇尔，他的古典语文学课程因其哲学解释技巧而堪称独一无二，甚至许多医学专业学生与其他非语文学专业的学生都来听他的课，为的是学习到"方法"。他在课上采取的技巧与做法是各门学科中共通的：区分真实之物与虚妄之物、事实与牵强附会、业已证明之事与看法、客观明确性与主观信念。只有着眼于一切学科中的共同点，才会明确地意识到什么才是真正的科学知识。尼采意识到研究人员的本质特征：有主见、不断地同自己的思想做批判性斗争、保持朴实无华的热情。

尼采仅在极小程度上实现了自己要从事教育的强烈冲动。在完成执教任务、履行教书职责方面，[5]他对自己提出了极高的要求，但愈发兴趣索然。在执教的整整十年间，他过得紧张兮兮，同时在担负教职之余做自己力所能及之事，以便履行那激荡自己内心却尚未明确的使命。

1867至1868年，尼采在瑙姆堡骑兵野战炮部队服役。由于有一次骑马飞跃时受伤，造成伤口化脓、患病数月，他提前结束兵役。1870年战争期间，尼采报名当志愿卫生员。因为他是一名来自中立国家的教授，要做到遵纪守法，就不能拿起武器来服役。他患上了痢疾，于是在战争结束之前就重执教鞭了。

就尼采认识世界的方式而言，重要的是，他自25岁起直至去世，一直生活在国外。他从国外看德国长达20年之久。这使得他——尤其在后来，当他勇于背井离乡、始终四下漫游时——有可能具有锐利的批判性目光，有可能看出那些理所当然的事情是如何将生活引向临界处的。生活地点的变换，始终在激发他形成新的感受，生活在一再统摄所有固定之物的视野之中，愈发强烈地对自己那一以贯之的根基爱恨交加。由于距离遥远，这根基只会更加可感可触。

尼采摆脱了尘世、职业、交际、教职后，便到阅读中寻找新的感受。他由于视力原因阅读受限，但阅读主题众多。人们了解到他于1869—1879年间从巴塞尔大学图书馆借出了哪些书籍，而他自己的藏书大多是众所周知的，[6]所以虽然无法说他把这些书都读过了，但这些书都经过他的手，便在某一种意义上引起了他的注意。他让人把每周一期的新书目录寄给自己（1880年4月11日致欧文贝克的信），总是想方设法住在有大图书馆的城市里（例如1884年5月2日和1887年9月17日致欧文贝克的信）。但是，所有这一切不过是我们的估计而已。

引人注目的是，这里有大量自然科学与人种学书籍。尼采想弥补自己读语文学所欠缺的：实实在在的知识。想必这些书籍在他草草浏览时对他有所启发，但大多低于他的水准，同他原本认识生物学与自然科学事物所留有的欠缺大致相抵。

至于尼采在草草浏览时都注意到了哪些，则是出人意料的。他在瞬间就把握住实质。他在阅读时考察书籍的作者，感受这些作者在思考和写作时到底做了什么，他们有何生存性意义。他不仅看作者的题材，而且看作者的思想实质。有了思想实质，题材才成为主题。

尼采阅读的言词与思想常常成为他自己的言词与思想，这与其说对于他进行哲学沉思的意识有什么重要性，不如说对他表达手法的题材来源具有重要性。歌德讲的"超人"，哈依姆讲的"知识庸人"出现在他那里，同他从泰希米勒那里挪用来的"透视主义"、"真实的世界与虚假的世界"，从布尔日那里采用的"颓废"这些词一样，都是无关紧要的。这就是尼采自然而然、直来直去并容纳一切于自身的接受能力。没有这种接受能力，就不可能有创造。

尼采还是个孩子时,就在做哲学沉思了。那时,叔本华是这名少年心中的哲学家。他从弗里德里希·阿尔贝特·朗格、施皮尔、泰希米勒、杜林、爱德华·冯·哈特曼那里汲取了传统的抽象概念。在大哲学家当中,尼采仅细致地阅读了柏拉图,却是把柏拉图当作语文学家来阅读的(后来他"对自己了解柏拉图竟是如此之少惊讶得愕然",见于1883年10月22日致欧文贝克的信)。他的哲学沉思的内容并非从一开始就涌现于他研读这些著作之际,而是形成于他对古希腊前苏格拉底时代的考察,尤其是对前苏格拉底哲学家的研究,此后是对第欧根尼、悲剧作家的研究,再后是对修昔底德的研究。他出于哲学的目的研究第欧根尼·拉尔修,获取了哲学史知识。尼采几乎从未彻底研究过大哲学家们,只是靠第二手资料了解了大多数人,却能够透过流传下来的思想包装洞穿本源性思想。年复一年,他愈发坚定地潜心于从自己的思想实质出发把握的真正的哲学问题。

尼采做哲学沉思的方式促使他潜心于诗人,一如他潜心于狭义上的哲学家。在青年时代,他醉心于荷尔德林,尤其是恩培多克勒与希波里翁,后来醉心于拜伦。在最后的几年间,他还受到陀思妥耶夫斯基的影响。

或许,尼采潜心于音乐,更具本源性、更具命运色彩。没有哪位哲学家像他一样倾心于音乐、被音乐所征服。他还是个孩子时,就全身心地被音乐所吸引。青年时代,他对理查德佩服得五体投地,准备靠演奏他的音乐来生活。后来,尼采自白道:"说到底我是个老乐师,除了音乐外,没有任何东西给予我安慰"(1887年6月22日致加斯特的信)。1888年,他对音乐的眷恋有增无减:"如今,音乐给予我前所未有的振奋感受。它令我自失、令我清醒……它增强我的力量。每当一个音乐之夜过后,便有一个思想与念头纷至沓来的清晨……没有音乐的生活完全是一种谬误、一场辛苦、一次流亡。"(1888年1月15日致加斯特的信)"凡超出音乐的命运之外"(1888 年 3 月 21 日致加斯特的信)的一切,对他而言均不存在。

但是,正是这样的尼采又以同样的激情摆脱了音乐。1886 年,他谈论自己在 1876 年以后的几年间的情况时说:"我开始彻底地、原则性地杜绝一切浪漫的音乐,这门含含糊糊、装腔作势、色情淫荡的艺术剥夺了精神的严肃与欢乐,令所有暧昧的欲望、腐朽的贪欲蔓延开来。'抛弃音乐'至今仍是我给所有能够保持精神事物的纯洁性的人们的忠告。"(第 3 卷第 7 页)听起来,他对音乐的评判类似于有上千年历史的、仇视音乐的哲学沉思传统:"音乐没有哪个音调令精神陶醉。如若音乐要再现浮士德、哈姆雷特与拜伦的精神状态的话,它就抛开精神,描绘情绪的状态……"(第 11 卷第 336 页)"诗人高于音乐家,诗人提出的要求更高,是对完整的人提出要求;而思想家提出的要求更高,他要求人要有全部的、积聚起来的、新鲜的力量,要求人不是去享受,而是去进行摔跤比赛,彻底放弃一切个人的冲动"(第 11 卷第 337 页)。尼采认为"人的理智之所以发展得不够完善而且偏颇,人的仇恨与谩骂之所以不可遏制,或许就是由于音乐的放纵所致"(第 11 卷第 339 页)。音乐是"危险的","它那纵情享乐的特点,它那唤醒人的基督教式精神状态的乐趣……是与人头脑之不纯洁、心灵之癫狂的情况携手并进的"(第 14 卷第 139 页)。他还有一种对音乐的态度,算是最显善意的了,即音乐已然将自己的一些内容看作语言了,要在思想中寻找到更贴切的语言:"音乐是我的先驱……许多不可言说的,都尚未寻找到语言与思想。"(第 12 卷第 181 页)

尼采这种对待音乐如此自相矛盾的态度表明,他想区分据说是危险的、迷惑人的、放纵的浪漫派音乐与真正的音乐,借此寻找到出路。尼采要将后一种音乐同瓦格纳的音乐两相对立,认为自己在彼得・加斯特的作品中寻找到真正的音乐。早在 1881 年他就认为,可将加斯特

视为"第一流的大师",认为加斯特的音乐同尼采自己的哲学如出一辙
(1881年5月18日致欧文贝克的信),即它意味着"在音调上赋予我全
新的实践与复活以合理性(1882年10月致欧文贝克的信)。这样,他
将比才的《卡门》提高到独一无二的典范作品这一高度上(但是,他并不
真地这样想:"我谈论比才的话,您不可当真。我实际上从未注意过比
才。但比才作为瓦格纳的讽刺性对照,作用却很强。"见于1888年12
月27日致福克斯的信)。归根到底,尼采对音乐寄予的希望是:"它开
朗而深沉,仿佛十月的一个午后;它独特、欢乐、柔和,像一个纵情、妩媚
的甜甜的小妇人。"(第15卷第40页)

看一看尼采陶醉于音乐的情形,看一看他那些成问题的评论,尤其
是对彼得·加斯特的音乐作品所做的不甚中肯、却一向顽固的评论,想
一想尼采自己创作的作品(尼采当时致信答复时就认可了的汉斯·
冯·布洛夫于1872年对他的评论是:"您那种拜伦式沉思是想象无度
的极端体现,是最令人反感、最跟音乐作对的,长久以来……我看到
的……是一个彻头彻尾的玩笑。难道您着意于所谓未来音乐的某种滑
稽作品吗?……您那发烧般的音乐作品可以让人感受到一种非同寻
常、尽管乱七八糟却依然了不起的精神……"),就会看出,他的长处不
在于音乐。构成尼采本性的那些素材、他的神经系统都对音乐毫无驾
驭能力。但是,在他身上,音乐形同哲学的对手。他的思想越不是音乐
式的,就越是哲学式的。尼采的哲学沉思脱离了音乐,是从音乐那里争
夺过来的。无论他自己的思想,还是他感受到的神秘的启示之物,都是
既反音乐又无视音乐的。

尼采做哲学沉思时,还在构成世界的素材中寻找到一个属于他的
全新源泉。有一段时间,尼采高度评价了一些法国人,[7]像拉·罗歇福
科、丰特奈尔、尚福尔,尤其是蒙田、帕斯卡和斯汤达尔。心理学分析是
尼采哲学沉思的媒介,这不是从事经验性、因果性研究的心理学,而是

理解性的、社会历史性的心理学。他的经验应当说是"自觉地再度体验历史上的一切价值判断以及与其相反的判断"（第4卷第61页）。他希望在自己展望的研究道路上能有同伴："哪里有爱情、贪欲、嫉妒、良心、虔诚、残忍之心的历史呢？……人们是否将各种日常安排、按部就班地上班下班的前后顺序，以及节假日当作研究对象了呢？……人们是否收集了共同生活的经验，如修道院里的经历呢？"（第5卷第44页；并参见第7卷第69页）

呈现给他的这世上的一切，都退居到他或予以神化或予以魔化的那些伟大人物身后。他视歌德、拿破仑、赫拉克利特为明明白白、毋庸置疑的伟人。在他看来，苏格拉底、柏拉图、帕斯卡是有争议的伟人，因此可视情况而定，得到截然相反的评价。他总在拒斥保罗、卢梭，差不多也总在拒斥路德。他格外敬仰修昔底德与马基雅维利，因为他们光明正大、在现实当中坚定不移。

尼采的思想与本性同伟人密切相关，因而他具有深刻的历史意识。那些伟人关注的，是他同样在关注的问题。那些伟人感触的，是他同样在感触的事情。那些伟人同他生活在同一个精神王国之中："令我骄傲的是我的出身……凡触动查拉图斯特拉、摩西、穆罕默德、耶稣、柏拉图、布鲁图、斯宾诺莎、米拉波的，我也已然生活于其中……"（第12卷第216页）"当我谈论柏拉图、帕斯卡、斯宾诺莎与歌德时，我知道自己的血管里流动着他们的血液"（第12卷第217页），"我的祖先是赫拉克利特、恩培多克勒、斯宾诺莎、歌德"（第14卷第261页）。[8]

尼采的形象——

同时代人无论如何论述尼采，总显得有些走样儿。人们要么从不恰当的角度来看待他，把他比作那一时代的理想主义者或反理想主义者,要么就是用错误的尺度衡量他,像从一面哈哈镜中看他一样。

他的妹妹刻画出的尼采特有的、伟大的、理想化了的形象,同欧文贝克刻画出的过于实际、破碎不堪、动荡不安、很成问题的尼采形象一样,是不真实的。人们要感谢这两种形象,尤其在涉及一些事实时要感谢它们。但是,由于有不满足感,人们渴望倾听所有那些曾与尼采谋面、同他攀谈过的人介绍一些哪怕是鸡毛蒜皮的小事。想必从大量这类同样在混淆视听的描述中可以构造出一个萌芽式形象。只是,这一形象并不完满,缺漏的地方太多,确实始终是含糊不清的。参阅直接的资料(他的信札、著作、笔记),则所有资料中那种源于他本人的令人难忘的语气,包括他著述中所有的旁枝末节和偶然之笔,肯定会纠正同时代人对他的报道。这些同时代的见证人,有一些可以列举出来:

多伊森论求学时代的尼采:他"无论是带着针砭含义,还是带着赞赏含义,都彻底远离场面上的事……""我听他讲过许多精辟的见解,却很少听到他开善意的玩笑……""他讨厌做体操,因为他很早就身体发胖,头颅容易充血……一个熟练的体操运动员一下子便做完的一个简单动作……对尼采来说都是件艰难的事情。做这样的动作时,他脸色暗红、气喘吁吁、大汗淋漓……"

1871年,多伊森讲道:"他戴的那副眼镜让人想起一位教员来,而他那整齐的着装、近似军人的举止、明亮清楚的嗓音却与那位教员相反。"(《瓦格纳与尼采》第83页)同一年,他讲道:"晚上11点以后,尼采从雅各布·布克哈特家做客回来,情绪激动、面颊鲜红、身体颤动不停。他充满自信,像一头幼狮。"

同事们讲道:"尼采是个非常有礼貌的人,因而博得了认识他的所有同事的好感。"(梅里著述第249页)奥依肯讲道:"我能生动地回忆起,尼采对博士研究生们多么亲切,他从不发脾气,从不动怒,而且同人商量问题时,既心平气和,又以理服人……"

对他作为讲师的评价是(舍弗勒的话见于贝尔诺力著述第 1 卷第
252 页)："他很谦虚,是的,表现得近乎谦恭……身材与其说中等,不如
说略显矮小,瘦小而孱弱的躯体上的那颗头颅深陷在双肩中……尼采
穿着入时,穿浅颜色裤子,配短上衣,领口飘动着精心打结的领带……
他头发很长……几缕发丝遮在他苍白的脸庞四周……他步伐沉重,近
乎艰难……尼采讲话轻柔而自然……特点只是一个:讲话出自内
心! ……他声音迷人……"

1891 年,一位波兰人在回忆自己在 70 年代中期遇到尼采时的情
形说(引自哈里·格拉夫·凯斯勒的话,见于《新评论》1935 年版第 407
页):"他身材魁梧,胳膊瘦长,头颅宽厚丰满,头发蓬乱……深黑色的胡
子围在嘴角两旁,直至下巴。他那大得出奇的黑眼睛像火球一样在眼
镜片后面熠熠发光,我觉得就像看见一只野猫一般。我的同伴打赌说,
他准是个旅途中的俄国诗人,在寻找令他的神经平静下来的东西。"(这
段描述是很成问题的,据路·莎乐美讲,尼采中等身材,褐色头发)

1876 年,乌格恩-施特恩贝格讲道:"他给人留下高傲的印象。由
于他疲惫不堪,以及近视造成他行动稍有不便,这一印象自然有所减
弱。他极其礼貌,待人随和,朴素而高贵。"

1882 年,路·莎乐美讲道:"含而不露、形单影只——这是尼采一
出现就给人留下的强烈的第一印象。匆匆看去,尼采并不显眼。他中
等身材,衣着极其朴素,但也极其整洁,步履稳重,褐色的头发平整地梳
向脑后,是个很容易被人忽略的人……他浅笑柔和,讲话轻声细语,走
路小心翼翼,边走边沉思,头略微陷入双肩。很难想象,这个人会置身
人群当中,因为他的特征是形单影只,身在灯火阑珊处。尼采那双手长
得无可比拟的优美与高贵,引得人不由自主地凝神端详……他那双眼
睛也流露出真情。虽已半盲,他却不像许多近视的人那样伸着头、眯着
眼睛,凑得离人很近,让人不舒服。他的双眼看上去更像他的精神财

富、他的沉寂秘密的看护人、守护者……他视力不佳,令他特征格外神奇,即眼神不是反映出对外界变幻不定的印象,而只是映射出他的内心。这眼神既瞥向内心,同时又瞥向远方,或者换句话说,像瞥向远方一样瞥向内心。当他关注某个令他感兴趣的话题时,他的双眼会激动地熠熠发光;当他情绪低落时,目光中便近乎咄咄逼人地流露出阴郁的、出自无尽深处的孤独感。尼采的举止同样给人留下含而不露、形单影只的类似印象。在日常生活当中,他极其礼貌,柔和得近乎妇人,一向友好而镇定。他喜欢待人接物时彬彬有礼……但总喜欢从中有所矫饰……我记得,我头一次同尼采谈话时,他那刻意的客套令我意外、不知所措。但是,这个孤独的人不会令人知所措多久,因为他戴那副面具,戴得如此别扭,就如同一个来自荒野山间的人穿上了常人的外套。"

1887年,多伊森讲道:"他再也没有以前那种高傲的神情、敏捷的步伐、流畅的言语,只是费力地、略微侧着身子蹒跚而行,说起话来常常慢慢腾腾、结结巴巴……我们走进了名为阿尔卑斯山玫瑰的饭店,以便稍事休息,一小时后回去。一小时刚过去,我们这位朋友便来敲我们的门,柔和而悉心地询问,我们是否还疲劳,并为他有可能来得过早而道歉。我之所以提及这一点,是因为这样一种略显夸张的关心和体贴并不符合尼采的性格……当我们彼此道别时,他的眼眶里浸满泪水。"

尼采的本性不可一语概括,就连那些保存下来的照片也是对此的写照:没有哪一幅尼采的照片不是最初颇令人失望的,它们也是哈哈镜而已。只有长久地、一再地悉心观察,才可从这些照片中看出些名堂来。他嘴角边的胡须仿佛鲜明地刻画出他的隐秘和孤寂。与他眼神朦胧息息相关的是,他似乎有一丝什么事情都要说清楚的冲动。但是,人们很难哪怕有一瞬间来看出尼采本人的什么特点。一切做出来的表情终究都是不可信的、一时一变的面具。奥尔德的版画表现出,他是一位瘫痪病人。这虽然真实,但对于每一个真正看出什么的人来说,终究不过是一幅痛苦的画面。

如果说根据有关尼采形象与举止的陈述，人们并不清楚他，面对他的照片，人们仍云里雾里，那么看一看尼采的手迹，则他的本性就好像一下子跃然纸上。[9]这要归功于克拉格斯做的分析，我们不妨举出其中一些要点。

克拉格斯清楚，"从古典时期到最近一个世纪之交这一完整的时间段里，还没有哪一位杰出人物的手迹同尼采的手迹哪怕有一丁点儿相像"。他认为，同尼采的手迹相比，所有人的手迹倒彼此更为相像些。他发现，尼采的手迹"有某种别具一格的明晰之处……尽管很不柔和，却很明晰……透彻、有灵气、晶莹，同朦胧、流动与起伏不定的特点形成鲜明的反差……极其坚硬、锐利、玻璃般的脆……首尾连贯、成熟老到，确属精心雕琢"。克拉格斯看出雅致的细微感觉、情绪的起起伏伏、丰富的情感生命，而这种生命"如同封闭在手迹主人的机体之中"，所有感受只是手迹主人的感受。克拉格斯看出那种严谨、自制、毫不宽容的自我评判，也看出那种"自尊的强烈冲动"。尼采的笔迹做到，让字词清清楚楚地彼此分开，显示出"那种化繁入简的做法，即不由自主地将字母结构近乎赤裸裸地突出出来"，显示出"一种固执地一再重新起步的旺盛精力"。人们可以感受到那种"在思想王国中……奋斗的精神"。他的手迹"尽管有其如同铭刻在石头上一般的轮廓，却有某种令人不安的无边无际、难以预料、陡然而至的特点"。这肯定不是一位实干的人的手迹。与拿破仑、俾斯麦的笔迹特征相比，尼采笔迹的笔画"显得在细微处断断续续得几乎要折断"。这表现出一种极端的精神倾向，一种"简直无法想象地博大的塑造思想的能力"。"我们还从未见到过这样一种无法归类的笔迹，它尖锐而锋利，由此显示出完满和谐的均衡文字布局与水到渠成的思路！"

如果要概括性地寻问尼采的实际形象，就同时要追问：一个人天性诚实,对价值和声望充满崇敬之心,鉴于现实始终陷于逆境,知道自己注定要戴上一副面具,否则很快就会深感失望,实在感到恶心;一个人内心形成了他人尚未意识到的思想,看到与希冀他人尚未看到与希冀的,因而无法忍受人们的实际情况,永远无法对自己满意,因为他看到,一切生活与体验仅仅如同一场试验,如同一次失败,那么他必定会是什么样子?

即使在今天,尼采仍不是一幅明晰的画像。他隐没在与他并不一致的各种形象背后。但是,人们看到他这个漫游者是如何始终前行的,看到他仿佛在攀登始终无法登越的山峰。尼采一向变动不居,若隐若现,因为他能够出自自身地生活和表达。

基本特征:例外的为人——

尼采生平的基本特征在于他那例外的为人。他摆脱了一切现实事务、职业,远离周围的人们,一生未婚,既无学生又无门徒,在这个世上没有活动圈子,居无定所,从一个地方辗转到另一个地方,仿佛在寻觅他从未寻觅到的什么。但是,这种例外情况本身正是他的实质,是他从事哲学沉思的方式。

尼采的第一次明显的危机,发生于1865年他在波恩时。尽管这在当时尚无特定思想内容,仅体现在生活当中,也令尼采果断地走上自己命中注定之路。他感到,像他那样的学习生活、各种纷杂的活动、他在学生团体中的生活、他所接受的知识教育,以及有可能的学院生涯,对他而言均不是真实之物。他认为生活既不是嬉戏,也不是按常规毕业。他从精力分散的状态中感到,自己要献身某项事业,而这项事业并不符合严肃认真的生活所提出的要求。或许他的生活的精神境界很高,但这还不够。他心中所想的,是非此即彼:要么履行日常生活,要么认可例外的情况在日常要求中有其意义。这样,他的内心才会达到适合于他的那种聚精会神状态——尽管他或许尚未意识到,什么令他聚精会神,什么向他有所要求。这在尼采身上或许是个不易察觉的过程,却在他的书信与行为方式中清晰可见。他没有慷慨激昂地强调什么,没有经历什么灾难(他退出学生团体一事根本算不上)。想必他的伙伴们指责他高傲或缺乏友情。谁也不明白,他到底怎么了。但是,就是在这一年,他的道路不再不甚确定,不再只是可能而已。实际情况是:他开始以愈发新颖的变化走向例外的生活,因为他的希望越来越多,要求越来越多,再也没有片刻安宁。

从哲学的兴趣出发叙述他的生平,就要寻找这样一种例外情况,它在实质上始终不变,却在表现出来时令人无从把握。我们不妨沿着三个方向来看看他的生平:他的思想发展过程、交友的情况以及患病的情况。

思想发展过程

尼采的著述是一个独一无二的整体,正如每一部著作都在他20多年的思想发展中拥有独特的一席之地一样。在这条发展之路上出现过一些非同寻常的变化,而从这些变化来看,愈发会令人惊讶的是,新的思想看来早在以前的思想萌芽中就有其根源了。认识他的思想发展进程,会加深人们对他的著述的理解,即将人们的目光从他某一陈述的时间点引导向他思想演绎的整体。

著述的发展过程——

概括尼采各篇著述,便于我们预先了解尼采思想各个阶段的特征(参见著述表)。

他青年时代的那一组著述本身并不甚重要,其重要性在于,他后来的思想与动力有很大一部分可以追本溯源地在青年时代的著述中发现其思想萌芽,如若人们认识到他后来的思想与动力的话。尼采的语文学论集(三卷本)令人对他的学术工作产生深刻的印象,其中大量的零散观点已然是他的哲学研究了。而他真正的著述可以划分为下述几类。

一、早期著述

《悲剧的诞生》(*Die Geburt der Tragödie*)与《不合时宜的考察》(*Die Unzeitgemäßen Betrachtungen*)(1871 至 1876 年)。此外,遗著中留下了论述古希腊的著作残篇、《论我们的教育机构的未来》(*Über die Zukunft unserer Bildungsanstalten*)诸篇文稿、原拟撰写的《不合时宜的考察》的札记《我们语文学家们》(*Wir Philologen*)。它们相互联系起来才可阅读,这是这些著述的基本格式。此外,它们还表露出,尼采对天才深信不疑,相信可以直接从当时的紊乱状态中重新创造出目前蓬勃向上的德国文化来。

二、1876 至 1882 年间的著述

《人性的、太人性的》(*Menschliches Allzumenschliches*)、《杂感与格言》(Vermischte Meinungen und Sprüche)、《漫游者与他的影子》(Der Wanderer und sein Schatten)(后两篇合为《人性的、太人性的》第 2 卷)、《曙光》(*Morgenröte*)、《快乐的科学》(*Fröhliche Wissenschaft*)(第 1 至 4 卷)都以格言诗为基本体裁。这些言简意赅的论述大多无倾向性地表述了多方面内容。从《曙光》开始,在缓慢的思想演变中,他形成了冷静的、无拘无束的、毫不虚浮的、批判性的观点,这些观点最终得以展开在其最终的哲学著述中。

三、尼采最终的哲学

1.《查拉图斯特拉如是说》(*Also sagt Zarathustra*)(1883 至 1885 年)的基本体裁是,——在臆想人物的境遇与行为这一框架内——查拉图斯特拉对群众、同伴、"更高超的人们"、动物和他自己讲话。此书被尼采奉为自己的典范之作,不可归入通常的某一类书。它既是诗作,也是预言,还是哲学,却不可被恰当地理解为这些体裁中的任何一种。

2. 遗著第 11 至 16 卷(1876 至 1888 年)包含自 1876 年以来他在简短的残篇中奔泻出的思想洪流。在第 13 至 16 卷中,他的思想变动关联着他后来的基本思想(如强力意志、重估价值、颓废没落、永恒轮回、超人等等),但又几乎不容忽视地超出这些思想。通过这些残简,他从容地将思想落实在言简意赅的体裁中,尽可能地追求明确性,而无特定文献目的。他的丰富思想会淹没那种无所遗漏、系统完整、有据可查、概括总结式的思维,他直截了当与精辟中肯的手法取代了复杂繁琐的思想。

3. 1886 至 1887 年间,尼采撰写并发表了《善与恶的彼岸》(*Jenseits von Gut und Böse*),其中包括《快乐的科学》第 5 卷。这是向箴言书那一类型的回归,但愈发强烈地倾向于具有内在关联的论述和好斗的激昂情绪。《论道德的谱系》(*Zur Genealogie der Moral*)包括作为已完成的研究的诸篇论文,以及尼采为自己以前的著述撰写的诸篇前言,表现出他在回顾中理解自我的非凡能力。

4. 1888 年诞生的,是最后一组具有内在联系的著述,带有为自己盖棺定论的含义。《瓦格纳事件》(*Der Fall Wagner*)、《偶像的黄昏》(*Götzendämmerung*)、《敌基督》(*Der Antichrist*)、《看啊,这人!》(*Ecce Homo*)、《尼采反对瓦格纳》(*Nietzsche contra Wagner*)写得极其标新立异,具有闻所未闻的好斗性,旨在造成无法逆转的影响。这些尖锐的著述都是一气呵成、迅速写就的。

这一思想进程大多分为三个阶段,第一阶段可以确定为他崇敬和信仰文化与天才的时代(直至 1876 年),第二阶段可以确定为他相信实证科学的可靠性与批判的瓦解力量的时代(直至 1881 年),第三阶段可以确定为他提出新哲学的时代(直至 1888 年年底)。他本来对青年时代的友谊和学生社团抱有信心,对人类的未来生活抱有信心,而他从中彻底脱身出来的过程贯穿于他的"荒芜"时代。他置身其中,对一切仅冷眼旁观,将一切"束之高阁"。他形成的新信念是预言性的、象征性的,实际上与紧张痛苦的众人毫无瓜葛,是倾诉给自己那种彻底的孤寂的。他的各个阶段,尤其是第三阶段,可以划分出子阶段来。如果简单地称中间那个阶段为实证性的、科学性的,那么这样刻画第三阶段就是错误的。但是,这种三个阶段的划分本身切中了他几次关键性的转变,事实上也是以尼采的自我理解为依据的。

尼采对自己所走道路的理解——

尼采转变思想,两度采取过极端步骤。从他确立使命,到他的风格变得清晰可见,尼采两度都在当下意识到这种转变,并有意做出这种转变。一度是在他第一思想阶段与第二思想阶段之间,一度是在他第二思想阶段与第三思想阶段之间。这两度转变,他做回顾时从未予以否认,而是予以强调和指明。这种自我认识的内容,所有尼采的读者都不得不接受。从时间上说,第一度转变发生于 1876 至 1878 年间,第二度转变发生于 1880 至 1882 年间。

尼采是从第三个阶段出发,追溯性地认识自己的完整道路的。对他来说,这三个阶段不是彼此不同之物的前后相继,就好像还可以是另外一种情况似的,而是一种必然,其辩证之处恰恰使得这三个阶段成为必然。尼采指明,这三个阶段是"通向智慧之路"(第 13 卷第 39 页)。

"较之其他阶段,第一个阶段更多的是尊崇(以及听从和学习)。我将一切值得尊崇的都积聚起来,让它们彼此斗争。我承受了一切沉重的事情……鼓足勇气,为与人相处花费了许多时间(我克服了不良的、狭隘的偏好,抱有最广博的胸怀:只有靠爱才能获取)。"

在这段时间里,尼采对瓦格纳与叔本华抱有的狂热感染了他的友人,他奉行哲学研究的原则,虔诚地尊崇自己的老师李奇尔,但也让那些值得尊崇的思想彼此斗争(如让瓦格纳、叔本华同语文学家们做斗争,让哲学同科学做斗争)。他不仅周游在自己的私人朋友当中,而且还参加青年社团,后来又建立了语文学家社团。他严格训练自己,将任何狭隘的感受,都一劳永逸地抛弃。他尽己所能地以一腔热忱对待他人,先入为主地认为,无论自己碰到的是谁,他们都是热情友好的。尼采就是这样形容自己青年时代的举止的。

"在第二个阶段,如果联系过密,崇敬之心便会破灭。这时便形成了自由精神、独立性、心灵荒芜时期、对所有自己崇敬之人(对自己崇敬之人的理想化)的批判、做出相反判断的尝试(……判断像杜林、瓦格纳、叔本华这些人还从未达到过这一层次!)。"

令友人们大吃一惊的是,自1876年起,尼采采取了与此截然相反的全然一新的态度,让人觉得他对自己以往的一切做了全盘否定。这是他"解脱"与"克服以往"的一段时日。最令他感到沉重的是,他对理查德·瓦格纳——他曾同瓦格纳最为志同道合——无比倾心的崇敬之情破灭了。这一创伤,尼采几乎直至生命终点都未能愈合。在他所崇敬的一切俱已破灭这一情况下,他的生命一片荒芜,保留下来的只有一点,即毫不留情地敦促他走上这条道路的那种无拘无束、不屈不挠的真实思想。按照真实思想提出的要求,他确立了新的准则,要将自己迄今为止的所有价值评估翻转过来,并尝试去积极看待(予以理想化)自己迄今为止所轻视的东西(一切同粉饰相对立的做法、自然主义的做法、实际科学性的东西、怀疑论者)。在他迄今为止一味崇敬的人物身上,在瓦格纳、叔本华身上,还有在杜林身上——根据对时代影响的评论,杜林仅在表面上与尼采相近——他都没有看到追求无限真实性的尝试,因为他们都还停留在未经质疑的信念、一味崇敬与信以为真的态度,以及不言而喻的认识之中。

"在第三个阶段,对一切是否适用于实证性立场、适用于肯定态度做出重大决断。在我之上再没有什么神祇与凡人!创造者凭直觉就知道,自己该做什么。要担负起重大责任,做到纯洁无辜……(这只是对少数人而言,而大多数人在第二个阶段就会垮掉。柏拉图、斯宾诺莎或许是可取的吗?)"[10]

重估与否定以往价值的尝试不会是最终之举。关键在于,那种勇于承担非凡之事的引导性生活,其创造性源头是否有能力创造出肯定性的东西来,是否有能力创造出能够经受一切考验的、真正的实证性来。这一点再也不会来自他人、来自上帝、来自某位备受崇敬之人、来自某位"在我之上"的人,而仅仅来自我自己的创造。此刻要在肯定意义上,而不再是在否定意义上做出登峰造极之事,"赋予自己以行动的权力,达到善与恶的彼岸。他……感到自己并不屈服于命运,他就是命运,他掌握着人类的命运"(第13卷第40页)。

尼采以各种不同的方式回顾性地表述出的自我理解,明显符合他在历经1876年与1880年两次巨大思想变化时当即表述出的自我理解。

1. 自1876年以来的几年间,尼采声明自己放弃了充斥于自己早期著述中的做作的形而上学观点(第11卷第399页)。他批评自己"迷信天才"(第11卷第403页)。"如今我才取得看待现实人类生活的朴实眼光"(第11卷第123页)。他在一封信中讲道,"那种对真实之物与朴实之物的形而上学式掩盖,那种用理性来反理性的做法……最终就是它们令我病入膏肓,并且愈发病入膏肓……如今,我抖落掉不属于我的东西,即无论是做朋友还是做敌人的人、各种习惯、舒适懒惰的做法以及书籍"(1878年7月15日致玛蒂尔德·迈耶尔的信)。

尼采的基本态度是,如今才感到自己真正觉醒了。他以前谈论的,是哲学以及哲学家,如今则开始从自身出发做哲学沉思。"如今我勇于追随智慧本身,自己做哲学家,而以前我是崇敬哲学家"(1878年6月致福克斯的信)。他看出,自己的思想同古希腊人的思想接近了不知多少步,"我如今在最细微之处也在亲身追求智慧的生活,而我以前只是崇敬与膜拜有识之士"(1878年7月15日致玛蒂尔德·迈耶尔的信)。

2. 第二度转变(1880年及随后几年)脱离了否定性的"一片荒芜",转而创造新的实证性。由于特点使然,这一转变必定更为深刻。其特点在于,有所启示的新思想在一开始还是晦暗不明的。尼采同时意识到这一点,随即形成明确的自我认识,其方式方法是在1880至1883年间演绎出来的。从细微的思想萌芽到明晰的新思想,这一方式方法在时间上有迹可寻。

尼采早就形成了自我意识及其对自身使命的意识,他致格尔斯多夫的信(1872年2月4日)论及《悲剧的诞生》时说,"正如我充满信心地向你讲述的那样,我准备宁静而缓慢地走过——这若干世纪。这里首次表述出某些永恒的事物,必须接着表述下去"。但是,与他后来的自我意识相比,这些话还有些谦虚,显得既自然而然,又有分寸,即他觉得自己取得了很高的成就,属于在历史上有意义的人物之列。自《人性的,太人性的》以来,他愈发谦虚。当时他说,"我没有自知之明,就好像我有权利拥有独特的普遍性思想,甚至将它宣告出来似的。我至今仍感到,自己是个最微不足道的初出茅庐的新手,我的孤独和病态令我习惯于'不知羞耻'地写作"(1879年10月5日致加斯特的信)。自1880年起,他——最初不易察觉地——变化很大。按他后来的自我认识说,要完成自己的使命,不是诸种精神创造活动中的一种,而是将世界历史一分为二。他那尚不明确的使命是这样宣示出来的,"如今我觉得,似乎这一期间自己寻找到了主导方向与出路,然而这是要受到人们千百遍地崇拜、千百遍地谴责的"（1880年7月18日致加斯特的信）。后来，他从玛丽恩巴特地区写信时，最初几句话以明确无疑的全新语调表明，自己找到了思想源头，"自歌德以来，肯定还没有人想得这么多，就连歌德也未必有如此富于原则性的东西走过脑子"（1880年8月20日致加斯特的信）。他讲道，"我常常不知道，如何才能相互协调地承担起自己这份虚弱（指精神、体力与其他事物）与这份力量（指看到前途与使命）"（1880年10月31日致欧文贝克的信），因为这份力量就是将他压倒、将他逼得近乎疯狂的新思想，"针对那种正在摆布我的极其普遍、极其远大的驱动力"，我"如若没有巨大的平衡力量，必定会变成个傻子"（他的意思是，如若没有疾病将他一再击倒，令他想到人的渺小有限）……"我刚刚摆脱窘境两天，就愚蠢之极地又去追求完全无法令人置信之物……我生活得就仿佛这若干世纪形同虚无一般"（1880年11月致欧文贝克的信）。与此相应的，是他对自己新的行动的价值评价。这就是，不再舞文弄墨。他论及《曙光》时说，"你觉得这是一本书吗？你也仍然把我当作一名作家吗？我的时刻到来了"（1881年6月19日致妹妹的信）。在致欧文贝克的信（1881年9月）中，他写道，"这属于最为强烈的精神佳酿……是我的一切起点的起点——在我之前还能有什么！……我正处于生命的巅峰，即处于使命的巅峰……"尼采后来当作第三个阶段来理解的，此刻他理解为要求他投入全身心的命运。而他知道，这命运是自己命中注定的。

直至生命的终点，他回忆起7月到8月这段时光，都把它当作自己最深刻的思想（永恒轮回）起源的一段时光，当时他就在书信中表露出这段时光的重要性，"我的视野中出现了自己以前从未想到的思想——或许，为此我还要再活几年"（1881年8月14日致加斯特的信）。

自1881年起，尼采就明确地意识到，自己有新思想形成了。随后，他令人惊讶而又极其严肃地流露出这一点，"如果你读了《神圣的一月》

（引自《快乐的科学》）"，他致信欧文贝克（1882 年 9 月）说："你就会发现，我绕了一个大圈。一切都全新地呈现在我面前，不久我就会看到，自己毕生的使命硕果累累。"这种全新的思想在《曙光》中已然透露出最早的迹象，在《快乐的科学》中已显示出明显的思想开端，它最初的著作是《查拉图斯特拉如是说》。早在《查拉图斯特拉如是说》之前，尼采着眼于这种新思想，在《快乐的科学》束笔时将此书归入已过去的第二个思想阶段。随着这本书的束笔，"我 6 年间（1876 至 1882 年）的著述，我全部'自由自在的思想'便烟消云散了"（1882 年致路·莎乐美的信）。相反，在《查拉图斯特拉如是说》第一卷写成时，尼采马上意识到，自己的著述有了一个非同寻常的转变。

"在此期间，我撰写出自己最出色的著作，迈出自己在几年前尚无勇气迈出的关键性步伐"（1883 年 2 月 3 日致欧文贝克的信）。"沉默的时日已然过去，我的《查拉图斯特拉如是说》……或许会向你透露出，我的意志飞翔得有多么高……在这些朴素与罕见的文字背后，有着我最为深刻的认真态度与我全部的哲学。这是人们了解我的起点——再也没有别的了！"（1883 年 6 月 26 日致格尔斯多夫的信）"这是一种非凡的综合性做法，我相信还没有人想到过做这种综合"（1883 年 11 月 11 日致欧文贝克的信）。"我发现了自己的新大陆，而对此还没有人有所察觉。此刻，我自然还要一步一步地占领这片大陆"（1883 年 12 月 8 日致欧文贝克的信）。

自 1876 年起，后来则自 1880 年起，尼采的两度思想转变都不仅仅是形成某种新观点的思想进程，而是某种生存性事件。这种事件，此后他都以构思恰当的辩证方式予以指明。为刻画这种事件的深刻意义，他两度字斟句酌地说，自己借此改变了自己的"趣味"。尼采认为，"趣味"是这样一个概念，它在实质上先行于任何思想、任何观点、任何价值判断，"我有某种趣味，却没有自己何以具有此种趣味的理由、逻辑以及必须拥有此种趣味的绝对命令"(1886 年 11 月 19 日致加斯特的信)。但是,对他而言,这种趣味是从生存的深层次中诉说出来的关键性机制。

1876 年以后,他首次脱离所有思想内容,看出自己的"趣味"有了某种转变。他看到并希望有某种"风格上的差别",不是去追求他早期著述中那种"夸夸其谈、毫不稳妥的做法和语调",而是去追求"思想联系中尽可能的确定性,思想变化的灵活性,运用夸张而幽默的艺术手段时的谨慎和节制"(第 11 卷第 402 页)。他觉得自己早期的著述令人无法忍受,因为它们讲述的是"狂热的语言"(第 11 卷第 407 页)。

1880 年以后,他对自己的新趣味作了相应表述。他谈及《悲剧的诞生》与《人性的,太人性的》时说:"我再也受不了所有这些玩意儿。但愿我自己的趣味超出'作家兼思想家'尼采之上。"(1886 年 10 月 31 日致加斯特的信)患病前一年(1888 年),他回顾自己构思永恒轮回思想的那一段日子说:"回顾这段日子有好几个月了,发现自己突如其来、至关重要的趣味转变是一种征兆……"(第 15 卷,第 85 页)

第三个时期——

这种划分尼采思想诸阶段的格式很容易让人期望,在从第二度转折开始的第三个阶段里(1880 至 1888 年),尼采掌握了全部真理,并在著述中表述出了全部真理。但是,这个阶段的思想始终在变动。在这一阶段,尼采向自己提出了至高要求,并勇于做出非凡之举。令人激动的是,尼采在这一时期是如何确定自己的使命,又是如何致力于这始终留待实现的使命的。他从未有实现使命后的片刻安宁,反而愈发意识到,一切都尚未做到。他有意从事的写作计划、他对自己所做之事的自我评价,我们只能依时间顺序,得自有据可查的资料,并加以理解。

1884 年与 1887 年,尼采又曾两度显示出要结束过去、在实质上开启新思想。

1.《查拉图斯特拉如是说》尚未搁笔之际,尼采便产生了建构自己真正的哲学的新方案。这是一项写作计划,它起草了留待完成的著作的系统性格式。这是一项工作计划,它需要做新的研究。

尼采想"修正"自己的"形而上学与认识论观点"。"现在,我必须一步一步地研究全部哲学原理,因为我现在下决心,将未来的5年用于起草我的哲学,我的《查拉图斯特拉如是说》就是为此而做的准备工作。"(1884年4月7日致欧文贝克的信)两个月后,尼采按照这一意图写道:"在我为自己的哲学做了这番准备工作之后,此刻我要再次着手了……直至主要工作完成为止……我想在这6个月里勾画出自己的哲学的草图,以及未来6年的规划。"(1884年6月致妹妹的信)又过了3个月,勾画这一草图的工作完成了:"我完成了……这个夏天的主要任务——未来的6年就属于填充这一草图的工作,而这……就是我的哲学的框架。"(1884年9月2日致加斯特的信)

不过,最初这只是一项工作与著述的规划。它将新思想与晦暗不明之处大白于天下。尼采要彻底地同自己迄今为止表露的思想保持距离,也要同《查拉图斯特拉如是说》保持距离:"我迄今为止撰写的一切,都是徒有其表的……我所撰写的都是些危险的东西。这一期间,我时而以通俗的手法向德国人介绍叔本华与瓦格纳,时而设想查拉图斯特拉这个人物。这些是我的体会,更是我隐晦的思想,我不妨再隐晦一段时间。"(1885年5月20日致妹妹的信)尼采脑海里充满了思想,全身心沉迷于将这些思想统一起来的那种基本驱动力,并意识到闻所未闻的新思想,同时他却不得不认为,是否可能将真正的想法表述出来,这是很成问题的:"我几乎每天记录自己的思想2至3个小时,但我的'哲学'——如果我有权利如此称呼那虐待我至深的东西的话——是再也无法传达的,至少是无法付印的……"(1885年7月2日致欧文贝克

的信）

但是，尼采并没有把自己局限在起草自己的哲学这一"主要工作"之中，也没有等待 6 年，而是首先撰写和出版了《善与恶的彼岸》和《论道德的谱系》。这些著述——就他自己将其提供给读者而言——最为完善地、却并不系统地表露了他的哲学沉思。这是主要工作的临时替代，而不是最终目标。他将这些书籍算作自己的"预备性"工作。事实上，尼采一刻也没有误会：在这些书籍搁笔之后，他只是愈发强烈地意识到自己的使命。1887 年积累起来的大量材料再度证明，尼采意识到，自己要有所结束、有所开始。

2. 这有些类似于 1884 年的工作与著述方案，但看起来，此刻，即 1887 年，似乎又有一次强烈的危机侵袭了他。危机的内容不是别的，就是第三个阶段的庞大的哲学。依照时间顺序，他做过如下表述。

最初听起来还同 1884 年的情形一样："我感到身上压上了千钧重担，要在以后几年间营造起一座具有内在联系的思想大厦。"（1887 年 3 月 24 日致欧文贝克的信）但是，肯定发生了什么事情，它在此刻意味着一种全新的思想断裂情况："我感到，此时自己的生命一度休止了——我此刻面临着全部重大的使命！"（1887 年 4 月 19 日致加斯特的信）这种思想断裂情况的特点在于，它不像 1884 年的情形那样，问题在于要做多方面的重新研究：我"此刻需要彻底的孤立，较之学习和质疑 5 000 个个别问题，这种需要更为迫切"（1887 年 9 月 15 日致加斯特的信）。他重又将决定推到许久以后再做："近几年什么也不再付印，我必须抽身退步、观望等待，直至我能够从自己的树干上摇落下最后的果实。"（1887 年 8 月 30 日致欧文贝克的信）。他谈及《论道德的谱系》时说："此外，随着这部著作束笔，我完成了自己的准备性工作。"（1887 年 9 月 17 日致欧文贝克的信）从总体上说，他对自己是有意识的："我觉得自己的一个时期结束了。"（1887 年 11 月 12 日致欧文贝克的信）这种意识进而得到深化:"我……正在结清自己这里的人与事,将自己全部的'迄今为止'束之高阁。我现在做的所有事情,几乎都是在做一笔勾销……由于我要采取全新的形式,我首先需要重新疏远一切……"(1887 年 12 月 14 日致福克斯的信)他了结迄今为止的一切这一意识是确定的:"在某一重要意义上,此时我正值生命力旺盛之年,一扇门关上了,另一扇门就打开了……我逐步摆脱了各种人与事,将其一笔勾销。至于在我转向自己生命中真正的首要之事的此时此刻,有什么人或什么事应当保留下来……这是个重要的问题。"(1887 年 12 月 20 日致格尔斯多夫的信)"我此刻的任务是,尽可能深入地去汲取……以便我生命的果实逐渐成熟与甘甜"(1887 年 12 月 26 日致妹妹的信)。

但是,尼采并没有像自己所决定的那样,走上这条全新的道路,而是被别的事情牵制住了。他既没有多年间一个字也不付印,也没有在沉思中等待思想果实成熟,而是几个月之后便着手 1888 年的一系列著述。在这一年里,他有一系列论战性著述(《瓦格纳事件》、《偶像的黄昏》、《敌基督》)以及《看啊,这人!》以飞快的速度面世。他不再继续构造完整的哲学,而是以全新的眼光捕捉瞬间的东西,从而营造历史,径直将欧洲危机推向其顶峰,声嘶力竭,直至头脑患病才被迫沉默下来。

我们不妨来问,依据尼采的陈述,按照他自己的标准,他的著述是否尽善尽美,哪怕这只是指,就遗著整体而言,其思想内容在客观上一目了然。

证明尼采并未达到这一点的第一个证据是,他从 1884 年直至 1888 年一再说,并且常常用近似的话说,自己内心虽然在瞬间就意识到了整体思想,但要将整体思想当作一项使命,将其落实在著述中,却几乎完全没有做到。自 1884 年以来,这一整体思想是什么,他有意为之、有志为之的是什么,从未当真呈现出来。他想必看出自己有意为之的:"有些时候,这一使命完整而清晰地展现在我面前,一个庞大的哲学整体(这意味着比任何一种哲学都更为庞大)在我眼前分解开来……"
(1884年8月20日致欧文贝克的信)1888年,他再度处于同样的处境,
即看到这一整体,却未将其落实到著述之中:"那无疑极其庞大的使命,
其轮廓此刻就呈现在我的眼前,愈发清晰地从一团迷雾中呈现出来
了。"(1888年2月3日致欧文贝克的信)"我几乎每天都有一两个小时
时间来积聚精力,以便能够从头至尾地审视自己的总体构想……"
(1888年5月4日致勃兰兑斯的信)他很高兴看到,彼得·加斯特虽然
只读到他的著述的一些片断,看来却感受到了他的思想整体:"您看到,
这是一个整体。在我看来,凡是生长着的,都既生长入大地,同时又生
长入天空。"(1887年4月12日致加斯特的信)但是,尼采知道,这一整
体尚未成型。

在意识清晰的最后几个月,尼采确定自己已经功成名就,并在《看
啊,这人!》中极为满意地概括了自己的全部著述。此时,他已不想再处
理自己原定的哲学建构工作了。早在撰写1888年的著述时,他就离开
原先拟定的道路了。伴随他此刻认为自己必须做的,是一种以前几乎
从未有过的对自己功成名就的意识(能与此相提并论、却完全不是一回
事的,是他感受查拉图斯特拉的灵感的那一段日子):"就主要工作而
言,我此时较之任何时候都更能感觉到极其安宁,确信自己走上了属于
自己的道路,甚至接近了某个伟大的目标。"(1888年9月致欧文贝克
的信)"如今,我是这世上最心满意足的人了,这在任何正面的词义上都
含有秋日的气息,这是我伟大的收获季节。我对一切均举重若轻、从容
不迫,尽管有些人处理如此伟大的事物时很难下手。"(1888年10月18
日致欧文贝克的信)在精神病发作前几周,尼采开始想象自己做得尽善
尽美,他一直是幸福地度过这段时日的。

证明尼采设想的创作未付诸实施的第二项证据是,1888年精神病
复发前夕,他最后一次流露出对其著述的自我理解。1887年年底,当

他对至当时为止的一切做出强调时,补充道:"当然,这样一来,我迄今为止的生存便名副其实地呈现为一个纯粹的诺言。"(1887 年 12 月 20 日致加斯特的信)去世前不久,他希望有几年时间来仅仅享有一点:宁静、遗忘。他对多伊森提到:"为的是那即将成熟之物。"那姗姗来迟之物,即"我身后的声誉与人们对我一生的认可(否则,即使有上百条理由,一个人的一生也始终是成问题的!)"(1888 年 1 月 3 日)。想必他意识到,自己"哪怕取得了许许多多的成就",最终的却是:"我并未超出各式各样的尝试和冒险、预示和许诺。"(1888 年 2 月 13 日致加斯特的信)他无法做到百尺竿头更进一步了。在他 1888 年后半年的著述里,一种要征服人的、好斗的冲动支配了他,令他无法兑现自己的诺言。

在整体思想演绎过程中保持不变的——

认识尼采的思想发展进程,就会突出第三个思想阶段。这一阶段展现出他后期哲学思想所达到的唯一巅峰及其本源性,也与此不无矛盾地展示出他具有强烈教条色彩的思想僵化之处。而其他阶段则形同准备性阶段、先行性阶段。值得一问的是,尼采是否在所有时期都诉说了什么不变的东西。对尼采来说,这前两个阶段是否恰恰由于它们意味着准备性阶段,就不是值得体会其实质的,即不像人们看待这两个阶段的那样。

事实上,他的所有阶段都显示出一种相似性,即纵然不易察觉,也总有什么思想始终存在,尽管其真正的影响后来才显现出来。而且,以前的思想也保留下来了。例如,当尼采在第二个阶段阐述"自由精神"的观念时,这绝不意味着他中断了迄今为止的精神实质,向同时代人的"自由精神"过渡。他绝不会将自由精神等同于放任自流,也不会将其等同于对自由过分做作的信仰。他不想悬挂起"精神自由的讽刺肖像或漫画来顶礼膜拜"。相反,他要将那种为所有信仰忽略的、尝试性的严肃思想有步骤地孤立起来,并将其推行到极致。毕竟,他归根结底始终在履行这种严肃思想。他基于各种观念均已崩溃这一窘境做思考,为的是寻找到他借以生活的那种内涵丰富的自由。在这第二个思想阶段,他的意图就绝不是随便琢磨琢磨而已,而是要"绷起一条超出一个世纪的带电束带,将它从停尸房一直连接到全新的精神自由的新生儿室"(第11卷第10页)。如果说尼采在这第二个阶段尤其希望与称颂的是科学,那么他始终都在期望科学,即使他此前与以后都在如此彻底地质疑科学。此时,他不过是在强调科学而已,就仿佛自己刚从梦幻中觉醒一般,认为"有必要将整个实证主义全盘接受下来"。这里,他指的是实际性的知识。他随即补充说,他不希望这是实证主义,而希望这"却仍称得上是理念论的承担者"(第11卷第399页)。

从尼采的遗著中可以看出,他往往已然形成一些思想,却尚未公开诉说出来,要么很久以后才诉说出来,要么永远不诉说出来。有些表述出来的语句表面上自相矛盾,而其内在联系会越来越清楚。或许给人印象最深的实例是他于1874年论述瓦格纳的批评性札记,这段札记包括他于1888年进行毁灭性论战时的所有实质性观点,虽然1876年的《理查德·瓦格纳在拜罗伊特》还是以热情称颂这位大师的语气写下的。与此相应的是,尼采于1886年承认,他在论述叔本华与瓦格纳这一段时间里(第一个思想阶段),早就"什么也不再相信了","正如人们所说的那样,叔本华也不值得相信"。正是在这一时间产生了一份他秘密保存的著述《论超道德意义上的真理与谎言》(第3卷第4页)。事实上,这一著述已经包含了他对真理的深刻阐释,而这是他后来的哲学思辨的内容。

如果说他的思想发展进程两度表现出深重的危机,那么我们做更为详细的了解,马上就会揭示出,他在第三个阶段并未达到安宁,而是重新体现出,他的思想随时随刻处于危机之中。正如尼采终生灌注着一种奋发向上的热情,而这一热情在第一个阶段仅仅直接地表露出来一样,他终生同样灌注着否定性,这种否定性在第二个阶段表现为冷静的分析,在第三个阶段表现为压倒一切的危机意识。尽管如此,1880至1881年间,他显得开始有所充实了。而保持不变的是,来自某种尚属未来之物的、即使尚不确定也能凝聚一切的要求所带来的任何一场危机,对他而言实际上都是一种解脱。他还未拥有新的,就放弃了旧的。他可以脱离任何一座港口,以便在浩瀚的大海上面对无限。撰写《查拉图斯特拉如是说》那一时期的充实对他来说是不够的,他的使命始终尚未完成。这就像一切实证之物都要随即通过否定性,或作为否定性表现出来一样。这种实证之物的特点似乎在于,推动他前进,让他去把握,但随即又不是他以为自己把握到的那种情况了。因此,只要尼采受到自己实际上尚未企及的存在的真正触动,如同被它所伤害一般,就必定出现这种否定性。就好像尼采将某物把握为肯定之物时,反而他自己是被真正的肯定之物所把握了。这种真正的肯定之物毫不留情地将他实际上所把握之物从他手中打落。尼采一再体会到这一点,他又有意给自己提出无限的要求,这就是他的精神生活始终经受危机的由来。有一些关键性危机只是达到最为显见的危机顶峰罢了。

尼采在回顾中令人信服地指出,他的初期思想与最终哲学实质上彼此一致。此时,他思想中保持不变之处愈发可感可触。例如,他后来(1886年)对《悲剧的诞生》做自我批判时(此时,他批判此书的"形式上的形而上学"、"浪漫主义"及其形而上学式"慰藉"),便在问题的实质,即狄奥尼索斯的焕然一新中看到,自己的意旨自始至终是一致的。他总是在做同样的决断:"这些决断早就有了,尽管在我的《悲剧的诞生》中,它们是尽可能地被掩饰起来、被晦涩化了的。我在这一期间额外学到的,都生长入其中,成为其中的一个部分。"(1885年7月致欧文贝克的信)他在早期著述中感受到的那种驱动力,在以后的日子里仍然驱动着他："通读我的著述时……我欣喜地发现,我内心还留有所有那些在著述中吐露出来的强烈意志冲动……此外,我生活得如同我为自己预设的(即在《叔本华作为教育家》中预设的)一样。"(1884 年夏致欧文贝克的信)他在论述自己有关叔本华与瓦格纳的著述时,最后讲道:"这两个人只是在说我心里的话,只不过提前说了而已……在我心里,瓦格纳与叔本华都未出现过。"(1888 年 12 月 9 日致加斯特的信)

反过来说,尼采很早就不仅事先讲述出,自己想要成为什么样的人,而且事先讲述出,自己会成为什么样的人。早在 1876 年之前,他就写下听起来像是他预感到自己结局的一番话:"最后的哲学家享有硕果累累的孤独感!他置身于大自然,鹰鸢在他头上盘旋。"(第 10 卷第 146 页)当时他就写出《最后的哲学家同自己的谈话》:"我称自己为最后的哲学家,因为我是最后一个人。除了我自己之外,没有人同我攀谈。我的声音听起来形同死者传给我的声音!……我靠你来掩饰自己的孤独,用形形色色的事物以及爱来蒙骗自己,因为我的心灵……经受不起最为孤寂的孤独感的颤栗,迫使我像两个人一般地倾谈。"(第 10 卷第 147 页)这是尼采在巴塞尔做教授时写下的,当时他周围都是朋友,他正对瓦格纳报以极大热情,他的《悲剧的诞生》获得了成功,而他的视野里尚未出现查拉图斯特拉。

最终,最让人惊讶的是,这个青年撰写的早期著述(1858 至 1868 年)中就已经出现了他后来的哲学中的各种精神脉动与思想:

此时,基督教就已经不再仅仅是他借以确定自己思想深度的某种思想形态,而是这样一个问题的对象:"如果人们意识到,全部基督教都建立在假设之上,上帝存在、灵魂不朽、《圣经》的权威性、人的灵感始终还是问题,那么人们还会产生巨大的思想转变。我曾试图否认一切:噢,拆台容易,可营造并不容易!"(1862 年著述第 61 页)他也谈到"同现有的一切决裂","怀疑 2000 年来人类是否都是被虚假幻象所误导的"(1862 年著述第 62 页)。

此外,他已然形成了有关超出一般之人的思想:"只有充实而深沉的人才能如此充分地奉献出极度的激情,就仿佛他们近乎脱离了人性一般"(同上,第 90 页)。就思想发展而言,此时,他已将超出一般之人的思想纳入对无限未来的空泛视域,并将其同永恒轮回的思想联系起来:"我们几乎不知道,人类自己是否仅仅是一个过渡,是总体中的一个阶段,是在生成之中的……这种永恒生成永无止境吗?"(同上,第 62 页)

他在这一时期接受的实证主义式思辨也冒了出来,如他问道:是什么让许多人的心灵屈就日常习惯之事? 他的答案是:"是头颅与脊柱的先天性结构、父母的地位与天性、人的日常社会关系……"(同上,第 64 页)

就仿佛尼采预先形成了自己后来在 1888 年的最终意图一般,他在玩味这样一种思想:"只要我们有可能以强大的意志颠覆全部世界历史,我们马上就会加入独立的神祇的行列。"但是,他随即明言:"那样的话,对我们来说,世界历史无非就是一种梦幻般的自我迷失状态。帷幕落下来了,人再度觉醒……像儿童一样,在旭日东升时醒来,欢笑着抹去夜间的恐怖梦魇。"(同上,第 65 页)

那标志着尼采的命运、并且非同寻常的是,何以这个人在 15 岁(1859 年)就试图用尚不明确的思想表述出,自己为彻底独立而渴望解放:

> 无人勇于,
>
> 向我询问,
>
> 我的家乡。
>
> 我无所牵挂,

驰于寰宇与飞逝的时光，

像雄鹰一般自由。

友谊与孤寂

尼采热切渴望与他人交流，而他愈发孤独，这是他平生的基本情况。对此的明证就是他的那些书信。书信同时意味着他著述的一个组成部分，而著述与他的生平密不可分。

尼采有一些优秀的人物做朋友，他同当时第一流的思想家建立了联系，周围有一些出色人物，却未能真正地吸引任何一个人，或为任何一个人所吸引。

了解他的友人——了解他们每一个人特有的自我实现的方式、他们对思想内容的表述、他们思想变化的各个阶段、他们的失误之处——，这是我们接触尼采其人及其思想所不可替代的入手处，同时是对种种友谊的独到体会。要把握这一笔财富，不在于列举他身边出现过多少人，而在于弄清他有可能缔结哪些性质完全不同的友谊。我们要做的是，准确把握种种可能性及其结果，把握他的孤独。我们可以根据下述事实情况做一番考察：

尼采同埃尔文·洛德和理查德·瓦格纳这两位友人交往至深。友情为时不长，但在内心深处，这两个人伴随了他的一生。只要他与他们相伴，他就尚不是真正孤独的。一俟同他们分离，他马上便陷入彻底的孤独。

他在孤寂之中尝试结交新的朋友（保尔·雷、路·莎乐美、海·冯·施泰因）。这些人的重要性比不上他失去的那两位友人，尽管这些人并非不重要，并非不无意义。同这些人中的每一位相交，也会令他产生失望、蒙受新的挫折。在这段时日里，有一个人若隐若现地似乎替代了令尼采怅然若失的所有人。此人虽然分量不重，却因尼采的幻想而改头换面。这就是彼得·加斯特。

针对他交友受挫这种命运的动荡，其他人际关系则持久一些，并支撑起他的生活。只是这些持久的人际关系并未在他生存——他的为人、他的使命——的深刻性上起到什么作用。由于尼采天性使然，任何持久的，都不可能是可靠的。亲朋好友是这样，靠频繁更换对象而显得持久的社交也是这样——社交就是人来人往、再度谋面，却永远不会触动人，同形形色色的重要人物交际、交流思想是这样，依靠忠实的欧文贝克时，同样是这样。

结果随处可见：深深的孤独感。值得一问的是，在尼采作为一个例外者的生存中，这种孤独有多么必要。如果说对于交往所需要的基础和条件，尼采看起来毫无准备，那么就可以理解，他的使命怎样扭曲了他这个人，扭曲了他交友的种种可能性。至于尼采本人是如何理解自己的孤寂的，这个问题即使无法回答，也要得以澄清。

洛德与瓦格纳——

只有两位友人是尼采的实际命运所在：埃尔文·洛德是尼采青年时代的朋友，理查德·瓦格纳是唯一富有创造力的艺术家。尼采比后者年轻 30 岁，对他无比敬仰。

1867 年，尼采与洛德相互保持的友谊变得无以复加。[11]他们去上课时，"身着骑士服，手执马鞭，洋溢着精神活力、健康气息与青年人的自信，在他人看来像两位年轻的神祇"（《青年尼采》第 190 页）。人们称他俩是狄俄斯库里兄弟[12]，而他俩觉得一同面对众人，"仿佛曲高和寡一般"（1867 年 9 月 10 日洛德致尼采的信）。将两人联系起来的，是某种对伦理学与哲学式共同体的热忱。当他俩"深入讨论时，氛围平静而和睦"（《尼采传》第 1 卷第 243 页）。两人于这一年开始的通信往来将这种谈话继续下去,他俩的共同之处是对"现时代"的拒斥态度、对叔本华与瓦格纳的爱好、对于哲学研究的看法和对古希腊思想的吸收。1876年洛德结婚之后,他们的通信往来随即变得不再频繁,中断了相当长一段时间,偶尔传递一下消息与问候,并于1887年因关系破裂而终止。

他们于1867至1876年间的通信往来是两个思想境界甚高的青年学生之间友情无可比拟的明证。而这一段友谊未持续下来,对尼采来说是个致命的厄运。但是,这同时形同一种象征,即尼采对生存的真实性抱有绝对要求,令他无法生活在市民社会之中,即使他遇到的是精英人物。值得一问的是,他俩是如何分手的。

从他俩于1867至1876年通信联系,到后来发生芥蒂,可以让人看出一些端倪,而这些端倪是危机的实质性标志。

洛德视自己为接受的一方,视尼采为施予的一方,他设想自己是那位更强的人的学生,设想自己是不善创造的人,面对的是富有创造力的人:"有时,我觉我这个人几乎就像个废物,做不到同你一道去大海深处采集珍珠,而是以一种童稚的快乐心情玩味小儿科和语文学中的小鱼小虾……但是,我的思想总是追随着你的……这样,我们就会始终团结一致,我亲爱的朋友,尽管你在用凿子凿上帝的偶像,而我不得不靠做些小小的木匠活自娱。"(1871年12月22日)

要结交一名独一无二的朋友,这一强烈渴望在洛德身上比在尼采身上表现得尤为明显。尼采维系这份友情,是出于他要完成使命这一深刻的理由。他们通信的全部语气都表现出,洛德这一方的友情更为忘我。就好像洛德将自己的全部情感都汇集到这位朋友身上。他常常请求对方给他写一封信,写一行字。他很敏感的是,尼采是否同样忠诚,对他是否有好感。

其实一切都是以尼采为中心的。洛德没有同尼采的著述及其写作规划旗鼓相当的东西。他那些纯属技术上的辅助工作常常为尼采所用，而他也乐于提供这种帮助。当维拉莫维茨更多地显示出友情，而不是语言学上的一致思想时，洛德这种帮助在其针对维拉莫维茨而写的《战友情》（Waffenbrüderschaft）中便达到登峰造极的程度。洛德做的一件事是，用自己的一篇著述公开支持遭语文学家们排挤的尼采，而这一举动危害了洛德自己的学院生涯。

针对尼采思想与写作规划中所有偏激之处、狂妄之处，洛德均不知不觉地保持审慎态度。例如，针对尼采要放弃一团糟的学院、建立一个世界性修道院式团体这一思想，针对尼采漫无边际的文化建设方案——其从文化基础因素直至最高要求的"义务相互咬合之链"尚未清晰可见——针对尼采要将教授席位转让给自己，以便尼采本人（通过做巡回讲演等方式）终生致力于宣传瓦格纳作品这一设想，他均持审慎态度。这种防范性的克制态度出自本性，它不是在拒绝，不是在显示优越。

但是，一旦洛德将自己的审慎态度转变为自觉的协调一致的做法，一旦洛德对青年朋友的强烈感情由于根本得不到尼采同样的回应而淡漠了，一旦洛德再不能从尼采那里感受到至高的思想动力，不再以尼采为榜样，那么无需做出什么明显之举或说出什么明显之话，这段友情便湮没了。这种情况的出现，并非两个人中的任何一个有意为之。洛德不知不觉地改变了自己的感受，而尼采尽管思想千变万化，对洛德的感情始终如一，对这位友人的渴望有增无减。在自1876年起的通信中，洛德的口气变得客气了，而尼采以朴素的口气充分流露了故交的感情。

他们疏远的原因是显而易见的。洛德一结婚便中断了定期的通信，这一事实绝非偶然。洛德的友情在很大程度上是在满足他渴望爱以及有人陪伴这一基本需求，当这种感情可以找到其他渠道时，他便对友谊淡漠了。尼采的感情特点却不同，它在青年时期虽不充沛，但贯穿了其一生。结婚后,洛德同市民社会、这一社会的种种规矩及其通行看法,以及语文学家这一职业的种种守则联系愈发紧密了。

对洛德与尼采来说,他们的不同天性代表着不同的世界。在青年时代,俩人有着无限的前景,在好高骛远这一点上不谋而合。接下来,俩人便走上了截然相反的道路;尼采保持着青春的朝气,因信仰自己的使命而在生活中无着无落;洛德则老朽了、市民化了、踏踏实实的了,并变得缺乏信念了。因此,尼采的基本特征是勇敢顽强,洛德的基本特征则是一种讽刺性的自控。

洛德天性上的特点是,他始终在受难。在青年时期,这一点就时不时显现出来。他怀疑一切,又充满渴望。他一向既在攫取,又在抱怨:"要是我是个彻头彻尾的学者就好了!要是我完全像瓦格纳就好了!可我这样只是半个瓦格纳,外加一丁点儿浮士德。"(1876 年 6 月 2 日)洛德自己知道,他的道路通向何方。但了解到这一点,对他于事无补。他走出一步之后,便在极不稳定的状态中晃来晃去。像有一次走出这样一步前后,他分别做出过下述表述:

1869 年 1 月 3 日(24 岁时):"正当的确定性是市侩庸人、理智健全之人、照本宣科的教授们、崇尚民族自由的凡夫俗子们的国度。我们这些心灵孱弱的人只能生活在临时境遇中,就像鱼儿只能生活在流动的水溪里。"

1878 年 2 月 15 日(33 岁时):"终究是一种有益的沉闷状态才能让人活下去……我的婚姻为我刻板的生涯完整地制定出全部规则……另外,婚姻是一件令人深思的事情。简直无法想象,婚姻会如何衰老下去,因为我正站在某个顶峰,而它的上方已经一无所有。"

洛德保留的是青年时代的生活内容,而不是其思想意识。他将古希腊思想当作考察对象,而不是当作衡量自己义务的尺度。在拜罗伊特,他以浪漫的情感寻求自失的时刻,却毫无保留地遵从语文学的规则。早在 1878 年，他就再也不能理解尼采了。他倔强地谈论自己说："我不可能脱离自己。"（1878 年 6 月 16 日致尼采的信）最初，洛德虽然不接受尼采的观点，却似乎仍能意识到尼采的优秀天性："我是始终一贯的，如果说我曾同你志同道合的话，那么此刻也一样。我曾一度被提到一个更高的境界上去，就仿佛我被封为精神贵族。"（1879 年 12 月 22 日）但是，尼采不久就看出了他们之间的遥远距离。他收到洛德的一封信后，曾深有感触地致信欧文贝克说："洛德朋友写了一封长信谈他自己，这封信令我感到近乎双倍的遗憾。第一，这样一个人在生活取向上竟毫无见解！第二，他措辞品位不佳的地方太多（或许用德国大学里的说法，这叫做'诙谐'——愿老天保佑我们不要这样了）。"（1881 年 4 月 28 日）尼采再也感觉不到洛德同自己还有什么关系了："洛德写了封信——我不相信他对我的描述是正确的……他已经无力向我学习什么了——他对我的激情和痛楚毫无感觉。"（1882 年 3 月致欧文贝克的信）洛德仍在用一种既保持距离，又拔高自己的评价来自助："亲爱的朋友，你生活在情绪与思想的另一个高度上，就仿佛你从我们大家穿巡与喘息于其中的那片迷茫气氛中飞腾起来了……"（1883 年 12 月 22 日）但是，从实质上说，这一评价与其说是洛德所感受的，不如说是他所希望的。而且它转变为最无情、最恼怒的否定。他读过《善与恶的彼岸》之后，就在致欧文贝克的信中流露出这种否定态度：

"大部分我读起来都极不满意……对全部思想以及每一处思想都反感得恶心。真正的哲学思辨在这里既贫乏又幼稚，就像政客们既无耻又世故一般……一切只是随心所欲的念头……我再也无法认真看待这种不断变换人兽状态的情况了……这是某位思想丰富、却不善表达自己真正意思的天才说的话……这类东西毫无影响力，我觉得是理所当然的……这格外令人恼火，尤其是作者一派虚荣心令人恼火……这种在他那里随处可见的、归根结底纯属模仿与拼凑的思想流露出其毫无创见……尼采终究是个评论家，也始终是个评论家……我们别的人也对自己不满足，但我们不要求对自己的缺点做莫名其妙的奉扬。他有必要彻底老实地、一板一眼地做研究……为了冷静下来，我就去读了路德维希·李希特的自传……"（1886 年）

最后，洛德对欧文贝克否认了自己以前同尼采反对维拉莫维茨时结下的战友情，认为那是青年人的愚蠢之举（贝尔诺力著述第 2 卷第 155 页）。在他那部论述他们青年时期共同的研究对象的《心理学》（1893 年）中，他从未提到尼采。这样，洛德同样将尼采排除出研究古希腊史的专家行列之外了。

洛德与尼采天性有别，这一点由于反差明显，就连尼采也意识到了。洛德从一开始就是个内心没有主见的怀疑论者，倾向于听天由命，把握外来的依靠。而尼采很早就做得截然相反，而且一贯截然相反："无论世间何事，绝不向妥协迈出一步！只有忠实于自己，才能获得巨大成功……如果我变得软弱、陷入怀疑论，则我不仅会伤害或毁灭自己，而且会伤害或毁灭许多同我一起成长起来的人。"（1876 年 4 月 15 日致格尔斯多夫的信）与此相反，洛德早在 1869 年就说过："在所有事情上，我最初内心爱发火、爱反叛，后来就逐渐听天由命，像别人一样行事拖泥带水的了……"他准备接受"天命，即煽动着沉重翅膀、身上插着令人昏昏欲睡的罂粟杆的女神……人们称之为满足"（1871 年 4 月 22 日）。洛德没有走上尼采的道路——这条道路令每一次失望都成为他自我教育的因素，令每一个阶段都成为他要克服的对象，而是"在工作中寻求一种慰藉，甚至近乎一种麻醉"（1870 年 2 月 15 日）。其结果是，洛德一方面取得了学术"成就"，另一方面在内心承担了过多不可理喻之事。因此，他常常抱怨说："我不是个自由的人。"对外界的失望会令他"整周、整月地将一切看得一团漆黑、毫无希望"（1873 年 12 月 23 日）。他对自己要求甚高，对自己的研究方法解释来、解释去，对自己越来越不满。他被日常生活中鸡毛蒜皮之事所拖累,错失了思想飞跃。但是,至少要保留自己取得的成就这样一种正当意志保留下来了,而这也足够他驰骋语文学工作的领域,足以让他做得较之一名语文学家惯常做得更多。这样一来,他同尼采的关系就愈发不稳定了。他愿意依据自己的理解,把一切都做得既正确又优秀,却从肯定倒向否定,随后又反过来从否定倒向肯定。他同尼采的联系不过就是一段浪漫的回忆罢了。

经过 10 年间歇之后,这两位朋友于 1886 年在莱比锡最后一次见面。洛德由于"根本无关紧要的一些思想分歧而觉得极不痛快,而这一点对他来说是典型的"(《书信集》第 2 卷,第 23 页)。触动尼采的是,他再度发现,这位朋友"在无关痛痒的思想分歧上纠缠不清,唠叨起来没完没了,对所有事情和任何事情都不满意"(同上,第 24 页)。洛德论述尼采说:"他身上散发着一种无法描述的给人以陌生感的氛围,这当初就让我当真害怕……就仿佛他来自一个荒无人烟之地。"(同上,第 25 页)尼采当初没有去过洛德家里,从未见过他的妻子儿女。一年后,由于洛德狂妄地流露出贬低泰纳的意思,他与尼采两人中断了书信往来。他们都试图弥补裂痕,但未成功。尼采患精神病后,洛德销毁了自己写给尼采的最后那几封令尼采勃然大怒的信,但未销毁尼采写给他的信。当尼采的妹妹将洛德的死讯告诉患病的尼采时,他"睁大了悲哀的眼睛看着她说:洛德死了吗?噢!他轻声说道……一大串眼泪缓缓地流过他的面颊"(同上,第 27 页)。

尼采同理查德·瓦格纳之间的友谊,[13]情形看起来很简单:"年轻的那一位充满热忱和敬仰地为那位大师服务",并早在《悲剧的诞生》(1871 年)以及后来的《瓦格纳在拜罗伊特》(1876 年)中就提到了后者的作品。但是,尼采改变了自己对瓦格纳的评价,最初是悄悄地退了回去,走上自己的哲学之路,最后于 1888 年撰写了反对瓦格纳音乐的论战性小册子。在这本小册子里，他转向以前观点的对立面。看来，尼采背离了自己之前崇敬的那位伟大人物，产生了无法理喻的思想转变。有些人指责尼采不忠诚，将其归咎于他开始病入膏肓，认为自从写《人性的、太人性的》这部著述时，他就开始病入膏肓了；另有一些人反而认为尼采独立了，他们认可地接受了尼采对瓦格纳的批判，据此评价先前那段友谊，认为尼采一度从自己的高度上降低到瓦格纳的高度上。这两种人都过于简单地看待这段友谊了。

首先，尼采有可能从一开始就进行批判了。1874年1月，这一批判的所有实质内容甚至都已落在稿纸上了（第10卷第427至450页）。这一点，读者回顾一下《理查德·瓦格纳在拜罗伊特》（1876年）这一著述，便可一目了然。这一批判虽然初看上去必定像是毁灭性的，其特点却在于，它并没有排除同那位受到如此批判的人最为密切的联系。

其次，尼采不仅在开始时，而且直至生命终点都将瓦格纳视为他那一时代唯一且无与伦比的天才。他对瓦格纳的批判就是对时代的批判。只要尼采还信任这一时代，认为这一时代有可能实现全新的文化，他就站在瓦格纳一边；只要他认为这个时代在总体上沦为一片废墟，因而从完全不同的精神层次中，而不是从艺术作品与戏剧中探索如何更新人，他就站在瓦格纳的对立面。只要尼采意识到，自己从属于这一时代，他对瓦格纳的批判就同时是对他自己作为瓦格纳的追随者的批判。

出于这两条理由，尽管尼采强烈反对瓦格纳，他同样反对那些接受他对瓦格纳的批判，接受他尖锐、无情、揭露性措辞的人。因为这些人并不理解他的批判，因为这些人没有领会他追问人的存在的深刻意义，而只了解其直接的、责骂性的、表面上只是心理分析性的词意，这就是说，将其当作单纯的论战性小册子了："当然，我不会如此轻易地赋予所有人以权利，将我的评价变成他们的评价……我绝不允许让像理查德·瓦格纳这样一个伟人落入所有无礼的坏蛋嘴里，无论他们是奉承

还是唱反调。"(第 14 卷第 378 页)

尼采无论是表示崇敬还是进行批判，都关联着当今的人是否有可能进行创造这一事业。在瓦格纳这位当代天才身上，尼采意识到这个时代本身是怎么一回事。只要他将瓦格纳看作一个新生的埃斯库罗斯，[14] 即在他看来这个世上可能有的、活跃在当今的伟人，他就还相信这个时代。只要他因有关真理、纯正、实质的准则而对瓦格纳持有怀疑，他就觉得整个时代没落了。

为人与行事是统一的，友谊同时代的最高事业是统一的，这促使尼采对瓦格纳产生友情，并将这种友情当作对人类至高本性的体验。他唯一要做的，就是直接而实际性地佐助伟大的事业在这世上得以实现：依靠瓦格纳的天赋、依靠古希腊文化传统、依靠围绕人类存在而展开的哲学思辨，全新的文化就会产生。他在拜罗伊特的文艺活动与瓦格纳的所有表现中看出，尽管这一切都很了不起，但用他有关真理、现实、人类文化的标准来衡量，而不是根据表面现象来看，则这些都是做戏而已。这样，他的标准不仅消灭了现今一切现实的价值，将他同所有人分隔开，而且令他不可能在这看起来如此这般的世界上发挥任何作用。他一度想同瓦格纳一道在这世上有所作为、有所建树、有所创造，而后来他所做的一切只是思考，并将所思所想书写出来。他身陷被人遗忘、孤独寂寞、不受重视的境地，对现今的一切前途均不抱希望。此时，他要为自己经历不到的未来做准备。瓦格纳提出的问题——创造出人的更高境界，尼采最终认识到也是自己要解决的问题。但是，尼采的回答截然不同。因此，他后来依然认可这样一些人的看法，这些人"知道，我今天仍同以往一样信仰瓦格纳所信仰的理想。——是什么使得我在许许多多人性的、太人性的事情中裹足不前，是什么妨碍了理查德·瓦格纳通向理想的道路"（1886 年 10 月 29 日致欧文贝克的信）。

由此，尼采尽管总同瓦格纳过不去，却同瓦格纳紧密相关，就是可以理解的了。如果说正像尼采所理解、所深爱的那样,瓦格纳关心的,是人的存在这同一个问题,并为这一问题所打动,那么尼采从未在任何一个同时代人那里,像在瓦格纳那里一样,寻找到这一问题。临终前不久,尼采听了《帕西法尔》(Parsifal)预演会后写道:"想到它时,我深感震惊。我感到自己是如此深受鼓舞,如此深受触动。就仿佛多年来终于有人向我诉说我所关心的问题,当然还没有我多多少少有了一些的答案……"(1887年2月22日致妹妹的信)当他完全抛开敌对情绪时,便突然间感觉到:"我当真大吃一惊地意识到,我同瓦格纳实质上有多么相像。"(1882年7月25日致加斯特的信)

尼采深爱瓦格纳,认为他为人与行事是统一的,就仿佛他是他的使命的人格化身一般:"瓦格纳是我所认识的最完满的人。"(1883年3月22日致欧文贝克的信)"除他之外,我不爱任何人。他是个表里如一的人……"(第14卷第379页)正如同时代人所证实的那样,同瓦格纳交往,肯定令尼采产生绝无仅有、无与伦比的幸福感。这种私人的亲近感和对使命的意识都是登峰造极的,相形之下,尼采对自己后来涉入的所有人际关系都感到索然无味:"如果不考虑理·瓦格纳的话,则迄今为止我还未遇见过具有千万重激情与痛楚、值得我去理解的人。"(1871年11月12日致欧文贝克的信)"那时我们互敬互爱,总在替对方着想——那的确是一种深刻的爱,毫无附带的想法。"(1883年4月27日致加斯特的信)最后,他在《看啊,这人!》中写道:"我对自己其余的人际关系毫不在乎,付任何代价也绝不会忘却在特里布申的日子。那是一段充满信任、欢乐、意外之喜的日子——那是触动内心的时刻……"(第15卷第37页)

只有意识到这一情况,我们才能感受到,尼采在他追求真理的无情意志的驱动下,做出了多么痛苦的、自我折磨式的思想斗争。这种思想斗争原本并非意在摆脱瓦格纳,而是为争取瓦格纳而做准备。尼采在全身心地倾向于瓦格纳之后,如为他而修改和补充了《悲剧的诞生》之后,便寄希望于对瓦格纳施加影响。这是一种要在抗争中进行交往的意志。在其他人面前,尼采像个师长。例如,他对多伊森保持距离,既善良又友好,批评他之后便同他断交了。对瓦格纳不置一词,则是唯一一例。尼采怀着全身心的挚爱意识到:以无限的真诚心态与谦虚的情愿之心,为自己所崇敬的这位天才去受难,为他做牺牲,是事关一切的。尼采坚守这份友情,瓦格纳则对于不直接有益于自己作品的东西均不感兴趣。尼采自 1873 年起就看出瓦格纳作品的危害、其潜在的与事实上的缺陷,试图不声不响地克服掉它或遗忘掉它。他强迫自己写下《瓦格纳在拜罗伊特》这篇著述,在进行善意的批评时,希望能够对瓦格纳的内心起到影响,因而也担心,自己的著作会遭到瓦格纳彻底的拒绝。瓦格纳不理解这一点,他只听别人颂扬自己。

1876 年,文艺会演揭幕时,由于前往参观的人数众多,由于富裕的市民公众素质一般,由于活动纷纷攘攘,尼采觉得受不了。他觉得这不是德国文化的革新。此时,他最终确信自己受到了蒙蔽,有必要摆脱这种蒙蔽。但是,即使是在这时——当他于 1876 年突然离开拜罗伊特,以便在孤寂中进行沉思时,他还希望维持同瓦格纳的友谊。他从《人性的,太人性的》一书中删去了有可能伤害这一友谊的地方,将这本书寄给瓦格纳,附上争取赢得对方忠诚与挚爱之心的诗行,正直地相信,在彼此尊重对方的不同道路这一情况下,他们还有可能做朋友:"朋友,没有什么能把我们联系起来,但我们是朋友,因为我们一个人促成了另一个人的道路,即使我们两人的道路大相径庭……我们就像两棵大树在并排生长,并正因如此而生长得笔直而挺拔,因为我们枝杈相接。"(第11 卷第 154 页)尼采的希望落空了。瓦格纳冷淡地保持沉默。尼采将他们之间的这种情况当作对自己的一种"致命伤害"。这就是结局。

尼采努力争取瓦格纳,委婉地尝试通过真正的交流来影响瓦格纳,而瓦格纳对此未能体会。正如后来的研究人员看到的那样,看起来就连瓦格纳也觉得,他们的断交来得突然,令他毫无准备(他拥有了尼采,而当《人性的、太人性的》一书出版时,他又失去了尼采)。对瓦格纳来说,同尼采的友情可算作一段插曲。这位较尼采年长 30 岁的人,其作品的成熟已持续了很长时间。尼采是来为这些作品添枝加叶的。只是对于瓦格纳来说,这段插曲是绝无仅有的。1871 年,他致信尼采谈及《悲剧的诞生》说:"我还没有读过比您的书更好的书!……我对柯西玛说,继她之后就数得上您了,在此之后很长时间不会有别人了……"1872 年他写道:"准确地说来,您是继我妻子之后我在生活中唯一的收益。"1873 年他写道:"我又读了一遍,我向您对天发誓,我认为您是唯一理解我的意旨的人。"1876 年,他谈论《理查德·瓦格纳在拜罗伊特》这一著述说:"朋友,您的著作太棒了! 您是怎么体会到我的想法的?"后来,瓦格纳始终未表示出他对尼采的理解。他只是还表达了敬意。

他们的分手对瓦格纳并算不了什么,对尼采却至关重要。尼采直至临终,著作与书信都满是关于瓦格纳的或直接或间接的陈述、关于他们的友情的陈述、关于尼采的遗憾的陈述。他一直在回忆:"什么都不能弥补我在近年来失去了瓦格纳的好感……我们之间从未有过一句难听的话,我做梦时也未说过,但我们讲过许多令人鼓舞、令人欣慰的话,也许我同任何人都未曾一起有过如此之多的欢笑。而如今这一切都已过去——即使在有些地方反对他是有道理的,这又有何益呢! 难道这失去了的好感可以从记忆中抹去吗!"(1880 年 8 月 20 日致加斯特的信)尼采在索伦特(1876 年)同瓦格纳做最后几次谈话时,就感觉到他们要分手,这似乎正应了他这番话:"由于感受与看法不再一致,人们终究要分手,道别反而使得我们最为接近一个人,我们奋力去推倒人的不同天性在人们之间树立起的那一堵墙。"(第 11 卷第 154 页)尼采从未懊悔同瓦格纳共事。他的回忆总是在做肯定:"我的误会——指我以为我们有共同的相关使命——既没有给他，也没有给我带来耻辱……当时让我们这两个极其不同的孤独的人既未感到一丝窒息，又未感到惬意，这就够了。"（第14卷第379页）

瓦格纳的形象保留在尼采内心，他不得不同这一形象相抗争，就像他多年来接近瓦格纳时那样："无论是同瓦格纳交往，还是不再同瓦格纳交往，都正当地对待人，这曾是我经受的最严峻的考验。"（1883年4月27日致加斯特的信）即使是他无比严峻地爆发出批评之词时，人们相信，除了事关人类本质之命运的深刻严肃性之外，也听到了充满挚爱的声音。在无比神奇地变化万千的人的心灵中，挚爱只有可能在一时间乔装打扮而以恨的面目出现。

孤寂的日子——

自1876年起，尼采的交友出现了最深刻的转变，这是他的人际关系的转折点。

1876年，尼采不仅在拜罗伊特最终感到了失望，无可挽回地在内心脱离了瓦格纳，这一年欧文贝克还结了婚，尼采同欧文贝克共居一所房子的5年时间结束了。洛德也结婚了。1878年，《人性的，太人性的》一书出版。结果是，瓦格纳公开表示轻蔑地将此书束之高阁，洛德也对此书感到陌生："难道人们能够摆脱自己的心灵，再换上另一副心灵吗？"（1878年6月16日致尼采的信）几乎尼采身边所有的人，那些曾经同尼采一起高看瓦格纳的人，都同尼采分道扬镳了。

尼采依然决心完成自己的使命，而这一决心导致一个必然结果，即他要彻底脱离自己迄今为止保持的所有联系。尼采希望自己的现实世界与通常的现实世界协调一致。作为这样一个人，他当然希望走上另外一条道路。当他想要把握通常的世界时，他所感受到的消极经验只是在警告他，要意识到自己天性例外，不可能真正地、幸福地走别人的道路。从他自然而然地产生的痛苦,到他意识到自己另有使命,从他怀念他人时感情朴实得令人感动,到他高傲地确定自己的天命,都流露出他的抉择。他全身心地、坚定不移地遵从这一抉择,即使这一抉择在个别时候会再度被掩饰起来。看到洛德的订婚广告后,他在给洛德的去信中附上了一首诗:

> 一只小鸟在夜间高鸣求偶,一名孤独的漫游者在驻足窃听:
> 不,漫游的人,不!我不会向你问候,
> 以自己的嘤嘤之声!…
> 你应当不断前行,
> 永远不会理会我的歌声!……

尼采写道:"也许我心中有一片不好的空白,但我的需求与渴望有所不同,我不知道如何将它说出并解释清楚。"(1876 年 7 月 18 日致洛德的信)

尼采开始走上孤寂的道路。从此,他便知道自己的道路是孤寂的。在新的道路上,他尝试着去接触新人。这就如同在最终要分道扬镳的深渊边缘争取友情。他又有三次发自内心地去接近人:保尔·雷、路·莎乐美、海·冯·施泰因。三次他都失望了。

保尔·雷[15]是医生,撰写了论述道德感起源的著述,比尼采年轻 5 岁,同尼采——尤其是在 1876 至 1877 年,当时尼采在玛尔维达·冯·梅森布克位于索伦特地区的家中度过了冬天——密切讨论他们共同关心的话题。他们对道德的来源及其经验现实性作了无先验前提的、自然主义式的心理学探讨。尽管尼采后来明确地同他保持距离(因为雷对道德的分析建立在英国模式基础上,在道德起源及其目标上与尼采完全不同),尽管尼采从雷那里什么也没有学到(因为在他们结识之前,尼采就掌握了自己的一些重要论断),但在当时,同雷的谈话这一事实对尼采来说必定是个极大的安慰。至少能够同一个人无拘无束地谈论这些事情,谈论他当时的最终问题,这就足以令他欢欣鼓舞。穷根究底的分析所得出的冷静结论,当时也让他醉畅淋漓(因此,他有一段时间忽视这些结论的平淡无奇)。那是一种他想呼吸的涤除了幻想的洁净气氛。有一段时间,他想必极其欣赏和倾向于雷。但是,这种欣赏和倾向并没有带来欢乐的友情,根本不能取代同瓦格纳共处时闻所未闻的充实感。

路·莎乐美[16]是尼采于1882年在罗马经玛·冯·梅森布克和保尔·雷的介绍才认识的,他于同年秋季便同她彻底分手了。人们希望将这位思想超凡的女子引荐给尼采,做尼采的学生和尼采哲学的门人。尼采对她的思想印象极深,充满热忱地——没有任何性欲色彩地——希望,能够教育一个人接受自己的哲学。在他的思想迄今为止毫无例外地令他同所有人产生隔阂之后,尽管他在内心深处并不希望有这种隔阂,他试图将路培养成能够理解自己哲学中最为隐秘的思想的学生:"我不想再孤独下去,想重新学习做一个人。噢,在这项学业上,我几乎一切都要学!"(1882年致路的信)这一关系不仅是他同路之间的事情,雷与尼采的妹妹起到了重要作用。这件事情以失望而告终,事后由于各种传闻以及一封信被尼采偶然间发现出来等,传得沸沸扬扬,弄到尼采要同雷决斗的程度,因为他觉得自己遭受伤害和玷污,已经到了忍无可忍的地步。时至今日,真正的前因后果也未向公众交代清楚。

首先,尼采的实际情形是,他至此尚未认识到,自己这样做是无根无据的。随着他不再相信自己找到一个同自己"负有完全同样使命"的人,他不仅产生了巨大的失望:"要是没有这样草率地信任他人,我便不会如此深深地感受孤独……感受痛苦……只要我梦想一下自己不是孤独的,就有着可怕的危险。至今我有些时候还不知道如何忍受自己"

（1883 年 12 月 8 日致欧文贝克的信），而且，强加于人的感受令他感到异样。他抱怨说，自己"最终会成为一种无情的复仇感的牺牲品"，而他"内心的思想方式拒绝报复和惩罚自己"（1883 年 8 月 28 日致欧文贝克的信）。

同尼采跟瓦格纳决裂时承受的巨大厄运与深重痛苦相比较，这次可谓天差地别。虽然这两次分手的情况都像尼采于 1883 年讲的那样："我是个过分紧张的人，凡涉及我的事，都会触及我的内心"，但区别之处在于，促使与逼迫他同瓦格纳决裂的，是他自己的使命。在同路和雷分手时，他原本以为同他们共享的目标和使命在一时间动摇了："我原先和现在都极度怀疑，自己是否有权利给自己设定如此的目标——虚弱的感受向我袭来，一时间，我对一切的一切均失去了勇气。"（1883 年夏致欧文贝克的信）

尼采是如何控制他说的那种虚弱感的，这表现为他没有沉湎于那种异样的痛楚，而是将体会整理出来，恰当地描绘了相关人物，尤其是路，在内心同他们彻底分手了。"路是我认识的极其聪明的人"（1883 年 2 月 24 日致欧文贝克的信），他不想同人争辩："针对雷和莎小姐写下任何轻蔑的言辞，都让我的心流血。看来我不适合于对人抱敌意。"（1883 年夏致欧文贝克的信）他想做出澄清，了结一切，没有一丝一毫重来一遍的想法："我想对雷博士和莎乐美小姐行行好……"（1884 年 4 月 7 日致欧文贝克的信）

对于自己能否在实际当中与在哲学上接近任何一个人，他最终感到绝望。他再也没有怀着同样的期待来做一次尝试。从此以后，他对自己的孤寂的认识愈演愈烈。虽然他没有停止寻找新的朋友（1883 年 5 月 10 日致加斯特的信），但他对此并未抱什么希望。单从自己的天性上说，他也觉得这是不可能的："我愈发认识到，我已不再适应人们了——我总在干蠢事……以至于我总要承受不正当的事情。"（1883 年

1月22日致欧文贝克的信）

海因里希·冯·施泰因[17]于1884年8月前往西尔斯-玛丽亚地区，为的是拜访尼采三天。他们以前从未会面，此后也未再会面。他们彼此了解，自1882年起就交换过彼此出版的著作，后来偶尔写过信。最初，施泰因对尼采很感兴趣，感受到他思想的伟大之处，却未与他志同道合，或哪怕从他那里得到过重要的、新的驱动力。在同尼采谈话时，施泰因——同许多其他人一样——感到，自己的思想经历了某种不甚明确的飞跃："当我同您谈话时，我对生命的感受进入了更高的层次。"（1885年10月7日致尼采的信）"那种特有的体验即我彻底的内心自由，就是我同您谈话时随即感受到的"（1885年10月7日致尼采的信）。但是，这并不意味着他接受了尼采的哲学。而他的来访最终引起尼采一丝震动，即建立哲学式友情是有可能的。

这次访问过了几周后，尼采致信欧文贝克（1884年9月14日），说施泰因男爵"直接从德国来西尔斯三天，然后又直接去他父亲那里了——他强调此次访问的重要性的这种方式给我留下了印象。他是个出色的人，我逐渐理解了他那英雄般的心境，并对此产生了好感。终于又有一个人属于我，凭直觉就对我产生敬重了！"。他致信彼得·加斯特（1884年9月20日）说："我在他身旁的心情，就如同菲罗克忒斯在自己的岛屿上接待涅俄普托勒斯来访时的心情一样[18]——我的意思是，他流露出对我菲罗克忒斯般的信任：'没有我的弓，就不能占领特洛伊！'"后来，尼采在《看啊，这人！》中回顾道："这个出色的人……在这三天里如同被自由思想的风暴吹得变了一个人似的，就像一个人突然间被抬到空中并长出了翅膀。"（第15卷第16页）

显然，施泰因是以同样的口吻、同样的意识给尼采写信的（1884年9月24日）："在西尔斯度过的日子对我来说非常值得回忆，它是我重要而神圣的一段生活。只有珍视这一段生活，我才有可能勇于面对可怕的生活,不仅如此,而且还能认识到生活的价值。"尼采给他的回复(第 11 卷第 84 页)是一首诗(该诗论述友人、他自己的孤寂、他那高处不胜寒的思想王国),这首诗后来以《来自山间》为标题,附在《善与恶的彼岸》一书中:

> 我期待着友人,日日夜夜在期待——
> 来吧! 新的朋友! 来吧! 来吧!

"这首诗是为您写的,我珍贵的朋友,用来纪念西尔斯一玛丽亚的日子,并感谢您的来信,如此的一封来信。"施泰因的回复是,他正在同几位朋友讨论《瓦格纳百科辞典》一些条目的内容,他建议尼采以书面的方式参加这一讨论。尼采感到惊讶:"施泰因给我写的是一封怎样让人不明白的信呀! 而且这就是对这样一首诗的答复! 再也没有别的人明白他在干什么了。"(1884 年 12 月致妹妹的信)于是,在发表这首诗之前,尼采为它附上了几行:"这歌声戛然而止——渴望的甜蜜呼喊声窒息于口中。"(第 7 卷第 279 页)

尼采处之泰然,这种失望再也不能震动他了,但他的爱是保持不变的。当施泰因 1887 年于 30 岁之际去世时,尼采写道:"对此,我始终还无法控制自己。我曾如此地眷爱他。他属于生来就要做我朋友的少数人。我也不怀疑,他就像给我的今后准备好了的一般。"(1887 年 6 月 30 日致欧文贝克的信)"我身受重伤,就像遭人打劫一般"(1887 年 10 月 15 日致妹妹的信)。

这些年间,他的孤寂溢于言表。他抗拒孤寂,抱怨孤寂,出于孤寂而绝望般地呼唤自己的旧友。1884 年,他还想再次呼唤他们,但是"亲笔致信'给自己的友人'来表白自己……这种想法——是令人沮丧的想法"(1884 年 7 月 10 日致欧文贝克的信)。几周后,他就创作了那首感人至深的告别旧友的诗(《来自山间》),对施泰因寄予一丝希望。他渴望有学生:"看来我所面临的问题对我来说极其重要,以至于我几乎每年都数度想象,有一些富有思想的人,待我向他们廓清了这些问题后,便将他们自己的工作搁置一旁,以便暂时全身心地投入我的使命。而每一次的情况总是奇怪而极端地同我的期待截然相反。"(《书信集》第3卷,第249页)在这方面,他也死了心:"我心中还有许多想法要成熟起来,成长起来。'培养弟子、建立学派'这类事情的时机尚未到来。"(《致欧文贝克》,1885年2月20日)

在这些孤寂的年间,有一个人无疑替代了尼采怀念的所有人。也只是在这些年间,此人才对尼采具有意义。此人就是彼得·加斯特。[19]他自1875年同尼采结识以来,始终未变地追随着尼采。加斯特善解人意,善于表述尼采的道路和目标,就如同尼采借另外一个人来神奇地回应自己一般。但是,这始终是无足轻重的,因为加斯特的特点未引起尼采的重视。尼采让他称自己为"教授先生",就表明尼采在保持距离。尼采得到的是誊写、校对上的可靠帮助,直至临终前收到的,都是令他高兴的、毫无保留地肯定他的信件,而这对于他常常游移不定的自我意识是有好处的。

例如,加斯特收到《查拉图斯特拉如是说》之后写道:"这是绝无仅有的——因为您为人类设定的目标,还没有人设定过,也不会有人能设定。希望这本书会像《圣经》一样普及,享有宗教法规的声誉,有大批人员来做诠释……"尼采回答说:"阅读您的来信,我感到毛骨悚然。假定您是有理的——难道这样一来我的生命不会给糟蹋了吗?难道此时这样就糟蹋少了吗?我倒觉得糟蹋得最多了。"(1883年4月6日致加斯特的信)

尼采一再说明,这位朋友对他具有何等意义:"我完全无法控制自己,无法对随便什么人诉说坦诚的、无条件的言辞——除了彼得·加斯

特先生,我再也没有任何人可以倾诉。"(1888 年 11 月 26 日致加斯特的信)

尼采对加斯特寄予幻想,觉得加斯特是富有创作力的音乐家,超出了瓦格纳,创作出不再是浪漫派式的新式音乐,而这种音乐是从属于尼采的哲学的。尼采时不时介入加斯特的创作,对这些作品的演奏施加些影响,让指挥家们对这些作品产生兴趣。此外,他还尽其所能地对加斯特显示善意,提供帮助。

对于孤寂的尼采来说,加斯特始终是个可信的帮手。尼采在现实中的缺憾,都凝聚在加斯特身上。而尼采这些年间一再体会到,要真正地建立一种触动人内心同时又长久保持的友谊,是不可能的。通过对比,加斯特只是向我们突出显示,友谊之不可能对于尼采具有何许意义。

在尼采的人际关系中持继存在的——

尼采看到,凡是在人们身上具有生存的严肃性、哲学的实质性的,均不能长久保持,会随着人的变化而消失。凡尼采在交友时保留下来的,时间一长恰恰表明都是对他无足轻重的。他在体验生命时劳神损力,这一点表现在他特立独行的离群索居生活中。但他的为人既自然而然,又大雅若俗。就算这对于他来说一向不是什么紧要之事,他也愿意保留这种人情味,流露这种人情味,把这当作某种自然而然的幸福的踪迹——恰如其分地接受这种人情味——只要这同他的使命不相抵触,就仿佛他想将自己抛弃之物、丧失之物统统保留下来一般。

出于血缘关系,他的家人是他亲近的人。[20]母亲与妹妹陪伴了他一生,带大他这个孩子,照顾他这个病人,想方设法满足他的愿望。他终生都同她们心心相印。《漫游者与他的影子》(1879 年)中有一句话听起来像是在说她们:"有两个人物,我从未彻底琢磨过,这就是我对她

们的爱的明证。"(第 3 卷第 356 页)[21]1882 年,这层关系由于尼采与路
的接触而笼罩上一层沉重的阴影,其后果似乎是再也无法彻底消除的。
尼采的书信形象地揭示出,这一命运的转折是多么突如其来。[22]

　　尼采对路·莎乐美说的话及其谈论莎乐美的话,同样流露出内心
的巨大矛盾。这种矛盾同尼采的理解及其深思熟虑的表述所特有的那
种总的态度并行不悖:他对事物的多方可能性均抱坦诚态度,对任何
一种可能性都很热心,随即又认可与此不同的可能性是合理的。这样,
他情绪激动时,便无以表达,而事后又宁愿息事宁人。早在 1865 年 7
月 10 日他就致信妹妹说,他"在一些不快的场合会将一切,包括事情与
人物、天使、凡人与魔鬼在内,都看得一团漆黑、奇形怪状";此时他再度
坦白道:"我很高兴把我写给你——这夜间诞生的人——的一些信都撕
了,但有一封写给我们母亲的同类情况的信却寄出了。"(1883 年 8 月
致妹妹的信)他知道自己自相矛盾,知道这种矛盾源于自己天性好强:
"谁独自承担得如此之多……不仅从两个方面来看待事物,而是从三
个、四个方面来看待事物……谁对自身经历的判断就会大相径庭。"
(1885 年 3 月致妹妹的信)

　　如果说对于可能之事,只需要加以认识和准备的话,那么体会和思
考可能之事,就是有意义的。而在现实当中,则要做决断。看起来尼采
并未做决断,除非这可能之事妨碍他那思想创造的使命。而这一使命,
他是不允许受任何妨碍的。在处理人际关系时,他表现得就像听凭别
人对他做决断似的。例如,在同路的关系上就是这样,就好像他的主动
性仅限于表现为断交似的。如若最终看起来他像是有过失的人,是被
所有人抛弃的人,并在自己内心深处感到,自己对所有人来说都无关紧
要,那么他就牢牢抓住天然的人际关系:他的家人是他无论如何都可
信任的。虽然有时人们会感到,他的生活笼罩着一层阴影,即在他内
心,母亲的意义并不大,虽然妹妹并非他在哲学上志同道合的密友,但

在发生冲突时，即使他在一时间似乎抛弃了母亲和妹妹，他从未长久地抛弃她们，而是在抱有自然而然的信任感这一特定意义上，总是更倾向于她们，而非他人。他不想同她们分道扬镳，如果别人都离开他，她俩应当留下来。血缘上的亲近感与一直追到童稚时期的回忆不仅是不可逾越的，而且是一笔珍贵的、无法由他人替代的财富。

他的妹妹对他的悉心照料也对后人大有帮助。只是由于自尼采青年时代起，妹妹就保留了他所有的手稿，自尼采精神病发作后，妹妹将当时所有的人都觉得无关紧要的他遗留下来的手稿收集并保存起来，人们才得以从这些资料中认识完整的尼采。当然，这要等到将来全部手稿公之于众。

尼采爱合群的天性令他直至临终都同为数众多的人保持着活跃的联系。伴陪他的人们来了又走了，有时又回来，或暂不露面，以便有机会再同他攀谈。这些人当中，没有一个人对他来说具有不可替代的意义。但是，对尼采而言不可或缺的氛围是：时不时感受内心的触动，显示善意及其对他人的关心，对他人的生活与欢乐感到欣慰，准备为他人提供帮助。[23]这些人时断时续地出现在他的通信中。

在同学当中，他始终对多伊森、克鲁格、格尔斯多夫抱有信任感。后来，他又结识了新的人，像卡尔·福克斯（自1872年起）、玛尔维达·冯·梅森布克（自1872年起）、冯·塞特里茨（Seydlitz）（自1876年起）等人。在最后十年间，他在旅行当中结识的人起到了越来越重要的作用，只是他们都没有真正的分量。

多伊森的地位比较特别。[24]在给其他人的书信中，尼采都未在如此高的程度上、如此毫无顾忌地好为人师。他确实要将多伊森的思想引导到实质性问题上去，而他对多伊森思想发展的极度关心是与他的优越感联系在一起的。他对多伊森的勤奋努力大加表扬喝彩，以此来激励多伊森。在他们的关系中，尼采做得极其合情合理，多伊森的求真务实同样令人欣慰。后者毫无保留地将一切公诸于众。这就好像每一个遇到尼采的人都达到了某一种非凡之处,每一个人都在各自的层次上尽己所能地达到了非凡之处。人们愈是深入研究他的各种人际关系,就愈是能了解每一个人的实际特点:从属于尼采的人在他周围成了清晰透明的形象,较尼采本人那深不可测的特点要清晰得多。

对于一些在全欧洲具有声望的人物,尼采怀有一种非同寻常、从未质疑过的崇敬之情。例如,他对雅各布·布克哈特[25]和卡尔·席勒布兰特[26]就是这样。他简直是在向他们求宠,倾听他们每一评语的细微含义,觉得自己属于他们,而没有察觉到,他们是怎样以沉默来同他保持距离的。

在他的一生中,另有一些他崇敬的优秀人物最终淡漠地离他而去,其中就有柯西玛·瓦格纳和汉斯·冯·布洛夫。

在这些友人当中,有一个人与众不同。自 1870 年起,此人就一直是他真正忠诚的终生伙伴,最初是年轻的尼采的室友、同事和朋友,后来始终在实际事务中为成年后的尼采提供帮助。这就是教会史研究者弗兰茨·欧文贝克。[27]尼采的家人是天生的,这位友人则是馈赠给尼采的终生朋友。欧文贝克做事罕见地极其可靠,他一再在鸡毛蒜皮一类事情上提供帮助,并几十年来一贯在外界事物上和内心深处为尼采提供帮助。

尼采与欧文贝克之间的友谊没有出现任何瑕疵,因为在尼采认为重要的事情上,他们从未有过完全共同之处,尼采也未指望欧文贝克能达到自己履行的真正使命那一高度。欧文贝克如同人来人往、事聚事散的波涛中一个稳固的支柱。

尼采尊重欧文贝克,尊重他的能力与他的奉献,喜欢他不动摇的性格。有一些书信便流露出这一点:

"我总喜欢思考你工作的情况,就好像有一股健康的天然力量盲目地激荡着你,但它又是一种理性,处理着最为精细和繁琐的工作……我如此地感激你,珍贵的朋友,让我如此贴近地看着你生活中的一幕幕"(1880年11月致欧文贝克的信)。"每当我同你在一起的时候,都在内心对你的安宁与温和稳重感到欣慰"(1883年11月11日致欧文贝克的信)。"我承认,同我打交道,是愈来愈麻烦了。但我知道,你天性平和,因而对我们的友情坚定不移"(1884年11月15日致欧文贝克的信)。

欧文贝克的宁和天性、理智和清醒都令尼采感到惬意,以至于他在信中像对一位同自己心心相印的朋友那样,对欧文贝克倾诉衷肠,尽管他并没有指望,像欧文贝克这样的人能够理解他的生存中最终的驱动力。他对欧文贝克信任得几乎到了无以复加的地步。只是在他最后几年越来越神经质的时候,他才罕见地有一次幽默地写道:"令我感到相当安宁的是,就连像你这样一位如此细致和善意的读者也总在怀疑,我到底想要干什么。"(1886年10月12日致欧文贝克的信)

在尼采面前,欧文贝克不仅是作为年龄略长的人才具有独立性的。如果说他的层次赶不上尼采的话——他自己知道并表露过这一点,那么他也靠自己特有的精神性工作而在尼采的世界中据有一席之地。他彻底的求真欲可同尼采相媲美,他看待问题毫无偏颇,对一切处之泰然。这些没有将他像尼采一样引向极端,而是让他以一种老年人的风格来了事,即凡事都加上补充条件与保留意见。这种风格等于什么也没说,并陷于毫无辩证之处的矛盾之中(例如,他有一段札记是这样开场的:"尼采不是真正意义上的伟大人物",接下来却说,"尼采是否当真可以说是个伟大人物,对此我简直无法怀疑")(贝尔诺力著述第1卷,第268、270页)。他对尼采有所了解,但保持某种客观立场,而这使得他几乎根本无法接近尼采的道路。他缺乏激情,结果就是他的那种博学多才。这未尝不是非凡之处的特征,使他这不信神的人得以解决神学教职中遇到的问题。即使他意识到这是些正经八百的问题,这毕竟也是些棘手的问题(即面对学生,从未从自己的信念出发讲课,而是局限于历史性的、科学性的论断)。这也令他对尼采的提问与预见封闭内心,以便不仅友好地,而且就事论事地对其加以研究。他做到一个人面对天才的例外人物所能够做到的:谦虚地提供帮助,而非真正予以理解,却是带着羞愧和敬重予以接受,不让自己轻易受到伤害,勤勤恳恳解决难题,完成做朋友的人该做的事。这里起作用的,不是好奇心,不是多管闲事的习惯,不是热忱的奉献,而是男人不动感情的忠诚。将他们二人联系起来的,是这种至深的忠诚,而不是命中注定的至深友情。

尼采的友谊与孤寂的界限——

看到尼采的尴尬境遇,像他向偶然遇到的人倾诉衷肠、表示亲近;[28]像他邀请一位素昧平生的年轻大学生一道出门旅行,结果遭到谢绝;[29]像他出于空虚感而去求婚,然后又让人给自己寻找一名女性;[30]像他接近雷与路,这些都令人很不舒服,就仿佛人们不得不对尼采产生怀疑似的。尼采领略了"那突如其来的疯癫时刻,在这一时刻,孤寂的人会把随便某个人当作朋友来拥抱,并把他捧到天上,而过了一会儿又厌恶地将他推开,并对自己愈发深感厌恶"(1886年7月8日致妹妹的信)。他还领略到"那种令人羞愧的回忆,即我是把怎样一类人当作自己的同类来对待的"(同上)。但是,他已经对所有情况都感到倦怠,他宁愿抽身退步,也不愿再身陷其中。

将尼采想象成为一个强硬、独立的英雄,不为所动、坚定不移地穿行于这个世界,是不真实的。尼采的英雄气魄完全是另外一副样子。他要承受人类的命运,而这一命运,无法采用任何一种形态的自然而然的人性来实现。尼采不得不出于人的本性而在一时间避开通向自身使命的道路,令这一道路变得简捷易行,如规划和促成这一道路符合实际,力争让自己好为人师的冲动变成实际行动,对朋友们持信任态度。

而这些英雄般的行为却一再落入失败境地。因此,他要在世上有所作为的抉择越来越消极。他没有卷进无法阐明、无法洞悉的那一时代,没有拘泥于虚幻的事物,因而才得以充分地展现出自己独具一格、可谓无边无际的思想体会。

尼采的孤寂可以分两个层次来阐明。人们要么可以从心理学上加以考察,以人的可能性生存作为一个绝对标准,对尼采的孤寂特点提出质疑,与这种心理过程的意义相符合地做出不可避免的贬抑性说明,并因此而并不公允的说明;要么就是去感受他那永远无法完全把握的、令他筋疲力尽的使命,借此说明例外者的生存,从而获得对尼采本人的认识。

一、从心理学上考察,对尼采提出的首要质疑大约会勾画出下面一副形象:尼采的求真欲令他做到了独立自主,而他并未意识到自己的这种独立性,也不肯定自己独立自主地立身于世,相反倒是令他无论对自己的缺点,还是对他人的低下品性,都格外敏感。只有在同高贵的人相遇时,他才觉得生活是值得的。由于他本人并未随时随地维系自己的高贵声望,由于他不得不时常发现他人盲目、低下、虚情假意,他便一再感到惊骇。他落入失望境地,中断了一切联系。因此,他在各个方面的异样感都与日俱增。没有人能满足他,他自己也做不到。他看问题,刚开始时缺乏直觉,最后才形成认识。结果他的求真欲必定促使他,一味用绝对标准去衡量一切,并因此而毁灭一切。尼采的交往意愿同他这个完整的人一样,不希望有变化。因此,他始终对一切持怀疑态度。由于他不允许自己去虚幻地适应一切,他就承担起自己遇到的一切,也就埋下了失败的种子。这虽然符合他正直的天性,但实质上在这种正直性的骨子里,是他要在此时此刻实现自己内心想法的负责意识。由于他的内心想法永远不会完满无缺,永远不会仅仅是高贵的而已,他的负责意识也就无法得以实现。尼采同人断交,但未主动为之,而只是借提要求来教育人,却未在同一程度上争斗。看上去,他并未准备在具体的历史性中进行真正的交往(这种历史性本来无需人们适应什么,便可带来丰硕的思想飞跃,带动人们在这世上共同取得思想飞跃,同时在有所澄明之际让人逾越困难,而不必毁灭什么)。尼采无意进行这类交往的一个心理上的标志在于,他承受自己的高傲在一时间受到伤害这一痛苦,看起来或许比他承受交往失败这一痛苦还要大些。只有当人们不为伤害所动摇时,才有可能进行真正的交往,因为人并不是在脱离世界的假想的独立性中进行交往的,而恰恰是在须臾不可离的现实中保持交往的。只有这样,人才会准备将他人与自己从各种纠葛中解放出来,才能真正地向他人提出质疑,并回复他人。人们不忌惮强人所难,但当尼采失去自制时——如当他一度以伤害人和好为人师的方式廉价地坦诚待人,从而打断了一切交往时,当他一度出于自己的孤寂感而过早地拥抱一位陌生人时,或当他随随便便地求婚时,人们反而会感到羞怯和畏缩。尼采不能同他人交往的缘由可能在于,他的交往欲最终并不关联他人的自我,因而不是真正的交往意愿。尼采待人极其亲切,他考虑周到,乐于助人,而且帮助人时极其主动。但是,他看起来一向只爱自己,把他人只是当作自己的一个工具来爱。他缺少对他人的真正关注。他渴望爱,但错过了地地道道投入自己内心的机会,而投入自己内心,是成全爱的前提条件。因此,看起来他对自己生活中的一切都心怀感激,并表述出这种感激之情,实际上却有可能在交往中做到不知感恩、不够忠诚(正像他偶尔对他人谈论欧文贝克,甚至谈论母亲和妹妹那样)。当他人保持忍耐,做到心甘情愿时(像欧文贝克与他的妹妹那样),或当他人是位忠诚的年轻人与助手时(像加斯特那样),他能够留住他们,但这是出于他保持人际关系的需要。真正令他神往的,只不过是他独立自主、高高在上。私下里他并没有看错那些对他忍耐、听命于他的人。他写信时大多考虑得极其得体,小心翼翼,总是在表达善意。他企望至高无上的事业，以此作为标准来评判时，是公允的。但是，他听任每一个他人陷入麻烦与狭隘境地，无意充满感情地同他们结合起来，借助爱的斗争这一运动，在提升他人的同时提升自己，在提升自己的同时提升他人。他要么是高瞻远瞩，要么是高谈阔论（如他奢谈友谊，表面上一片热忱地称赞他人）。问题是，难道尼采不是出自心底地爱人吗？正是爱建立起交往，并在变动中保持交往，因为爱在生存的现实中以自身为目的，而不是以绝对的标准、狂热地幻想出的偶像为目的。他不爱别人，较之他不为别人所爱，不是在实质上令他更难忍受孤寂吗？

二、只有不相信尼采的使命，不相信他对这一使命的意识的人，才会对上述有关尼采的心理学阐释感到信服。如果说尼采只爱自己，只把他人当作自己的工具来爱，那么这种他的自己，实际上就是耗尽一切、将他剥夺殆尽、迫使他成为例外之人的使命。尼采要么倾心于他人，如若他在他人身上看到的，可以实现当今的必然使命（如他曾倾心于理查德·瓦格纳），要么倾心于那尚未确定的使命，这一使命尚在思维的阴影中，有待呈现出来。但是，他不能够倾心于人际交往本身。这一生存上的缺陷是例外者的使命所带有的生存特点的结果。

因此，他孤寂的关键原因是无法从心理学上充分认识的。他那思想性生存的内涵迫使他，违背自身意愿地作为例外之人来摆脱他人。他表述的思想一定要令他人惊骇才行。尼采承受自己不得不做的牺牲，却是在强烈的反抗中承受的："同完全陌生的人意气相投地攀谈了一个小时之后，直至现在我的全部哲学还在动摇不定。我觉得，要想以牺牲爱作为代价来掌握真理，为了不引起同情而做到不表露自己最有价值的想法，是如此之愚蠢。"（1880 年 8 月 20 日致加斯特的信）

贯穿尼采终生的，是一个必然的矛盾，即在他作为一个人想要什么与他作为自身使命的承担者想要什么之间的矛盾。例如,他抱怨孤寂,却又希望孤寂,忍受自己缺乏一切人之常情,似乎想改善这种缺陷,却有意识地去领略例外者的存在。"我的……境遇与生存方式之间的矛盾在于,……我作为彻头彻尾的哲学家所必须做到的一切——摆脱职业、妇人、子女、祖国、信仰等等,都令我感到怅然若失,只要我有幸还是个大活人,而不仅是一架分析机器的话"(1886年11月14日致欧文贝克的信;1887年7月他对妹妹做过类似的表述)。

人们必须在尼采的使命中感受他的命运,以便不至于将尼采生平中令人惊异之事仅仅理解为他心理上的事实,而是从中听出仅他才具有、别人皆不具有的口吻。他还是个学生时,就致信母亲道:"影响他人,是不值得考虑的,因为我首先要结识那些让我感到超出我之上的人。"(第12卷第62页)这里可以听出,这一口吻带有他自己思想起源时的冷峻无情。这一命运的约束贯穿了他的一生:他同瓦格纳分道扬镳,是他主动分手的。他同洛德划界绝交,是洛德主动分手的。他自己愈发清楚地意识到这一命运,直至他最后几年写道:"我看到自己的全部生活俱已瓦解,这一极其隐秘的生活每隔6年迈出一步,并根本不想超出这一步。而所有其他的一切、我所有的人际关系,都在同我戴的面具打交道。我不得不继续做这种牺牲,过着完全隐秘的生活。"(1883年2月11日致欧文贝克的信)"如果一个人通过事业来衡量自己的生活,即丧失讨好别人的能力,那么他实质上是个要求极高的人。他过于认真了,别人会感受到这一点:一个人要敬重自己的事业,就是个像魔鬼一般认真的人……"(1888年4月7日致加斯特的信)

如果说尼采的生活就是实现某种使命的生活,那么从这一使命中会产生出一种全新的交往意愿,即同那些认识到同一迫切性、同一思想、同一使命的人相交往,并同学生相交往。尼采对这两种交往的渴望都极其强烈。

一、无论如何,他总在察看自己的朋友是否认识到那令他不知所措的震动,察看他们是否了解到自己所了解的。

与路和雷分手,令他难过,因为他同他们"可以摘下面具来谈论自己感兴趣的一些事情"(1885年3月致妹妹的信)。他抱怨说,他"缺少一个人,让自己同他一起思考人类的未来"(1883年11月11日致欧文贝克的信)。"我渴望同你与雅各布·布克哈特举行一次秘密会谈,为的是询问,你们是如何看待这一迫切性的,而不是为了给你们讲述一些新鲜想法"(1885年7月2日致欧文贝克的信)。"雅·布克哈特的来信……令我困惑,尽管对我来说,它代表着最高荣誉。可在眼下,这与我有何干! 我希望听到:'这是我的迫切之事! 这令我哑口无言!'……我从不缺人,但缺那些与我忧患与共的人"(1886年10月12日致欧文贝克的信)。"从孩提时代起,直到今天,我还没有找到一个在内心和良心上同我一样有迫切感的人"(1885年5月20日致妹妹的信)。

二、他那源于使命的交往意愿驱使他寻求学生与门徒。

他的著作,按照出版时的样子说,应当是"鱼钩"、"鱼网",是搜罗人的尝试,"只要我还活着,就需要门人。如果我迄今的著作起不到鱼钩的作用,则它们便'失职'了。最优秀的实质性思想只能面对面地传授,不能够也不应当'出版'"(1884年11月致欧文贝克的信)。他在窥测,有谁在倾听他的话,"我没有找到任何人,却总发现那种'愚蠢之极'表现得淋漓尽致的情况,而人们乐于把它当作美德来祈求"(第14卷第356页)。"我对学生与继承人的需求令我时不时很不耐烦,而且令我在最近几年间看起来甚至像傻了一般……"(1885年3月3日致欧文贝克的信)"可能我私下里总是相信,在我的生活达到某一时刻之际,我便不再形影相吊。我会收到人们的誓言与许诺,我要有所建立、有所组织"(1884年7月10日致欧文贝克的信)。《查拉图斯特拉如是说》讲道:"继如此发自内心的呼声之后,听不到一点儿回复的声音,这真是可

怕的经历……这使得我同活生生的人失去了所有联系"(第 14 卷第
305 页,同样见于 1887 年 6 月 17 日致欧文贝克的信)。"已经有 10 年
了,我再也听不到任何声音"(第 16 卷第 382 页)。1887 年,他致信欧文
贝克说:"令我感到极其难过的是,在这 15 年间,竟没有一个人'发现'
我、需要我、爱我。"

尼采为了自己的使命牺牲了一个人必然要过的一般人的生活,这
一使命所要求的、他热切渴望的交往也根本无法实现。尼采知道原因
何在:如果说认识就是生活本身,那么孤寂就在于认识的实质;"如果
人们可以赋予自己以权利,去认识自己生命的意义",那么认识便包含
有"异样、陌生感,或许还有冷漠感"(1885 年 10 月 17 日致欧文贝克的
信)。尼采的认识方式必定会令这种异样感变本加厉,"在我同人们迄
今为止所敬仰与爱戴的一切进行无情与隐秘的斗争时……我自己不知
不觉地变成了某种地狱般的东西——某种即使有人去寻觅,也寻找不
到的隐秘的东西"(1888 年 2 月 12 日致塞特里茨的信)。

尼采还看出,这种孤寂的根本原因在于,只有在同一水准上,才有
可能进行真正的交往。无论是同水平更高的人,还是同水平低一些的
人,都无法交往:"肯定有许多人较我头脑更为敏锐,心胸更为宽广、高
尚。但是,只有在我同他们旗鼓相当,当我们能够互相帮助时,他们才
对我大有裨益。"(第 11 卷第 155 页)尼采"为了逃避对孤寂的恐惧",
"常常称颂任何一种友谊或科学上的均等现象"。他表白自己一生"承
受了如此之多的失望与矛盾,只不过",他补充说,"也承受了许多幸运
与幸福"(1887 年 7 月致妹妹的信)。

尼采以全部的热忱渴望最优秀的人物:"为什么我在活着的人当中
找不到比我更加高瞻远瞩、不得不向下瞥视我的人? 我需要的恰恰是
这样的人!"(第 12 卷第 219 页)与此相反,他不得不体验到:"我摔倒在
你们的平庸之岸上,就像一层汹涌的波浪不由自主地浸透进沙土之

中。"(第 12 卷第 256 页)

他从未遇到在特点与境界上与他等量齐观的人物,因而他最终说:"我过于高傲,无法相信有人能够爱我。爱我的前提是他知道我是什么人。我同样不相信,自己会爱随便哪个人。这样做的前提是,有朝一日我会寻找到一位同自己水平相当的人……凡我研究、关心、深受鼓舞的,我都从未为此拥有过知情人与友人。"(1885 年 3 月致妹妹的信)尼采想必担心会出现这样一种情况,即由于各人水平不等,思想的关键之处是无法传达的:"事实上,无法传达思想,是一切孤寂现象中最为可怕的。人与人的差别是一副面具,它比任何铁制面具都更加坚硬——只有朋友之间才会有完满的友谊。朋友之间! 这个词真令人陶醉……"(1886 年 7 月 8 日致妹妹的信)但是,他不得不接受人人层次不等这一后果:"人与人之间那无限遥远的距离迫使我落入孤寂。"(第 12 卷第325 页)"谁像我一样,用歌德的话来说,就丧失了一项伟大的人权,即受到同类人的评判"(第 13 卷第 337 页)。"在活着的人当中,没有人可以称颂我"(第 12 卷第 219 页)。"我再也找不到自己可以顺从的人,也找不到我想指使的人了"(第 12 卷第325 页)。

这种情况注定如此。尼采最后对其加以回顾时,将其看作自幼年时代起就属于他的实质的必然情况:"我自孩提时代起就是这副样子,今天,在我 44 岁之际,我还是这副样子。"(1887 年 11 月 12 日致欧文贝克的信)

出自这些原因,孤寂属于他的生命,是不可摆脱的:"我需要人,我寻求人,——我寻找到的,始终只是自己——而我已不再需要自己。"(第 12 卷第 324 页)"再没有人来找我,而我呢,我去找所有的人,但我未找到任何人!"(第 12 卷第 324 页)

结果是,在最后几年间,尼采愈发变本加厉地陷入不可名状的悲哀境地,有时他表述得近乎绝望:

"爱我的人都没有活下来,我还能怎么热爱生命呢!"(第 12 卷第 324 页)"你坐在沙滩上,忍饥受冻,仅拯救他的生命是不够的!"(第 12 卷第 348 页)"你们抱怨说,我采用的是狂呼乱叫的色调……也许我天性就爱狂呼乱叫,'就像麋鹿向着清澈的泉水呼叫一样'。如若你们就是这清澈的泉水,你们会多么喜欢听到我的声音!"(第 12 卷第 217 页)"对孤寂的人来说,噪音已经是一种安慰了"(第 12 卷第 324 页)。"要是我能对我的孤寂感受下一个定义就好了! 在活着的人中间,同在死去的人中间一样,我找不到同我相似的人。这是令人无法描述地恐惧的……"(1886 年 8 月 5 日致欧文贝克的信)"我很少还能听到友人们的声音。此时我形影相吊,荒谬地形影相吊……多年来没有一点儿振奋精神的事情,没有一丁点儿人情味,没有一丝爱的气息"(1888 年 2 月 12 日致塞特里茨的信)。

神奇的是,尼采竟然能够死心了。有一句虽然是罕见的话是:"我迄今为止都学到了什么? 即自己从各种境况中脱身出来,无求于人。"(第 12 卷第 219 页)

直至最后几个月发生的变化,尼采才不再受难,并显然遗忘了以往的一切,"就连忍受孤寂也是一种不同的情况。我向来只是忍受繁杂喧嚣……在很久很久以前,在我 7 岁时,我就已经知道,我永远不会听到一句富有人情味的话:人们可曾看到我因此而愁眉苦脸过?"(第 15 卷第 47 页)

患　病

尼采的著作中充斥着有关疾病的意义的问题。在他从事创作的一生中的最后 20 年,他患有各式各样的疾病,少有中断。他是患精神病去世的。要理解尼采,就不可忽略地要了解他患病的事实和情况,将各种事实和情况同其可能具有的意义明确区分开,并了解尼采本人对待疾病的态度。

疾病——

1889 年 1 月 8 日,欧文贝克来到都灵,要将他这位患精神病的朋友接回家乡。接受咨询的巴塞尔心理医生维勒看到尼采内容疯狂的书信(致 A.豪埃斯勒与雅·布克哈特),认为有理由马上采取行动。事实上,尼采已显得精神崩溃了。几天前,他就摔倒在大街上。此时,欧文贝克看到他"蹲在沙发一角上"。"他向我冲过来,紧紧拥抱我,然后抽搐着退回到沙发上去。"他大声唱歌、发狂地弹钢琴、滑稽地跳舞,并窜来跳去,以此来发泄情绪,继而又"以无法描述的压抑语调讲述自己是死去的上帝的继承人,讲述自己莫测高深、预见力神奇、无法名状地恐怖的事情"(贝尔诺力著述第 2 卷第 22 页及以下几页)。尼采的情况进一步恶化下去,在精神瘫痪的状态下一直活到 1900 年。

问题是,他是从何时开始患病的。他的书信表明,1888 年 12 月 27 日以前没有出现任何疯狂的内容。这一天,他还给福克斯写了一封清清楚楚的信。但是在同一天致欧文贝克的信中,他写道:"我正在为欧洲各个宫廷写一部备忘录,旨在将它们组成一个反德意志联盟。我想将'帝国'锁进一件铁衣,煽动它陷入一场绝望的战争。"后来的日子里,他的疯狂思想内容变化不定、零零散散,但思绪连贯,因而颇能触动人。这些内容流露在他的信件与他小心地写下的字条中。尼采成了上帝,成了狄奥尼索斯与那个上十字架的人。他集二者一身。他成了每一个人、所有的人,成了每一名死去的人与每一名活着的人。他的朋友都扮有自己的角色。柯西玛·瓦格纳成了阿里阿德涅,[31] 洛德成了诸神之一,布克哈特是最伟大的教员。创世史与世界史均操纵在尼采手中。重要的是,我们要知道,在 1888 年 12 月 27 日之前,是寻找不到他疯狂的任何迹象的。在这段时间之前的著述中寻觅他的疯狂思想，会一无所获。

这样一种病症只是作为心理疾病突然爆发的，它同官能性大脑疾病有关，极有可能同渐变性脑软化有关，无论如何都是由某种偶然的外界原因引起的，无论是由于传染病，还是由于——或许，但并不一定，而且绝对未经证实——滥用毒品而造成精神崩溃，同他的体质带有的遗传性的疾病无关。

这一精神崩溃的过程是在 1888 年 12 月 27 日之前多久开始的，这是无法用今天的手段来确定的。为了十拿九稳地诊断他的脑软化病症，并确定这一病症开始的时间，除了需要做精神病理学诊断外，还需要有尚不为当时的人们掌握的检查肌体的方法（尤其是腰椎穿刺术）。自 1873 年起，尼采就一直在生病，但精神上没有病。他死于精神病，这一点促使有些人去追溯死亡的阴影，认为在很长的一段时间内，后来病症的先兆已然很明显了。这种观点同与其截然相反的看法一样令事实晦暗不明。相反的看法是，截至 1888 年年底，尼采精神完全健康。对疾病的诊断总要取决于每一个人的医学知识，以及他持哪一类看法，它在尼采身上永远不会达到充分的确定性。对于都有哪些情况可能同他后来脑病发作有关这一问题，要找出一个假设性答案，就要做一番比较。首先，要比较大量得到观察的其他的脑软化病例的进展情况。但是，这种比较是不够的，因为它始终只能在表面上直观地揭示出尼采在明显患病前那 10 年的心理活动——直观他的心理，是甄别他的思想创作所必需的（相关材料见于阿伦特和尤尼乌斯编《心理诊疗档案》第 44 卷）。其二是比较肯定患有、显然患有或可能患有脑软化病的知名人物，如莱特尔、莱瑙、莫泊桑、雨果、沃尔弗、舒曼（加斯东·福贝克的著述《精神崩溃：莱瑙、尼采、莫泊桑、雨果、沃尔弗》1922 年慕尼黑版，可惜我未看到）。尽管著名人物的传记表达丰富，因而较之无创造力的人们的病史更富教益,但将这些人物同尼采做比较,迄今尚未得出至关重要的结论。

我们同样无法依据这些比较得知,在尼采脑软化病突发前的或许10年间,都有可能出现哪些情况,或反过来说,如果偶然出现了一些情况的话,都有哪些情况不能算作他前期病史的征兆。既然我们在今天尚不能了解任何确切情况,那么剩下要做的简单事情便是,描述性地认识尼采患病的过程及其完全不可被当作病症、只可作心理诊断的一些心态,而不必了解哪些因素组成某种病症,或哪些因素分属各种不同的病症,而这些因素只是偶然地出现在同一个人身上罢了。

这种描述关注的,主要是人的躯体与心灵这一整体的突变,正是这种突变造成了无可挽回的各种变化。在尼采身上,这种突变是:

一、尼采当战地救护员上战场时,患过严重的痢疾,虽然很快便康复了,但每隔一段时期便会胃疼,自1873年起又缓缓开始犯胃病,胃病发作的频率与次数有增无减,而且头痛剧烈、怕光、呕吐,有一种全身瘫痪的感觉,就像晕船一样,被迫越来越多地卧床。有几次,他失去知觉的时间较长(1880年1月致艾瑟尔的信)。他自青年时代起便患上的近视病又引发了持续的眼痛病。除这些病症外,他持续头痛和头胀的时间也很长(1880年2月致艾瑟尔的信)。在他的精神生活中,靠别人帮忙朗读,尤其是按他的口述来书写,已起到越来越重要的作用。

这些病症影响力不等地伴随着他的一生,情况时好时坏,毫无规律。他在1885年再度写道,自己"在一瞬间便失去了视力"。1879年,一方面,从书信中看是情况最糟糕的一年,"我有118天生重病,而生小病,我没有统计"(1880年2月致艾瑟尔的信);另一方面,也有情况转好的时候,"现在情况明显地转好了! 当然,这种情况至今才延续了5个星期"(1879年10月20日致玛丽·鲍姆加登的信)。

尽管他的痛苦很强烈,尽管他患病的时间很长,尽管他的生活出现了重大转折,但人们未能给他做一个医学诊断,将这些征兆汇总为一个明确无疑、广为人知的病象。有人说这是偏头痛,是因疏远了瓦格纳而产生的精神性神经机能病,是神经系统的某种官能性疾病,但都没有一个明确的结论。

1879 年 5 月,尼采因为患病而放弃教职,开始他的旅行生涯。当年夏天,他还撰写了《漫游者与他的影子》。接下来的冬天,他是在瑙姆堡母亲家中度过的。他的状况糟到如此程度,以至于他已在等待自己生命终结了(1880 年 1 月 14 日致玛尔维达·冯·梅森布克的诀别信)。

二、自 1880 年 2 月起,尼采又到了南方,开始撰写新的著述,经过一年时间,出版了《曙光》。此刻,他经历了一次思想发展,为他的思想奠定了一个新起点。此时,他才真正意识到自己的使命,他的自我意识也随之逐渐呈现出来了。从 1880 年 8 月到 1881 年 7、8 月间,即他的思想巅峰时期,再到 1882 和 1883 年,即他的灵感迸发时期,我们可以观察到这一思想变迁。

谁依照时间顺序阅读尼采的书信与著述,瞻前顾后地自觉考察他各种表述在时间上的相互关系,就会产生一个非同寻常的印象,即自1880 年起,他经历了一次平生前所未有的深刻思想转变。这一转变不仅表现在尼采的思想内容、全新的创作之中,而且还表现在他体验生活的方式上,他仿佛投入了一种全新的氛围。无论他讲什么,都换了一种语气。他那渗透一切的情调是在 1880 年以前既无先兆又无迹象的。

我们在此并不是要追问,他对自己思想发展的理解是否有其道理。我们不怀疑这种自我理解的真实性。我们也不是要追问,他此刻把握的思想内容与生存内涵有何意义。我们不怀疑这种思想内容与生存内涵之间的内在联系,我们这本书就是要从总体上揭示这种联系的。但是,我们要追问,那些水到渠成的思想如此登台亮相时,他的生平中是否有什么并未显现出来? 而这种在思想上、生存上无关紧要的东西是否等于给新思想添加了某种未必与此相关的色彩？或者说，他在遵循这种精神驱动力和思想目标时，是否产生出一些思想苗头，而这些思想苗头来源于我们不明确地称之为"生理学因素"的东西？

考察他1880年以及随后几年的思想转变，其方法既不在于将其归入医学范畴，也不在于概括那些"可疑的征兆"，而仅仅在于依照时间顺序做比较。我们要考察的，不是这些现象本身，而是它们是否刚刚出现，都有哪些以前没有的现象出现了，这些现象在心理上、思想上是否无法根据以前的现象来理解。

我们做阐释的出发点，就是准确依照时间顺序去阅读时得出的整体印象。在读者独立研究尼采并遇到问题时，唤起读者得出这种印象，并通过尼采的个别表述与事实情况，引导读者得出这种印象，就是我们做阐释的意义所在。与此相反，没有任何证据似乎可以从个别情况中令人信服地得出结论说，某种疾病在此起到了作用。而总体印象的意义却在于，它——在现今的研究可能达到的认识中——指出了那无法证明的、却是可能的、即使不是必然的东西。对于我们理解尼采的生平来说，在研究中令人激动的一个基本问题是，这一思想转变（1880至1883年）意味着什么，它是否是一个纯属内在于意识的思想发展过程，抑或是超出思想之外的生理性（即原则上可为自然科学认识的）因素中的什么东西，它带动尼采的创作达到巅峰。只是由于以前根本不存在方方面面的新思想这一缘故，它同时使得尼采不可完全理喻，并且由于某些陌生之处或许难以沟通这一缘故，它令尼采同读者保持距离。[32]在大量可资比较的表述中，这些都是事实，有一些表述可以分享出来：

1880年1月，他还为死亡意识所支配（"我想我已做完了自己毕生的事情。当然，我就像一个去日不远的人一样，似乎还有如此之多的话要说。在任何一个没有痛苦的时刻，我都觉得自己如此地富有思想！"［1880年1月16日致妹妹的信］）。而此刻，他的自我认识的方式、他对生命的体会、他那无所不及的基本情调都产生了一种巨大的转变。

他在玛丽恩巴特地区写道:"在最后的日子里,我总处于一种不可遏制的高涨情绪中!"(1880 年 8 月 2 日致加斯特的信)"我根本无法控制自己。有一次,在森林里,一名从我身旁走过的男子使劲盯着我:在这一瞬间,我感觉到,我的脸上肯定流露出光彩四射的幸福神情……"(1880 年 8 月 20 日致加斯特的信)他在热那亚写道:"我病得不轻,但情绪比往年同一时期要好得没法比。"(1880 年 12 月 25 日致妹妹的信)他在西尔斯-玛丽亚地区写道:"从来就没有一个人是与'意气消沉'这个词无缘的。那些猜出我更多毕生使命的朋友们认为,我即使不是最幸运的人,无论如何也是最勇敢的人……此外,我仪表堂堂,由于长期旅行,肌肉近乎士兵的肌肉一般,肠胃等均一切正常。考虑到我的神经系统要承担大量活动,它是非常出色的,既精密又强壮。"(1881 年 7 月中旬致妹妹的信)"我感觉强烈,令我时而紧张、时而大笑……我在漫游时痛哭……这是激动的泪水,我引亢高歌、胡言乱语时,眼前展示出全新的景象,这是我先于所有人看到的景象。"(1881 年 8 月 14 日致加斯特的信)他在热那亚写道:"在热那亚这里,我既高傲又幸福,这完全是多利亚派的风格!抑或是哥伦布的风格?在英伽登地区的漫游途中,我为极大的幸福而欢呼雀跃,并洞悉到未来。而在我之前,尚无人勇于洞悉未来。至于我能否完成自己的伟大使命,则不取决于我,而是取决于'事物的本性'。相信我,我如今达到了全欧洲及其他一些地方道德沉思与道德研究的顶点。或许有朝一日,连雄鹰都要畏缩地向我仰视。"(1881 年 11 月 29 日致妹妹的信)

这些情绪高涨的瞬间穿插在境况不佳的一日又一日、一周又一周之间。但是,这种好坏不同的境况完全不同于以往。旧病虽未消失,但他身体上的痛楚却好于 1879 年那时的情况。他在 1882 年讲道(致艾瑟尔):"就主要方面而言,我可以说自己已经痊愈,至少正在痊愈。"这句话是在他情况较好的瞬间写下的。而在随后的几年,他从没有停止过抱怨病症与自己的眼睛,尤其是身体好坏随天气而变这一令人痛苦的情况。从这时候起,他患病与无病的不同情况让位于另一种他更为投入感情的不同情况,即他时而情绪高昂地、有创作力地体验生命,时而在压抑沮丧的星期与月份里陷人可怕的悲观情绪。与此相应的是,在 1876 至 1880 年间这一段思想"荒芜"的日子里,尼采绝没有陷入动摇不定的状态,而是感到自己思想独立。当时他只是对身体不抱希望,等待死亡(这些年间,他有意识地做到思想深远、从容不迫、无拘无束、不偏不倚,他深深地感到如释重负)。与此相反,1881 年以后,他才形成无中生有以及反过来有变为无的思想转折。自 1881 年起,他不仅欢呼雀跃地把握那神圣的肯定性,而且在无法把握时,便因要有所把握的必要性感到绝望、受尽折磨。他从未出现过稳妥、和平的心态。这种起伏不定的心态是非同寻常的。他回顾这些年时写道:"内心动荡不宁的极端情况可怕地贯穿在最近几年之中。"(1887 年 12 月 14 日致福克斯的信)

尼采在这一时期的书信证实了他后来所记述的:《查拉图斯特拉如是说》头三卷是在 10 天左右写就的,是对他那种闻所未的亢奋情绪的实质所做的一个概括。继这三卷之后,便是时间长久得多的写作阶段了,它充满无以慰藉的空虚与伤感。这种内心状态如果可以清楚地表露出来的话,尼采称之为灵感。对于这种心态的深刻秘密,他做了如下描述:

"只要怀有一丁点儿迷信思想的残余,人们实际上就几乎无法拒绝道成肉身、上帝的代言人、至高无上的力量的工具这一类观念。启示的概念在下述意义上简单明了地描述了事实情况,即突然间有什么东西变得可见可闻了,其可靠性与精确性是无法言说的,它最为深刻地触动、震撼着人。人们听到了,却不去探寻;感受到了,却不去追问,这一切来自何人。这时,一个想法像闪电一般显现出来,不可必免且毫不迟疑地闪现出来,即我向来毫无选择。这是一种心醉神迷的状态,它扣人心弦,令人潸然泪下,脚步时而踉踉跄跄,时而凝滞迟疑;这是一种彻底的怅然若失状态,令人最为清晰地意识到,自己从头到脚袭来无数细微的震颤与颤栗;这是一种深沉的幸福感,在这种幸福感中,最为痛楚、最为忧郁之物都起不到对立的作用,而是起着受制于人、进退随人的作用,形同这一片澄明之中必不可少的某种色彩;一切都完完全全是不由自主地形成的,却仿佛感受着自由、作为绝对之物、充满力量与神性地喷涌而出……这番描述、这种比喻中的不由自主之处最值得注意,人们已不再知道,何为描述,何为比喻。"(第 15 卷第 90 页)

除了在这些日子里禀受灵感,激发创作力外,在这几年当中,他体会到了那令人恐怖、如临深渊般的生命感受。这既是一种令他颤栗的临界体验,又是一片澄明状态的神秘之处。尼采罕见地——但很明确地——对此做了陈述:

"我曾陷落在真正的感情深渊里,但我笔直地从这深渊里飞升到我的高度上"(1883 年 2 月 3 日致欧文贝克的信)。或者说:"我四周重又一片漆黑。我觉得好像划过一道闪电——在极短的时间里,我感到得心应手、一片光明。"(1883 年 3 月 11 日致欧文贝克的信)尼采对这不可言说之事作了极其透彻的比喻:"我形单影只、疲惫倦怠,前面……四周俱是万丈深渊,身后则是……崇山峻岭。我战战兢兢抓向某个稳固之物……这是一棵灌木,它在我手中折断……我感到一阵惊惶,闭上了眼睛。我这是在哪里?我看到沉沉的夜色向我袭来,并将我笼罩进去。我怎么了?是什么令你突然间哑口无言,似乎感到一阵颤栗,被迷茫含混的感觉所压抑?你眼下正在忍受什么?是的,忍受——这是个恰当的词汇!是什么在蚕食着你的心?"(第 12 卷第 223 页)

各种各样对神秘之光的体验、对临界境况的极度恐惧、激发创作力的灵感都只是 1881 至 1884 年之间的事情。自 1885 年起,这类感受、体验和启示则无从谈起了。后来,尼采一度撰笔论述自己是如何"毫无把持","会轻易地在一夜间被一阵风暴卷走"。他的境遇是:"爬得很高,但始终离危险近在咫尺——而且对'向何处去'这样一个问题毫无答案。"(1887 年 2 月致加斯特的信)他此时所说,实质上并没有从自身负有使命这一境遇出发,并关联着自己体验到的各种状态。而他以前所说,则是在透露自己实际上体验到的临界感受。此时,他只是"日日夜夜地被自己的问题所折磨"(1886 年春季致欧文贝克的信)。他再度写道:"最近几周我产生出异乎寻常的灵感",而这只是一些想法促使他,即使是在夜间,"也要有所倾泻"(1888 年 9 月 9 日致福克斯的信)。

与亢奋的心态交织在一起的,是他对一种巨大威胁的感受。这种感受的强烈程度不是自然而然的:"我头脑中预感到,自己过的真是一种极其危险的生活,因为我是一架有可能爆裂的机器!"(1881 年 8 月 14 日致加斯特的信)后来他认为,整部《查拉图斯特拉如是说》"就是几十年来积聚起来的力量爆发的结果":"这样的爆发会将引爆者轻而易举地抛上天去。我常常有这样的感觉……"(1884 年 2 月 8 日致欧文贝克的信)即使这威胁并未到要毁灭人的程度,尼采的总体状态也极不稳定,以至于他因感受强烈而一再患病:"我的感觉……爆炸力极强,以至于在严格意义上说,一瞬间就足以通过变化……让我彻底病倒(大约过了 12 小时后,果然如此,生病持续了两至三天)。"(1883 年 7 月 11 日致欧文贝克的信)"如果强烈的感受像一道闪电一样,在一瞬间就打乱了人的身体发挥功能的秩序,那么最为理性的生活方式又有何用处呢?"(1883 年 12 月 26 日致欧文贝克的信)

在这些陈述中,尼采进行思维与创作的思想性与各种莫名其妙地形成与袭来的感受交织在一起。如果不深入到这些感受的总体中去,不深入到在总体上变化了的氛围中去,那么人们想必会就每一个陈述说,这是他随处可见的创造性的表现。但是,在尼采看来,创作过程的意义在于完成他前一个阶段的哲学沉思。同时,创作过程是这样一种活动,即如果没有附加上"生理学因素"的话,这一活动就不可算作创作者本人的事情。对此,下述理由可以充当提示,即使它们不算证明的话:

1. 他充沛的感情与陶醉的心态容易发作,使人有可能设想,这是非精神性原因使然。从这些感情与心态的精神性意义及其对于精神性意义有用与否来看,这些感情与心态何时、以怎样的前后顺序出现与消失,则纯属偶然。仅在 1881 至 1884 年间,这些感情与心态才独具特色。

2. 他的诸多心态无法理喻地交织在一起,这些心态形形色色、彼此毫无瓜葛,均在他从事创作的时刻之前出现。自 1884 年起,它们逐渐变得平淡无奇,而它们的出现总伴随有那样一些现象,这些现象超出精神性创造过程及其结果之外,表明尼采特点的形成是一个整体过程,即使这一过程是服务于他的创作的。

3. 尼采在 36 岁时平生第一次产生了这些亢奋的体验,这些体验令他超出了人们通常的情况。从事创作的人想必喜欢体验高昂的情绪、深刻的目光、创作的灵感。但同尼采相比,这些都在实质上有所不同。这就像对温度的想象同真正的火焰相比较一样,就像可在从事创作的人身上看到的某种自然而然的、普遍性的东西同某种同时也是异样的、令人身心交瘁的东西相比较一样。看起来,这里增添了某种全新的东西,而这种全新的东西是从生理上的总体结构中发挥效用的。

至于这一生理性因素到底是什么,这一问题是无法回答的。尼采自 1880 年以来情况如何,只能暂时不予确定。但是,毕竟有什么对他影响至深的情况发生了。对此,毫无偏见的研究人员如果依照时间顺序深入研究尼采的全部书信与著述的话,在我看来是很难持怀疑态度的。将这一情况理解为他患脑软化病的第一阶段，是不妥当的，因为有关脑软化的经验并未作为病案可资比较地表明，此前的情况——它尚不是脑软化这一毁灭性的过程——也算作这一过程。将这一情况当作精神分裂症，或认为它具有精神分裂症的特点，我认为意义不大，因为只要没有明显的精神病征兆得以记录下来——有别于凡·高和斯特林堡的情况——，这种诊断图式就如此界限模糊，也不了解因果关系，结果只是等于什么也没有说。尽管如此，我直观到，尽管尼采的实质是统一性的，他有两副被一下子分开的"容貌"。我深信这里不经诊断也要谈论某种生理性因素。或许随着心理分析取得进步，这种生理性因素有朝一日会得以认识的。

三、他最后一次思想转变明显地发生于 1887 年年底。这一思想转变再次令他焕然一新，自 1888 年 9 月起最终影响了一切。这时他出现了一种全新的自我意识口吻，即用自己的行动来决断完整的世界历史，直至他最终精神失常，仿佛富有意义地投身幻想中的现实，仿佛可以以此取代实际。随后便出现了他至此尚不习惯的一种行动：为自己在一时间取得的成就充当代言人。这之后是一种论战性的新风格，最后是吸纳了一切的精神上的回光返照。

这再一次亢奋到极端的全新口吻流露在令人惊讶、却或许是真实的语句中："我是这个时代的第一哲学家，这并非不可能的，或许还不限于此，即这是在两个千年之交至关重要、命运攸关的。"（1888 年 2 月 12 日致塞特里茨的信）在整整一年当中，他都在讲自己那"至关重要的使命……它将人类历史一分为二"（1888 年 9 月 14 日致福克斯的信）。"就结果而言，我此刻有些缺乏信心地凝视着我的双手，因为我觉得自己'把握住了'人类的命运"（1888 年 10 月 30 日致加斯特的信）。

他的自我意识在内容上完全可以理解，它从属于他的思想的意义，因而也从属于自 1880 年以来那一段过往的时间。而尼采此后的全新行动,则迥异于他迄今为止的实质。前几年,当有人要为他树碑立传时,当他要解除孤寂的痛苦,赢得一位真正的门人,而不是为自己做宣传时,他一再拒绝人(如拒绝帕内特[Paneth],见于 1884 年 12 月 22 日致欧文贝克的信)。而此时,他则采取了这样的举动:鼓励人翻译自己的著作,同文艺刊物,同施皮特勒、勃兰兑斯、斯特林堡建立联系。

还是在 1888 年 6 月,他再次写道:"我……全部的'非道德式'立场对于今天来说还过早,过于缺乏准备。我本人没有一丁点儿替自己做宣传的想法,我还从未为此动过一根手指头。"(1888 年 6 月 21 日致克诺茨的信)但在 7 月间,他就向福克斯提出了详细的建议,假如后者愿意的话,可以怎样来为他写些东西。由于福克斯于 8 月份未作反应,尼采就不想当真操心自己"著述的接受"问题了。但在 12 月,尼采再次致信福克斯:"难道您就没有论战的情绪吗? 我非常希望,此刻有位富有思想的音乐家公开支持我,反对瓦格纳……写一本小册子……眼下是有利的,人们还可以真实地评述我,而过两年再这样做,就近乎是傻事了。"(1888 年 12 月 11 日)对于勃兰兑斯在哥本哈根举办关于他的讲座一事,他兴奋得忘乎所以。他应勃兰兑斯之邀撰写了一份自己的传记(1888 年 4 月 10 日),而用尼采以前的全部看法来衡量,传记本身就是一份不甚得体的老道的宣传。他未经自己的出版商提议,随即撰写了一份"内容简介",想用这份内容简介来让出席勃兰兑斯主持的关于他的讲座的公众了解他(刊印于霍夫米勒著述,第 119 页)。他向加斯特陈述此事的话是:"我让弗里茨施(Fritzsch)就我在哥本哈根取得的成就在新闻界做些报导。"(1888 年 6 月 14 日致加斯特的信)出版商未满足他的愿望,他便进而鼓动加斯特,在文艺刊物上撰述《瓦格纳事件》(1888 年 9 月 16 日致加斯特的信),希望在对方做到这一点之后,出版一本特殊的著述,将加斯特的文章同福克斯的另一篇文章合在一起附在其中(《尼采事件。两位音乐家的诠释》——见于 1888 年 12 月 27 日致加斯特的信）。尼采在近期撰写的两篇著述最好直接、立刻在这一瞬间产生影响，它们要有步骤地为此目的而被撰写出来，并且是按照一定顺序为公众写作的。

另一个特点在于他那些生硬的书信，他就是写了这些书信才同与自己亲近或敬仰自己的人决裂的。他于 1887 年 5 月 21 日致洛德的书信就是他同人们决裂的一个先兆。但在此时，他还有所控制。1888 年 10 月 9 日，他与布洛夫决裂时写道："尊敬的先生，您对我的信未予回复。您想一劳永逸地摆脱我，这一点我可以成全您。我想，您已意识到，这一时代的第一精神向您表达过意愿。这就是弗里德里希·尼采。"随后，他于 1888 年 10 月 18 日同玛尔维达·冯·梅森布克决裂，于 1888 年 12 月给妹妹写了诀别信。

如果人们将他创作《查拉图斯特拉如是说》的激奋年代同 1888 年这种激奋情绪相比较，就会看出，后者在做合乎理性的表述时，更具有攻击性、更加赤裸裸、更加无节制，既不畏缩也不安宁。支配他的，是有所作为的意志。

这种新情况的关键性标志就是他精神上的回光返照。回光返照虽然只是偶尔出现在这一年间，却频频出现于最后几个月里。

首先，在他致塞特里茨（1888 年 2 月 12 日）的信中，便可听出这样一丝口吻："这里的日子好得没法儿再好，这是由于从未有过更好的冬天。"他对加斯特说（1888 年 9 月 27 日）："秋日的色彩一派清澈，我对所有事物均感极其惬意。"接下来他写道："此时我是这世上最心满意足的人了——我的任何话语的含义都蕴含秋天的气息：这是我伟大的收获季节。我对一切均举重若轻、如鱼得水……"（1888 年 10 月 18 日致欧文贝克的信）"我正在镜子里看自己，我从未有过这样一副神情。情绪愉快、保养甚佳，看上去比实际年龄年轻 10 岁……我很高兴有个出色的裁缝，很希望无论在哪里都被人看作是个高贵的陌生人。我在自己常去的意大利餐馆里无疑吃到了这里最好的食物……我至今也不知道,什么叫做津津有味地吃饭……这里日复一日不加改变地万事如意、阳光充足……这里有一流咖啡馆中最上乘的咖啡馆,还有一个小咖啡壶,质量极好,而且是我从未见到过的上佳质量……"(1888年10月30日致加斯特的信)这之后,他欢乐的语气不再是断断续续的了:"我工作的速度越来越快,情绪越来越好。而且这里的人待我彬彬有礼,就好像我极其高贵似的。别人为我开门的那种方式是我在别处从未遇到过的。"(1888年11月13日致欧文贝克的信)"我跟自己闹了如此之多愚蠢的恶作剧,想出蠢汉才想得出的念头,以至于我在大街上讪笑了半个小时,也找不出其他的话来"(1888年11月26日致加斯特的信)。"秋日真美。我刚从一场大型音乐会回来,它给我留下了平生对音乐会的最强烈的印象,——我在内心里不断地做着鬼脸,以便摆脱这种过分的欢愉……"(1888年12月2日致加斯特的信)"几天来,我都在翻阅自己的著述。如今,我才第一次感觉到,自己成熟得配得上这些著述了……我一切都做得很好,就是从未对此有所意识"(1888年12月9日致加斯特的信)。"所有现在同我打交道的人,包括为我挑拣上好葡萄的女摊贩,都是些很好的人,殷勤、开朗、有点儿肥胖,——包括服务员也是这样"(1888年12月16日致加斯特的信)。"我发现了这沓稿纸,这是我能够用来书写的最好的纸张。钢笔没变……墨水没变,稿纸却是纽约出的,昂贵、质量上佳……自四个星期以来,我便熟悉了自己的著述,不仅如此,我看重这些著述……此时我绝对相信,一切都做得很好,从一开始就是这样,一切如一,一切也将如一"(1888年12月22日致加斯特的信)。他在圣诞节期间致信欧文贝克说:"在都灵这里值得留意的是,我格外引人注意……当我走进一家大商店时,每张面孔都会转过来……我吃到烹调考究的饭菜中最为烹调考究的——我对此一向一窍不通,既不懂肉,又不懂蔬菜,也不懂真正的意大利食品到底会做成什么样……我的侍者照料细致,举止出色……"

几天后,尼采便精神错乱。他又昏昏沉沉,迷迷糊糊地生活了十年。

要了解尼采,不一定要了解对他的诊断,但首先要了解,他的精神病在 1888 年年底是一种官能性大脑病症,是由外界原因引起的,而不是由内部体质引发的;其次,在 1880 年年中,显然有一种生理因素改变了尼采的总体精神状态;再次,1888 年,就在他马上要患上严重的精神病前不久,他的情绪、举止都流露出以前从未有过的变化。

如果要做诊断的话,那么他 1888 年年底患的脑病有极大可能是脑软化。此外,人们还将 1865 年他胳膊与牙齿患上的严重"风湿病"看作由传染引起脑膜炎,进而导致他偏头疼屡次发作(无疑,它是一种综合征的组成部分。但问题是,它是否也是另外一种疾病的病症),将他自 1873 年起的病症视为因他在内心同瓦格纳决裂而产生的神经官能症,将他于 1880 至 1882 年的变化视为后来的脑软化的初期表现,认为他后来多次出现心醉神迷的现象乃至精神崩溃是服用毒品(尤其是大麻)的结果。遵循着尽可能将所有病症归结为一项原因这一原则,就可描绘出这样一幅情景,即自 1866 年起,所有病症俱已出现,其结果就是脑软化。只是这样看是很成问题的,对于要从哲学上理解尼采的人来说,如果这些医学范畴是明确无疑的,那么它们反而只会是有问题的,即这些诊断什么也说明不了,除非他最终的精神病近乎明确地就是脑软化。

患病与著述——

在有些人看来,追问尼采的病情,是在贬低尼采。他们认为,将尼采著作的特征同他的病情联系起来,实属无益之举。有人说:"这是一位脑软化病患者的著作。"另有人说:"在 1888 年年底以前,尼采精神上没病。"从图省事的角度考虑,似乎可以采取这样一种简单的选择:要么尼采就是病了,要么他就是世界历史上的伟人。而认为二者同样可能的想法,是不为人接受的。我们要反对这类彻底毁了尼采或虚假地拯救尼采的做法,因为它们没有理解尼采的思想,没有把握住他的生平实际,而是以教条式论断为掩护,贻误追问与研究。

首先,一种抽象的看法是,仅从思想创作的内容出发,便可考察和评价某一著作的价值。因果关系影响著作的产生,却不说明著作的价值。如果人们知道,一名讲演者为了缓解自己的紧张情绪,习惯于在发表讲演前喝一瓶葡萄酒的话,那么这并不会影响人们评价讲演的好坏。无法得到内在理解的自然事件的因果关系——我们自己就从属于这种因果关系——并不说明,产生于因果关系的精神产品及其意义与价值如何得以理解,而只会借助于完全不同的思想层面上的不可理喻性——如果人们认识到这一点的话——来把握眼下的不可理喻性。但是,这种抽象的画地为牢的做法是远远不够用的。

如果某一病情或任何一种生理因素对精神活动构成了影响,那么问题可以说就在于,这一影响是激发思想的,还是摧毁思想的,抑或是无所谓的。或者说,在新的条件下,思想活动是否会呈现出其特有的样子。如果是的话,它会沿着哪种可以确定的方向发展。这些问题无法借先验性思考来回答,而只能予以经验性的回答,尤其是通过对病人做比较性观察来回答。只要在经验上有所了解,那么问题第一就是,在某一个人那里,在无可替代的某一个人那里,有什么是同病症比肩并生的(回答如果是肯定性的,就会提供有关思想家置身于世的现实情况的令人震惊的消息);[33]第二就是,且不考虑病症,批评本身就带有一些缺陷。在这些缺陷当中,有哪些因素同病症息息相关,又有哪些缺陷是由特定的病症而来的(在这种情况下,答案倾向于去拯救著作的纯洁性,因为将外在于精神实质的缺陷同思想变化中带有的问题区分开来的道路是畅通无阻的)。

然而,这种对病史的考察对于应用这番考察的人是不无危险的。它使人看不到著作中纯洁高尚的思想,反而在不当地应用这番考察时遮蔽住一项创作、一个人的伟大之处。至于精神产品中是否有什么可以同病情联系起来,绝不可凭借所谓的批评性判断——这种判断径直确定,此处或彼处是病态的——单单从作品的意义与内容中得出结论。给对他实际上的贬损涂上一层不偏不倚的色彩,即做出一番毁人的精神病理学式事实判断,既不科学也不诚实。

在尼采那里,只有一些思想萌芽有可能用来回答疾病与著述的关系这一问题。从总体上说,悬而未决的问题只能作为问题得以认识,作为真正的尼采研究的前提条件。在经验上确定精神病同著作之间的关系,只能采取间接的方法。我们举出两个方法。

一、首先我们来探寻,是否可确定时间上的吻合之处。如果他的文风、思维方式、基本思想的变化在时间上同他身体上或心理上的变化一致,如果这些相对于以往的思想变化并不像他的其他思想变化那样,能够以同样的方式来加以理解,那么这种联系就是显而易见的。在缺乏明确诊断的情况下,这种方法不能带来十拿九稳的结论,而只是关于相互联系的总体性观点,其中总有一些东西付诸阙如。尼采身上的的确确显示出了一种从事著述的精神发展与一生中可以确定或只可猜测的心理变化并行不悖的情况。

1. 尼采自 1873 年起出现的各种身体上的疾病,是同他在精神上"决裂"的时间一致的。但是,他那几年患病,并没有心理变化的特征,其与思想变化的联系只是表面性的。虽然尼采生平中这一变化是非同寻常的,因为他再也没有康复起来,但这并不意味着,他在思想方式上发生了实质性转变。相反,间接的影响来自他的工作能力极度受限,来自眼痛限制了他的阅读与书写。对于自 1876 年起逐渐在其各部著作中占支配地位的箴言式风格来说,上述病情是一个影响因素,虽然不是起决定性作用的因素。他同其他人决裂，是由他思想发展中可以理喻的动机而来的，或许是由他患病的境况促成的，但不是由其决定的。

2. 自 1880 年起，与一些新的经历以及改变体验事物的方式并行不悖的，是他全部创作活动的变化。

有一种新的文风体现在他的描述所具有的力量之中，体现在愈发神秘化的比喻之中，体现在他所看到的事物的清晰透彻的特点之中，体现在他的言辞的音调之中，体现在他的措辞的力量之中，体现在他的语言的盎然诗意之中。大自然与风景都变得活灵活现，具有命运的色彩。就仿佛他同大自然、风景已水乳交融，大自然与风景就是他自身一般。朋友们注意到了这种新的情况："你……开始形成自己特有的风格了，你的语言也变得铿锵有力了。"（1883 年 12 月 22 日洛德的信）

他愈发强烈的新行动取消了一味观察与质疑的做法，形成一种以摧毁基督教、道德、传统哲学为取向的，寻求建树新思想的意志，而其内容早在其青年时代就显露出来了。

对于尼采来说，像永恒轮回的思想、强力意志的形而上学、对虚无主义的彻底研究、超人的观念这些基本思想具有非同寻常的、他以前不甚清楚的分量与秘密。这些思想建立在此时才向他袭来的那种本原性、哲学式临界体验这一基础上。这些思想有许多已然出现在他以前的著作中，甚至包括永恒轮回的内容。但是，这些思想中以前只具有可能性的内容，此时则是实质性的，具有令人震惊的力量，是折磨人的真理。

此时，尼采才不仅具有完善的哲学敏感性，而且深深地被本原性的存在之体验所推动、所充实。以此来衡量，以前的思想只不过是旁观式的或呓语式的、仰慕性的或瓦解性的，实质上只能起到思考与直观的作用。此时，尼采的话如同来自一个全新的世界。

这种新的思想保持着一种令人惊讶的张力，因为就连思想与象征都开始变得凝固了。凡以前在思想运动中是个别的、不断被扬弃的,此时则绝对化了,随后在一种愈发有力的思想运动中或许反而松懈下来了。表面上的虚无主义是同无条件的肯定态度联系在一起的。一时的空虚感同有意为之的象征联系在一起,令读者有可能产生一种冷漠的情绪,而接下来表述出来的,才构成了尼采本源性的哲学思辨。

3. 与他在1884年开始规划创作的主要哲学著作相应的,是1881至1884年间神秘的体验常常突如其来地向他袭来。他将这种体验当作灵感,移植到自己这些年间的著述中去。他的语气变得合乎理性了。1884至1885年间的思想转变影响深远:在此之前,尼采是在憧憬、创作;在此之后,占主导地位的,是他建构系统与论战的尝试。"重估价值"占据了核心地位。莱因哈特(Reinhardt)做出了最初令人惊异、其后令人恍然的论述,即使未经证实(《古希腊》1935年版第11卷,第107页):"没有一首诗是他在最后几年中创作的。就连证明他最后一次思想滥觞的、朗朗上口的诗《威尼斯》、《桥畔》也是早就写好的。"

1887年年底与1888年,他明显地再度出现了1884年那种倾向于创作"主要著作"的思想危机。他没有着手这项工作,而是将这项主要工作搁置一旁,以飞快的速度创作出完全出人意料的著作。精神病即将发作的前兆与新的著述并行不悖。思想实质、思想意义及内容均未改变,倒是这些著述的表达方式很引人注目。

二、其次我们来探究,尼采是否出现了有可能在身体官能上找出缘由的一些表现。由于在1888年以前,尼采没有得到最终的、可靠的诊断,因而人们暂时无法探寻某一特定病情的征兆。根据对病情及其病因的了解,寻找出被经验性观察确认为与某种病情有关的情况,这条途径在尼采那里达不到任何结果。我们只能询问,在假定有某种异质于精神因素的生理因素这一情况下——即使对此不能作精确诊断——,都有可能出现哪些思想创作中的变化,而这些变化是同官能性精神病密切相关的。

尼采著作的特点在于,我们并不能看着它就感到一种纯粹的满足。他那激动人心之处、他那实质性的推动力带来的振聋发聩的作用、他那登峰造极的严肃性、他对人的眼界的启迪都不能阻止他,总显得像无能为力一般。像他如同陷入空虚感,或由于狭隘、无节制、荒谬而起到令人压抑的作用时,就是这样。这种不完善之处或许不仅在于,他保持着思想运动的开放性,而且在于这是哲学思辨的特点使然;不仅在于这里的所思之物有赖于为期待着它的人所吸收,而且吸收依据的是自身的驱动力;不仅在于一切哲学思辨的实质,因为其实质原本都是未完成的,而且在于这里面也许容纳了什么与此实质无关的东西。而自1881年起,这种东西才开始起到干扰作用。即使不可能客观地将实际上的开放之处与实质上未能开放之处彼此分开,从而最终做到有所甄别,这一问题也提出了一项任务,即把握这些干扰,以便更为明确地深入尼采哲学思辨的真正思想运动中去。简而言之,这些干扰有下述三种。

1. 他放荡不羁的天性将无节制地宣泄出的感情推行到了极致,这就束缚了他的眼界,从而有可能将过分渲染之物简单化地当作固定的对立之物。至于说尼采措辞不甚可靠,有时批判力弱,这两者在以前是不可能的,也永远不会是主导性的,因为原有的驱动力一直在主导着他。但是,这两者促使他开展毫无顾虑的论战、盲目的争斗,而这也会受到深刻思想的反击。这种深刻思想诱使人,对尼采误入歧途之处以牙还牙。这就令尼采的读者束手无策,因为读者未做到有所甄别,也就未做到有所吸收。尼采喜欢极端,有时尝试极端,即果断地走向极端临界之处,不是为了将自己固定在极端之处,而是辩证地同对立面统一起来。他还喜欢那种在斗争中占优势的"极端的魔力"。一味无拘无束,会在不经意间偶然地做得很极端。只有当这种极端的做法未曾混同于上述极端做法时,这两种极端的方式才会分别是清清楚楚的。

2. 无拘无束只会造成毫无节制,或限制人的眼界,可它毕竟还扭曲地保留了一份真实内容。而尼采令人感到陌生的第二种情况是:自1881年以来,一些激动人心的新感受给他带来了神秘的体验。尽管我们深深地为这些体验达到的界限所触动,尽管这些体验陈述出来显得极其完美,我们却无法产生同感。他的同时代人都感到他这种"异样"的情况。洛德在最后一次同他会面后(1886年)写道:"他散发着一种我当时完全陌生的、无法描述的异样氛围。他身上有着我通常不了解的东西,而他身上通常有的许多优点则消失了。就仿佛他来自一个荒无人烟之地似的。"(克路西乌斯关于洛德的著述,第150页)尼采本人也察觉到"我所有的问题与明晰之处均带有的无法言说的异样感",察觉到在这个夏季,人们多次向他表示出这种异样感(1884年9月14日致欧文贝克的信)。

3. 第三重,而且是彻底的一重干扰,是他于1888年年底由于疾病缠身而提前中断了思想进程。这样一来,尼采思想最终发展得未臻完善,而这种不完善性绝不是他的思想固有的。尼采的去世出乎他的意料之外,正如他去世前不久所表白的那样,他的著作尚未成熟。取代其著作的,是他在最后一个时期以强烈紧张的心情、局部的明确洞见、并不合理的想法、透彻的措辞写下的无与伦比地富有论战性的文章。因此,正如他在最后一年中所表露的那样,他的一生由于提前中断了思想而在事实上成了永久的疑问。这就像上个世纪最为深邃、最为重要的思想成就被冷漠的自然因果律从背后毁灭了一样,以至于这种成就无法恰如其分地以其明澈、出色的特点反映到著作中来。

继我们采取了这两种做法,通过考察他患病与著述的关系而对事实情况有所了解之后,对于我们所作探索的意义作一番研究,就是必要的了。

对于从总体上理解尼采来说影响深远、即使在实质上并非关键的问题,就是追问他自 1880 年以来的思想转变,以及这种转变是否有可能同某种新出现的生理现象相吻合。对此,没有彻底的、掌握全部资料的、做出分门别类的反映的研究成果。而这种研究成果是尼采生平研究的当务之急。莫比乌斯(Möbius)最早看出这种思想转变,但他的看法随即显示出如此之多的颠三倒四之处,以至于他的看法这副样子确实不行。我觉得,尽管变化情况不明(甚至他的医学诊断情况不明),我愈是经常翻阅迄今为止公布出来的他的书信与遗著,便愈是明白变化的情况。

尼采思想与感受上的转变,自 1880 年起一直延续到 1888 年。这种转变所表现出的特点是,生理因素的作用、他的新感受的直接表露,以及全新的哲学内容交织在一起,成为一个不可分解的统一体。如果说无论尼采以恰当的自我意识把握的、其思想发展必需的步骤是什么,或者说无论什么构成了他的为人在思想上的伟大之处与生存上的深刻之处,或者说无论他这种变得关联一切的例外情况之谜有什么意义,这一切此时突然间都成了病症,或某种不为人知的生理因素,那么这会令我们感到困惑不解。我们的论述有可能显得模棱两可。这种模棱两可指的是,它将尼采在总体上无可替代的意义当作自身的对象,而暗地里即使套用了所有限定词,也对其做了颠覆,并将其贬低为无所谓的东西。凡是被当作精神上的创造而揭示出来的,随即又被当作病症再度掩盖起来了。

应当说,我们永远无法宣称,有这样一种"统一性"。无论我们对一个人的情况有什么了解,它总是在一定观点中呈现出来的一个特定方面,而永远不是一个完整的人。此外,一个方面看起来总是令我们困惑地转变为另外一个方面,其晦暗不明的理由我们无以了解,就仿佛这两方面是一回事似的。随着 1880 年的思想飞跃,尼采才达到他真正的思想高度,这的确是特定的例外人物生平中令人不解之处——近似于荷尔德林和凡·高的情况,只是具体情况有所不同。"病理性"因素——如果我们可以这样称谓我们并不了解的生理性因素的话,因为它有可能同我们所了解的尼采后来的病况处于同一因果关系层面之上——不仅起到了干扰作用,而且甚至有可能造成了通常不可能出现的情况。直至此时,尼采才达到自己思想的起源,径直面对一切思想之初始。自1880年以后才出现的情况是,在他思辨的丰富内容中,他带有彻底地追本溯源式基本特征的思想实质令人回想起前苏格拉底哲学家。他风格上出格的地方似乎也出自这同一个理由。由此,那闻所未闻之话才得以言说。无疑,他愈发具有诗意的力量,轻而易举地克服一切干扰,而且排除干扰后的每一字词都稳妥可靠。他对存在的强烈意识源于思想起源深处,无需苍白的思想作中介便直接落实到语言中。他一度出现的偶然想法与让人感到异样的想法一下子就映射出最为深刻的真理,或映射出例外者那富有意义的异样性。他的精神直至发病时都是活跃的,甚至赋予他的妄想以某种意义,以至于就连他在精神错乱时写下的字条也成为他的著述的一个不可或缺的组成部分。

例如,尼采自1880年以后才开始深切地感受到,这个世界面临危机,他因自己对未来的认识而感到莫大的恐惧,他被自己的使命搞得筋疲力尽,因为这一使命是要在世界历史的那一时刻占据思想上的一席之地,在那一时刻,一切都取决于人,而一切都要化为乌有这一可怕的危险就摆在人们面前。这种感受同他另有来源的痛楚、激动、压抑的心态正相吻合。在一时间受病理制约的自我意识既是可以理喻的,又是理所当然的。谁要想在这里以明确的非此即彼式的心态做抉择,就是在牺牲他可能具有的真理性来将他迷雾重重的实际情况变得简单明了,因为这里的实际情况要求我们承认这团迷雾,采取任何一种方式领会他值得探究之处。

因此,我们有必要联系尼采的著作,对他的病症采取三种态度。

首先,要对事实情况做经验性研究;其次,根据对他的著作做出的批评,要将他的著作同那些可理解为由病症造成的偶然性干扰而来的有缺陷之处分开,以便纯正地把握尼采哲学;再次,要采取愈发虚构地直观实际整体这一态度。正是在这一整体中,他的病症看起来才成为具备积极意义、表述存在、直接启示通常无法企及之物的机制。

在第一种态度中起决定性作用的是经验性科学的方法,它永远无法达到最终洞察一切的知识的尽头。这一态度是人们有分寸地做到另外两种态度的前提。没有这一前提,另外两种态度中的一种——批评性态度——就会变成方法不得当的、因而变成冲动性的、以"生病"为结论的批评;而另外一种态度——做虚构性直观的态度——就会变成不切实际的呓语。探寻尼采的纯粹真理性的态度绝不能同这种真理性分开,无论他误入歧途之处、他的风格与语气中有哪些是与此真理性无关、需要剔除出去的因素。对尼采的实际整体的虚构性直观,我们是词不达意的。经验性确定、批判性澄清、虚构性表述的意义,彼此不可替代,绝不可相互混淆。

尼采对疾病的态度——

有两个问题必须彼此分开,一个是尼采如何看待他在医学上可以确定的或尚属猜测的病情,另一个完全不同的问题是,他如何在阐明生存的同时谈论"病情",以及病情在他的生命实质中所起的作用。

我们首先要问,尼采是如何看待他的病情,如何对此作医学上的理解与判断的。这就又要区分开以下三者:首先是自 1873 年以来的身体痛楚与强烈的情绪紊乱,其次是自 1880 年以来由医学上无法确诊的"生理因素"而来的心理变化,再次是自 1888 年年底以来的精神变态及其在这之前几年当中的前兆。与这些问题相应,我们要追问病人对待自身病情的态度,这种态度在处理病情时起到了重要作用;我们还要追问他对病情的认识。在精神病医生看来,这就是特定精神病症的一个标志。每一次我们都要追问,病人本人采取怎样一种医学观点,他作为一个人要么能够接受医学观点,要么因为病情本身而无法接受医学观点。我们不妨从下述三个方面对尼采作一番质询。

1. 尼采对待作为自己身体痛楚而出现的病症(像病情发作、视力不清、头痛等)的态度,最初是同那一时代的看法相吻合的:他向医生、专家、权威人士咨询,认为对此只能根据合理的知识来加以治疗。但是,由于有些医生不仅仅在经过合理论证后才采用医疗方法,而且总是采用这种医疗方法,就好像——不仅仅是在特定的、突出的情况下——总有某种明智的、起着因果作用的治疗方法似的,所以尼采就多次——无效地——去疗养。尼采的做法超出了医生的建议,他根据自己的观察和东鳞西爪地读到的东西,自行采取治疗。他同采取实证性、科学至上性思维方式的医生们一样,时常变换着采用合理的、由经验性保证的各种方法,以及各种实证性的、可能有的想法。他利用精确的气象数据,有步骤地选择最适合于他的气候条件,也许取得了一定的疗效。此外,他终生都在做着必定没有把握的各种试验:"尼采在巴塞尔家里的壁炉上放着各种混合药剂,他就是用这些药剂来治疗自己的",欧文贝克很早就这样论述过他 1875 年的情况(贝尔诺力著述第 1 卷,第 167页)。后来,尼采还使用了各种药物、盐类,尤其是药效合理的催眠剂(大量的氯水化合物,而定期使用这种催眠剂,其药效就很成问题了),并最终还有可能使用了从一名荷兰人那里得到的含有大麻的药剂。有时,他对自己的医学"发明"感到荣耀:"令我感到荣耀的是,布莱庭医生又给我开了我以前就使用过的钾磷,他对这种东西的疗效深信不疑。这样,我就是自己服用的药剂的发明人了。我同样对自己在去年冬季采取的合理的疗法感到荣耀……"(1883 年 10 月 27 日致欧文贝克的信)。

然而,尼采的成就感不在于他的医学奇想得到认可。对他来说,这些想法完全是旁枝末节、无关紧要的。他的成就感在于,他摆脱了医生没完没了的医嘱、治疗和指导。这种解脱是他自我治疗的一个部分,使他在病危的情况下也不至于将病情当作自己的生活内容,不至于以此来决定自己的思想和态度。他不能够躲避由某种机能性进程而来的死亡,却可以避免造成长久的歇斯底里的、神经官能症的、令人恐惧并让人忙个不停的各种可能情况。

涉及诊断,尼采则在医学的意义上闹了误会。当他身体上的痛楚马上就要好转,思想上就要产生一个重大发展时(1880 年),他给玛·冯·梅森布克写了诀别信(1880 年 1 月 14 日):"根据一些迹象,我马上就要彻底解脱地患上脑中风了。"他在预感自己生命即将终结时,还给别人写了信。

2. 我们自 1880 年起就在尼采那里发现的生理因素,自然不能够这样成为他关心的主题,除非他事后惊讶地发现,自己在形成新思想之前,就改变了"趣味"。但是,尼采作为冷静的观察者有时注意到,精神上的创造有可能同身体上的、生理上的现象联系在一起。他对这种观察的倾向并不陌生,观察的内容则是偶然的。例如,"昨天我想到,我'思想与诗作'的重要巅峰(《悲剧的诞生》与《查拉图斯特拉如是说》)同具有磁场的日照影响的最大强度息息相关。反之,我有关语文学的决断(以及有关叔本华的决断,这是一种自我迷误的情况)以及《人性的,太人性的》(这出自我健康状况最糟糕的危机时期),同具有磁场的日照影响的最小强度息息相关"(1884 年 9 月 20 日致加斯特的信)。

3. 尼采不承认自己患有精神病(任何患有脑软化病的病人都缺乏对自身病情的认识),也没有料到自己会患精神病。1888 年,当他情感生活的变化与极度紧张的情绪已然预示出,精神病很快就会向他袭来时,他还对自己的健康保持坚定不移地确信。尼采从未考虑到,自己有可能精神失常。相反,他常常预感自己很快要死亡,或患脑中风等等。有一次,他致信欧文贝克(1885 年 5 月 4 日)说:"我怀疑你会认为,《查拉图斯特拉如是说》的作者精神失常了。我的危险的确很大,但不是这种危险。"

当尼采研究疾病在自己生活中的意义时,他只是在表面上注意到,疾病也会带来益处。疾病使得尼采如愿以偿地以退休来摆脱职务,这有助于他在面对他人时,最为委婉地摆脱让他陌生的人与事:"这省却了我所有的决裂、所有强暴与鲁莽的步骤。"(第 15 卷第 78 页)但尼采患病,绝非因此就像是"有目的的神经官能症"。深入地看,根据他的身体状况,这不过是附带的外在结果而已。

尼采指出病情在他的精神创造活动整体中的作用,这种解释方式另有来源,并非来源于有目的的观察,并非来源于可根据因果关系来研究、可逐个观察、可加以经验性核查的认识:"我既不是精神,亦不是躯体,而是某种第三者。我总是因整体而受难,并在整体上受难……我的自我克服实质上就是我最强大的力量。"(1882 年 12 月 31 日致欧文贝克的信)这第三者就是承担与控制精神和躯体的生存,它透过容纳一切的自我克服的思想运动而显露出来。尼采以它为根据,以既复杂又出色的方式阐释了自己的病情,以及自己对待病情的态度。这种生存性阐释超出了有用性范畴、医学范畴及治疗的范畴。它从全新的角度感受到患病的概念与健康的概念。

尼采以其特有的双关语义来看待患病概念与健康概念:疾病由某种真正的健康(内心的健康或生存的健康)所承担,并服务于真正的健康,它本身就是真正的健康的标志。医学意义上的健康属于某种非实质性存在,是真正的疾病的标志。"健康"与"患病"这两个词可以相互替换。其结果是,在尼采的语句中,这种相互替换呈现出一种表面上的矛盾。这些语句既明确反对健康的自满自足,主张患病的价值,又反对一切病症,主张健康的价值。他一再对一些人的麻木表示轻蔑,那些人觉得自己健康,拒绝一切让自己感到异样的东西:"可怜的人们自然感觉不到,他们这种健康看起来是多么苍白与阴森。"(第1卷第24页)他描述了有知识的市侩的行为方式,他们"为自己的习惯、认识方式、拒绝态度与倾向性起见,发明了普遍有效的健康公式",并"借怀疑别人患病和过于紧张,将任何令他们不快的捣乱分子"挤到一旁。尼采针锋相对地断言:"'精神'习惯于特别偏爱'不健康、无益处'的事情,这真是个令人不快的事实。"(第1卷第193页)这些表述并不能掩盖尼采的全部哲学恰恰是要反抗病态、主张健康,要克服一切病症,而有关健康的各种不同意义又促成了这种矛盾。

尼采承认,这种多样性的意义并不是偶然的。"固有的健康是没有的,而且取决于你的目标……是要确定,对你的躯体而言,健康意味着什么……标准的健康概念……必定会湮没……在一个人那里,健康看起来自然会同另一个人的健康正相反对"(第5卷第159页)。"人们并不认为,健康是个固定的目标……"(第11卷第221页)"健康与患病并非在实质上完全不同……人们并不一定要从中得出清晰的原则或实存来……事实上,在这两种存在状况之间,只有程度上的差别……"(第15卷第173页)

在尼采对生存的阐释中,有一个健康观念是标准性的。它不可在生理与医学上得以论证,而是以人自身的生存层次整体的价值为取向。只有从这种意义出发,他那奇特的论述才赢得内容。在这些论述中,尼采如同将患病一事吸收了:他投身于患病,倾听着它,克服了它。这是值得专门来考察的。

在这种阐述中,作为自然事件的疾病并非真正的疾病,而只是自然而然地形成了而已。要采用这种阐述,就需要迈上完全不同于因果式认识的另一个思维层次。在毫无意义的单纯自然事件中,要思考生存的意义,而无需主张某种普遍性因果律的作用——在这种情况下,因果律是魔法,是迷信。那种对生存有所倾诉之物,为这番阐述带来了病症,为的是同病症一道发挥生存的作用。尼采感激疾病在他的思想过程中起到了性命攸关的作用。他曾不知不觉地——他就是这样回顾性地概括各方面的联系的——借语文学、教授的职业、对瓦格纳与叔本华的崇敬,以及所有理想主义与浪漫主义的态度来回避自己的真正使命:"患病才令我趋于理性"(第 15 卷第 32 页),"当我们怀疑自己是否有权利履行自己的使命时,当我们开始对此掉以轻心时,患病就给出了答复……令我们轻松一下的,就是我们不得不付出最惨痛的代价"(第 8 卷第 202 页)。当疾病召唤尼采回归自己的使命之后,疾病并未消失。依照尼采的解释,他直至生命的终点都在期望战胜疾病:"我有一项使命……这项使命令我病倒,它还会让我康复起来……"(1887 年 11 月 12 日致欧文贝克的信)

无论疾病是何种情况,对尼采而言,其意义都是悬而未决的。关键在于,生存从疾病中汲取什么:"患病是一次要恢复健康的笨拙尝试,我们必须求助于自然的精神。"(第 12 卷第 306 页)因此,尼采一再指明自己消失不掉的疾病,指明自己如何克服疾病,他在利用疾病,他了解疾病的危险,即使不能控制疾病,也在控制这种危险。

他利用患病,正如他所认为的那样,成就了他新思想的特点:"疾病赋予我彻底改变自己习惯的权利……它强迫我安宁下来,无所事事,一味等待,保持耐心……而这就叫做思想!"(第 15 卷第 78 页)不仅如此,而且患病本身就是体会与观察的手段。他告诉自己的医生说,他"正以这种受难的状态在思想与道德领域从事最有意义的试验与尝试……渴望认识的欢乐提高了我的境界,使我战胜了一切磨难与无望心情"(1880 年 1 月致艾瑟尔的信)。他回忆《看啊,这人!》说:"三天来我不断地头疼,并难受地呕吐。而我在痛苦中出色地形成了一名辩证法大

家那样的清醒态度,极其冷静地思考事情。而在健康的情况下,我是做
不到这点的,是不够精明、不够冷静的。"(第 15 卷第 10 页)最终,他将
患病理解为一种动力,他就是靠这种动力摆脱了外界一切事物的凝固
性,摆脱了一切虚假的、理想式的自以为是的心态,无需宗教与艺术便
走上独立自主的道路:"就痛楚与断念而言,我最近这几年的生活可同
任何时候的任何苦行僧相比……正是这种彻底的孤寂令我发现了自己
自助的来源。"(1880 年 1 月 14 日致玛尔维达·冯·梅森布克的信)

但是,患病同时带来了新的生存性危险。正像尼采依据自己的经
验所指明的那样,它会带来一种揭露一切的认识,令人高傲地摆脱一切
事物。当患病教人"以极其冷静的态度看待事物",当生活中所有"骗人
的小把戏"都消失殆尽,此时患病之人便"怀着轻蔑之情……回忆那朦
胧的世界,健康之人就无思无虑地在那里畅游;怀着轻蔑之情回忆那些
最为高贵、最为可爱的幻象……他会以令人毛骨悚然的明确洞见……
呼吁自己:做你自己的起诉人吧……享受你做法官的优越感吧,超出
你的痛楚吧"。这时,在患病时至少还在认识的人便会展示出高傲之
情,以前所未有的方式"进行高傲之情那生硬的抗争"。但是,当随后
"身体好转与复元的曙光刚刚升起之时","我们第一个反应就是,抗拒
我们高傲之心的强大力量……让这高傲之情走开!我们喊道,高傲不
仅是一种病态、一种抗争!……我们——用渴望的眼神——重新凝视
人与自然……当健康重又开始玩弄那套小把戏时,我们便不再动怒了"
(第 4 卷第 112 页)。

除了尼采所指明的患病的生存性危险作用,患病还会进而激发人
形成终生的思想内容。这就是说,让患病之人出自自己的病情来思考。
患病不会取消人的思考,而是如同将思考纳入自身之中。因此,尼采对
一切哲学思辨都提出质疑,质疑这些思想是否是病症创造出来的。

尼采摆脱了思想为支配人的病情所吞噬这一危险,他要如此理解

患病体验,使得他虽然在一瞬间要听命于病情,但随后便了解病情,并更为果断地面对病情。他听任病情展示出来,但不向任何一种病情投降。在患病时,他不仅体验到冷静的认识所带有的高傲之情,而且体验到病愈时的陶醉。他从患病的角度看待健康,从健康的角度看待患病。他时而在患病的压力下思考,为的是看看在这种情况下会形成哪些思想,时而在健康时对自己患病时形成的思想进行批判。这样,尼采对痊愈不了的病情怀有感激之情:"我对自己了解得足够清楚,知道自己在健康状态变来变去的情况下要比所有那些身体结实的人强多少。一名哲学家享有多少健康,并将永远享有多少健康,便会享有多少哲学。他能做的,无非是每一次都赋予自己的身体状态以最具精神性的形式与前景——这种转变的艺术就是哲学。"(第 5 卷第 8 页)患病则揭示出"通向诸多彼此对立的思想方式之路"(第 2 卷第 8 页)。患病是"教人产生重大怀疑的老师"(第 5 卷第 8 页)。

掌握患病的情况,利用任何形式的患病来为认识起到无可替代的作用,以及克服患病时产生的虚无主义思想,则正像尼采指出的那样,是以真正的健康为前提的。真正的健康"时不时要听命于患病的身体与心灵"(第 5 卷第 5 页),"它甚至不能缺少患病作为促成认识的工具与鱼钩"(第 2 卷第 8 页)。"谁在内心渴望体验迄今一切有价值与值得寄予希望之事",他就"需要伟大的健康——这样一种健康不是人们单单拥有就行的,而是要去任意争取,并不得不去争取,因为人们总要失去它,并且不得不失去它"(第 5 卷第 343 页)。这种健康就像吞噬了患病一般。它根本不会患病,只会把患病当作手段。这种精神健康的标准在于,"它能承受和征服多少患病的情况,并治愈多少患病的情况"(第 16 卷第 366 页)。由于患病是通向真正健康之路,尼采发现,"恰恰是患病的作家——遗憾的是,几乎所有大作家都是这样——惯于在自己的作品中保持一种更为稳妥、更为均衡的健康语调,因为较之身体粗壮的人,他们对心灵健康与痊愈的哲学更能——领会"(第 3 卷第170 页)。

正如尼采对自己患病所做的理解那样,依据这些阐释的原则得出的结论是:患病是伟大的、克服一切的健康象征。

最初,这表现在他始终要恢复健康的意志中。"如果要针对患病、针对虚弱说点儿什么的话,那就是人在患病时要痊愈的本能,即人身上自我保护的本能,过于脆弱了"(第 15 卷第 18 页)。在把握病情时,尼采意识到自己"趋向健康的强韧意志"(第 2 卷第 9 页):"前进! 我对你说,明天你就会痊愈;今天只需想象你的健康就足够了……趋向健康的意志、假设健康的做法是我病愈的手段。"(第 14 卷第 388 页)

随后,尼采明确意识到,自己的实质是健康的,虽然他在书信中不断抱怨自己的病情:"我健康的后果是令人恐惧、无助、泄气的"(1885年 12 月致欧文贝克的信),他最后还称自己以前几年是"颓废的时光"(1888 年 4 月 7 日致加斯特的信)。尽管疾病缠身,他仍然坚信:"我掌握着自己的命运,我令我自己康复起来,其前提是,一个人在实质上是健康的。一种典型的病态实质是无法康复的,更无法让人康复起来。对一名典型的健康者而言,患病甚至反而会成为他生活中强有力的兴奋剂。"(第 15 卷第 12 页)"我患病与健康的情况,是我的性格的一个有益部分"(第 12 卷第 219 页)。"我身上没有任何患病的特征,即使是在病重期间,我也不是病态的"(第 15 卷第 47 页)。

结 局

我们揭示尼采生平的这三个部分中的每一个部分,都展示出一个失败者的形象。在其著作中,他的思想发展未能达到自己的目标;它遗留为一片未完成的废墟;尼采的生平"尽管有上百条理由,也永远是成问题的"。他交友的结果是我们或许从未感受到的孤寂感。尼采患病，不仅毁灭了他的生命，而且病魔缓缓而至，成了他生命的一个部分，以至于如果没有患病，他的生平与著作几乎是无法想象的。

此外，在尼采的生平中，出格的非同寻常之处几乎俯拾皆是：过早被任命为教授；出版书籍一事窘迫到了荒诞的地步；一生漂泊不定。在彻底的孤寂中，尼采的辩证法于 1888 年上升为无限的否定，却未提出一个有别于含糊的肯定的东西来，作为彻底的否定的反面。这样，他的路是走不下去的。

在最后的 10 年间，他那神秘的体验达到了明确存在的完善地步。尼采在酒神狄奥尼索斯身上看出"太阳沉落了"（第 8 卷第 426 页），即他的日子到头了：

> "你不再长久渴望，
>
> 焦灼的心灵！
>
> 不相识的人的嘴向我吹来，
>
> 巨大的冷漠"……
>
> 他对自己说：
>
> "保持强壮，我勇敢的心灵。
>
> 不要问，这是为什么？"

他的要求是："来吧，珍贵的开朗！你这死亡前最为隐秘、甜蜜的享受！"他实现这要求的做法是："追逐波浪与嬉戏。凡过于沉重的，俱消失在沉醉的遗忘之中。"在广大的世界中，他寻找到自己的路：

> 似一条银色、轻盈的鱼，
>
> 我的小舟驶向远方。

第二部

尼采的基本思想

几乎没有什么事情是尼采没有说上几句的。他的著述涉及大大小小的几乎所有事情,涉及国家、宗教、道德、科学、艺术、音乐、自然、生命、疾病、工作、男人与女人、爱情、婚姻、家庭、民族、时代、历史、历史人物、同时代的人、哲学思辨总汇中的终极问题。在不同情况下,这些内容分量大小不一。无论如何,正确理解他的各种表述,取决于是否掌握他思想运动的基本特征,取决于是否了解他的主要思想内容。

掌握基本特征,有两条渠道:体会无限的否定性与把握肯定之物。但是,尼采在作否定时,总带有一种源于肯定性的统摄,这种肯定性起源是在否定性中间接地传达出来的。反过来说,他在直接表达真理时,总带有矛盾,这种矛盾将表面上最为绝对的立场又纳入那源出于统摄的思想运动,除非尼采违背自身天性,一度陷入某种教条之中。这种教条在他那里如同某处思想断裂,的的确确绝非不受限制的。

对于尼采本人的意识来说,从否定之物走向肯定之物,是他自始至终的问题。这并不是说,他经过一个糟糕透顶的生活阶段,某一天拥有了新的信仰。他随时处于虚无的危险之中,也随时意识到存在。最终,他将自己同布克哈特、泰纳列为彻底的虚无主义者:"尽管我本人并不怀疑,能寻找到出路与某个窟窿,让人透过这个窟窿找到'某物'。"(1887年5月23日致洛德的信)

他的否定性语句同肯定性语句处于行将爆发的强烈矛盾之中:"我再也不树立新的偶像了……推翻偶像(我形容'理想'的词汇),这就是……我的手艺。"(第15卷第2页)他相反的话是:"多年来……我所做的,也是一再公开地做的,就是我总在为自己而做、已做过的事情,即在墙上绘出新的理想的图画。"(第 14 卷第 351 页)

他认为,继"上帝死了"之后,这种矛盾表露了唯一必要的过程。理想过时了,对他便意味着偶像;理想属于未来时,对他便意味着真理。"谁再也发现不了上帝的伟大之处,就再也找不到上帝了。要么得否认上帝,要么得创造上帝。"(第 12 卷第 329 页)尼采要创造上帝:"你们称这是上帝在变形,而这只是上帝在蜕皮……你们很快就会重新见到上帝的,在善与恶的彼岸。"(第 12 卷第 329 页)

凡在尼采的意识及其实际行动中呈现得截然不同的,如否定又肯定、摧毁又修建、消灭又创造,都是些虚假的问题,如若在通行否定性判断的层次上,即在做理性的理解与让每个人都懂得的表述这一层次上,留待肯定性答复时。这里涉及一种本源性的哲学观点:

合理的普遍性本身是批判性、否定性的。这就是说,理智本身是分解性的。肯定性的,只有那不可替代的、非普遍的、独立自主的、联系着自身根据的存在的历史性。而这种存在的历史性如若不借助理智表露出来,就不仅是隐秘的,而且是缺乏实质的。谢林的这一深刻见解促使他区分开否定哲学与肯定哲学。尼采并未为此所吸引,却不知不觉地遵从了这一见解。否定作为理性的理解的现象,本身就是一种服务于历史性的肯定性。相反,历史性表露自身,涉入理性的范围,一经表述出来便坠入思想运动之中。理性之物只是由一物成就的另一物,仅在关系中才有效。历史性源出于自身,涉入自我生成的交往之中。

没有否定性哲学的广阔视野,便没有肯定性哲学。只有历经理性的淬炼,人才会真正意识到自己肯定性的历史性。历史性只有通过理性之物才会体现出来,要通过理性之物间接地把握自己的历史性本源。因此,肯定之物作为生存之历史性的根据,沿着各种理性的方向运动,完全置身于这些方向之中,但又出自自身的历史性起源,引导与汇总这些方向。这一历史性起源无法意识自身,只有在可知之物及其创造之物的无所不在之中,才可将自身展示得清晰可见。

肯定之物一经表述出来,便是既合理又普遍的,并陷落在可无限分解的层面上,因为它不可避免要在理性中——却是在虚假的理性中,即在不能自我理解的理性中——诉诸言词与人的意识。在这种作为普遍可知的理论的形态中,肯定之物由于是为单纯的理智所接受的,因而是普遍性的与抽象性的,便从根源上败坏殆尽了。如若理论利用区分否定哲学与肯定哲学(或者说理性哲学与历史哲学)来排除理智,并在实属理性的陈述中拒绝接受理性的检验,那么它就最为彻底地败坏殆尽了。

这些思想联系指明了通向尼采主导性思想内容之路。只要尼采坚持他的肯定性,其内容就是有问题的。只要他探寻与尝试,他就会对可能性生存提出非同寻常的要求。尼采是在一种全新的哲学境遇中做哲学思辨的,而这种境遇贯穿于他之前的各个世纪。

一种质朴的哲学能够陈述上帝、世界和人,却看不到合理性与历史性的分离。它可以毫无顾虑地直接借形象与思想来传达自身的内容,而不一定会陷入生存上的迷惘。后来,随着它的质朴性分崩离析,它还可借自己的著作所带有的明确性与完整性给予回顾往昔的人们以审美上的满足,还可借承载它的生存所具有的真理来自圆其说。然而,在上帝、心灵与世界未经质疑的浑然一体状态分解开之后,人们感受并了解到,理性的普遍性与生存的历史性彼此分离,则怀疑性追问便涌现到理性的首要地位上来。这在尼采那里就是:人是什么(第一章),何为真理(第二章),历史与现时代意味着什么(第三章)。随后,存在的历史性也得以意识,而且是由趋向未来的意志来探寻的(第四章),存在是作为这一瞬间对世界的解释得以探寻的(第五章),是作为神秘的存在之统一得以探寻的(第六章)。

对尼采而言,在怀疑性追问中,有着肯定性的充实性驱动力:对高尚的人类本性抱有挚爱,对人的任何现实形态均感绝望;无情地求真的严肃性将真理本身置于疑问之中;各种历史形态带来的充实感因历史之无意义、无目标而备受挫折。

在肯定性理解中,趋向未来的意志被当作大政治勾画出来,而大政治植根于尚不明确的创造概念;强力意志的世界理论被当作鼓舞人心的观点,而这种观点是用来针对虚无主义进行反向运动的,它在变化中扬弃自我;对存在的体验表述在神秘状态中,尤其表现在永恒轮回的学说中,而这种学说失于矛盾重重。

尼采启示出来的思想内容,其实质在于,它仅向回应它的人展示出来。因此,尼采的思想会一度显得空虚,随后才显得最为深刻。当人们想掌握有效与现成之物时,它是空虚的;当人们参与思想运动时,它是充实的。当人们被尼采那本源性驱动力所打动时,否定性思想所起的作用较之肯定性陈述更为充实,后者虚假的合理性马上就让人感到,它形同一个空壳,里面一无所有。反过来说,肯定性陈述或许在一时间是顶用的,如果可以象征性地理解它,把它当作标志的话;而否定性陈述反而会让人感到无聊,如果说它看起来没有形象,没有创造性思想,没有象征的话。

同以往的大哲学家们不同,尼采的特点是,他靠否定性所起的作用,较之靠肯定性所起的作用更为真实。至于他真正的、本源性的驱动力——认真的读者都回避不了它的真实本质——最终走向何方,是无法大白于天下的。尼采开拓了思想空间,摧毁了狭隘视野。他没有像康德那样,进行设定界限的批判,而是靠提问来传授。他用可能性来充实人,唤醒各种力量来为人的内心态度灌注灵气。

第一章　人

导论：不满足于人

人的存在状况

人在世间是什么——人的原初可变性（人同自身的关系，各种本能及其转变）

自我创造的人（道德）

对道德的抨击——双重的循环——尼采的要求（反对普遍性、伸张个体，生成的无辜，创造自我创造的人）——创造作为非超越性自由——自我翻转的内在性

尼采对人的鞭策性描绘

更高超的人——反对英雄崇拜——超人

导论：不满足于人

如果说对尼采而言，所有有效之物看起来俱已失效，那么他就更为明确地要关心人。随时随刻都在驱动他的，既是他对现今的人的不满

足,也是他要做真正的人、可能的人的渴求与意志。因此,尼采思想的基本特征就是他的挚爱的活动,这种挚爱失望地变为对人的状况的彻底否定,随后又转变为对人的本质的热忱肯定:

尼采为人而受难,既无边无界,又反反复复:"今天,是什么令我们反感?……是'人'这蛆虫登台亮相,拥拥攒攒……"(第7卷第324页)"他们站在那里,无辜地可悲。我从他们中间穿过去——心里感到一阵恶心"(第12卷第274页)。没有人是完整的:"总是同样的东西:躯体、四肢和随便什么吓人的东西——可就是没有人!"(第6卷第205页)他们分解了一切,败坏了一切:"我已不想呼吸他们呼吸过的空气了。"(第6卷第271页)由于对人感到恶心,颤栗之情象征性地表露在可怕的话语之中:"值得怀疑的是,一个走南闯北的人是否在这世上随便哪里找到过比人的面孔更难看的地方。"(第2卷第276页)但是,对人的爱是他为人而受难的真正原因,表露在札记中:"谁在40岁时还不是一名厌世者,谁就从没有爱过人。尚福尔惯于这样说。"(第14卷第229页)

在《查拉图斯特拉如是说》中,就连圣者也原先爱人,后来不再爱人,而爱神了:"我不爱人,我觉得人是过于不完善的东西。对人的爱会扼杀我的。"(第6卷第11页)但是,尼采同圣者不同,想待在人群中,为现实的人效力。他虽然认为,对神性的爱实际上可理解为等同于对人的不满足的结果,而这种不满足也在折磨他,但他认为,应当谴责的是,圣者"要逃避到彼岸去,而不是营建未来","宗教感是源于人类较高天性的一种误解,这种天性因人类的丑陋形象而受难"(第13卷第77页)。因此,对人感到恶心,是极大的危险(第7卷第437页)。尼采不想牺牲人。如果说他在内心深处受到触动,总在忍受这样的日子,即"一阵比最为阴暗的伤感更为阴暗的感觉向他袭来——这就是蔑视人"(第8卷第263页),那么这种蔑视本身是一个过渡,因为"最大的蔑视者就是最大的崇敬者"(第6卷第418页)。

因此,尼采对自己的恶心持反感态度:"我对人恶心得过多了。对于自己的理想主义那副道貌岸然的派头,我反其道而行之地感到恶心,同样恶心得过多了。我去接近自己所轻视的,在自己内心寻找自己所轻视的一切……我反对人类的所有起诉者。"(第 12 卷第 123 页)此刻,他向自己提的要求是:"我不应对任何人感到恶心与憎恶。"(第 12 卷第 221 页)蔑视只应当起辅助性作用:"谁最为蔑视人,难道没有因此就是对人的最大行善者吗?"(第 12 卷第 274 页)尼采相信,自己对此一清二楚:"我爱人,当我违背这一本性时,我最为爱人。"(第 12 卷第 321 页)

尼采对真正的人的渴望与他蔑视人的由来,是鞭策他、折磨他的力量:"为何我总在渴望人,渴望不会因自然之故、因踏上热那亚的固定高度而变得渺小的人? 难道我不知道,这样的人是找不到的吗?"(第 11 卷第 387 页)令查拉图斯特拉惊讶的是,别人竟从未这样受难过:"你们为自己而受难,你们尚未为人而受难……你们大家未分担我的受难。"(第 6 卷第 421 页)这种抱怨变得像憎恶,随后又像恳求一般:"我完全不能忍受的是什么? ……是我不得不去嗅一副腐烂心肠的下水气味!人终究会摆脱多余的一切的……但愿我偶尔有这份福分——前提是,有天堂的幸运女神……恩赐我看一眼完善之物、业已完成之物、幸运之物、强有力之物、胜利凯旋之物……看一眼一个无愧于人的人,看一眼人那有所弥补并得到救赎的机遇,由此才可坚守对人的信念。"(第 7 卷第 325 页)

尽管如此,尼采最终希望采取的态度是肯定人,肯定人的实际情况与人的可能性。他以前讲过:"我研究了人,在人们当中没有发现自己的理想。"(第 11 卷第 379 页)后来,这种说法被否定了:尼采最终违背天性,对人寄予了希望,认为人既值得赞叹又值得崇敬。他轻视那种"值得祈望的人——人的理想"。"人之为人,在于他的现实性"(第 8 卷第 139 页)。同任何一种只是期望、幻想出来的人相比,同任何一种有关于人的理想相比，现实的人更有价值。人所值得祈望之处均是"荒诞不经的"（第 15 卷第 421 页）。只不过，这种肯定态度并不意味着心满意足与缠足不前："有教养的人对'人'这一既成事实以及人的道路均感欣慰，但——人在继续前进！"（第 12 卷第 24 页）

凡在我们看来是现实的、值得珍爱与敬仰或令人轻视的，终究仅在人的形象中、仅在人体验生命的方式中才可意识到。所有这些都促使尼采提出一个基本问题，即人是什么。这一问题关涉的，不是某个界限清楚、因而是特定的对象，而是我们所是的那种统摄。当我回答这一问题时，我便马上把握住某种特定之物，无论这是可加以经验性观察的人的存在，即我将其当作自己的客体的人的主体性；无论这是人所信仰之物（理性、道德、上帝），即有效于人的客观性，而我又将其当作自己的客体，将其限定为人的一种看法；无论这是人的一种理想，而这种理性的特定形态始终同现实相违背，是虚妄不实的。

当我以分析心理与解释意义的方式研究人时，我绝没有把人当作这世上的一物来对待，绝没有把人视为一个他物，而是说依照现实性与可能性，我自己就是我所研究的对象。因此，在了解人在这世上的地位、了解人无限的可变化性时，总有什么自觉不自觉地关联着我可能有的态度。有所了解的思维随即转变为呼吁我的自由的思想。人是什么这一问题关联着另一问题，即人能够与希望将自己创造成什么样，创造的目的何在。因此，人对自身持有两种彼此完全不同的态度：他可以将自己当作一个存在物来观察与研究，这一存在物一度如此，并依照可以确定的规律承受变化，还可以为自己确立标准、提出要求，在真正认可这些标准与要求后，才会带动自己生成自身。但是，在实质上，人不能采取一种态度，而同时不采取另外一种态度。这两种态度最终彼此分开，就会瘫痪或变得空洞。在采取这两种态度时，合乎步骤地暂时将两者彼此分开，是不可避免的。人们称观察人的存在的方法为人类学与心理学,称激发人的本质的方法为哲学。心理学进行研究、确定和预见,而哲学则呼吁、勾画人的可能性,开拓抉择的空间。但是,在所有研究人的心理学中,暗地里都有对人的可能性的关注、对人的生成的呼吁。在所有哲学中,心理学都是一种表达手段,是一项前提条件。没有这种手段与前提,呼吁性的思想就不会是有血有肉的。

我们做陈述时,要尽可能将在总体上不可分离的相关之物分离开来:首先,尼采以客观化方式考察人的存在状况,考察人面对这个世界以及在不断的心理变化中是什么样子;其次,他将人的自由理解为人的自我创造方式;第三,他在超人这一象征中把握的,不是人的现实性,而是某种不确定的信念的内容,即在这世上,自我克服的人应当是什么样子。尼采对人的了解有多么深远,仅仅呈现在这种彻底分解性的、运动于矛盾之中的思想演绎之中。

人的存在状况

只要人追本溯源地理解自己,人就不仅仅是单纯的存在物。人是自我变化、自我创造的生灵,但是,人也随时随地、贯彻始终的是一个存在物。

尼采考察这一存在物时,始终同时意识到哲学思辨的意义。首先,尝试在比较中确定,人在这世上的地位究竟如何;其次,在人的心理变化中研究人。

人在世间是什么——

尼采观望世界,询问人在世间有何意义。

尼采表述了人类古老的感受,即人在世间是短暂而渺小的。他觉得,有效于有机体的是:"对于生生灭灭的浩瀚海洋所具备的全部特点来说,世间一点生命的水滴毫无意义"(第 3 卷第 200 页);"世间的生命是毫无结果的短暂、偶然、例外之事",人根本就是"负荷过大的一个有其时限的小物种"(第 15 卷第 364 页)。

尼采玩味这样一种思想,让人强烈地感受到,人在世间无足轻重,不必过分自以为是:"神创世时,创造出人,作为神的猴子,给自己过于长久的永恒生命提供消愁解闷的持久机缘。"(第 3 卷第 199 页及以下几页)但是,人类神奇的自我意识同这种角色形成了反差:"最为自负的人的那种自负同最为谦虚的人的那种自负相比,又算得了什么!后者在自然界与世间感到自己是'人'!"(第 3 卷第 357 页)

鉴于世界是无边无际的,上述观察导致尼采形成一种佯谬的思想:无机的自然界才是真正的存在,它那无限的生成是实实在在的。因此,同这一自然界相融合,就促成了人的完善:"脱离生命、回归死寂的自然,可以感受为一场欢庆"(第 12 卷第 229 页);"我们会变得真实无妄……要倒过来解释死亡!这样,我们同现实之物和解,就是同死寂的世界和解!"(第 12 卷第 229 页)

在活生生的世界中,人可同动物相比较。虽然说看起来,"我们以全部天性趋向成为人,如同趋向超出我们之上的什么",但我们不禁毛骨悚然地看到:"狼奔豕突的都是开化的食肉动物,我们就置身他们之中……他们建立国家、发动战争……他们彼此欺骗、相互攻伐,他们在困境中号啕,在胜利时狂呼——一切都是动物天性的延续。"(第 1 卷第 435 至 436 页)尼采用多种说法将人称作动物:"人是最优秀的动物。"(第 6 卷第 307 页)"人这种极度悲哀的动物……只要一经受阻,做行动的野兽,马上便会迸发出观念中的兽性"(第 7 卷第 391 页)。"人是最残忍的动物"(第 6 卷第 318 页)。人还是"最勇敢的动物"(第 6 卷第 230 页)。人思考时,是只"做判断的动物"(第 14 卷第 21 页)。

但是,人实际上不是动物。正是由于区别于动物,人才会感到惊骇,自己怎么如同动物一般,或者说怎么竟然会像动物一样。关键在于这种惊骇的来源,在于对人兽之分的追问。人在同所有动物的争斗中赢得了胜利,这已然赋予人以一种独特的地位。无论如何,这种只有借助于思想飞跃才可把握的本质区别,首先存在于人将自己区分出来的自我意识中。在尼采看来,人懂得自己区别于动物,靠的是记忆(第1卷第283页及以下几页),而人误以为自己区别于动物,靠的是自由(第3卷第198页)。人愈发自觉地对动物采取一种自相矛盾的态度:人要么会嫉妒似乎动物才享有的那份福气(第1卷第283页及以下几页),要么就是去发现动物的生命遭到的厄运("真想不出有比动物的命运更为悲惨的了"第1卷第434页及以下几页)。

其次,尼采将人与动物的本质区别表述在一种观察中,这种观察看出,人还有尚未确定的可能的起源:每一种动物都属于某一固定的物种,与此相反,人是"尚未定型的动物"。这就是说,人虽然不再仅仅是动物,但人本身尚未确定下来。人无限可能的未确定性令人置身危险的无序状态之中。其结果是,人看起来如同处于一种病态:"令人在同动物的争斗中取得胜利的,同时带来了危险的病态的蔓延。"(第13卷第276页)因此,他说道:"人错失了什么基本的东西。"(第14卷第204页)他常常重复人是一种病症这一比喻:"地球有一层表皮,这层表皮患有疾病,疾病之一就叫作人。"(第6卷第192页)但是,尼采指明人是尚未定型的动物,有其双重涵义。第一,得以如此理解的人的既成状况,即人的病态,是一种根本性错误;第二,这恰恰是人真正的价值所在:

"病症"表现为,人的发展是建立在彻底的谬误之上的。只是靠幻想与虚妄,才成其为"人":"我们心中的兽性希望受到欺骗……没有因接受道德而来的谬误,人就保持为动物。"(第2卷第65页)没有这些谬误,就绝不会有人类。这些谬误可以概括为一种"基本感受,即自由的人置身不自由的世界之中,是永恒的奇迹创造者……是超出动物的,是近似上帝的,是创世的意义之所在,是思想须臾不可离的,是宇宙之谜的答案……"(第3卷第199页)。因此,人是"撒谎成性的、装腔作势的、暧昧不清的动物"(第7卷第269页)。他说人的病态"同动物的情况相反,动物的所有本能都是用来满足完全特定的作用的",是因为人这"未定型之物"具有过多的可能性,一切"都包含着各种自相矛盾的评判,以及各种自相矛盾的驱动力"(第15卷第335页)。

那令人致病的,却也恰恰构成了人的价值。病症本身成了某种价值的载体。例如,对于人的这样一种特定病症——对尼采而言,这种病症即教士类型,他对教士类型做了彻底批判——,尼采补充说,正是这种在人的骨子里极其危险的教士型存在形式的基础上,"人才成为一种有趣的动物,即人的心灵此时才在更高的意义上变得更为深刻,才变得恶劣,而这是人较其他动物迄今更为优越的两种基本形式"(第7卷第331页)。尤其是,患病的原因正是人的伟岸之处。这是因为,人何以较任何动物都更呈病态、更不稳定、更易变化、更未定型呢?"人肯定更为勇敢、更爱更新、更为固执、更爱挑战命运,比所有其他动物加起来更甚。人这用自身做试验的伟大尝试者,这永不满意、永不知足者,同动物、自然、诸神争夺最终统治权。人是永远无法战胜的,是永远属于未来的"(第7卷第431页)。

因此,如果说他也曾说过"人不比动物更进步"(第15卷第205页),那么尼采着眼于人的真正忧虑是,人并不是真正的人,而重又变得像动物一样(即从属于某种特定的、定型的存在类型)。"人这家伙变得渺小了——变得善回旋、有节制了"。人以为自己靠文明提高了档次,而实际上却是档次下降了。"接受道德教育,便形成了一群乌合之众,但只是形成了人这种群居动物"。或许,"人"这种动物因此而定型了(第14卷第66页)。

尼采对人做这种描述的意旨始终是不明确的。在客观地论述人区别于动物的存在方式这一外衣下,他恰恰涉及人作为人对立于一切其他存在物的存在界限。凡在人身上看起来不确定、不真实、病病殃殃、迷迷茫茫的,恰恰是人自身起源的可能性之所在。如若客观性考察变得僵化固定,就会同它们失之交臂。尼采的哲学思辨以人的起源为取向,它将知识与心理学研究仅仅当作手段来使用。

人的原初可变性——

人是"尚未定型的动物",这意味着人的变化有着近乎无限的可能性。这种变化以人自身为其起源的首要驱动力,因为人要创造出自己的存在形态来。但是,仅在特定的实际性观点、评价、目标以及由此而来的内心状况及其转变的规律性中,这种起源以及由此而来的人的存在才会作为存在状况而在心理上清晰可见。这些状况及其转变完全有可能截然相反。人未定型,使得一种内心驱动力可以隐藏在其他驱动力背后,并转变为相反的驱动力。这里,尼采展现出非凡的心理学。他在驾驭这种揭示性心理学上是一位大师。后来所有这一类心理学所依赖的,除了克尔凯郭尔之外,就数他了(此外,常常有在恪守尼采言论时脱离其整体思想的做法,从而将他平庸化、对他加以乏味的重复和实际的利用)。要总揽这类心理学的基本线索,就要将尼采的丰富思想归结到一些关键概念上去。

这种心理理解的模式,首先是一种基本关系,即人同自身的关系:人观察自身、评价自身、误会自身、塑造自身;其次是人的本能发挥作用及其发生转变的方式。

一、同自身的关系。观察自身,这几乎是不可能的。看起来不可避免的是,我们看待身外之物,较之看待自己与自己的内心,要看得更清楚。认为人知道自己到底想什么,知道自己做什么,尼采称这种想法是"古老的幻想"(第 4 卷第 116 页及以下几页)。就连他人,我们也只能看个大概:"人们总是离自己过近,离邻人过远。所以,人们总是不分清红皂白地评价他人,依据个别偶然的、无关紧要的特征与事情评价自己。"(第3卷第187页)我们如何看待自身,只有极小一部分依据的是我们的生活与举止的现实情况,而更多的是受他人的影响。给了我们"认识模式的,只有诗人和艺术家"(第5卷第107页及以下几页)。

我们未经认识自己,就始终在评价自我。首先,这表现在自信满满与自我怀疑两个极端之间。只有"少数人才信任自己"。在这些人当中,这种信任是一些人特有的"一种有益的盲目性","而其他人则首先要赢得这种信任:他们孜孜以求的,是找出论据,来反抗搅扰他们的怀疑论者。这是些伟岸的、不满足于自身的人"(第5卷第216页)。这就是说,他们始终还在寻求为信任自身做辩护,因为他们是依据极高的标准生活的。但是,这一切都是罕见的。普遍的情况则是一种"内心的怀疑",而这是"一切不独立的人与群兽的内心"实质。它只能为外界的肯定态度所否定,如被"好名声以及类似明证的光芒"所否定(第7卷第148页)。对于大多数人的自我怀疑态度,切不可误以为,它从不会出现不稳妥、畏缩的情况。它就像愈演愈烈的自我意识:"麻醉是为了不致颤栗。"(第3卷第46页)

其次,自我评价表现在自尊与自轻这两个极端之间。自轻的人在骨子里对自己的存在状况感到羞愧,他自我摧残地陷入一种充满敌意的习惯心态中(第5卷第308页及以下几页):谁"对自己不满,就始终准备着,为此而报复自己。我们其他人就成了他的牺牲品"。因此,对于大家的共同生活来说,"必要的一点是:人要做到对自己满意"(第5卷第220页)。然而,一定的自轻总是有所残留:"谁轻视自己,就始终还在把自己当作轻视者来崇敬。"(第7卷第95页)真正的自尊是高尚的人的基本特征(第7卷第266页及以下几页)。正如自尊的态度有别于大多数人植根于生活的那种高贵意识,自尊也不以人的全部的存在状况为取向,而是以人自身的可能性为取向:"任何一个人,只要找到他更为高超的自我,便可以过上好日子。"人们对待这种更高超的自我,态度彼此不同:有些人"成为自身的演员"……"有些人畏惧他们更高超的自我,因为这种自我要求很高"(第2卷第400页)。如若自尊最终转变了意义,变成自我崇拜,那么自我的存在便消失了:"最为富有的人如若自我崇拜的话,便什么也没有了……他仰视自己时,便成为自己的仆人与祈祷者。除了顺从,他什么也不能做。这就是说,他在模仿自己。"(第11卷第297页)

由于不可能察看自身,而这又关联着自我评价的冲动,即我们想了解自身,所以我们始终生活在自我欺骗之中。自我欺骗以多种方式掩盖我们自身的事实:第一,语言决定我们审察自身的模式。由于言词大多是极端状态的称谓,也由于言词停顿之时,对我们而言,存在的王国便大多消失殆尽,所以我们大家并不等同于我们显示出来的各种状态——只有我们才拥有关于这些状态的意识与言词(第4卷第115页及以下几页)。第二,我们不自觉地寻找同自身气质相符的基本原则:"我们的思维与判断都是事后做出,用于解释形成我们实质的原因的。"(第2卷第392页)我们是依靠理智来解释自己的。第三,一切都是根据成就伪造出来的:"成就常常赋予一个行动以端正的良心这一完满的光彩,失败则为最值得敬重的行为笼罩上内疚的阴影。"而在此之前,"动机与意图很少足够明确和单纯,就连记忆有时看起来也被行动取得的成就搞得模糊不清"(第2卷第83页)。第四,对我们往昔的描述应当令我们舒适才行:"人们遗忘自己往昔的一些事情,有意抹去对它们的意识……我们始终在致力于这种自我欺骗。"(第3卷第33页)第五,他人如何认识我们,会影响我们:"我们了解自己什么,对于我们生活的幸福而言无关紧要……这一切有朝一日会为他人了解我们什么(或以为了解我们什么)所摧毁——此时我们认识到,这是更为强大的。"(第5卷第87页)

自我欺骗的结果是,我们在生活中意识到的那种自我,完全不同于我们实际上的自我。大多数人终生"只是为自我的幽灵而活着……其结果是,他们都生活在与己无关的意见,随意的、仿佛诗意盎然的价值评价这一团迷雾之中……这团意见之迷雾几乎是独立于人、包围着人的。它极大地影响着对'人'的普遍性判断"(第4卷第99页)。

人虽然看不到自身,局限于自我欺骗之中,却能够始终生活在对自己的价值评价之中,并塑造自身。自我塑造似乎是人最高的可能性之所在:"在人身上,创造物与创造者统一起来了。"(第7卷第181页)其第一个步骤是自我控制,而且是在日常生活当中自我控制:"不能在小事上自我控制,便没有能力在大事上自我控制。这样日复一日地不加控制,便会给以后的时日带来危险。而在以后的时日中,人原本哪怕就算有一次在小事上不顶用也不行"(第3卷第357页及以下几页)。人做事始终莽莽撞撞,就是要挣脱自我控制。尼采阐述了克服这种莽莽撞撞做法的方法(第4卷第103至106页)。要做到自我克制,就不可避免要在行动中了解情况、有所规划。有一个比喻说的是:"你不能只用嘴吃饭,也要用头脑吃饭,以免嘴巴偏食,让你倒霉。"(第3卷第142页)为了不让自我控制带来一种危险,即再不能相信自己可以自由振翅翱翔,而是始终采取防范姿态,严格戒备自己,就有必要在自我控制中容纳自由自在的因素:"如若人们想从自己所陌生的事情中学到一点儿什么,就得时不时给自己放松一下。"(第5卷第234页及以下几页)自我控制变成自我压抑,是毁灭人的。它表露出残忍、强力意志。而在施虐的乐趣中,人们也要受虐(第7卷第384页)。与此相反,希腊人有节制的顺命态度是聪明的,他们"认为过于人性之物是不可避免的,因而不是责怪它,而是宁愿赋予它某种次等的合理性,将它纳入社会和文化习俗。人们温和地消解恶劣、危险之事,而不是尽力彻底清除它……他们满足于缓解坏事,而不是将一切都打死,或在内心持怨恨态度"(第3

卷第 116 页及以下几页)。

二、各种本能及其转变。人几乎认识不到始终驱使他的本能。只有较为粗野的本能,人才给它一个称谓。这些本能的数量与强烈程度,它们时而衰退时而爆发的情况,它们翻云覆雨的样子,尤其是它们借以得到滋养的规律,都是人所不了解的。所以说,这些本能得以滋养,是偶然之事。日常经历时而为这种本能、时而为那种本能提供猎物。我们的经验就是盲目地撒下的食物。任何本能都在注意日常中的任何事情,看如何能够利用它服务于自身目的。饥渴的本能形同影响着人的所有状况(第 4 卷第 120 页及以下几页)。

如果有可能的话,本能发挥作用,是没有阻碍的。但是,本能要得到满足,却遇到实际境遇的阻碍。境遇促使或强迫人,限制或压抑自己的本能。只不过,得不到满足的本能会找到其出路的。

压抑本能,会改变人的状态与天性:"所有本能,如不向外界发泄出去,则转向内心。这才在人身上形成了后来人们称之为'心灵'的东西。人的全部内心世界原本薄得如同夹在两张皮之间一样。当人向外界宣泄遇到阻碍时,它才脱落、松懈下来,有了长度、宽度和高度。"(第 7 卷第 380 页)

由于阻碍既是提升心灵、创生精神的由来,又是各种颠倒和歪曲现象的由来,所以对它的描述就必定一度起到肯定性、促成性的作用,又一度起到否定性、揭示性的作用。

压抑本能,在尼采看来,其肯定性效用的实例并不能泯灭信仰上帝的本能、构想上帝的直觉、对上帝这位保卫者与友人的渴望:"一天,有一片湖泊不能顺流而下了,因为在湖水断流处建起了一座堤坝。从此,湖水越涨越高……或许,人在无法继续汇入上帝之处,也会越积越高。"(第 5 卷第 217 页)而否定性作用的一个实例是:"筹划并实施一个复仇的想法,这叫做患上强烈的热病,但它毕竟会过去。而筹划一个复仇的想法，却没有力量和勇气来实施它，这叫做……身心俱遭荼毒。"（第 2 卷第 80 页）人的内心发展的根据，即阻碍，同时是人的内心产生虚幻、变异、病态、毒害的根据，而这些都是由于本能受阻后发生转变而来的。在这些心理考察中，占主导地位的是否定性的一面。尼采尤其揭示了权力欲的掩饰手法，以及无能者的忌恨心理。他们崇敬理想，为的是借此间接地为自己创造优势。尼采根据一般的心理类型，尤其对各种心理转变做出下述区分。

1. 对非现实之物的满足感。只有饥饿才不会满足于幻想出来的食物，但大多数本能则满足于此。不仅我们的梦想的意义在于，"在一定程度上补偿日间偶尔会缺乏的食物"，而且清醒的生命也有能力赋予意义，虽然它做解释的自由不同于做梦的生命："依我们内心正值旺盛的这一本能或那一本能而定，同一情况对我们而言或有这种意义，或有那种意义。"依我们这些人的特点不同而定，情况完全彼此不同。我们的经历"与其说是现成的，不如说是我们设置的"，经历是一种创作（第 4 卷第 121 至 124 页）。依"梦想出来的食物"不同而定，可以展现出一个繁杂的象征世界来：无论对于人的体验来说，真实抑或想象具有何种象征意义，它们都会成为虚幻的现实。

2. 通过不恰当的渠道释放紧张情绪。如若不仅本能缺乏其天然的客体，而且人因虚弱无力而无法赢得自己期望的现实，成为自己期望的样子，则人的内心会产生一种起毒害作用的紧张情绪。这种紧张情绪试图宣泄到触手可及的现实中。无论这仅仅是勃然大怒，还是毁灭性行为，都注定是一种替代："就连人的内心也必须拥有特定的排泄渠道，无论它将垃圾排泄向何处。起到这一作用的，有各色人等、社会关系、等级地位，或祖国，或世界，或最终是——仁慈的上帝。"（第 3 卷第 228 页）靠无休无止的诽谤来宣泄，尚是无害的："他人对我们的恶言恶语常常并不真是冲我们来的，而是另有缘由的恼怒与不快心态的表露。"（第

2 卷第 378 页）不久，宣泄就会是主动的了："人有什么不顺心的事时，
宁愿将这种不顺心归咎于某个他人的恶意，也不愿将其归咎于偶
然……因为人可以向他人报复，却只能强咽下偶然的苦果。"（第 2 卷第
291 页）至于这种心理转化及其宣泄的必要性何以能掌控完整的人，尼
采认为可从保罗的基督教中得到理解："保罗就认为，贡献一份牺牲是
必要的，为的是取消上帝对罪孽的极度不快。从此以后，基督徒们就不
停地将对自己的不满转移到某个牺牲品上去——无论这是世界，或是
历史；是理性，或是欢乐，抑或是他人平和的安宁，总要有什么好东西去
替他们的罪孽死掉。"（第 4 卷第 89 页）

尼采用替代行为解释宣泄，将这种宣泄心理学应用于替代性现实，
也应用于对某些罪犯的理解，认为罪犯要么不理解自己的意图与行动，
要么就是理解错了（第 6 卷第 52 至 54 页）。

最终，尼采的心理学将某种实质性的、有益无害的宣泄方式理解为
简单的自我表露。老百姓有理由对教士感恩戴德，"可以在教士面前不
受惩罚地吐露自己的心事，把自己的秘密、忧虑、坏事都甩给他们（因为
人表露自己，就摆脱了自己。谁'做了坦白'，便遗忘了它）。这是在解
大便"。但是，忏悔并不一定带来轻松感。有些人的禀性恰恰相反，只
有在表述出来什么时，才会极其痛苦（第 3 卷第 35 页）。

3. 粗野的本能转化为精细的本能，尼采称之为升华。"一种本能变
得更为理智时，就获得了新的称谓、新的魅力、新的评价。它常常同以
前那个层次上的本能两相对立，形同一对矛盾（第 12 卷第 149 页）。例
如，在尼采看来，有些事情"严格说来既非不自私的行为，亦非完全无利
害的直观，而只是这二者的升华。在升华时，基本的因素看起来消失
了，仅对最为细致的观察才呈现出，它们是存在的"（第 2 卷第 17 页）。
尼采就是这样谈论"经过性升华的人"的（第 3 卷第 52 页）。这是因为，
性本能"可以通过理智得以极大地精细化（人类之爱、玛丽亚与圣徒的

祈祷，……柏拉图认为，对认识与哲学的热爱就是得到升华的性本能）。同时，性本能还保持着它原有的、直接的作用"（第 12 卷第 149 页）。"一个人的性欲程度和特点一直影响到他精神的顶点"（第 7 卷第 95 页）。即使涉入审美状态，性感也未取消，只是改头换面了而已（第 7 卷第 419 页）。

升华仅来自压抑。在"强制与禁欲时期"，本能学会了"屈从与压抑，但也学会了纯化与强化……这也提示性地解释了那样一种佯谬的现象，即何以恰恰是在欧洲的基督教时期……性本能升华成为爱情"（第 7 卷第 119 页）。

尼采大多仅仅将升华理解为本能的转化，而没有明确地承认，精神有自身全新的起源。但是，他又在暗地里将这种起源当成了前提。例如，他说："人克服了自身的激情，便拥有了富饶的大地……在受压抑的激情这一片土地上播撒优秀精神产品的种子，便成为当务之急。克服只是手段，不是目的。如若不这样看待它，则空旷的肥沃土地上很快便生长出各种杂草与无用之物，很快这片土地就比以往更为杂乱和糟糕。"（第 3 卷第 231 页）

4. 遗忘不仅是记忆的自发性作用，而且是人在内心成功地加工经验所需的生命条件："遗忘不仅仅是一种惰性的力量……它更是一种主动的、在严格意义上说肯定性的压抑能力。凡我们经历过的、感受到的、接受下来的，在我们予以消化时（我们可称之为'移入内心'），同身体汲取营养（移入身体）一样为我们所意识，这就要归功于这种能力……人这架受压抑的机器一旦受损，人就什么也干不了。"（第 7 卷第 34 页）此外，记忆受到那些要持续存在下去的本能的影响："记忆仅注意本能的事实情况，它只注意，什么转变成了本能的对象！我们的知识是本能最为薄弱的形式。因此，针对强烈的本能，它如此无能为力。"（第 11 卷第 281 页）与此相反，本能经过转化后，会阻碍与误导记忆：

"'这是我做的',我的记忆说道。'这不可能是我做的',我的高傲之心说道,它感到痛苦万分。最终——记忆投降了。"(第7卷第94页)

尼采观察到,在这种转化中,各种因果性机制——无意识联想(第2卷第30页)、习惯(第3卷第214、107、253页;第12卷第148页)、疲惫状态(第3卷第331、356页;第5卷第238页)——如何起到了心理上的作用。他不自觉地利用了大多数在理论上有可能成立的有关无意识心理机制的观点,而未有步骤地对这些观点加以阐发。

本能不仅在受到妨碍时出现转化,而且既有可能受到压抑,也有可能消失殆尽。从宏观上看,尼采揭示道:"一个民族的文化就在于这个民族的本能受到统一性压抑。"(第10卷第124页)每一个人的力量就在于他自然而然地积聚起——不予颠倒地——趋向某一目标的本能。此外,尼采看到,本能何以有可能不留残余地消失殆尽。他揭示出,由于压抑语言与神态,激情何以最终被削弱了(第5卷第82页)。他还提出一项任务,即要削弱和根除宗教曾经满足了的、如今哲学要来满足的需要(第2卷第45页)。

尼采采用多种方式区分开本能的各种类型,如本能是出自力量过剩,还是出自力量空虚;是随时随地都有迹可循,还是阶段性地显露出来的;是一贯均匀的需要,只可一再得到满足,还是增长着的需要,永远得不到充分满足。任何满足只会增强饥饿感,令本能在实质上转化得变本加厉。本能的称谓是无穷无尽的,如兴趣需求、斗争需要、强力意志、临终需求、求真意志、认知本能、安宁需求、合群本能等等。尼采知道,任何本能心理学也是认可这种心理学的心理学家天性的一个标志,尤其是辨别一种本能真实与否的方法:"若有人总是仅仅看到、探索或希望看到饥饿、性欲、虚荣,就好像这些才是真正的、唯一的驱动力似的……那么喜欢认知的人就应当认真地去倾听",因为在这里,他在接受"长在猿猴身体上的科学头脑"、"落实在平庸心灵中的精巧得例外的理智"——"在医生与道德心理学家当中,这并不罕见——就事实情况所作的教海"(第 7 卷第 45 页及以下几页)。最终,尼采本人将所有本能归结为唯一的一点:强力意志。他既有各式各样的本能的公式,又有某种基本力量的理论。

这番对各种心理形式的论述表明,尼采的思想范围广泛,这一范围颇具特点地自成一体。至于在一种平均状况中,人们如何倾向于所谓地充分识别自身,这对于尼采来说只是某一思想层次上的一个角度。对于这一思想层次,他虽然概括性地有所建树,却也有所超越。无论如何,这一思想属于尼采精神世界中的一小部分,借助于揭示性心理学的通俗代表人物,这一部分已呈现给普遍的意识了。

在尼采那里,在本能心理学模式下阐释自我,实际上只是整体思想的一个因素,这一整体思想指人同自身的关系。虽然说不做上述阐释,人就是含糊不纯的。但是,经过阐释后,人并未自由,反而会沉沦下去,因为人不再认为,自己的心理是可知的。只有穿越上述阐释,以某种全新的目标为引导,从某种本能出发——这种本能随即将可知领域转变为自由王国,将心理直观转变为内在行动——,人才会达到自身。这进一步的步骤才是尼采真正关切之事。只是为了能够真正走上这条道路,才需要揭示性的心理学,即这种"对怀疑的训练"(第 2 卷第 3 页)。这种训练是无需质疑的,质疑只是一片需要穿越的疆域。

人是什么,这是无法由本能心理学当作所谓的存在与事物来把握的。人的真正存在并不在于它一度如此,并因此而仅仅屈从于某种心理转化的规律。

自我创造的人(道德)

靠一切存在物均具备的、依照自然规律而发生的转变,是无法穷尽人的可变性的。这意味着,人是"自由"的:人是凭自身发生转变的。

尽观历史,人的转变是道德促成的。道德就是人的行动与内在行为所遵从的法则。人由此才成其为人。现今的世人做得仿佛他们承认基督教道德似的。无论谁在信仰上动摇不定,却都可承认"道德",就仿佛道德是不言而喻的。越来越不信神的现代精神觉得,在道德中拥有一片稳固基地,还可以驻足于其上,依靠其准则生活。

尼采抨击自己看到的任何一种形态的道德,但不是为了解除人的枷锁,而是为了将更为深重的负担强加于人,以便提升人的层次。他意识到追问道德价值的意义。在哲学的所有发展阶段中(甚至在怀疑论者那里),道德都意味着至高的价值(第15卷第431页)。在所有阶段中,占支配地位的,都是某种同样的信念(第14卷第410页)。"谁抛弃上帝,便愈发牢牢地抓着对道德的信念不放(第15卷第155页)。因此,尼采提出的道德问题,是极其激进的。正如他看到的那样,这一问题将几千年来未经质疑、理所当然之事置于疑问之中。

尼采抨击和否定人的自我意识中的道德准则与自由,要借助全新的要求来把握真正的人的存在。对他而言,自由意味着"创造"。他要用"自然"取代"应当",用"纯洁无辜的生成"取代基督徒讲的宽恕与解脱原罪,用历史性的个性取代对人普遍有效之物。

对道德的抨击——

这种抨击取决于尼采如何看待道德。他当作道德来面对的对象,首先是多种多样道德并存这一事实情况,以及道德来源可得以研究这一可能性;其次是各种道德均具备绝对性这一资质。

道德的多种多样性及其来源:大多数道德的实际情况是,它们看起来要取消自身所有所谓的普遍有效性。每一种道德都各具特点,意味着任何一组道德判断都无法追溯到人类的生存上去,"而要追溯到各个民族、种族等的生存上去,而且要追溯到彼此针锋相对的各个民族的生存上去,追溯到强烈希望同更低等级划清界限的各个等级的生存上去"(第13卷第141页)。所以说,任何特定的道德都只不过是具有历史特点的、因而是在历史上得以实现的多种可能性中的一种。

但是,尼采根本无需举出这些论据来批判道德。在历史的特定情况下,道德要求有可能对此时此地的人具有强制性的、合理性的约束力。而人之为人,也无需放弃某一准则的普遍有效性,而只需放弃特定内容的永恒的普遍有效性。同时,法则本身的要求是同人之为人的起源相一致的。尽管其内容无法言说,其广泛的可能性却是开放性的,并且是不可触犯的。

在道德行为与对行为的道德评价之间,应当有所区分。尼采直截了当地批评这种评价的真实性,对这类评价的来源做了无穷无尽的心理考察。他揭示了痛感的快乐、复仇本能的无力发泄、自我崇拜的隐秘习惯、对权力感的享受、道德叛逆的虚情假意、以审判者自居的道德狂热,等等。他"对如今一切道德做法的讥讽"是出类拔萃的(第14卷第405页)。

这种有关通常的道德评价的心理学,其真理性可以教育所有人,却无需涉及道德本身。当道德评价要求具有最终有效性时——尤其是在评价他人时,它是不可能成立的。但是,道德本身有可能愈发明确地在理智中保持其现实性。

在尼采看来,欧洲通行的道德是苏格拉底式道德,以及与其相一致的犹太教—基督教式道德。他借助揭露这种道德的产生情况对其加以鞭笞。这种道德是"某种可怜的、半堕落或彻底堕落的人的全部自我保护条件"(第8卷第321页)。他称这种道德为奴隶道德。就连孱弱无力的人也有强力意志,这就是:"群氓反对强者与独立者的本能,是受苦受难的人、被命运抛弃的人反对幸运者的本能,是平庸的人反对特立独行的人的本能"。他们都用道德作手段，来充当主人，尽管自己无能，仍在内心并最终在外界取得强力（第 15 卷第 345 页）。这些道德价值归根结底是劣等的人的道德评价，及其自我保护的行为方式。如若这些道德价值有效的话，那么他们自身的存在状况便获得了更高的价值，而原本强壮并健康的生存状态则失去了价值。"道德的奴隶反叛肇始于怨恨之心变得富有创造性、并创造出价值之际"（第 7 卷第 317 页）。只要强者与发育良好的人——他们总是少数——接受多数人的价值，强者就臣服于孱弱无能的人了。

但是，一俟这些从道德的来源得出的论据看起来要消灭任何意义上的道德有效性，尼采便持同它们相反的看法："谁看到的是道德评价借以产生的条件，谁便还没有触及与此相关的道德"……这样的人"即使有所意识，也尚未了解道德是在何种条件下产生的"（第 13 卷第131 页）。

只是这并没有反过来说，总会有某种有效的道德，而只是说，对道德的价值，还可做不同的判断。这是因为，如若"没有哪种道德本身是有价值的"（第 8 卷第 146 页），道德概念"从未触及过人的价值"（第 16卷第 294 页），那么只有在积极的道德这一前提下，对道德的消极判断才是可能的。要以积极的道德为标准，才能做出消极的判断。问题是，尼采是在什么意义上、为了什么目的摧毁道德的。他说，为的是赢得某种"本身尽可能强有力的、卓越超群的人"（第 7 卷第 294 页；第 16 卷第305 页）。这种要求——如若它是严肃认真地提出来的，就像尼采本人是严肃认真的一样——本身就如同任何一种道德要求一样，既明确又绝对。因此，这种对道德的抨击就不再是对道德之一般的抨击，而是用另外一种道德对特定道德的抨击。

专就源出于怨恨之心的基督教道德而言，需要澄清的是，何以虽然说一方面，出现在基督教界的诸多个别现象可以由此得以理解，而另一方面,被怨恨之心滥用的道德评价却要另有其他思想来源,才会出现这种本末倒置的情况。尼采本人——这是一个令人惊讶的情况——停在耶稣面前(第 8 卷第 256 页及以下几页):这里的一切都是真实的,毫不做假,是一种生活实践的现实情况。"实质上只有一位基督徒,他被钉上了十字架"(第 8 卷第 265 页)。而"世界历史的讽刺之处"在于,"人类在向福音的起源、意义、天理的对立面顶礼膜拜"(第 8 卷第 262 页)。

在尼采对道德的抨击中,首先,有一个超出所有个别道德的有效价值。这就是说,尼采自己的道德起源是前提条件。其次,后来才被歪曲的道德,其真正起源有可能是开放性的。

道德的绝对要求。尼采看到,那种提出了绝对要求并声称自身内容具有普遍有效性的道德,呈现在宗教与哲学的形态中。道德的基督教式根据建立在上帝的戒律这一基础上:"基督教设定的前提是,人们不知道,也不能够知道,什么对自己是好的,什么对自己是坏的。人信仰上帝,只有上帝才知道这一点。基督教道德是一种命令,它的起源是超越性的。它在一切批判的彼岸。它只有真理,如若上帝就是真理的话。它与对上帝的信仰同兴衰。"(第 8 卷第 120 页)道德的哲学基础是,它自身是一种理性能力。它的根据并非从别的什么引申而来,而是在思维中意识到,自身起源于人的超感性实质,因而不是将道德准则当作上帝的戒律来倾听,而是将其当作自身的要求来倾听。借助于这种要求,道德同自身以及所有理性存在物都协调一致。在道德中体现出来的,不是人作为他那一种自然存在物必然如此的存在状况,而是人的超验性起源。

尼采不仅否认有客观的道德行为(康德也否认这一点,认为某一行为的正当性总是仅仅证明其合法性,而并不必然证明其道德属性),而且也否认行为要符合道德准则这一内心道德要求的意义与效用(至于这种行为是否处处都属实，就是说道德属性是否属实，或者说并非仅仅出自有用性、偏好、服务于其他目的手段这些动机，在康德看来，这实际上永远不可能得到客观性、经验性确定）。尼采进而不仅否认道德要求的特定内容具有普遍有效性，而且否认行为合法性的法则就是道德行为本身的法则。针对道德的绝对性，无论它采取的是引申而来的宗教形态，还是起源于自身的哲学形态，尼采都通过下述论证做了斗争。

1. 道德的不切现实性。如果道德是绝对的，那么它的要求就是绝对的，它的内容不可作为经验事实，而只可作为思维中的事实来发现与倾听。与此相反，尼采主张：根本就没有什么道德事实。道德不过是对特定现象的解释，确切说来是一种误解（第 8 卷第 102 页）。换句话说："根本就没有什么道德现象，而只有对现象的道德式解释。"（第 7 卷第 100 页）道德同"什么什么本身"无关，而只是一种意见（第 11 卷第 35 页）。它从属于现象世界（第 14 卷第 366 页）。

如果道德只是一种解释，就要解释出什么东西来。是什么应当得以如此之道德的解释呢？例如，尼采回答说，道德是"情绪的符号语言"，而这种情绪又是一切有机体的作用的符号语言（第 13 卷第 153 页）。尼采很早就询问，是否像梦境与其他心理现象一样，"我们的道德判断与价值评价也只是一些描绘与想象，涉及某种我们并不了解的心理过程"（第 4 卷第 122 页及以下几页）。后来，他回答说，自己已经习惯于"在所有道德判断中看出一种粗劣的符号语言。借助于它，躯体中的某些生理事实才会传达出来"（第 13 卷第 163 页及以下几页）。

尼采用这种生物学话语狭义地表述出来的，他进而在更为广泛的意义上称之为实际、现实或自然。他认为道德是某种解释实际、现实或自然的方式，从这种抨击中得出结论说，道德判断不能切中现实，因而误导了我们，令我们不但不真实，而且很虚假。道德"导致我们误会自然，这就是说，致使我们听凭自然左右，并对此夸夸其谈，就仿佛是我们引导自然一般"(第 11 卷第 213 页)。道德不是让我们自然而然地驾驭自然,而是令我们局限在想象之中,从而落入既未看出又未期望的现实之中,以至于只要我们采取道德行为,事实上便错失了真正可能之事,"令偶然成为统治我们的法则"(第 11 卷第 310 页)。

由于道德不切实际,局限于以道德原则为准的理想主义,对尼采来说,道德哲学也只能是一种想象,它忙于各种想象:"在对道德的所有阐述中,没有一点儿真理,所有概念的因素……都是杜撰的,所有心理的因素……都是虚假的,所有被人们搬进这一谎言王国的逻辑形式都是诡辩。道德式哲学家宣扬的,完全没有一丁点儿纯洁性。"(第 15 卷第455 页)

首先,尼采的这番抨击设定了一个前提,即人有可能了解,什么叫作现实,而且有这样一种现实,即我可以将其当作某种现成之物来对待。只是在尼采的全部哲学中,所有现实都不过是阐释而已,不过是被阐释之物的存在方式。除了纷杂多样,它再也没有别的什么了。我只有一种认识现实的方式,却无法把现实当作我的身外之物来认识。

其次,尼采以这种现实或者说自然的绝对价值为前提。但是,既然他认定,所有价值只可能是作为阐释方式的现实的价值,他就同样不能坚持这一前提。

当尼采论述每一种道德均不切现实,以此来说明自己所作的抨击时,他揭示的心理真相切中了某些自称"道德"的行为方式;或者说他切中了一切人类行为均留有的自相矛盾之处,即人的意旨和意愿同实际行动的结果彼此矛盾;或者说他切中了一种遵从原则的不负责任的行为方式,这种行为盲目地渴望牺牲,从而造成灾难,并将一切成果归之于上帝,以此来自我安慰。但是,他没有触及推动人们采取这些行动的那种绝对意义的根源。因此,在尼采的思想中,总要区分开人的存在状况中个别现象的心理真相,以及对追问思想起源之真相的哲学表述。

而如若抨击道德的根源的话,后者才是这种追问的唯一目标。

2. 道德之违背自然。道德的绝对性意味着,要为道德起见而讲求道德。道德不依靠别的什么来赋予自己以合理性,不以别的什么为目的,而是以自身为标准,衡量一切存在状况,或接受它们,或拒斥它们。如若"为道德而道德"的说法是在宣称,道德自身是最终价值之所在,那么在尼采看来,就不仅要容忍道德那种彻头彻尾的非现实主义,而且要付出让现实之物丧失价值这一代价。从来就没有什么是以道德为标准的。因此,依照道德标准做评价,这本身就是不道德的,是违背价值的,而且也不应当这样做。正像"为美而美"、"为真而真"一样,"为善而善"是"用丑恶目光看待现实的方式"(第15卷第362至363页),"因为在道德面前(尤其是在基督教的,即绝对的道德面前),生命必定始终并不可避免的是错误的,因为生命在实质上并不符合道德"(第1卷第10页)。

虽然在尼采看来,对价值做道德上的区分,并将其置于等级次序中,这样是合理的,但只有现实的活生生之物才有等级次序。这些等级次序表明,每一种特殊的生命都有其生存条件与发展条件。作为对一个更高的世界的启示,这些等级次序——它们才是唯一必定充当启示的——会同生命截然对立(第15卷第362至363页),带上毁灭生命的特点。要求一切都符合道德,"意味着取消存在的伟大特征,意味着阉割人性,将人降低到一个可怜的水准上"(第15卷第120页)。

尼采指责道德"违背自然"(第8卷第84页),却又借此取消了对道德的抨击,即他又与此背道而驰,称道德为"自然的一个部分"(第14卷第70页)。一切都是自然,包括看起来与自然相对立之物也是自然。自然有着多种多样的存在方式。适用于任何一种道德的是:"它是一种收获,从这种收获中我便可以看出获取收获的那片土地。"(第15卷第334页)至于道德转变成为人这一物种的看法这一单纯的事实情况,并非起源,而是结果(第 15 卷第 382 至 383 页)。由此,道德本身是自然的产物。因此,作为人这一物种的结果,道德的任何一种形态都可视为自然现象。这种看待道德的方式,即一会儿视其为违背自然的,一会儿又视其为自然的,看起来便扬弃了自身。

尼采要批评任何一种"绝对",就只有从一种新的绝对性出发才可做到。他本人知道,这是不可避免的。当我们设定了绝对的道德评价时,我们便有了道德感。反过来说,当我们有了道德感时,则事关绝对之物。"将道德感予以相对化,是完全不可能的,道德感在实质上是绝对的"(第 12 卷第 82 页)。针对道德的绝对性,尼采自己绝对地提出"自然"的价值评价。他所做的,正是他所反对的:绝对地进行价值评价。"绝对的道德"的前提是:"我的价值评价是最终的"。尼采本人后来也承认,他自己不知不觉地也是如此。

双重的循环——

援引尼采的其他观点,他对道德进行的论据明确的抨击便失去了其有效作用。尼采举出了一种必然的思维循环情况后,便重新在远非明确清晰的意义上提出了质疑。他首先认为,道德本身来自非道德;其次,对道德的批判本身源出于至高道德。

1. 道德源出于非道德。尼采认为,道德从一开始就是从非道德之物,即强力意志中产生的。道德"是现实中的非道德的一个特殊情况"(第 15 卷第 486 页)。这一点在个体心理中便可看出:"人会变得道德,这是由于人是不道德的!屈从于道德,人就会变得奴颜婢膝,或虚荣自负,或自私自利,或毫无思想。这种屈从毫无道德可言。"(第 4 卷第 95 页)还有,"我们的道德感同我们的恶毒与自私一样,是建立在同一种谎言与想象基础之上的"(第 11 卷第 263 页)。这一点从宏观历史上也可看出:"迄今为止将人类造就得合乎道德的所有手段,从根本上说都是不道德的。"其标志就是,"要'改善'人类的所有哲学家与神学家的遗产都是骗人的。无论是摩奴、柏拉图、孔子,还是犹太教与基督教的经师,都毫不怀疑自己有权撒谎"。所以,"为了造就道德,就必须具有与之相反的绝对意志"(第8卷第106至107页)。"道德只有依靠非道德才能如此长久地赊欠下来"(第12卷第85页)。

即使这些论述中的全部内容都是正确的,而且不仅大而化之地说是正确的,也是无效的,如若道德产生及其得以实现的方式不能决定现有道德的意义与价值的话。只要这里指的不是道德的各种产生情况,而是在总体上讲一切业已形成的道德,则将所有存在方式归结为一种存在方式(自然、现实),事实上就会抹去有其自身起源的、特定的道德的意义。取代道德的绝对性的,是现实自然的绝对性。

2. 道德批判源出于至高道德。尼采对道德的强烈批判本身来自其同道德的关联。对于这一点,他有意识地借下述思想循环情况做了表述:道德所要求的真实性最终对自身扎根于其中的道德提出质疑,这不过是道德发展的最终结果。出于"道德感",人们取消了对道德的信赖。对于道德自身所要求的真实性而言,道德降低为一种表面现象,因而再也没有权利对现象做判断(第16卷第79页)。这种"道德的自我克服"(第7卷,第53页)仅出现在有道德的人身上:"对道德的批判是道德的一个较高阶段。"(第11卷第35页)"在我们内心,道德在自我扬弃"(第4卷第9页)。由于"对真理的意识是道德意识之花至高至强的花期"(第11卷第35页),道德借助于对真理的意识"给自己的脖子上套上了会扼死自己的绞索。道德的自杀是它自身最终的道德要求"(第12卷第84页)。

然而,在这一重思想循环中,道德可以不自杀,而是伸张自身。这是因为,正如在将道德归结为不道德的一种情况的思想循环中,我行我素的非道德保留下来了,那一重将道德之毁灭归结为道德的思想循环,亦可在道德中寻找到自身的根基。如若还有一种对道德来源的具体直观的话,则否定性两度均未切中核心问题。没有这种直观,思想循环就只是形式上的循环,其结论是不合逻辑的。从生存性根据上说,道德能够借自我伸张来肯定自身,一如道德能够借自杀来否定自身。

尼采对道德的批判超出一切细节,走到极限。他事实上已经形成这样的结论,即要么借自觉的思想循环扬弃自己的陈述,要么不自觉地借矛盾之矛盾来保留这些陈述。

尼采最初将这双重循环当作最有说服力的抨击之词。第一重循环将道德归结为非道德,第二重循环出于至高道德来批评道德。当尼采视现实(自然)为既非道德的,亦非非道德的,而是无所不包的存在时,他便得出对他有关道德的评判再做批判的结论。道德判断是出现于自然中的一个事实情况。我评判自然中的个别之事,就是在评判整个自然,因为一切都是彼此联系的。要是我对做出的评判做评判,则我所做的,就是我所批判的道德裁决把戏:我对总体做评判。我对自然必须也只能采取肯定态度,因为我对自己刚才还在批判的道德评判采取肯定态度(第 15 卷第 380 至 381 页)。这一循环是没有出路的,因为任何一种立场都在扬弃其他立场。

如果这些立场再被接受下来,则它们最终彼此矛盾。其中的每一个立场在表述出来时,都是忽略其他立场的:"脱离道德,是无法生活的。"(第 11 卷第 200 页)反过来说也一样:"只有靠一种绝对地非道德的思维方式,才能生活下去。"(第 13 卷第 102 页)或者说,道德意味着"人们持久使用的唯一解释模式"(第 15 卷第 343 页)。反过来说:"用道德来解释世界,是令人无法忍受的。"(第 16 卷第 262 页)

尼采的要求——

如果我们意识到,尼采对道德的全部抨击的基本意义并没有呈现在个别的论述中,那么他并不穷尽于对基督教教义的抨击、对基督教将行为理解为罪责的抨击,或对有效地落实为哲学的习俗理论的抨击,或对充斥于社会的道德风尚的抨击。这种抨击战胜了普遍僵化、扭曲了的道德现象,进而追究道德的起源,即道德是一种普遍有效的"应当"。这样一来,我们才理解,尼采是在怎样一种意义上意识到自己的奇思怪想——它"将人类历史一分为二"——的重要性的:"真理的闪电击中的,恰恰是迄今为止位置最高之物。谁理解被摧毁的是什么,便会看出,自己是否还拥有什么……谁发现了道德,就会一道发现,人们正在信仰或曾经信仰的一切价值都是毫无价值的。"(第 15 卷第 125 页)尼采的质询是非同寻常的。但是,提出质询后,思想与体会尚未完结。若未感受到这种质询透露出的真实而肯定的要求,便无法理解这种质询。尼采的道德思想并不穷尽于其攻击性表述在形式上的自相矛盾之处。这种形式主义反而揭示出一种深刻的倾向,其生存性意义正是我们要认识的。

尼采的要求并不具有这样一种特点,即它提出了特定的信条与戒律,而设定目标的意志便以此为准。尼采把握得更为深刻,他间接地阐明自己洞察到的实现生存的方式,试图借此来达到人的可能性生存。尼采的这种呼吁似乎表露出他的实质。而对这种呼吁,我们可从四个方面来加以认识。

一、反对普遍性、伸张个体。他所反对的道德据说建立在人们的共同实质上,建立在上帝或理性基础上。尼采针锋相对地认为:"我的道德似乎越来越剥夺人的普遍性特征,令人变得特殊……令人变得无法为他人理解。"(第 11 卷第 238 页)尼采认为,实质在于,"根本没有什么道德仅凭自身就能让人变得有道德"(第 4 卷第 161 页)。他认为,个体是先于一切道德的、理性的普遍之物的。但是,他并不想为个别的个体留下随意任性的余地,而是深入生存历史性的深层次,以便让法则获得可触可感的形态，并在生存的具体境遇中可闻可见。按照尼采的理解，"个体"这个词不是指孤立的私人，而是同时意识自身的个人："我们不仅是个体，我们还是完整的链条，怀有链条的未来之使命。"（第16卷第151页）这种个人的可能性生存意味着："每一个个体都是一次尝试，即要达到人的更高类别。"（第11卷第238页）

只是，尼采的表述充满富有个性化色彩的措辞。如果人们认为，这些措辞可得以孤立地看待，那么它们的生存性意义便消失殆尽了。

二、生成的无辜。尼采从对道德的抨击中得出结论：如果说只要我们相信道德，就真是判决了生命（第15卷第147页），那么结论就是，必须"消灭道德，以便解放生命"（第15卷第392页），"要勇于像自然一样无德无行"（第15卷第228页）。如果说人最高尚、最珍贵的力量完全在于自然（第9卷第273页），那么关键就在于，将人变回自然及自然的真相（第11卷第73页）。尼采谈论自己的这种要求说，这是他"对违背自然、损害人性的两千年进行的一次行刺"（第15卷第65页）。

然而，如若一切都是自然，各种道德也都是某种自然的产物，那么一切要求就都毫无意义了。因为凡存在的一切都是自然，凡出现的一切都不可能不是自然，那么就绝不会有人屈从于那种让人超出自然的要求，也不会有哪种要求将什么东西当作违反自然之物加以摒弃，随后又将它归结为自然。

尼采的确阐发了一个最终的结论，要求不做要求，并将一切要求统统收了回去。只有这样，才能重新获得充分的无拘无束、极大地解放人类的全部观点："这就取消了事物当中的矛盾，拯救了每一事物的独特性。"（第15卷第368页）尼采无需再排除什么，他要将对立之物结合起来。这种解放使得他也有可能根本不想摧毁自己所抨击之事。趋向道德的意志是超出所有人性的那样一种人性的暴政，道德就从属于它（第15卷第371页）。尼采自白道："我向患贫血症的基督教理想宣战，目的不是要消灭它……基督教理想不绝如缕，是有史以来最值得寄予期望的事情……我们这些非道德论者需要道德的力量，我们自我保存的本能希望自己的敌人保有力量。"（第51卷第403至404页）

这样，尼采克服了一切道德非善即恶或非好即坏的眼光，认识到他称之为"生成的无辜"之物。

只要人们一贯怒气冲天，非要找出负罪者来不可，在任何时候都要找出承担责任的人来，那么"生存方式便不再无辜"（第16卷第198至201页）。我们无需怪罪他人——既不怪罪上帝，也不怪罪社会；既不怪罪父母，也不怪罪先人——无需听命于复仇的本能，无需听命于将自己不希望之事归咎于什么罪责这一需求，无需听命于其他狭隘的本能，而应当采取绝对肯定的态度，将一切，包括一度谴责之事，统统纳入存在的总体联系之中。

只要我们自己承担罪责，我们就同样屈从于狭隘的道德。尼采企望无辜的意识。想方设法证明生存完全是无辜的，这番努力目的何在呢？"这难道不是为了让我感到根本没有责任吗？难道不是让我超脱任何颂扬与指责，独立于一切荣誉与眼前之事，以便以自己的方式追求自己的目标吗？"（第1卷第4卷第309页）。我们已然达取的自由的标志是："不再自惭。"（第5卷第205页）只有认识到生成的无辜，才会出现最高的可能性："只有生成的无辜才赋予我们最大的勇气与最大的自由。"（第16卷第222页）

然而，当尼采要取消矛盾，以将自然视为自然，将一切视为自然的方式，把握生成的无辜时，就不得不体会到，从单纯的观察中得不出什么结果来，既得不出要求，又得不出驱动力。而他自己也意识到这一点："从已然认识的自然中，我们得不出驱动力来。"（第11卷第200页）这样看来，善与恶的彼岸似乎的确就是一个如此空洞的彼岸，与任何形而上学式的彼岸一般无二。而关键是，人们要做到有所意欲，在某种引导之下走向有所实现的方向。这一方向并非已然就是生成本身，而始终是某种现实行动的方式。通过这种方式，每一个人都表明了自己的情况，以及自己的企望。通过这种方式，每一个人都会随即重新置身各种要求的矛盾之中，做到要么倾听法则，要么对自己掩盖住法则。

尼采做哲学沉思，并不是要听任思维着的人陷入生成之无矛盾的无辜。相反，人应当能够从自身可能的起源中倾听到，自己的历史性境遇取决于什么。只要尼采的思想要借助自我扬弃的矛盾走向可倾听之物的一片澄明之中——而面对只是历史性地展现出来的包罗万象的法则，具体、特定的法则统统失效了——，他的思想就必定丧失任何确定性。因此，尼采并不满足于这样结尾的语句："生成回复了无辜"（第 8 卷第 101 页），或"一切都是必然的，一切都是无辜的"（第 2 卷第 109 页），而是想切中在这种极端的自由中具有创生性的东西，他称之为"创造"。

三、创造。创造是至高要求，是真正的存在，是一切实质性行动的根据。

创造就是评价："没有评价，生命的果仁就是空的！"（第 6 卷第 86 页）"价值的变迁，即创造者的变迁"（第 6 卷第 86 页）。"何谓善恶，还没有人知道这一点：除非是创造者！即创造出人的目标、创造出世界的意义与未来的人。这样的人才创造出善恶"（第 6 卷第 288 页）。

创造就是信仰：缺乏创造力的人缺乏信仰。"谁要创造，也就始终拥有真理的梦想与星辰的坐标——并相信信仰！"（第 6 卷第 176 页）

创造就是挚爱："一切伟大的爱……都要将被爱之物——创造出来！"（第 6 卷第 130 页）

创造中有摧毁："只有作为创造者，我们才能摧毁。"（第 5 卷第 94 页）所有创造者都是坚强的（第 6 卷第 130 页）。"我将自己捐献给我的爱，同样将我的邻人捐献给我的爱——所有创造者都这样说"（第 6 卷第 130 页）。创造的意志就是"生成、生长、塑造形态的意志……但是，创造中包含摧毁"（第 16 卷第 273 页）。创造性的至善"包含最极端的恶"（第 6 卷第 169 页）。

"一切创造都是传达"（第 12 卷第 250 页）。至高的创造时刻就是有着至高传达能力与理解能力的时刻。"创造：这意味着从我们自身分离出去些什么，让我们变得更为空虚、贫穷与可爱"（第 12 卷第 252 页）。

所有创造因素汇集成一个统一体："认识者、创造者、挚爱者成为一体。"（第 12 卷第 250 页）统一体是"对创造者、挚爱者、摧毁者的伟大综合"（第 12 卷第 412 页），或者说，"将创造者、挚爱者、认识者统一在强力之中"（第 14 卷第 276 页）。

创造的前提是巨大痛苦与无知无觉。"创造——这就是极大地摆脱痛苦……而有创造者存在，这本身就使得痛苦成为必需"（第 6 卷第 125 页）。"看穿时间的罗网与最终的遮蔽——这似乎会令所有创造者筋疲力尽、偃旗息鼓"（第 12 卷第 251 页）。

创造会达到真正的存在。"在创造中才有自由"（第 12 卷第 251 页）。"唯一的幸福存在于创造之中"（第 12 卷第 361 页）。"作为创造者，你生活得超出自己——你不再是自己的同时代人了"（第 12 卷第 252 页）。

对尼采而言，创造具有绝对的至高价值："就连最微小的创造也比谈论已造就之物要高超些。"（第 10 卷第 370 页）"我们的福祉不在认识中，而是在创造中"（第 10 卷第 146 页）。"你们只应学习创造"（第 6 卷第 301 页）。"人们甚至不应当再去了解一件事情，如若人们能够创造它的话。此外，这也是真正有所认识的唯一手段，如若人们尝试着有所成就的话"（第 10 卷第 410 页）。

但是，创造形同不可察觉一般："大众很少能理解伟大人物，即创造

者,但群众可理解伟大事业的倡导者与演示者。"(第6卷第73页)

创造是什么,这必然是无法确定的。这是尼采哲学中一个无法变成概念的标示,就如同生命、强力意志、永恒轮回一样,我们的思维到这里便停滞了,无论思维是消极地迷失在一片空虚之中,或是做出简单化的错误理解,还是说它积极地转变为一种现实的驱动力。在任何一种哲学中,这种最终不可理喻之物均可一言以蔽之,却不可获取。尼采总是把创造当作理所当然的,几乎从未将它当作话题。创造是什么,未得以展开叙述。它绝不是意志的一个可能的目标。但是,他的表述具有尚无特定目标的呼吁性力量,呼吁着人去追忆和把握真实之物。

创造是本源性的,但它不是一个新开端,就仿佛在这之前什么也没有似的。如果说在摧毁了道德之后,创造就是一种新的道德,那么创造者就是在有所摧毁中亦有所保留。因此,在尼采的思想中贯穿着一种态度,即他在摧毁道德时,绝不是要取消道德感。

尼采不仅犹豫不决:我们要"避免本末倒置,并且是粗暴地用对事物的全新价值评价来取代我们所习惯的道德状况"(第4卷第342页),而且他还要求保留流传下来的道德感,"继我们摧毁了道德之后,我们要做道德感的继承人"(第12卷第85页)。我们"作为迄今为止的人类的最高结果,拥有道德意识"(第11卷第35页),"我们不要小看几千年来道德对我们的精神的滋养"(第15卷第340页)。恰恰是走上标新立异道路的人们"设定了道德感这份丰富的遗产"(第15卷第451页)。"我们要做迄今一切道德的继承人,而不是要标新立异。我们全部的所作所为都只是道德感,它在反抗自己那迄今为止的形式"(第13卷第125页)。

尼采论证道德感的继承人从事创造的可能性,最终是出自反抗几千年来基督教的压力的斗争。这种压力"在欧洲带来了极度的精神紧张状况……此刻人们可用这张满弓射向最遥远的目标"。虽然人们两度以博大的气势试图"令弓弦松弛下来,一度是通过耶稣会教义,另一度是通过民主式的启蒙,但尼采自觉地还在绷紧着弓弦,他要将这种张力当作突破迄今一切创造之起源保存下来,并在这个世上将弓拉得更满"(第7卷第5页)。凡在批判道德时创造性地有所摧毁的,由于这并非万物之结局,就必须以全新的方式确立为创造性的道德。

尼采本人知道,他依靠的,是"道德的丰富遗产"。继他认为道德"是本能与不可避免之事"(1888年7月29日致福克斯的信)之后,他满可以将道德当作幻想来对待。他从支配他的道德出发批判道德。那种支配他的道德,虽然不是在某种永恒的良知中寻找到的,却是在某种值得肯定的、对他来说是本源性的、历史性地形成的心态中寻找到的。他感到,自己的非道德思想"同几千年来德国人的正直与虔诚有相近之处……"(第4卷第9页)。他的理论中那些有可能得以理喻的结论就是他的实质,而他自己几乎无法追随这些结论:"人们对各种非道德夸夸其谈,但如何才能忍受非道德!像我就不能忍受人结结巴巴地说话,根本不能忍受凶杀:或长或短地病病恹恹并气息奄奄似乎就是我的命数!"(第12卷第224页)

四、自我创造的人。尼采坚信,人不仅是可变化的,而且是自我创造的,人是自由的。他对道德进行批判恰恰是要恢复这种真正的自由。但是,这种自由有其独特的意义。自我创造的自由无异于创造。人作为创造者就是自我创造者,对此,尼采做了三重表述。

第一,由于人是进行判断、衡量、评价,并借此进行创造的生灵,所以就没有绝对的价值像一种现有之物一样,只是留待人去发现,而是说价值是人借以在历史性现实中进行理解的形式,他理解的不仅是自身生存状况的条件,而且是自身存在于这一具有历史性特点的瞬间所需的条件。价值永远不是最终有效的,而必须随时被创造出来。由此,尼采提出,当今这一世界历史时刻的使命是"重估一切价值"。

第二,人的变化以人与自身的关系这样一种基本关系为媒介,即人审视自身、评价自身、误解自身、塑造自身。这不仅是可加以心理研究的情况,而且是心理考察无法触及的一个秘密,是人对自身当下存在的真正明确的认识。只不过我同时面对真正的自我,就仿佛自我是馈赠给我的一样。因此,尼采表述出,在可加以心理分析的人对自身的作用之外,人的真正深刻之处是如何难于把握的;在没有压力的情况下,是什么使得人有可能保持内心稳定;在没有自我压抑的情况下,是什么使得人有可能自我控制。在本源性的驱动力出现时,我超出一切仅属心理的实际情况之外。而这才是赋予意义、塑造形态的。这绝非某种可在心理上确定的尺度,绝非在两种极端情况之间的一个可以理喻的中介,而是超出心理之外的。尼采称之为尺度与中介。但是,它超出一切心理上的可理喻之处地托身于自我存在:"人们最好永远不要谈论两个层次极高的事物,那就是尺度与中介。有少数人通过内心经历与皈依的神秘渠道认识到它们的力量与迹象,他们敬仰其中的神圣之物,羞于夸夸其谈。"(第3卷第129页)

第三,人的变化基于评价的本能,且借助自我同自我的关系这一媒介。这种变化的实现,只有依靠人自身的本质运动的能力。这种本质不是现成的,而是在生成之中的,是靠生成才成为自身的。尼采认为,在生存的可能性意义上,将我的实质创造出来,这一现象超出一切明晰可见的心理转变与可加以认识的生理发展和演变过程之外。作为创造者,人会转而采取新的评价,并借此转变自身,成为真正的自我。尼采将诗人品达提出的要求变成自己的要求:成为你自己!

尼采思想严肃而严峻,令任何道貌岸然的做法都变得瘫痪无力。这种思想不会满足于任何语句、任何要求、任何准则、任何内容,或者说根本不会对它们感到欣慰。这种思想的运动是一种间接的要求。它要求人保持深刻的严肃性,而任何引申而来的法则与故步自封之处都似乎会动摇这种深刻性。

如若有朝一日要牺牲道德——作为普遍性的、因理智僵化而要求具有绝对性的道德——的话，那么是没有回头路可走的。人面临沉沦入无根基的可能性之中这一危险。因恪守固定道德准则而对此做出的抵制一旦失败，会导致人既释放出任意性与偶然性，又趋向自身的历史唯一性中本源而真实的可能性。

尼采思想运动中的矛盾之处与循环之处最终只是个手段，它间接地触及那超出形态、准则与可言说性之物。在临界处，既一无所有，又应有尽有。这种思想总是以不确定地指示出某种根据而告终，而我就源出于这种根据地面对自身的存在：它是"内心皈依的神秘之路"；它是"对我们自身的信仰"；它是"创造"；它是"舞蹈"一般的轻盈的真正生命。但是，他的所有表述都始终模糊不清、自相矛盾，并因信仰某种并非一蹴而就的存在而相互联系起来。联系到我们的实质，这就叫做："对我们的信仰是最牢的桎梏与最强的鞭策——也是最有力的翅膀。"（第 15 卷第 255 页）

创造作为非超越性自由——

在尼采那里，创造是如何取代自由的，或者说创造何以就是自由，这是需要做进一步阐释的。在生存哲学的意义上，无论是基督教式的自由，还是康德式的自由，都关联着超越。自由是有限的人的可能性，以超越者为其界限（它需要在临界处的令人无以把握的起源，无论这起源叫做上帝的恩典，还是叫做人的被赠予性）。自由决定着，何者具有永恒的意义。这就是说，自由作为时间性与永恒性的统一，是历史性的。自由是抉择，而抉择只不过是永恒性存在的表现。

尼采抛弃了这种自由，承认自己接近于斯宾诺莎，因为斯宾诺莎否认意志自由、道德意义上的世界秩序以及恶（1880 年 7 月 30 日致欧文贝克的信)。尼采所认可与主张的自由,是非超越性地以自身为根据,依靠自身而存在。这种自由既是消极的,又是积极的。只要这条自由之路抛弃、突破、否定一度拥有、一度有效之物,它就是消极的:"(针对祖国、信仰、父母、同志)中断自己的过去,——(在历史与社会中)同被排斥之人打交道,谴责最受敬仰的、肯定最遭禁止的……"(第 13 卷第41 页)自由具有"创造"的特征,则是积极的。积极性不能没有消极性,因为只有历经否定性,才可赢得积极性。《查拉图斯特拉如是说》第一篇中的辩论就揭示出这样一条道路:从臣服经摒弃臣服到创造(第 6卷第 33 至 36 页)。相反,消极性若是脱离积极性,就只能保持为消极性,是虚假的自由,因为它是空洞的自由。仅仅出自创造性立场,一切否定性才获得其合理性。否定性是这种创造性立场的结果、前提与环节。比起恭顺地臣服于历史遗存之物来说,这样一种否定性更加不堪。因此,查拉图斯特拉面对所有解放者——他们为了自由本身起见,要解除人们的枷锁——问道:"自由为的是什么?"至于"自由来自哪里",对他来说是无所谓的。他判断说:"有些人在摒弃臣服态度时,便摒弃了自己的最终价值。"(第 6 卷第 92 页)

由于消极的自由是完全不够的,一切就取决于,要有积极的、创造性的自由,而否定性就来自此。如若积极的创造性并非对现有事物联系之否定的真正根据,或者说并非说明性的理由,而是生存性的根据,那么需要担心的是:"你的野性向往着自由。"(第 6 卷第 61 页)但是,一味压抑自己无节制的本能,也是无济于事的,如若这种压抑不是来自充满积极内容的创造性,而是对本能性生存状况的空洞否定的话:"你征服了自己,可为什么你把自己仅仅当作被征服之人呢? 我想看看充满胜利感的人……"(第 12 卷第 83 页)这就是创造者。

尼采绝不希望这种非超越性自由退回单纯的生命中去,而是希望它上升到真正的创造性生命中去。正如否定道德并不意味着取消一切道德感,而意味着把握得远远超出道德一样,促使人进步,才是唯一的意义所在。尼采的观念里没有上帝,这虽然似乎会导致彻底不负责任的情况:生活总是老一套,人们也听任生活总是老样子。但是,这样就将尼采的观念本末倒置了。而它规定的使命是非同寻常的:个人要承担起一切重负。它要求人走全新的危险的道路,因为这是一条不明确的道路,要由尚未纳入等级社会共同体的个人去走。个人要出自自身起源地自行承担义务。尼采要求抛弃道德的人自行承担更高、更严峻的义务。道德已变得虚假了,只是骗人的假相。尼采振聋发聩地说道:"要是你们过于软弱,无法自行制定法则,就应当有一位暴君给你们套上枷锁,并说道:'听话! 不满也要顺从!'——在顺从他时,一切善恶便都消失殆尽了。"(第 12 卷第 274 页)

　　对于这一学说的意义,人们找到一个明确的印证:尼采后来的生活孤单寂寞,最终可以从他面对这样一个人时看出原因,即他相信,可以同此人分享自己有赖于在道德之彼岸进行创造的哲学见解。他无法忍受自己的"非道德思想"被混同为"弱于道德的思想":"您感受到",尼采写道,"那种趋向某种神圣利己主义的冲动,而这就是要顺从至高无上者的冲动。想必您起先因遇到随便什么不幸而将这种冲动同它的反面情况混为一谈了,这种反面情况是自私自利和类似猫玩弄猎物那种乐趣,即想的只是生命……"这种单纯生命的意义在于"在虚无中的生命感受……它令我对人很反感"(1882 年 11 月致路书信草稿)。尼采还更为简洁地表述了这种矛盾的情况:"她亲口对我说,她不讲道德。——而我觉得,她马上就要给我讲比任何人所讲的都更为严格的道德了。"(1882 年致雷书信草稿)尼采的高要求是没有人能满足的。它虽不像道德那样,不过是一个可以规定的"应当"而已,不可以根据特定准则采取行动来实现,但这种全新的道德感一经表述出来,就是明显地对立于非道德的单纯生命的。

这种全新的、更高的、尚全然未确定的道德是什么？它就是"创造的道德"（第 12 卷第 410 页）。尼采只是就形式、而未就内容做了表述。创造性地重估一切价值，带来了这种全新的"道德"："是谁创造出既超乎人类，又超乎个人的目标？"这条道路不可能还是迄今的道德之路。道德之路只想有所"保存"。此时，在大家皆无目标之际，有效的是"一种尝试性道德：给自己设定目标"（第 15 卷第 337 页）。其意义在于："用趋向我们的目标的意志，以及相应地用趋向其手段的意志来代替道德。"（第 16 卷第 295 页）这就是要变得自由的未来的实质："人们会称你们为道德的摧毁者，但你们只是自己的发明者。"（第 12 卷第 266 页）每个人都要依靠自己，一种全新的独立性会展现出来，"我们必须摆脱道德，以便能够合乎道德地生活"（第 13 卷第 124 页）；或者说，"我必须扬弃道德，以便贯彻自己的道德意志"（第 13 卷第 176 页）。

尼采是在这样一种意义上向某种更为深刻、尚未企及的思想起源提出至高要求的，即这种要求只有在没有上帝的情况下才可企及。"要统治——不要再做上帝的奴仆，剩下的手段就是，让人变得高贵"（第 12 卷第 282 页）。

尼采要刻画、探讨、解释非超越性的创造性思想起源，而他的情况始终是，尽管其意志不局限于生命，他突然间掌握的，是可加以生理性认识这一意义上的单纯自然，或者说他只剩下相应的单纯心理的或社会性的现实情况。新的道德应当是"自然"的道德，尽管它要被一切思想再度扬弃，也由此而得到了肯定："道德中的任何自然主义，即任何健康的道德，都被生命的某种本能所控制。"（第 8 卷第 88 页）

尼采在表述思想时，何以不自觉地从对生存起源的呼吁陷入对某种自然事实——世上某种可加以局部性研究的生存状况——的单纯陈述，可以借助这样一个要求来清楚地揭示："成为你自己！"尼采尽可以明显类似于这句话——其实是对这种正在生成之中的本质加以确定，而非提出要求——地说:"一个人会成为一位正直的人,因为他是个正直的人。这就是说,因为他作为富翁,天生素质高、社会关系良好……我们如今知道,道德退化是无法再同生理退化分开考虑的。"(第15卷第383页)"生理现象"(符合因果关系之物)同心理现象、社会现象一样,在人的存在状况中同生存密不可分,这是不容否认的。我们对自身的研究性认识,同时与我们如此密不可分,以至于没有这种认识,根本就不行。但是,反过来说,与这种可加以研究的存在状况——我们就是这种状况,并认识到自身就是这种状况——密不可分的,还有另外的情况,即人自身超越性起源的一切可致思性。只有在思想上做出明确区分,才会取消某种存在的含糊性,让生存的可能性同生理上、心理上可加以研究的现实情况不仅相互关联地展现出来,而且彼此一致地展现出来。我"应当"生成的那种存在,首先,可以意味着一度如此(这是拒斥自我的结果,它来自令人私下里感到绝望的一句话:我就是这样)。这样一来,应当就再也没有真正的意义了,它不可避免地成为必定如此。其次,我应当生成的那种存在,也意味着可能性的统摄。我永远无法像了解某种固定之物、特定之物一样了解这种可能性,也没有别人能够了解它。它是开放性的,总在全新地展示着我的情况(而拒斥自我,仅带来对同样的无价值之物或所谓的良好之物的反复印证)。在心理事实的层次上,尼采本人否认"性格不可变化",判断出"大多数人信任自己,就像信任成熟的事实一样"。在这里,"留待我们做的",是在各种可能性中做出选择(第4卷第366页)。从这种起源中可以确定,"什么留待我们去做"。这样一种存在不可在性格学上得以客观性地确定,但我们自身的确就是这种存在。"成为你自己"这条要求就切中了这种起源、这种存在。如若这一要求仅仅将人固有的如是存在当作心理事实,它就会是无意义的。而它的真正意旨的"危险之处"在于,它涉及我的本质始终不确定的起源,并会遭受各种误解,因为关键并不在于特定的准则与客观地引申而来的义务,而在于我依赖自身的"创造性"起源,这种起源有可能付诸阙如。因此,尼采讲:"成为你自己。这是一种呼吁,它只能呼吁少数人。但对于这些少数人中最为少数的人来说,它是多余的。"(第11卷第62页)虽然由于人们会退而理解那些可加以客观性确定的某一类人,这种呼吁也会变得毫无意义,但它清楚地说出了对创造阙如时那种真实与夸张的生存性危险的意识。尼采出色而严峻地把握了这一意识。

自我翻转的内在性——

凡是人们意识到的尼采所否定的自由之处,他都感到自身与这种自由合为一体,作为面对超越者的自由存在,既形同被摧毁一般,又形同被埋没一般。尼采将创造当作自己内在自由的唯一现实,用它来取代生存性自由。这种创造反而是依赖自身、蕴含于自身或迷失于自身的。创造者要么为事物所阻挠,要么取得成功,它在尼采的哲学思辨中不是关联超越者,而是拥有一种对命运的意识。尼采用"必然性"来取代超越。这种得以形而上学式构想的必然性——直至我遇到的任何偶然之事、我内心涌起的任何激动之情都在我创造性生成的总体中显得富有意义之时——形同遭到否认的自由一样,实质上也区别于依据因果律构想的心理和生理事件的必然性。此前,无论如何,尼采也阐明了一种对整体性存在的超越意识。而在此,则是关于世上个别联系的相对性知识。

非超越性创造,即脱离上帝的自我存在,必定导致尼采实际上得出的两种结论。当人的有限本质由于不再被纳入无限性而成为不可见的有限性时,即当创造的自由面对的,不是超越,而是虚无时——因为只有统摄才在自身以外仅仅面对虚无,而它的有限性并不是真的指有限性——则创造要么未经有效的标准衡量就被绝对化为时间中的现实性,要么就是被神化了。自然化是对前一种结论的表露,亵渎神灵是对第二种结论的表露。这两种结论都未关联超越,而是信任临界情况的现实方式。而这种临界与其说是隔开他物的界限,不如说是一种充实。在尼采那里,以下这两种结论都寻找到一种置一切理性思维于不顾、鲁莽得出奇的语言:

一、尼采认为,自己挣脱一切道德的态度是同耶稣一致的。"耶稣……反对树立标准的人,他要做摧毁道德的人"(第 12 卷第 266 页)。"耶稣说,……道德同我们这些神之子有何干!"(第 7 卷第 108 页)尼采在耶稣身上看到先行于他自己的思想的实际情况。这种思想不局限于道德,而是尼采自己所想所愿,由于自我崇拜而变得含糊不清,"上帝被设想为摆脱了道德的存在,它容纳大量的生活矛盾,以神圣的痛苦对它们予以救赎和袒护——上帝就是……善与恶的彼岸"(第 16 卷第 379 页)。尼采在患精神病初期既称自己是狄奥尼索斯,又称自己是那个"钉上十字架的人",这是符合上述结论的含义的。

二、忽略一切特定道德的同一种自信心在实质上如同颠倒了一般,如若它不以思想起源为目标,而是以——无非是作为自然与现实的——在世间取得胜利这一效用为目的,"我们这些非道德论者在当今是最强大的力量所在。其他强大的力量都需要我们。我们依照自己的形象建构世界"(第 15 卷第 225 页)。如若直接表现出来的,只剩下残酷的现实,即这种自信心所企望的,只是自身取得胜利,那么一切具有有效形式之物看起来都要牺牲掉。这样一来,问题就是,剩下来的是否与其说是有过于道德之物,而不如说是弱于道德之物,即自然力量这一单纯的存在物。事实上,这种自信心同恶魔般的胜利感密不可分地表现在一个令人毛骨悚然的语句中,即"如今,我们这些非道德论者是唯一的力量所在,我们无需同盟就可走向胜利……我们根本无需谎言……我们甚至无需真理便可掌握权力……那位在为我们奋战的魔法师就是极端之物的魔力"(第 16 卷第 193 至 194 页)。

这两种情况在同超越的张力之中、在历史性赋予的义务中自行其是。它们表露的,都不再是有限本质的伦理道德。由于在尼采的最终要求中,出于对有限性的了解而自我约束的精神湮没了,所以自我崇拜与沉沦(作为强有力的有效之物)就有可能变得无以复加。只要有限性、有限之物的义务、可能性生存如同以这种方式消失殆尽一般,我们这些有限的生灵便没有出路了。这就仿佛在尼采那里,自由自我扬弃在创造之中——创造由于含糊不清、无以确定而再也无法向我们保证其可靠性——,而创造又被扬弃在某种爆炸性思想中。其结局是,剩下的就是上帝的幻影或虚无。

如果我们考察尼采思想的确切之处、具体陈述之处,最终就会看到,随处都有一种从自我崇拜及自我魔化中的复归。看起来,他有一句话对立于自我崇拜与极端的无节制,始终是一再有效的:男性的特点是"我们不想用我们人类的地位来欺骗自己,我们更愿意严格履行我们的标准"(第 14 卷第 320 页)。人必须走上一条道路,借此在这世上限定自己。尼采质询这条道路,就是在对人类做自我限定。

他虽然一度看出,走这条道路是毫无希望的。既不能依靠道德生活,也不能脱离道德生活。这样一种境遇他是用一句话来概括的:"或许是一个魔鬼发明了道德,为的是用高傲之心来折磨人,而第二个魔鬼不知什么时候又给了人一份道德,为的是用自轻自贱来折磨人。"(第 12 卷第 263 页)这种毫无出路的情况有可能体现为:"或许人类不得不在道德中走向毁灭。"(第 11 卷第 240 页)

但是,这条道路实际上对尼采来说是开放的:"我们重又勇于在一个非道德化的世界中生活,我们这些英雄人物……理解了,什么是异教的信仰,即要想象自己具有超出人之上的本质。"(第 16 卷第 379 页)在尼采看来,这种超出人之上的本质,只有寄托于在世上变化着的人身上。这样,对人的描述具有了替代神性、替代一切道德的鞭策人向上的意义。

尼采对人的鞭策性描绘

描绘人,要么是描述人的现实类型,要么是勾画人的可能性。尼采所做的描绘包括这两个层面。第一个层面展示了大量的、各式各样的人的形态:社会学类型有商人、政客、牧师、学者,此外还有性格学类型。这种心理考察内容丰富,无需对其做一份报告,也无需对其加以归类。重要的是,他每一次的心理考察都流露出不满足感,他的目光投向"更高超的人"。因此,第二个层面展示出人超出其单纯的存在状况的形态。人要么显得格外优秀,却又遭受如此重大的伤害,以至于他在现实中要彻底失败,要么就因对自己不满足而备受煎熬,而实际上,这种不满足也是一种误会,理应得到克服。因此,尼采还超出所有更为高超的人,在第三个层面上看到最后一种可能性。在这一层面上,才有人的真正目标:超人。

对人的描绘,如果不单纯是对人的现实情况的展示,而且包含人发展起来的可能性的明确形态,则要么意味着我要以它为准绳,要么意味着它是我要避免的反面形象,要么意味着它是指引我方向的典范。这些描绘是我发挥想象的功能。我需要它们,为的是创造我自己。我仰望榜样,拿自己同反面形象作对比,将无形态、不确定的典范体会为驱动性力量。尼采的"更高超的人"既是榜样,又是反面形象。这就如同任何特定的人的理想都必定被打碎一般,因为它被想象得尽善尽美,同时物极必反。与此相反,无形态、不确定的超人起到典范作用,令我不至于陷入特定的人的理想,并变得麻木不仁。

构想人的形象,其意义还在于,它是争取做真正的人的方式。人彼此不同,其结果是,不仅对人的实际存在状况的描述是丰富多彩的,而且对人的可能性的描绘也不可汇总为一个普遍有效的理想。如若我眼前浮现的,并非一个仅属想象的形象,而是实实在在的、深深打动我的、超出我之上的人的形象,那么我的所有诉说、要求、意愿就都是为这一形象而开展的隐秘斗争。虚假的"善良与正义"表现得就仿佛某一普遍正确之物是真实的似的。因此,尼采呼吁道:"你们所有这些正义的人,不要为正义而斗争,而要为战胜你们对人的描绘而斗争。看啊,他的超人形象打碎了你们大家的人的形象。这就是查拉图斯特拉的正义意志。"(第 12 卷第 363 页)

尼采为了人的形象而奋争。他的使命是,真实地看到这一形象,并令其发挥影响。他在青年时代便清楚这一使命。他寻问道:"人性这一不可触摸的神庙圣物,是一代又一代人逐渐积累起来的。谁会献身做它的卫士与骑士呢? 谁会树立人的形象呢?"(第 1 卷第 424 页)尼采本人做了他在一切道德中所看到的事情:"道德除了树立人的形象,什么也不会做……也许人的形象会对这个人或那个人产生影响。"(第 11 卷第 216 页)

为了突出特点地论述尼采对人的描绘,我们可以越过描述现实情况这第一个层面,尽管这一层面取材广泛,内容出色。他对人的描绘真正存在于"更高超的人"这第二个层面上。第三个层面会显示出,超人这一抽象概念几乎会消失在虚无之中。

更高超的人——

更高超的人原本是尼采信仰的人的形象。只要在他心目中,超人尚未作为一切理想的摧毁者强大起来,他就认为更高超的人已经足够完善了。他将更高超的人描绘得尽善尽美,即是这样一种人,他可以打碎"道德、宗教、形而上学观念这些深重而内涵丰富的迷误"这一枷锁,最终达到首要的最伟大目标：将人同动物分离开来。但是。这种创造性的自由并非一般人可能具有的："只有高贵的人"才会被赋予这种精神自由。"高贵的人首先可以说，他是为欢乐而生活的"。只有个别的人才能做到这一点："时代总还是属于个人的。"（第3卷第371页）

尼采甚至将更高超的人看作实际存在的，即使更高超的人始终遭受威胁和失败。更高超的人处境危险，内忧外患。在一个因循守旧的社会中，更高超的人因非同寻常而沉沦下去。他们倍加压抑、伤感、病态。"只有像贝多芬、歌德这样生就钢铁一般的人"才能承受得住。但是，"就连他们身上也显露出一再奋战、疲惫不堪的结果：他们呼吸艰难、声调过于尖厉"（第1卷第405页）。社会对这些伟人怀有强烈的敌意。"人们仇恨有关更高超的人种的想法"（第16卷第196页）。他们的孤独被算作是他们的错误（第1卷第405页）。想必"在世上完全不同的一些地方，始终有成功的个别情况……而这的确可以描绘更高超的人"（第8卷第219页）。但是，"更高超的人走向毁灭，则是一个惯例"（第7卷第255页）。幸运的情况是，一个更高超的人"在恰当的时刻采取行动"，而这纯属例外情况。更高超的人惯常的存在方式是："坐在世上各个角落里等待，几乎不知道自己要等多久，更不知道自己是白等。"（第7卷第261页）

由于尼采认为，真正高超的人性既无形态，又无形象，所以他对人的怀疑也就不涉及更高超的人，不涉及他们可感可触、深受尊重的情况。高超的人是不公开的，形同一个秘密。尼采在对一切可见之物均感失望之后，转而相信这样一种可能性："或许，最优美的始终还笼罩在黑暗之中，并沉沦下去，在尚未诞生永恒的黑夜……伟大的人恰恰在需要得以崇敬的最伟大之处始终隐而不显，像一颗过于遥远的星辰一般。没有人看到他战胜各种力量的胜利，因而也没有咏唱他的赞歌与歌手。"（第4卷第357页）有一句话想必指的也是这种情况："迄今为止，还没有一位艺术家能够描绘最为高超的人,即最为简朴,同时最为充实的人。或许,在迄今的人们当中,希腊人向雅典的理想投去的目光最为深远。"(第 3 卷第 98 页)

在尼采看来,高超的人无论是在现实中,还是在愈发可能的形态中,都沉沦了。他愈发不满足于更高超的人的任何一种显现形态。

仅凭伟大的人奋飞向上的真正理由,尼采就对他们的任何一种形态持怀疑态度。他问道:"你们在奋飞向上吗? 你们这些更为高超的人? 难道你们不是……被自己最为低下之处排挤到高处去的吗? ……你们这些奋飞向上的人不是在逃避自己吗? (第 8 卷第 389 页)针对这些人,尼采提到那些自身本质似乎原本就水平很高的人:"他是来自高处的!"(第 5 卷第 29 页)但是,只要一遇到这种"存在",尼采就对它持怀疑态度。

尼采的"心理学"洞悉那种彻头彻尾是在崇拜大人物的伪币制造业:"人们若猜中了更高超的人的情况,将会多么痛苦!"他将诗人看作"一会儿一变的人,热情、感性、幼稚,轻易而又突然地产生不信任感和信任感,惯于隐瞒内心的任何一处伤痕,常常因内心受玷污而用自己的作品报复人,常常靠思想的驰骋来寻求遗忘,躲避过于忠实的记忆……"(第 7 卷第 257 页)。

尼采不仅在各式各样明显地本末倒置的情况中,而且恰恰在人的最高超的形态中看到,人的本质是无法触及的。例如,当他将英雄般的生命看得至高无上时,马上便又看到一种超越它的更高的可能性。他不仅喜欢英雄"倔强不屈",而且"还想看到他们天使般的目光"。他有一句格言是讲英雄的:"就连自己的英雄意志,他也要忘却……他那汹涌的激情尚未沉静下来,化为一派优美……美是所有急切的意志所无法企及的……"(第 6 卷第 172 页)就连真正的英雄主义也标志着,他始终不满足于人。英雄并不尽善尽美,英雄身上也有着人生就的特点,即一切都要克服,一切都要牺牲,一切都是一种过渡:"这就是心灵的秘密。只有当英雄抛弃心灵后,心灵才会在梦境中接近——超英雄"(第6卷第173页)。

尼采看到,只要人们臆想高超的人,创造高超的人的形象,其结果无非就是做戏。以理想为典范,是虚假的生命的营生。在古代哲学中就是这样,人们"有必要发明抽象的、完善的人:善良、正直、明智,是辩证法大师。简而言之,古代哲学家就像稻草人,是脱离任何一处土壤的植物,是没有任何明确的调节性本能的人性,是用各种理由来证明自身的美德"(第15卷第459页)。

尼采对高超的人提出的所有质疑都表明了共同的一点:他始终渴望更高超的人,这种渴望不会终结于某一现实的或臆想的形态。正是在他深深挚爱之处,他才感受到深重的痛苦:"最令我替人感到难过的,不是人的罪过与极大的蠢行,而是人的完善。"(第8卷第385页)

在《查拉图斯特拉如是说》第4卷中,尼采对更为高超的人的挚爱与不满足表露得最为深切与震撼人心。更高超的人似乎理解查拉图斯特拉,他们寻找他,指望靠他将他们救离他们对世界、对人们、对自身均不满足这一困境。他们都表现出一个特点:既有所欠缺,又有所充实。国王们没有兴趣去统率一帮群氓;"精神的精细之处"是在研究随便哪个对象时一心奉献地刨根问底;"魔法师"意识到,表演得再花里胡哨,自己也没啥了不起;"最后的教皇"涉及上帝之事时,以开明见长;"最丑陋的人"无法忍受同情,并蔑视自己;"自愿的乞丐"彻底放弃一切;"自由精神"的影子毫无顾忌地怀疑一切言辞、价值与名声。他们的所言所行,都是真实的。查拉图斯特拉可以赠予每一个人以片刻的挚爱,就仿佛他面对的,是与他同类的人。但是,每一个人不仅有某种缺点,而且在理解查拉图斯特拉的观念时,突然间暴露出,他们实质上带有某种盲目性。查拉图斯特拉在内心深感失望。因此,他对所有更高超的人说道:"你们或许真的都是更高超的人,可对我来说——你们不够高、不够强。对我来说,这就意味着对于我内心沉默的无情态度来说。"(第6卷第410页)他的批评形态各异。他希望"没有极度渴望、极度嫌恶、极度厌烦的人"(第6卷第426页)。这些人实质上生活在虚无之中。因此,他们在困境中都带有这样一种恐惧,即要避免勇于投入自己,避免失败的危险:"谁像你们一样双腿有病并孱弱,谁尤其希望的就是,自己得到体谅。无论他是否知道这一点,或是否隐瞒这一点。"(第6卷第410页)所以,尼采觉得他们在骨子里是有问题的:"你们这些更高超的人,你们大家不是被糟蹋了吗?"(第6卷第426页)但是,这些被糟蹋的人尚能在做牺牲时为自己确立价值,只是他们不这样做而已:"你们这些更为高超的人,你们都不学习——舞蹈着超脱自己! 是什么让你们在糟蹋自己!"(第6卷第430页)他们是如何被糟蹋的,他们是如何在误解当中将自己被糟蹋的情况表露出来的,这一点无情地体现在尼采的这样一首诗作中,即当他们靠近查拉图斯特拉之后,便变得开朗,摆脱了自己的困境,喧嚣而欢笑着,欢快地离去:"在我这里,他们忘却了困苦的呼喊——即使这可惜还不是呼喊。"(第6卷第450页)查拉图斯特拉"还未看到一个伟人"(第6卷第374页)。

反对英雄崇拜——

没有哪个现实中的人能够经受最终的质疑,即使他据说表现得尽善尽美。谁崇拜一个人,仿佛这个人尽善尽美一样,谁就贬低了自己做人的可能性。出于这两条理由,尼采批评人在自己心里无条件地屈从于另一个人。历史提供出了令人震惊的实例:"这类人为拿破仑而活着……他们将对英雄的浪漫式膜拜灌注在我们这个世纪的心灵中。"虽然在尼采看来,这"某一有血有肉的理想的崇拜者"通常做得不错,只要他们是在否定的话——他们了解被否定之物,因为他们自己就来自被否定之物。但是，一俟他们将自己的理想当作这一有血有肉的人，绝对不加质疑地予以肯定，他们就不诚实了。他们必须将英雄人物推到遥远之处，以至于人们再也看不清这些英雄人物。但是，他们明智的良心私下里清楚，这是怎么一回事。如若被神化之人"以丑恶的方式明显泄露出，自己不是神，并且有过之而无不及的是人"，那么这些英雄崇拜的狂热者便重新发明一种自我欺骗方式：他们同自己作对，感到自己作为诠释者，像是殉难（第 4 卷第 248 页）。

超人——

尼采让任何一种形态的"更高超的人"沉沦下去，批评采取任何一种形式神化某个有血有肉的人的做法。这来自这样一种驱动力，它绝不允许他以某种有限性为归宿。如若高超不顶用了，更高超的就必须是可能的。如果说"更高超的人"明显地被糟蹋，那么问题就是：人如何克服自己？超人的观念就要给出答案。鉴于人的一切存在方式统统无济于事，查拉图斯特拉呼喊道："人在糟蹋自己：要向前进，要向上升！"（第 6 卷第 926 页）查拉图斯特拉的眼界伸向远方，那里显示出唯一的关键所在，即"超人在我心中，他是我首要的、唯一的——而人不是。最邻近的人不是，最贫乏的人不是，最受难的人不是，最优秀的人不是……如果说我能够爱人什么，那就是：人是一个过渡，一种沉沦"（第 6 卷第 418 页）。尼采所把握的，既不是人身上的可见之处，也不是隐秘之处，而是人的未来。它穿越人、超越人。

创造超人，是使命之所在："我们的本质，就是创造出比我们更高的本质来！超越我们的创造！这是创生的动力，是行动与有所作为的动力——正如一切意愿都设定了一个目标，人也设定了一个本质。这本质不是现成的，却为人的存在方式设定了目的。"（第 14 卷第 262 页及以下几页）本质需要创造出来，"它要超出全部人类"（第 14 卷第 261

页)。

创造出超人这一观念的,是尼采的信念。他期待:"有朝一日,他必定向我们走来,他这救赎者……他赋予这个世界以目标……他战胜了上帝与虚无。"(第7卷第395页及以下几页)的确,正如后来的永恒轮回学说一样,这里指的,是神性的替代品:"上帝死了,如今我们希望的是——超人活着。"(第6卷第418页)

尼采在超人身上看到了什么——作为形象——,是不确定的。这一思想的分量在于,它确立了使命。但是,就连这一使命也只能不确定地确立起来。

尼采要求人们将目光投向这一高度。他对那些除了理解伟人什么也不爱做的人们提出要求:"你们要有力量看到比伟人还高上百丈的本质!"(第13卷第167页)

但是,这样一种目光只能是沉思冥想式的。而关键在于有所实现的行动。要完成促成超人诞生这一使命,尼采需要借助于自己的全部思想,借助于自己推动的思想运动,尤其要借助于"扩大所有的矛盾与鸿沟,消除平均之物,创造超——强力者"(第14卷第262页)。如果超人是可能的,那么危险不可避免要增加。将这一点设想到极致就是:"人们怎么会牺牲人类的发展,以便促成一个不同于人的更高种类呢?"(第16卷第278页)对任何人来说,自我牺牲的真实的基本态度在于:要生成更多的。我们人只具有作为过渡与沉沦的价值。因而对人的要求是,"舞蹈着超越自己"(第6卷第430页)。

至于这在实际当中会怎样,尼采则无法诉说。他阐述了这种自我牺牲、奔腾向前、克服一切的态度。但是,他要对真实的人的行为起到鞭策性作用,而这一广泛得无边无际的思想不知不觉地转变成有关培养人的生理学思想。支配这种思想的是这样一种期待,即在现今的人种同更高超的人种的界限处,会诞生一种全新的生灵。

　　尼采对一切立场都在不断加以认真质疑,这就可以理解,他又将超人思想中这一抽象的高超又高超(就像关于上帝的想法一样)再度扬弃了:"我们愈发趋向云中的天国,并寄身彩云之上,称他们为诸神与超人。对于这些座榻来说,他们足够轻盈！所有这些神祇与超人。噢,我已多么厌倦所有这些不可理喻之物⋯⋯"(第6卷第188页)

第二章　真　理

科学真理与哲学真理

遵循方法的态度──方法的来源及其生命──科学的界限──科学与哲学

阐释性理论：真相与生命

真相的虚假性──理论的应用──思想循环──真实存在与生存──真相联系着摧毁真相、同时又依赖真相的生命力量──在临界处意识存在

无限的求真意志的激情

诚实──正义──求真意志的自我扬弃──无限的怀疑

理性的解体

超越性思想突破中的真相

真相的不可传达性──真相的危险──真相与死亡──"没有什么是真实的，一切都是许可的"

考虑人是什么，导致人灰飞烟灭。尼采怀有充满激情的求真意志，

在思想中勇于得出最为极端的结论。继人形同迷失一般、特定价值统统成为问题之后，尼采要确定对真实存在本身的意识。由于他觉得如今真理尚成问题，真理与理性的可能性便化为乌有了。在尼采看来，以前是着眼于人的道德，现在是着眼于真理的传统哲学，其历史积淀已然土崩瓦解。

但是，在体会尼采的思想时，人们又感到，似乎他在做否定时，始终显示出一种存在物。正是出于这一存在物，否定才是可能的。人们不必仅仅为了能够做否定，才不得不去体会被否定之物，而是可以在另外一种意义上一再感受尼采所做的肯定。因此，对尼采的否定哲学所做的任何一种深刻阐述，都会同时被肯定性所推动。尼采脱离历史实质，这同时是他改头换面地重新赢得这一实质的一个形态。

尼采要探索对真实存在的意识，这一思想几乎无法纳入某个独一无二的系统性联系之中。我们对这些思想的阐述——它们实际上是彼此贯通的——源于尼采指出的三重彼此独立的思想起源：首先源于遵循方法的科学；其次源于关于真理的存在理论，它视真理为有生命的存在物的一种解释；再次源于趋向真理的无限激情。每一重起源都显示出未终止的清晰立场，而这些立场看起来最终将走向失败。尼采是希望理性解体的。最终，尼采所有关于真理的思想都汇入某种超越性的突破性思想之中。

科学真理与哲学真理

尼采将科学中的真理当作一个直接的思想起源。即使他后来也对这一起源做过推论，即加以质疑，但对尼采来说，它实际上在思想层面上未丧失其独到之处，尽管这一独到之处此时尚未成为问题。尼采果断地踏上科学地基，就好像求真的激情在这里寻找到一个稳定的立足之处一般。

遵循方法的态度——

尼采认为，科学的本质性标志就是方法，不仅方法是"最有价值的观点"（第16卷第3页），而且"建立在对方法的认识之上的，是科学的精神"（第2卷410页）。从内容上说，科学结论没有什么特别之处，但它"如若失去方法，则无法阻止迷信与荒谬见解重新占据上风"（第2卷第410页）。真实的知识只是同方法共存的。

尼采虽然既未找到某种全新的专业科学的方法，又未在合乎逻辑地解释这些方法上取得任何进展，但他考虑的是——依科学认识理当具有作用这一前提而定——科学方法的价值。他的课题不是方法，而是遵循方法的态度。

通过方法，便可取得这世上独一无二的可靠性："一种深入而彻底的幸运在于，科学确定的事物都持存着，并一再让人重新传达其持存的根据——情况会有所不同的！是的，我们如此深信，一切人类法则与概念都在永恒变化，以至于我们感到惊讶，科学的结论竟会这般牢固！"（第5卷第81页）方法将人引向真理之基础，踏上这一基础，人便会独一无二、无可替代地感受到某种存在方式："一项伟大的发现是，并非一切都无法预计、无法确定！有一些法则真正超出个人的尺度！"（第12卷第47页）

讲求方法的态度需要的，是明确性，不是信念；是有约束力地得以证明的真理之方式，不是真理之已然为人所知的内容。因此，有效的是"毫不虚假的真理"（第2卷第248页）。因此，"艰辛取得之事、明确之事、持存之事……对任何进一步的认识都影响丰富之事才是最重要的"（第2卷第20页）。

讲求方法的态度摧毁所有绝对性认识，无可指摘地掌握某种特定的、局部性的认识，并借此而在世上有所胜任："认识的价值在于……反驳'绝对认识'"（第12卷第4页）；"'对于最终有效真理的信仰'已然冷却下来"（第2卷第230页）。假手科学，同时可以"获得统治自然的力量"，而无需最终真正认识原因及效果（第12卷第4页）。如果这种态度讲求方法地并明确无疑地掌握可知之物的相对性，便既不会迷失在绝对知识中，又不会迷失在怀疑一切的一无所知的否定性之中。

尼采从根本上把握到，真正的知识只是方法。他进而看到，讲求方法的态度不是性情古怪的专业科学的情绪，而是人思维和把握自己遇到的事实情况的可能性。尼采描述科学精神——方法的精神——要么从属于人的理性，要么与此截然相反："思想丰富的人尽可以从科学结论中想学习多少就学习多少，但仍可以从他们的谈话中……注意到，他们缺乏科学精神，他们不能本能地对思想误入歧途之处产生怀疑……他们满足于从一件事情中找出随便一种假设，然后便兴高采烈起来……在他们那里，持一种意见，意味着狂热。"（第2卷第410页）同这种鼎沸的意见与主张相反，讲求方法的思想所采取的自我克制是不断的、宁静的努力。尤其是，"有科学头脑的人知道，随时随地产生想法这一天赋，必须严格受到科学精神的节制"（第2卷第247页）。鉴于生活各个方面均缺乏方法，因而造成恶果，尼采要求"如今每一个人都应当至少彻底掌握一门科学。这样他便知道，什么叫做方法，彻底的深思熟虑有多么必要"（第4卷第410页）。人们时不时严格地从事一门严格的科学，"会增进精力、推理能力、持久的耐力。人们会学到，合乎目的地达取目的。考虑到人们日后从事的一切，做个讲究科学的人，这是极其珍贵的"（第2卷第239页）。

尼采更为迫切地要求，依照科学方法开展教育，因为他看到，只有通过纯粹的方法才可能达到的明确性具有无可替代的价值，也看到在人类历史的进程中，教育所带来的非同寻常的危害。在他生命的最后一年当中,当他看出古代世界的全部科学工作全都是白费力气时,他还讲道:"一种深奥文化的所有前提俱已具备,所有科学方法俱已具备,人们已然确定了一门伟大而无与伦比的艺术,即如何能很好地阅读。这是形成文化传统的前提,是取得科学统一性的前提。自然科学关联数学与力学,发展得最为充分。这是对事实的意识,是一切意识中最终的、最有价值的意识。它自有其训练之法……为了能够从事工作,一切实质之物俱已具备。必须一再重复,方法是实质性的,是最为艰难的,也是习惯与懒惰势力与之作对最为长久的。我们如今无法言说地强迫自己……重新赢得的自由看待实际的目光、小心谨慎的做法、在最为细微之处的耐心与认真态度、认识中的正派本分,早在两千多年前就有了!"(第 8 卷第 307 页)

方法的来源及其生命——

方法不是可得以机械式应用的程序。科学真理不同于任何一种凭冷漠无谓的态度便可获得的真理。让人无动于衷地、机械地确定真理的过程是不存在的。尼采对科学方法的起源与发展做了心理上的认识,指出方法的生命来自某种不同的、同真理异样或与真理相违背之物,是方法的持久基础。方法如若变成靠一架智力机器进行的无生命气息的运算,便不再是认真、可靠的了。它只能在服务于有限目的时,才在表面上具有可靠性。

与真理异样之物是非逻辑之物、反理性之物。它承载着一切认识,一切认识由此才具有实质性。而这种异样之物是多种多样的。偏好、无聊、习惯想必都是驱动力,却是形成肤浅认识的驱动力。而真正的认识的一个丰富源泉是需要,即使对需要的迫切认识会令真正的认识变得模糊不清。我们应当尽可能利用自己的危险时刻。只有在出现要么认识、要么灭亡这样的情况时,认识才是无情的。"只要真理没有刺痛我们,我们就在暗地里留有对真理的轻视"(第 4 卷第 311 页)。

实际上,方法总是在体会与利用科学程序的反面情况时形成的,这种反面情况指的是,认可由任何一种可能的态度而来的看待事物的角度:"我们必须小心翼翼地同事物打交道,时而态度恶劣,时而态度友好,轮换着对它们采取正当、充满激情、冷漠的态度。一个人同事物打交道时像个警察,另一个人像个听取忏悔的神甫,第三个人像个过路人和好奇的人。人们会时而充满同情,时而粗鲁地对待事物。"(第 4 卷第 298 页)但是,只有当我们的各种力量汇集成一个"更高超的有机系统"时,才会带来真正的认识。这些力量分离开来,对于科学思维范围内的认识来说,则是一种毒素。在总体中,则各种力量彼此限定,相互扶持:"这是怀疑的本能、否定的本能、期待的本能、积累的本能、分解的本能。"(第 5 卷第 155 页)"认识的手段、在人心中先行于认识的各种心态与做法……想象、思想的涌现、抽象、感性因素的消解、发明、预感、归纳、辩论、演绎、批判、资料的收集、非人格化的思维方式、沉思冥想……所有这些手段都曾分别……被视为最终目标……一度被当作值得认识的内容、目标与整体"(第 4 卷第 49 页)。但是,只有经过相互促进、彼此限定,它们才成为科学方法的驱动力。

由各种力量相互作用而形成的科学认识,其实质就是"客观性"。相应于发起认识运动的那些决定性的驱动力,这种客观性"并不被理解为无动于衷的直观,因为这种直观本身就是矛盾的,而是被当作这样一种能力,即它拥有自己的肯定或否定态度,并将这种态度或予以显示,或予以隐藏"。客观性仅仅来自,人们"懂得利用各种不同的角度以及对效果的解释,来服务于认识"。因此,我们应当感谢那种"将通常的价值评价彻底翻转过来的做法,精神就是借此……批判自身的……我们愈是表述一件事情的效果,愈是注意这同一件事情,便愈加完整地把握这一事物,我们的客观性便愈发完整"(第 7 卷第 428 页)。"我们借一种双重的不义来促成真理……即我们依前后顺序来看待……一件事情的两个方面。而每当我们看待一个方面时,都遗忘掉另外一个方面,总以为我们见到的,就是全部真理之所在"(第3卷第46页)。

这样,认识的来源在各处都形同一场战斗:通过源自生命本身的各种力量相互斗争、彼此限定,讲求方法的研究促成了客观性,并仅仅在伴随着这一生命时才是现实的。即使是在研究人员之间,实质上也是依靠斗争来确保批判性工作的。这种工作是由某种稳定、有效、可理喻的观念来引导的:"如果个人不能确信自己掌握真理,即确信自己做得合理的话,就根本不会有研究方法……思想家们亲身从事的斗争最终突出了方法,使得人们可以真的发现真理。"(第2卷第409页)由于激烈的斗争,才可能有促成全部科学取得进步的状况。这种状况指的是,个人在自己并不熟悉的领域中检查他人的任何主张时,不必持过分怀疑的态度,因为个人不可能对此做综合性核查,因为"每个人在自己的领域中都有竞争者,他们持极不信任的态度,并激烈地指责他人"(第3卷第113页)。

科学的界限——

如果说尼采将方法视为科学认识取得有约束力作用的真正根据,并将其视为科学认识获得生命的前提(指科学认识取得成功的情况极少,失效得又很快),那么他似乎认为,讲求方法的科学会达到一个绝对的价值。尼采从自己的经验中认识到,在充满激情的工作中,求知欲会被某一对象所消耗,就仿佛科学本身就是目的一般。但是,正是尼采才在他那科学至上的时代认识到,人们是怎样错误地试图在可知的科学形态中把握一切真理的。他本人在从事科研工作时意识到科学的界限,并用下述几条原理将其表述出来:

一、科学对事实的认识不是对存在的认识。尼采只是一度有保留地认为,通过科学,人可以接近"世界的现实本质"(第 2 卷第 47 页)。在他写下这句话之前,他就承认,这纯属"极度疯狂的想法"。"依据因果律的线索,思维可以通向存在最深的深渊"这一疯狂想法导致科学愈发接近其界限(第 1 卷第 105 页)。因此,学者们"根本没有看到真正的重大问题以及问题的迹象"(第 5 卷第 330 页)。当他们"纯粹就事论事地处理彼此分离的、细枝末节的科学领域"时,他们并未触及整体(第 2 卷第 22 页)。然而,如若理解得不错的话,科学知识从未涉及真正的问题,而这恰恰是因为人们感觉:"从总体上说,科学中充斥着一派无知,人们感觉'认识'什么也不是……,认识本身是个自相矛盾的想法"(第 16 卷第 98 页)。从一切科学无法企及的深处涌现出同科学异样的存在物:"有一些可怕的力量带有同'科学真理'完全异质的真理。"(第 10 卷第 203 页)

二、讲求方法的明确性意味着,令人满足的,不是对真理的占有,而只是对真理的探索。谁为占有真理而兴高采烈,便产生了可笑的高傲之心。只在涉及某个随意性的、无关紧要的对象时,他才是个"大师与行家"。他抛开其他的一切,对于随自己的知识而来的那些晦暗不明的情况,采取无所谓的态度(第 6 卷第 364 页)。"因此,莱辛这位最值得尊敬的理论家才敢说,自己更多的是在探索真理,而不是获取真理。这一科学的基本秘密令科学家们大吃一惊,甚至大为恼怒"(第 1 卷第 105 页)。

三、科学上的明确性并非关键的、真正的可靠性。明确性涉及讲求方法的知识的特定性与相对性。与此相反,渴求可靠性,是要在总体上做到毫无危险。尼采并不反对科学的、讲求方法的明确性,而是反对这种在总体上寻求安全的意愿。他说,有一种"偏见,认为明确性比不明确性以及开放的思想海洋要好"(第 13 卷第 35 页)。因此,查拉图斯特拉针对"更多的是在寻求安全的孜孜以求的精神"提出,"要对不明之物、无勇气面对之物抱有勇气、冒险精神及乐观态度"(第 6 卷第440 页)。

四、科学认识绝对无法为生活设立目标。"它无法……指明道路。只有当人们知道何去何从时,它才有用处"(第 11 卷第 170 页)。但是,它也只是能够起到作用,却并不一定起到作用。人借助科学而取得的福祉,向来无法借助科学得以明确。"在人对真理的要求与人的福祉之间,没有前定和谐"(第 2 卷第 369 页)。

五、科学无法回答有关自身意义的问题。没有根据——它的合理性与价值不能得以科学式认识,就不会有科学。"如若没有我们这些用任何一种标准来衡量都不够科学的人,科学对于我们来说还会有什么用呢!……对于一种纯粹是在认识的生灵来说,认识似乎是无所谓的"(第 3 卷第 56 页)。无论科学的意志是由实际目的(有用性)策动的,是由求真的道德、由单纯做观察的乐趣策动的,还是由哲学设定的目标策动的,总有不同于科学之物令科学变为现实,并具有意义。

尼采揭示了科学的界限,看出科学以自身为目的这一论点是没有根基的。他认为这一论点属于现代世界。科学虽然始终得以推进,却是作为手段得以推进的。"科学是居第二位的,不是最终的、绝对的,不是激情的对象。"这就下了一个基督教式判断,即科学不是靠认识的激情来研究的,而是被当作"伦理的心态",即无论欢乐与否都要从事的高贵的活动(第 5 卷第 161 页及以下几页)。如若这种活动以自身为目的,它也是"不和谐的、自我满足的、纯属无辜的"(第 5 卷第 75 页)。这样,它就是以传统的形态、安然的沉思冥想式研究,而且是在信仰的前提下涉及真理的。如若这种求真的方式靠的不是基督教信仰,而是另外一种实质上未经质疑的生活态度,它就是极其一般的,或许"只有对强有力而又缺乏和谐、同时充满欢乐与平和的心灵来说(亚里士多德就是这样),真理才是完整的、自成一体的。也只有这样的人才有可能探寻真理"(第 4 卷第 293 页)。

认为科学以自身为目的的现代观点另有思想起源。任何心平气和的科学工作实质上都在否定彻底的求知欲与认识欲。而如今,科学那未经质疑的前提却受到某种本源性的、无拘无束的求真激情的冲击。那种如今在科学中"很少显露出来的"认识的"绝对的倾向与渴望"正在冲击着科学(第 5 卷第 161 页)。如若这种激情始终是不言自明的,它就贯穿于科学之中,保持着其始终是局部性的、在方方面面均无拘无束的认识所具备的方法,以及无情的真理范畴,针对任何含混的做法维护这些方法与范畴,趋向不再可加以科学把握的真理。这种真理在事实上是绝对的,在经历科学的界限时超越了科学方法。它掌握科学方法,以便在哲学思辨或思维中形成新的经验。但是,如若这种激情自认同讲求方法的科学研究是一致的,则势必导致本末倒置的结果。对于这一点,尼采在论述科学的实际前提时便做了描述。他认为,科学以自身为目的是极其成问题的。

1. 如若科学"还带有激情、挚爱、热忱、痛苦"(第 7 卷第 466 页),它就是"禁欲式理想"最富有朝气、最为高贵的形式。这种科学建立在道德基础上,"不惜任何代价"(第 5 卷第 274 页)都要表现出,它是求真的意志。但是,在研究工作中,这种意志转变为"缺乏理想的不安宁",并转变为一种新的自我欺骗心理:"我们最优秀的学者都兢兢业业,无条件地辛勤劳动,他们的头脑夜以继日地运转,他们的专业技能无与伦比——所有这一切的真正意义都在于,他们对自身视而不见!"(第 7 卷第 466 页)虽然说尼采并不愿意令诚实的科学工作者对自己的技能败兴,他对他们的工作感到高兴,但如今的科学工作之严谨绝不能证明,"如今的科学作为一个整体有其目标、意志、理想、伟大信仰的激情"(第 7 卷第 465 至 467 页)。随着这种科学丧失了禁欲式的理想,它便失去了意义。因此,如今"科学本身已完全没有理想"。它还在依靠那种禁欲式理想的空洞力量,借此才成其为科学,"为自身起见而注重最为切近之事与最为日常之事"(第 9 卷第 29 页),并因此而"宁愿在事实面前止步不前",既不许人赞同,也不许人否定,结果就是"用无所事事来做出解释"(第 7 卷第 469 页)。

2. 尼采看到,人们何以失去了对宗教的信任感。由于科学在个别之处带来诸多利益,人们便开始信任科学,像以前对待宗教一样,对科学五体投地。这里有一种寻求安全的渴望。他认为,"求真意识实质上是安全意识"(第 4 卷第 33 页),这种求真意志与寻求明确性的意志"均源于对不明确性的恐惧"(第 14 卷第 17 页)。这里的求真欲"不过是投身稳定世界的要求"(第 16 卷第 83 页)。人出于软弱而渴望有信念,并希望以科学的明确性这一形态拥有信念(这种明确性具有完全不同的、恰恰是一再成问题的、从未触及整体的实质);人出于软弱而要借助科学知识增强自身力量,而不是要满足某种实际利益或无限的求真激情。这就将科学的明确性混同为人恐惧地确立起来的任何一种生命真理的可靠形式了。

对于科学本末倒置地取代宗教的地位,却只是满足了单纯的生命需求这一情况,尼采作了辛辣的讽刺:"现代科学的目的是尽可能减少痛苦,尽可能长久地活下去。这是某种永恒的幸福。当然,同宗教的祝福相比,只是非常可怜的幸福。"(第 2 卷第 133 页)

3. 如若不是严格地、讲求方法地将科学限定在其界限之内,而是不自觉地对它提出超出它所能承受的要求,就会出现所谓的关于存在的知识这一典型的谬误,而科学可能具备的明确性以及由真正的思想起源而来的哲学真理也就随之同时消失了。讲求科学的人觉得,如果再也不能忍受自己的事业贫乏空洞,则自己的禁欲式研究的荒漠中"便会闪现出一片片海市蜃楼",人们称之为哲学体系。"它们以虚幻的魔力解开了所有谜团"(第 3 卷第 28 页)。谁沉醉于其中,便同科学失之交臂。要么人们"美化了"科学：人们想保存现状，"概括出科学的精华之处、神奇之处与突然间光彩熠熠之处"（第 4 卷第 295 页）；要么科学家以罕见的禀赋获得了人格上的完整性，"科学就是为此而存在的——至少对他们来说是这样的，这种禀赋……造成一种幻想，即科学已然完成，达到了终点"，而魔法师"对于科学是灾难性的，对于真正认真的思想工作者是误导性的……通常，人们称这类人为哲学家"（第 3 卷第285 至 287 页）。

科学以自身为目的之所以造成这类本末倒置的情况，是因为人们失去了充满激情的认识欲这一真正的思想起源。而这一起源才给人以激情，它带来了现代科学。而有效于现代科学的是："历史上出现了一种新的情况，即认识不会再仅仅充当手段。"（第 5 卷第 162 页）尼采的质疑超出一切本末倒置的情况，达到了思想起源之处。这里是无拘无束的、不承认任何条件的求知欲的源泉，这一源泉本身必定不为人所知，并奠定一切求知欲之基础，是对知识价值的信仰："就连科学也建立在某种信仰基础上，根本就没有什么无前提的科学"。现代思想起源的前提是："除了真理之外，没有什么必要之事。同真理相比，其他一切只具有次要价值。"（第 5 卷第 273 页）至于在什么意义上这一信仰对尼采来说是成问题的，这一章后面的部分将予以阐述。我们先来追踪他的这样一种思想进程，它虽然看到了科学的界限，但依然关联着哲学的意义及使命，以此来把握科学。

科学与哲学——

同样重要的是，尼采将科学方法理解为某种把握真理的方式；他看到这种真理的界限，看出这种真理不是真正的真理。追问科学的界限，不是要摧毁科学，而是要深入科学的实质。"不是要消灭科学，而是要控制科学"（第 10 卷第 114 页）。对科学的阐明导向科学的起源，即哲学。科学的真正前提是认识的激情。而这就是哲学思辨,它以科学方法为手段。只要科学与哲学是真实的,它们就是一致的:"没有同科学相分离的、单独的哲学,哲学与科学向来是一回事。"(第 10 卷第 133页)如果说"一切科学仅仅建立在哲学这一普遍性基础之上",那么在观念上,"一位哲学家的作为是同所有的科学努力相一致的……在所有的认识活动中,这种巨大的统一性都可得到印证"。从这种统一性中抖落出来的,是"支离破碎的学者"(第 10 卷第 158 页)。

如果说只有将科学与哲学予以统一之物才是真实的,学者不同时做哲学家,或哲学家牺牲了科学,都会同真理失之交臂,那么科学方法与哲学思辨可视为统一体中的两极,而尼采也分别单独地谈论过这两者。

他严格限定科学。这种限定首先表露在肯定性措辞中:"我们在何许程度上决心接受感官的证据,便在何许程度上掌握了科学……其他的都是怪胎,还算不上科学,我们称之为形而上学、神学、心理学、认识论。"或者说,科学是"形式科学、符号理论,就像逻辑学与那种应用逻辑学——数学——一样"(第 8 卷第 78 页)。

他进而限定说,讲求科学的人所关心的真理,在他看来不是由他创立的真理。他以生命作为前提,在他看来,对生命的"解蔽"(第 1 卷第104 页)意味着寻求真理。在此意义上,生命是可以理喻的,而这在他看来已然就是在暗地里维护生命了(第 1 卷第 106 页)。

他最终做出的限定是,所有科学工作都始终是个别性的,只要它们各行其是,那么对生命的维系都有一项前提,即要相信"科学工作相互联系,长存不衰,因而个人要致力于任何细微之处,并相信自己没有白做工作"(第 16 卷第 94 页)。

鉴于科学一如既往脱离哲学,并因而成为学者和研究人员的生命,而专家的实质必定在于,不再思考自身行为的意义,而是以或许尽善尽美的方式完成各自的特定任务,尼采追问这些人的素质、内心驱动力以及他们的生存。从他亲身的认识来看——指他的学院生活的世界,他对各式各样的学者和研究人员做了大量描绘,时而敬仰有加,时而不屑一顾。

无论如何,"理想的学者……无疑是珍贵的工具之一"(第 7 卷第150 页)。尼采论证说:"为什么学者要比艺术家高贵?这是因为他们必然更简朴、少有虚荣心、更有节制、安宁……遗忘了那些看起来不配人去做牺牲的事情。"(第 3 卷第 110 页)在《查拉图斯特拉如是说》中,他对"精神的孜孜以求"的描述展示了这种生命的伟大之处与贫瘠之处,这就是不可超越的水蛭大脑研究专家。他标榜自己是研究者:"宁可一无所知,也胜过在诸多方面一知半解! ……我刨根究底,它或大或小,或泥沼或云霄,这又有什么关系? ……我不再诚实之际,便变得盲目,而我也想盲目下去。凡我想有所了解之时,我同样想做得诚实,即坚强、严峻、残酷、无情。"(第 6 卷第 363 页及以下几页)

哲学同样被明确标示为相对于科学的另一极。凡不由科学而来,却可为人所意识与传达,并且促成了科学之物,均取决于这一极。对尼采而言,这种哲学远远不限于仅为认识整体内部的一极而已。为了澄清什么是哲学,尼采以这样一种方式来讲述哲学家,即他在描述自己的实质、自己的使命时,与此密不可分地描述出,哲学有可能是什么样。

哲学家领受自己的使命,不同于他讲求方法地确定科学中的各个个别问题,而是涉及自身整体。他充当了"完整世界的肖像与缩写记号"(第 1 卷第 473 页)。哲学家必须迈上每一个思想层次,勇于一度又一度地采取任何一种态度,经受任何一种经历,持有任何一种立场,作出任何一种表述,"但是,所有这一切只是他完成自身使命的前提——这一使命要求他创造价值"(第 7 卷第 161 页)。同时,他还是"负有无限责任的人,这样的人怀有对人的全面发展负责的良心"(第 7 卷第 85

页)。

哲学家们本人就是尝试者。他们感受到"生命中成百上千次的尝试这一重负与义务",他们"始终在冒险"(第7卷第148页),他们的尝试乐趣服务于"一种危险意义上的试验"(第7卷第159页)。他们想必"感到自己是讨人嫌的傻瓜、危险的问号"(第7卷第162页)。他们所思考的,始终也是问题。他们的答案不是最终的。他们是"在任何有理智的人看来都是危险的'也许'式的哲学家"(第7卷第11页)。

他们随时随地同自己的现时代、自己的当今世界始终格格不入。哲学家因看到总体而懂得:"啊,只需要再经过两代人,就再也没有人持有如今统治和奴役你们的见解了。"(第10卷第297页)他不仅是在消极意义上懂得这一点,而且他对时代的反抗建立在自己的秘密上:"为了了解人的一种全新的伟岸之处,为了探求一条没有人走过的、令人变得伟大的全新道路。"(第7卷第162页)

哲学家是自足的,无需依赖他人,无需某种信仰内容的稳定性。哲学家的怀疑态度是"男性的鲁莽态度。……尽管如此,这种怀疑态度本身并不轻视什么、损害什么,它是在埋葬和占有。它并不信任什么,却未因此而迷失自身。它赋予精神以危险的自由,但它的内心是严峻的"(第7卷第157页)。哲学家们在怀疑,又远过于怀疑:"价值尺度的可靠性、对统一性的方法的自觉应用、精明的勇气、独立而自我负责的能力……他们不会为了让自己'喜欢'真理、或为真理所'激励'与'感染'就去分享'真理'"(第7卷第159至160页)。

只有投入自己的全身心,孤独地反抗现存世界,深入真实之物的深层次,并持肯定性怀疑态度,才能在无所不包的经验领域中形成可以这样称道的人:哲学家是"发号施令的人"(第7卷第161页)。他创造价值,开列价值的清单,确定价值的等级次序。尼采在年轻时就说过:所有伟大的思想家都是"规定事物的尺度、价值和分量的立法者"(第1卷第 414 页）。

在哲学与科学的两极对立中，哲学应当占据主导地位。这是因为，科学（其目标与意义）取决于哲学的观点，甚至科学的途径（其方法）也以哲学为起源（第 10 卷第 114 页）："在所有科学思想当中都可感受到哲学思想。"（第 10 卷第 132 页）

哲学在任何意义上均占有优先地位。它应当"保持诸多世纪以来的思想巅峰地位，并保持一切伟大思想的永恒丰硕成果"。对于单纯的科学而言，"没有伟大与渺小之分"（第 10 卷第 117 页）。因此，哲学因"对非同寻常之事、令人惊骇之事、艰难困苦之事、神圣非凡之事有所选取、有所剔除"，并因"强调一无所用之事"而区别于科学。哲学追踪"值得认识之事的踪迹"，而科学毫无精细品味地扑向所有可知之物与有用之物。但是，由于伟大之事的概念变化不定，"故而哲学便开始自己为伟大之事立法"（第 10 卷第 23 页及以下几页）。

如若哲学与科学因彼此分离而导致其统一性最终瓦解，则这一点会表现为多种形态。作为科学意义之所在，也作为科学真理与真实性之所在，哲学就会失去其主导地位。

实际上，哲学反对科学，因为它装模作样地以科学自居。几乎自苏格拉底以来的全部哲学都"同科学进行斗争"。"后来由教会再度发起的，就是同一场斗争"："人们想轻装走上自己的'道路'……他们嫌弃科学的步骤与速度，他们厌恶无牵无挂的心态、长久的喘息、科学人士对人品的无谓态度"（第 15 卷第 471 至 472 页）。"哲学史上贯穿着弄虚作假与伪币制造业。除去仅在后来才出现的、值得留意的怀疑论者不提，思想正直的本能从未表现出来过"（第 15 卷第 441 页）。当今，"自称现实哲学家或实证论者的那些大杂烩哲学家"与"还原为认识论的那种哲学"一副蹩脚的样子。这给予尼采充分的理由，认为一位正直的科学人士——否则他要被列入哲学家之列——事实上给人的感觉好得多。这是因为,当今的哲学家"臣服于科学的管辖",而未在科学上取得任何成就。他们身上没有剩下一丝一毫对哲学的真正感受(第 7 卷第 145 至 146 页)。

在这一时代,科学在哲学与科学之间"不甚得体地改变了地位",以至于单纯的学者最终也想扮演哲学家的角色。"科学人士的独立宣言,即他们要从哲学中解放出来的主张"实质上是"贱民的本能":人们"目空一切、神志不清地要为哲学立法,扮演哲学家的主人——我该说些什么呀"!专家都本能地反对综合性工作,辛勤的工作者都反对高雅的闲适,看重有用性的人都反对作为一系列彼此矛盾的体系的哲学。而他们的异议对任何人都没有好处(第 7 卷第 143 页)。

正像尼采描述的那样,哲学思辨尽管是在"下命令",最终却是一种探索。值得一问的是,如若哲学本身并不就"是"真理,那么哲学何以可能引导科学。至于在特定情况下,这种引导作用如何,尼采几乎未提到过。哲学思辨是什么,尼采也未随时随地都以我们熟悉的那种明确可靠的措辞做出回答。他觉得哲学作为概念构成物,作为臆想的产物,作为合理地相互联系的思想——几乎整个哲学史都是这样——是成问题的。对他而言,真理在此并无最终有效的、稳定的根基。

阐释性理论:真相与生命

真理无论为何,都被视为超时间地持存的。我们接近它,为的是认识它:真理作为不可推动、不可触动的存在物,只是待人去发现。

尼采看出,科学有其界限。所谓科学无前提,是一场掉以轻心的骗局。他还感受到,创造性哲学思辨给予他无限的驱动力,令他怀疑现存的真理。在这种探索式怀疑的思想运动中,他形成了有关真实存在的理论:一切知识都是认识者对存在的阐释,真理仅存在于它在生命中得以思考与信仰之处。这种生命就是存在的统摄，就是我们，或许就是一切存在。对他而言，这里讲的真理并非就是某种存在物，它既不是绝对的，也不是普遍的。相反，在人予以解释的世界中，真理同活生生的人的存在密不可分。这一世界本身就像它显示给我们的那样，始终同我们共处于时间性的生成过程之中。

这一理论产生于怀疑态度。怀疑是意志的表露，它不允许自己为不经质疑的理所当然性所蒙蔽。但是，所有与其说是现存的、不如说是匆忙确立的真理在分崩离析之际，应当导向真正的真理。真正的真理存在于活生生的生存的起源与道路之中。这种真理理论的思想一方面否认有可能有任何现成的真实存在，另一方面否认人会被某种尚未把握的真理所触动。它始终存在于上述两方面之间，仅仅能够在阐发关于存在的理论形成时表示，理论所涉及的一切存在都是被解释的存在。真理理论不可避免地强迫人追问这一理论自身的真相，或无论如何都要追问真相的意义。正是由于这一意义，真理理论根据自身确立的标准来看才是有效的。因此，对于这一真实性存在的理论，我们接下来不妨试着在批判中做一番建构性阐述。

真相的虚假性——

在尼采看来，我们人的本质、我们唯一了解的认识性生命，是在一切生成过程中作为阐释存在的特定方式而产生的："我们不了解普遍的智力现象，我们只了解特例"。我们如何看待、思考、把握世界，这是我们的才智的产物。但是，"出自任何一种才智，都必定有对世界的理解"（第 12 卷第 21 页）。

在我们人阐述世界的方式中——尘世中认识性存在物的任何一种其他方式必定也是这样，凡我们信以为真并因此对我们而言是现实的，都在发生变化。"由于我们几千年来带着道德的、审美的、宗教的要求，

怀着盲目的偏好、激情或恐惧来看待世界",世界才"逐渐变得如此丰富
多彩、令人恐怖、意义深刻、富有情感……人类的才智令各种现象呈现
出来,令各种错误的基本观点掺杂进事物中去……我们如今称之为世
界的,是诸多谬误与幻想的结果。这些谬误与幻想是在有机体的整体
发展过程中逐渐滋生出来的……"(第2卷第31页)。

　　一种认识性生命如何思考世界,其方式对于这一生命便意味着真
相。但是,尼采称关联生命的真相是"谬误":"真相是一种谬误,没有
它,特定的生灵便无法活下去。"(第16卷第19页)只要这种生命是其
他一切存在方式的前提,并作为唯一的存在物,同时是真正价值之所
在,就不应当批评这种谬误:"一种判断是错误的,这并没有给予我们反
对这一判断的理由"。这是因为,放弃错误判断,似乎就是放弃生命。
人们必须"把虚妄当作生命的条件来认可"(第7卷第12页及以下几
页)。促进生命的谬误就是这样一种"真相"。

　　谬误意味着生活中所确信的真相,这不仅是因为它是现成的、变化
着的,而且也是因为,它依人类生活方式不同而是多种多样的:"有各式
各样的眼光……就有各式各样的'真相',因而也就没有真相了。"(第
16卷第47页)

　　然而,只有出自生命想必无法企及的真相,看透促进生命的认识是
谬误,尼采的这类表述才能具有意义。这些表述中有两重真相的概念,
真相首先是决定生命的谬误,其次是远离生命、形同借助于离弃生命而
赢得的标准。依靠这一标准,谬误才得以识别出来。

　　尼采的思想运动要扬弃这种双重性:无论生命的谬误意味着什
么,它都是唯一与全部的真相。这种真相原本既不能算作谬误,也不能
算作真相:"真相的概念是自相矛盾的。'真——假'的全部范围仅涉及
各种实质之间的关系,而不涉及实质本身……根本就没有实质本身。"
(第16卷第106页)在尼采的思维方式中,真相"并不必然就标志着谬

误的反面,而只是在原则性情况下标志着各种谬误之间的相互关系"(第16卷第46页)。因此,尼采问道:"是什么迫使我们假定,真与假是截然对立的? 难道假定假相有各个层次、有明暗不同的阴影与色调还不够吗?"(第7卷第55页)

然而,区分真相与谬误,是不可避免的。这是因为,只有借助于这种区分,才有可能富有意义地谈论真相。只有在真相的基础上,才有可能作佯谬的尝试,即认定真相与谬误作为假相的不同层次是一回事,从而扬弃矛盾。尼采实际上采取了这种看法,因而认为,一切自身有效之物均消失在生成之中、变化不断的假相之中,而这种不稳定和不断变化的假相就是存在本身。这样一来,他认为"真相并非像现成的、可以找到与发现的一样,而是留待创造的,并赋予某一过程以名义的……这一过程没有终结:摆弄真相,是主动地做规定,而不是对本身似乎固定且确定之物形成意识"(第16卷第56页)。

这种概括地论述出来的有关真相是假相的思想,一经演绎出来便具有双重意义。首先,它成为一种理论,可用于对各种信以为真的方式做心理学、社会学式解释。随后人们只是偏爱人与自身的关系在个别情况下的经验性真理,忘却这一理论本身究竟有何真理意义。其次,这种理论本身是表述哲学式临界意识的手段。这种临界意识提出了生存性要求,进而透露出存在意识的基本特征。

理论的应用——

只是由于有这种谬误,人的存在状态中的普遍性谬误才有可能产生。这一理论是尼采用来解释心理与社会现实的。借助这一理论,一切知识作为关于真相的意见,都在不由自主地限定生命,以便生活在此时此刻、在这些条件下有益于知识的形成。下述思想就是应用他的理论的一个实例:

关联生命的真相必须是可以传达的。"有各式各样的眼光……便有各式各样的真相"(第 16 卷第 47 页)。这一定律的界限在于那有可能构成人的共同体之物。对于这一共同体以及对于生活于这一共同体之中的人而言,只有可向大家传达出来的,才是真实的。因此,普遍的可传达性便不自觉地成为在共同体当中有益生命的真相的源泉与标准。真相就是经过传统打磨,合乎目的地有效于共同体的。在语言当中,真相就是"隐喻的游移不定的主人"。在人的共同体当中,隐喻经过长期使用,似乎固定下来了。被共同体斥责为"说谎者"的人就是滥用了约定俗成的、有效的隐喻,因为他将隐喻中对共同体而言的不现实之物当作现实之物了。作为共同体的成员,他有义务依据固定惯例来"撒谎"。一方面这意味着,要依照共同体的意思做得诚实,即在玩掷骰子游戏时,按规矩掷每一次骰子(第 10 卷第 192 至 197 页)。因此,用假币付账,是被禁止的欺骗行为,因为凡在有效于固定惯例的真相以外的,从这一惯例来看,都是不真实的。如此这般撒谎的人牺牲了为社会持存提供保障的世界。另一方面,这里有要禁止的真相:由于对共同体的持存具有同一危险,要无情地禁止人超出惯例思考和表述真正的真相(第 10 卷第 209 页)。

尼采要以这种方式来把握的,显然是某种心理与社会现实。即使真相的真正问题不显现出来,这种现实也会存在。这是一种不自觉的自我限定。尼采将这一真相——即促进生命的谬误,其力量就在于,它是毫无疑问的——的范围扩充得如此之广,以至于他将最为普遍的可传达之物、合理之物也包括进来了。尼采觉得,恰恰是由于可普遍予以传达,合理之物才是有问题的:"凡可证明之物,都是真实的——这是对'真实'这一概念的任意发挥……背地里人们是在利用'真实'这一概念的效益,因为可证实之物在呼吁人们头脑中的最为普遍之物(呼吁逻辑)。这样,作为大多数人关注的有用与否的标准,它自然就不再真实了。"(第 13 卷第 54 页)因此,合理之物的可普遍传达性,其理所当然的效用属于真相以维系共同体为目的、不自觉的自我限定。

要如此应用一种理论,首先,关键之处在于,它的认识有效于何种范围,这在应用时并不明确,因为说它对人类一切生命均有效,是一种未卜先知的主张。只有当人依据具体经验指出,它在何处并在何种限度内有效,它才具有认识意义。其次,这样一种认识理论的特点是,它没有提供旁观式认识能力在无动于衷地一味观看时所得出的认识。这样一种看起来只是在应用某种理论的阐述,同它所阐述之物一样,同时更是一种要求:我们思考这种阐述时,无论是感到疑窦丛生还是豁然开朗,都怀有要改变自己这一驱动力。

总地说来,这一思想中交织着两条思路,它们的目标南辕北辙。尼采将生命当作某种解释性的存在状况,带有正在生成中的真相,而这种真相只可创造出来,永远不会靠自身便可持存,通过对此做理论思考,一度切中我们的存在意识在现实生活中的界限。随后,尼采将这些概念予以心理学化和社会学化,并借此呼吁可能的生存(蓬勃向上的高水准生命)。这两种情况都是在做哲学思辨,但由此而形成的概念却适合于引申出仅供理论研究的思想。把握真相的方式作为各式各样的生命的标志,像某一研究对象一般成了任务所在,并引导人"应用"理论,而理论的应用则产生让理论丧失其哲学特点的威胁。

只有清晰地揭示出思想循环的实质,思想的哲学特征才会明确显示出来,因为这一循环合乎逻辑地让哲学的起源变得清晰可见。

思想循环——

在生命的生成过程中,关于这一真相的一切真相也必然具有一种生成性特征,这就是说,必定是某种谬误的方式。就连有关真实存在的论述,其本身也似乎是不真实的。这样一来,尼采的思想便陷入这样一种状况,它向我们揭示出,我们的思想普遍必然地面临界限。

如若认识要想了解认识,真相要想表述真相,则思想的基本形式就是一种循环。这一循环要么是自我阐明的真相在做简单的自我表露,这便不会有什么难题;要么是真相在自我扬弃。在这一情况下,要么一切真相沉没下去,即最终达到自我扬弃;要么会涌现出一种重新传达出来的自我表露,即这种循环启示出一种新颖的思想起源。这样通过真相来设想真相,既得不到外来的援助,也受不到外来的威胁。这一循环自身会产生双重的可能性,即一重循环会消失在另一重循环中,指明后者是自身的根据。这两种可能性如何能区别开来呢?

首先,我们假定,真相的自我扬弃受迫于某一绝对有效的真相,即受迫于对生命过程——真相始终只是假相——的了解。这样,这种有关真相的有效真相便取得了无可置疑的真相这一稳定基点(即在逻辑上不可避免地出现了"自我相关性"),而且出现了一个问题,即我如何才能从已然取得的真相这一稳定基点出发——即使这一真相带有否定性特征——,进而获得其他真相。要么就是要追问,这种源出于认识的真相之自我扬弃的结果,是否就是探索真相的终结,是否人探索真相是徒劳之举,探索真相的漫长历史过程要被忘却,就仿佛它从未出现过一样。

无疑,尼采并不认可这两种可能性(即要么从一个已然取得的、无疑的稳定基点出发,设定一个全新的真相体系,就像笛卡尔一样,要么就终结一切为真相付出的努力)。他没有这个意思。

其次,我们假定,致思真实存在,不可脱离一个思维的基础,即生存。而这一基础是真相的生命,它是作为生命宣示在思维之中的。这样,"真相的生命"便在双重循环之间做出倾向于真相之自我表露的抉择。这样,真相便存在于对存在之起源的澄明之中,而存在起源于自我反思趋向生存的运动。生存不会磨灭真相,而会印证真相,并反抗那第一种可能性中无生命的空洞性、合理的形式主义。这种形式主义什么也维系不了，面对真正真实之物盲目无知，就仿佛尚且保存在其正确性中的真相自杀了一般。

这第二种意思就是尼采的意思。他有关真相的思想总要否定表述真相时所需之物，因而必定不可避免地要陷入矛盾。这种思想，如若人们不能体会到它那只可间接表露出来的界限的话，就只是毫无意义的一派胡言。借助有关真实存在的理论所把握的概念，便可触及这一界限。这样，这种不可避免也要利用矛盾作间接性标志的思想才可得以充实。理论不是有关某一如此存在的事实情况的理论，而是哲学式的表述手段。而且它首先是用来对——由实质性生命承载的——实质性真相做生存性呼吁的，其次是用于超越生命地意识存在这一可能性的。

真实存在与生存——

例如，尼采描述理想主义者（他说他们大多是"善良与正义之人"）一派虚伪时说："无论如何什么也不想看一眼，就仿佛现实已然毁灭一般……"（第 15 卷第 119 页）此时，他虽然表述了他们林林总总的生活方式，即需要虚妄作生存的条件，却是在攻击，尽管他平常都是在做解释。因此，谎言看起来不同于那种虚假的谬误，后者就是生命的真相本身。在普遍的、作为生命的条件的虚妄——它不可避免是必然的——与决定某一特定物种生命的虚妄——它仅在表面上缓和存在境遇——之间，似乎有一种区别。后者可以说具有这样一种意义，即我在心理上做理解、揭示、批评，并借此做生存性抉择（只要我的思维是一种内在行动，不仅仅是旁观式的判断）。

的确，尼采在此做区分的意志至关重要。在他看来，真相的虚假性不是单一的，而是像生命一样多种多样。生命也不是齐同均一的，而是水准参差不齐的。尼采借助这些思想形式（即以虚妄为生命的条件）既在做判断，又在做肯定，也在做攻击。这意味着，他在呼吁更高水准的生命，谴责低水平的生命。因此，他认为在虚妄对虚妄的关系中，持一种虚妄来反对另一种虚妄，是不真实的。例如，"善良与正义之士"不想看到自己的谎言，其实际情况无非就是那种普遍性的虚妄。在这里，谎言与真相针锋相对，形同不真实的虚假性与真实的虚假性针锋相对。

在呼吁更高层次的生命（这实质上无异于可能的生存）时，必然会再度出现矛盾，即人们对形式上相同的现象，会依照形式所带有的内容，做出相反的判断。这样一来，矛盾便很明显，令人一会儿将求真的意志当作现成的、固定的、可寻找得到的生命条件来加以肯定，一会儿又将它当作阻挠生命之物加以谴责。

在尼采看来，生命有一个自觉的世界作为自身的条件。在这一世界中，"求真意志要将什么都固定下来，将什么都变得真实和持久……将什么都转而解释为存在物"（第15卷第56页）。在这一意义上，查拉图斯特拉讲："求真意志……就是致思一切存在物的意志……你们要将一切存在物都变得可以致思。"（第6卷第165页）生命希望也需要固定的、现成的真相。凡作为固定的真相而成为生活条件的——生命为了自身持存而需要真相——，也会反而自相矛盾地妨碍生命："说真相是现成的，这是一个有史以来最大的骗局。假定人们相信它的话，则检验、研究、留意、尝试的意志便瘫痪了……懒惰的情绪如今倾向于真相……顺从比检验要让人舒服多了。"（第15卷第476页）[34]

如若相信世界实质上已经恰如其分，一会儿将尘世当作生活倦怠的标志加以谴责，一会儿又将尘世当作创造性生命所必需的加以要求，那么人们的论述中就会出现同样的表面上的矛盾。谴责说的是："相信世界恰如其分，就是相信无创造性之物，它不想创造一个理当如此的世界，而是假定世界是现成的……'求真意志'成了创造欲的倦怠。"（第16卷第84页）这是借澄清心理来在生存上批判一种信仰，即那种无创造性的生命对于某种现成存在的信仰。这一信仰要区别于借哲学来阐明的对存在的信仰，而后一种信仰从属于生命本身。尼采既有所肯定又有所要求地讲述，创造者同倦怠者在表面上是相通的："人将自己的求真欲望……投射向外界……作为已然现成的世界。人作为创造者的需求已然臆想出自己致力的世界，先行设定了它。这种先行设定的做法（对真相的'信仰'）是人的支柱。"（第 16 卷第 57 页）

生命的过程作为存在的真相，存在于不断变迁的假相中。尼采虽然将它视为无尽的运动，而这一运动始终相信有某种现存的真相，并不断地融化这一真相。但这一真相的哲学意义，即它能造就出什么样的人，才是至关重要的。如若存在固有的一切真相皆可纳入生命，成为生成之中的真相的话，那么它绝不会是独立自足的，不会宁静下来，而是"真实的，这就是说，提升人的类型的"（第 15 卷第 178 页）。

真相联系着摧毁真相、同时又依赖真相的生命力量——

在尼采对不可解的思想循环所做的多方阐释中，贯穿有对事实情况的心理阐明与对活生生的真实存在的升华的生命性呼吁。在思想循环中，无论是真相，还是有别于真相的生命，都不是单独存在的。尼采尤其在三个方面揭示出，真相是如何联系着摧毁真相、同时又依赖真相的生命力量凸显出来的。

首先，真相要有所表述，必须在世间起到作用。如果起不到作用，那么它形同并不存在一般。缺少有所传达并发挥作用的意志，就不可能有长久的求真意志。其次，真相纠缠在生命力量的相互联系中，而生命力量是致思真相的人的存在条件。第三，在认识者身上，信仰是驱动力。没有这种驱动力，对真相的探索就不会是现实的。但是，所有这些条件也都是摧毁性的。由于真相的作用会变得独立起来，由于生命力量的缘故，由于促成真相的信仰变得绝对化，真相也会湮没。稍稍提示

一下,尼采的三重思想方向便可得以说明:

1. 人们不可避免要促成真相发挥作用。仅仅表述真相,就是在促成这一点。尼采意识到真相的厄运:"发挥作用"是含糊不清的。真相只有在得到理解、能够说服人时,才保持其为真相。如若真相只是夸夸其谈,它就变成自身的反面,因为这样一来,它会导致人、影响人变得无知无识。

针对只为真实存在起见才表述真实之物这一意志,采取无所谓的态度,这本身就是一种虚妄,因为它对真相发挥作用的意义视而不见。"要求只讲述'真实之物',前提是人们掌握真相。如若这仅仅意味着,要讲述自己信以为真之物,那么就存在一些重要情况,即要讲述别人同样信以为真之物,要对他人产生影响"(第 14 卷第 205 页)。

然而,我要想发挥这种作用,便不再想掌握真相,而只想掌握发挥作用的手段。至于为发挥作用而做出的表述真实与否,不仅是无关紧要的,而且对于考虑要发挥作用的人来说,"凡要取得有真实效果之物,就不能够是真实的"(第 8 卷第 27 页)。尼采借历史现象揭示出,原本真实之物何以在富有影响的传播机制中丧失其真相,以及"诱骗手段规范训练"的手段与方法(第 15 卷第 268 至 269 页)。

尼采看到,真相不可避免地注定发挥作用。但是,他在承认这一点时,几乎总夹杂有幽默的腔调。这腔调既是在肯定,又是在否定。他讲道,"搞宣传是不正派的,但很机智"(第 14 卷第 290 页)。尤其在今天,有必要至少"时不时说说大话","委婉与沉默再也不会为人理解,甚至不为同我们相仿的人理解。凡没有声嘶力竭地讲出与喊出的,都不存在"(第 14 卷第 93 页)。

联系尼采的实际考察来说,真相发挥作用的所有形态即使同它传达得广泛程度密不可分,也不再是真正的真理了。尼采在承认真实之物有必要传达出来之际,同时主张真实之物是独立自足的。"令我震惊的是这样一种想法：'这种思想不可能是真的！''它被当作不真实的！'——这令我清醒下来，我要以此为前提。"(第 11 卷第 385 页)

2. 真相只要为人所把握，就是无处不在地关联各种生命力量的。在客观世界，这是出于生命力量的现实性。它要么听任真相传达出来，要么阻碍真相传达出来。在个人的主观方面，这是出于思维者那驱动性的强力意志。

真相本身不具备任何力量。"它要么就得掌握力量，要么就得依附于力量。否则，它会一再走向毁灭！"(第 4 卷第 343 页)例如，如若由于人的平庸、缺乏见解的情况起到决定性作用，那么就会出现上述危险，"人们出于习惯屈从于一切拥有力量之物"(第 2 卷第 242 页)，并因此而成为真相的仇人。人们不想动脑筋，不想变得开化，"令启蒙感到愤慨的是，奴隶希望的是绝对之物，他只懂得专制的东西"(第 7 卷第 71 页)。

如若个别富有创造力的思维者坚持认为，自己没有强力意志便无法思维，那么他的强力意志就取消了批判。这是因为，他感受到自己高昂的力量，这就已然印证了真相(第 15 卷第 479 页)。

3. 人们探索真相，原本并非单纯因为真相在科学中具有有效的客观性，而是出于一种信念，即"一切现实的求真努力都是通过争取神圣信念的斗争、通过斗争的激情而产生出来的。否则，人们会对合乎逻辑的思想起源毫无兴趣"(第 10 卷第 125 页)。"追求真相的欲望，即追求完全不计后果的、纯粹的、毫无感情色彩的真相的欲望，是不会有的"(第 10 卷第 212 页)。至少要有一种对真理的信念，靠了它，真理才是值得我们追求的，而无需这一信念本身就是真理，"就连怀疑论本身也包含有一种信念，即对逻辑的信念"(第 10 卷第 210 页)。因此，根本"没有什么趋向认识与真相的欲望，而只有趋向信仰真理的欲望。纯粹的认识是没有驱动力的"(第 10 卷第 212 页)。

虽然信念、对真理的信念、对真理的信念的驱动力是一些本源性条件，没有这些条件，便没有对真理的探索，但它们同时也在威胁真理本身。如若信念或欲望——信念转而要求无信念——以真相的标准自居，就会出现威胁真理的情况（第15卷第478页）。信念的任何形态都自认是真实的，但这一真相的标准在本质上区别于客观地、合乎方法地、普遍有效地得以论证的真理的标准。这是因为，信念之真理的标准是"力量的明证"，这一力量是信念赋予依赖信念的人的。与此相反，合乎方法的、客观的真相有可能"极其令人为难、有害、后果严重"（第15卷第479页）。普遍公认的是，"信念是由相反的手段当作研究方法创造出来的，只是信念排除了这一手段"（第15卷第479页）。因此，在尼采看来，如若要靠真相的虚妄标准作证的话，真理反而会湮没无闻。这一虚妄的标准作为"力量的明证"是寻求幸运的意志、殉道的精神、符合道德的思想转变。

体会获得真相的快乐，以及由此而来的幸运，绝不是对真相的明证。相反，获取真相的历史告诉我们，人"不得不偏离真相要多远就有多远，不得不为此几乎牺牲自己终生倾心、挚爱、信赖的一切。服务于真相，是最为艰辛的劳役。为此需要有伟大的心灵"。因此，虽然说在尼采看来，信念意味着"令人幸福，因而它是真实的"（第8卷第286页），但从自身经验出发，科学性地探索客观真相，却意味着信念"令人幸福，所以说它在撒谎"（第8卷第286页及以下几页）。只要人受追求幸福的意志支配，就会与真相失之交臂。因此，哲学作为一种信念的方式，以欺骗人的方式区别于探索真相的科学。哲学提出的问题是，"哪一种对世界、对生命的认识令人生活得最幸福？（第2卷第23页）人只希望幸福，必然会"对纯属无结果的认识持无所谓态度，对各种有危害的、毁灭性的真相甚至持敌对态度"（第10卷第193页）。如果真相无情地对自身有所要求，那么它对幸福就是无动于衷的，"在对真相的要求与人类的福祉之间，没有前定和谐"（第 2 卷第 369 页）。

其次，信仰在历史上不断地从殉道的精神中得到印证。如果说尼采在讲述真理本身时，就仿佛真理本身是不变的，可由超时间的纯粹思想来把握与看待，那么他是为真理本身起见，才批评以血祭殉道者作为真理的明证，"血祭是对真理最糟糕的证明，血祭侵毒最纯正的学说，令人的心灵充满疯狂与怨恨"（第 6 卷第 134 页）。科学真理本身尤其不可能为殉道所证实或证伪。如果科研人员落到这一层次上，那么在尼采看来就是有问题的；如果"真理要由争取它的工具——我想说的是科学方法——来把握和促进的话"，那么这些工具恰恰在争取获得真理时，"将真理的概念变得同它的敌对者一样绝对了——狂热的人就是这样的敌对者，至少持这种态度"。"信念"、"信仰"这些词汇标志着殉道的高傲之心，标志着科学认识正处于最不利的状态。只要真正的科研人员一反常态地接受其他人即信仰的人的态度，"即借助于牺牲和英雄般的抉择"来对真理做决断，他们就恰恰是在促成反科学的方法，"他们作为殉道者玷污了自己的事业"（第 15 卷第 480 页）。因此，尼采在这种情况下有可能提出的要求是，"你们要为真理起见而防范殉道！防范受难！甚至要防范替自己做辩护！……就好像'真理'是个如此无危害且笨拙的人，它需要有人替它辩护似的！……你们隐遁起来吧！戴上面具、举止小心，让人们认不出你们来吧！……哲学家的殉道、'为真理而献身'表现出，宣传鼓动的人、逢场作戏的人都在这里面塞进了些什么"（第 7 卷第 42 页）。

再次，"符合道德的思想转变"不是真理的标准，它既不表明真理，也不妨碍真理，"证明真理不同于证明真实性，后者根本不是证明前者的论据"（第 4 卷第 72 页）。

将信念明确与否这一标准——用生命力量、殉道精神、符合道德的思想转变作证明——归诸真理的标准，则真理无论如何都会彻底瓦解。

真理"要经受批判,而不是受到顶礼膜拜"(第 11 卷第 171 页)。因此,尼采认为,真相就是:"我们这些'认识者'简直不信任任何虔诚的人"(第 7 卷第 467 页)。

但是,有效的不仅是这样一句话,"没有信仰带来的巨大安全感,人与动物都无法活下去"(第 12 卷第 39 页),而且我们的全部精神实质都依赖于作为思想起源的信仰,"人们要感谢基督教、哲学家、诗人、音乐家激发了自己大量的深切感受"。即使尼采讲,为了让我们不至于被这些深切的感受所淹没,"我们必须唤起科学的精神,它令……信仰的热血在最后的、最终有效的真理那里冷却下来"(第 2 卷第 230 页),他也从未想到,要为了认识而牺牲这些基本感受。

因此,尼采以客观真理为标准,对信仰提出质疑,这并不排除他本人将信仰据为己有,将其当作自己的真理的来源这一情况。他不仅说"我的信仰……"(第 12 卷第 367 页),"我们这些拥有另外一种信仰的人……"(第 7 卷第 137 页),而且也讲"你们没有成果,所以说你们没有信仰。可谁要创造,他……就信仰信仰!"(第 6 卷第 176 页)他还说,"在这里起关键作用的、在这里确定不同层次序列的,不是作为,而是信仰……这是一种基本的明确性"(第 7 卷第 267 页)。对于自己的信仰,他却认为,缺乏通常赋予一切信仰以力量的标准,是可行的,"只要有一种令人幸福的信仰,这就行了,毕竟还有起不到这种作用的信仰"(第 14 卷第 413 页)。

无论事关发挥作用,还是事关生命力量、事关信仰,在任何情况下,凡给真理带来危险之物,凡遮蔽或摧毁真理之物,本身都是对真理的探索的由来。单单这一情况就使得尼采自相矛盾的表述不仅是可以理喻的,而且是必然的。在争取真理之际,这世间的真理每一次都会从自身的条件中脱颖而出。它在彻底挣脱这些条件之际,也在毁灭自身。

在临界处意识存在——

关于真相具有普遍的虚假性这一基本思想带来一种存在意识,它通过三重步骤循环运动:首先,要把握有别于一切假相的纯正的真相;其次,追问这一真相同必然的假相的契合之处,会令生活疑窦丛生;再次,出于对假相的善良意志,全部存在状况才得以把握和恢复,而那种普遍的假相如同经过了哲学式转变。

第一重步骤尝试的是下述思想进程:如若生命的基本过程在自己阐释出来的世界中不断变迁,并伴随着这一世界不断变迁,出于自身的本性只是将存在视为假相,而生命本身却要将这一假相视为像现存在一样,对自身至关重要,那么对于本就是生命的做哲学沉思的人来说,就不再有像笛卡尔那样的问题,即谬误是如何可能的?而是反过来:"在认识基本上纯属虚妄的情况下,一种真相究竟是如何可能的?"(第12卷第24页)真相作为对生命过程的认识——对于生命过程来说,谬误是至关重要的,是必需的——,实际上已经为尼采的思想所获取。在科学研究的基础上,尼采指望科学达到同一认识:"在思想诞生史上,科学的进程一度欢庆自己取得最伟大的胜利。"(第2卷第33页)虽然这类认识实际上只会在很小程度上让我们脱离观念世界,无论观念世界如何通过生命进程吞噬我们,并成为有约束力的,"但这类认识至少可以在瞬间使我们从整个过程中脱颖而出"(第2卷第31页)。如若尼采将哲学性的临界意识转变为某项科学研究的工作,来解释科学的使命是"确定错误的程度,将出现基本谬误的必然性当作思维性存在的生命条件"(第12卷第24页),那么他就采取了这样一个着眼点,从这一着眼点出发,显然应当是有可能把握关于整体的纯粹真理的。

然而,这种真理必定具有同生命真相截然不同的特点。从这种真理来看,生命真相更多地叫做谬误。人仿佛在一时间超越了生活。只要这一超越性举动是对一切存在状况的现象性的超越性意识,它就是康德的存在意识。但是，只要它从事的，是作为科学的认识发生史的心理学与社会学，它就误解了哲学式超越，以为借助这世上的局部性认识获得了关于整体的知识。

在这两种情况下，只有当思想本身就是生命时，思想才是可行的。这样一来，当生命"通过透视式幻想"（第 13 卷第 27 页）看出，真相对生命无济于事，并把握生命所受限制时，思想就要屈从于生命的必然性，尽管它已然看出，这一必然性纯属谬误。

这样便开启了第二重步骤，它"提出了有关生命条件的最终问题……真理在何种程度上可以承受被吞噬的局面"（第 5 卷第 152 页）。对于谬误与认识如何彼此协调这一问题，年轻的尼采回答道："认识的欲望与谬误的欲望形同潮涨潮落。"（第 12 卷第 49 页）我们能够也必须交替地采用这两者，就像白昼与黑夜彼此交替一样。这种单纯的并列做法不是解决问题的办法。尼采所做的"自由自在、无所畏惧地超然于人类、习俗、法则、对事物的传统性评价之上"（第 2 卷第 53 页）这一建议更是一种提示。那种似乎不再是谬误的对真理的哲学认识，其实质在于，它不是源于生活的认识，而是超然于生命之上的哲学式状态。它所信以为真的，在生命中不是真相。而在生命中是真实的，对于这种超然状态来说则是假相。如果说生命中通行的是"总要有什么被当作是真实的，这是必需的，而不是说，总要有什么是真实的"（第 16 卷第 24页），那么这种超然心态则取决于一种真实存在，这种超然心态从未将这样一种真实存在理解为生命，而是在超越生命之上的空间中把握真实存在。关于生命总体过程的哲学认识要想留有意义，就必须以别于活生生的谬误的另外一种方式，对于在它看来是关于生命真相的真理信以为真，而这是生命本身无从领会、无法汲取的，因为领会和汲取这一点，就会瓦解生命自身的真相及生活本身。

这样，留存下来的只有真相的双重性，一是作为决定生命的谬误的真相，一是了解这一必然的、真实的谬误的有效真相。这两者之间，只有不停的反反复复："生命是认识的条件。谬误是生命的条件，而且这是根源至深的谬误。对谬误有所了解，并不能取消谬误……我们必须爱护和习惯于谬误，它是孕育认识的母体。为认识起见而热爱和促进生命，为生命起见热爱和促成谬误……是认识具备一切激情的基本条件。"（第 12 卷第 49 页）

这两种真实存在——谬误性生命本身与作真实思考的非生命式超然态度——无以把持的分离情况导出第三重步骤。认识到生命所必需的谬误，认识到真实之物的虚假性，认识到无限地探索真理是无根无基的，是尼采提出要求的出发点：他要求人自觉地在现实生命始终有限的形态中把握真实存在。我们始终既入乎其内，又超乎其外。我们掌握的，只是表面现象。但是，随着将表面现象体会为虚假性，我们便把表面现象当作密码，从而拥有了存在。这种存在只是虚假性而已，但存在的方式作为表面现象，在临界处转变了我全部的存在意识，而且是如此转变我的全部存在意识的，即它促使哲学沉思在人的存在状况中真正接近了存在："要忠实于大地。"（第 6 卷第 112 页）

首先，尼采提出，自觉地做限定，是紧迫之事。凡在此时此地变得有血有肉的，就是真相。不能因遥远之事而贻误眼前之事。针对人们追问最终之物，我们不妨采取"无所谓"的态度，不必等待。对于这些事物，"科学会做出哪些一劳永逸的定论"，"完全没有必要做到高瞻远瞩、十拿九稳，以便体会完整而优秀的人性……我们必须重新做切身事物的好邻居"（第 3 卷第 201 页及以下几页）。因此，尼采提出自我限定的优秀生活的基本原则，不必像迄今为止的那样，以最为遥远、最不确定、最好高骛远之事为准："人在将自己的生命纳入某个最终轨道之前，要确定最为切身之事与较为切身之事、可靠之事与不甚可靠之事的前后顺序。"（第 3 卷第 359 页）"人们借以生活和思考的基本或然性"足以替代"基本真相"(第 13 卷第 72 页)。尼采抱怨人们缺乏观察意识:"对最为细微之事与最为平常之事不够清楚,不具备敏锐的目光,这就是在许多人看来,世界变得'杂乱无章'的原因……"(第 3 卷第 192 页及以下几页)最为切身之事无可比拟地至关重要,因为它包含生命条件于自身之中,我们完完全全地就依赖于这些条件。在这些条件中当真做到得心应手,以便为自己的生存状况创造出种种可能性,是必不可少的:"我们看重被一切时代所轻视与抛弃的卑微事物……我们发现'最微小的世界'随时随地都是举足轻重的。"(第 16 卷第 367 页及以下几页)尼采在最后一年以非同寻常的表述方式说道:"这些微小的事情——营养、地点、气候、休憩、所有自私的狡辩——是超出一切概念、较之人们迄今认为重要的一切都更为重要的。"(第 15 卷第 46 页)

好高骛远是无济于事的。实际现象的一切开端与起源要么是无法理喻的,要么是无关紧要的:"愈是认识事物的起源,这些起源就愈是无关紧要的。而最为切身之事,我们周围与内心之事则开始逐渐显露出色彩与美妙之处,显示出令人不解之处与意义丰富之处,而上岁数的人是无法梦想这些的。"(第 4 卷第 49 页及以下几页)

尼采并不是在单纯有用性这一意义上提示切身之物的。相反,他接着便自觉地对真相做出限定,要求人把假相当作假相来肯定,对假相抱希望,对假相予以信任。如果说认识的激情首先在于揭示一切假相,那么它接下来不是要取消假相,而是要把握假相的意义与必然性。就仿佛求真的意志是悬而未决的,它期望假相,却不迷失在假相之中,因为它对假相抱有热忱,而未误解假相:"对真相的信念在我们心中得出的最后结论是,如果有什么要加以祈求的话,那么假相就是要加以祈求的,以便让谎言——不是真相——变成神圣的!"(第 16 卷第 365 页)这样一来,真相就沦为不可企及的了:"如若撕去真相的面纱,我们便不再相信,真相还是真相了……人们最好还是尊重大自然的隐私,它躲藏在一团迷雾与各式各样的不明情况之中……噢,这些希腊人! 他们懂得借此来生活,有必要勇于驻足于表面现象之上,驻足于表层之上,去祈求假相……这些希腊人是肤浅的——出于深刻性而肤浅的!"(第 5 卷第 11 页)

虽然说在哲学沉思中,与这种求假意志相对立地发挥作用的,总有"认识者细致入微的偏好,它深入、广泛、彻底地看待事物,而且它也想这样看待事物,这就是理智的良心那种无情的特点……"(第 7 卷第189 页);但同样的哲学沉思也知道,"凡向我们揭示出世界的实质的,会令我们极其不快地感到失望。如此意义丰富、深刻、神奇的,不是作为物自体的世界,而是作为观念(作为谬误)"的世界(第 2 卷第 47 页)。这样,哲学家便回到假相上来。

无意识地限定生活,则局限在谬误之中。有意识地限定生活,并安于假相,则令意识保持开放。但是,受到限定的真相在暗地里仍是咄咄逼人的。真相无情地宣示出来,因为人在做哲学沉思时,尽管对界限、视域、假相抱有良好意愿,却仍未放弃追问;因为人的思维体验不是理智的游戏,而是某种不同之物有所突破的形态,这种不同之物永远不会在临界处、在固定的视野所及之处停顿下来。

因此,尽管疑问重重,仍然复活的情况是,尼采那种哪怕是不确定的求真意志不仅始终存在,而且始终充满激情。尼采为真相而做的斗争总是将这一真相设定为理所当然的,又总是令这真相走向毁灭。

无限的求真意志的激情

尼采希望在各门学科中达到讲求方法的明确性,但随后只是愈发明确地看出科学的局限。他提出作为生命之阐释的真实存在的理论,随后却意识到思想的循环。引导他的,不是毁灭性意志,而是求真的激情,这种激情是永不满足的。它不想了解个别之物,不满足于任何一种达取明确性的方式,而是超出一切特定之物、可理喻之物,趋向事物的起源与界限。尼采常常承认自己的这种求真激情:"这种善良、精细、天才于我有何益,如若具备这类美德的人在信仰与判断时要忍受昏昏欲睡的感觉,如若对明确性的要求在他那里不是最为内在的欲望,不是最为深沉的需求……置身生命充满神奇的不明确性与多重含义之中,且不做追问……这是令我蔑视的。"(第5卷第38页)"尽管顾虑重重,人们对'真实'抱有的激情依然是至高无上的——因而也是迄今为止最罕见的!"(第12卷第127页)尼采要无拘无束地投身这种激情,他能让一切生命必需的、有益于生命的反对意见沉默下来:"我的哲学——就是要冒尽一切危险,将人从假相中拉出来"(第12卷第18页),因为"认识在我们身上转变为激情,它不畏惧任何牺牲"(第4卷第296页)。什么也不能抑制它:"认识发出的欢呼声——就是你最后的声音。"(第2卷第67页)

尼采心中激荡着求真的激情,因而认为诚实是全新的美德,并认为正义是最值得他钦佩的人性态度。他觉得这两种真实性的存在方式没有合乎理性的、明确无疑的标志,也不觉得它们就是晶莹剔透的理想。相反,他觉得真实性本身反倒是真理的危险所在,即真理陷入与自身的斗争之中。只有当无限的求真意志的激情反省自身、质疑自身之时,才能做到登峰造极。

诚实——

如若一切特定形态的真相看起来俱已消失,则诚实就是最后的依据。在认识无济于事之时,只要自我存在,诚实就始终是可能的开端,是不可摧毁的。尼采承认,诚实是"理智的本分行为",是渗透一切的人的真实性的在场。

由于诚实是生存的前提，它便未像正义一样受到明确的赞美："我并不是说，诚实是绝对高尚、纯粹的，但对我来说，诚实形同纯粹性的需要。一个人有可能做到如自己所愿，做天才或做演员——只要做得纯粹就行！"（第 11 卷第 261 页）这一要求是不受限制的："我无法认可任何一项伟业，如若它同诚实无关的话。"（第 11 卷第 379 页）

诚实首先总是"对我们自己诚实"（第 11 卷第 261 页）。依靠诚实，我们才有可能生成自身的存在。首先，"诚实戒备着"，令我们"独立于由欲望而来的念头"（第 11 卷第 260 页）。其次，我的诚实决定我的认识能力的限度："不是你们的目光不再察看时，而是在你们不再诚实时，你们的目光才从此什么都看不见。"（第 12 卷第 290 页）因此，"涉及一切现实之物时，诚实可以是体面之事。而空想被径直当作不体面之事，不为人所考虑"（第 11 卷第 262 页）。

尼采称诚实是他的美德、我们的美德、全新的美德："在所有其他事情上，我们不过是美德的继承人，或许是美德的挥霍者。"（第 13 卷第 42 页）尼采认为，诚实既不可归入苏格拉底式美德，又不可归入基督教式美德："诚实是一种新生的美德，它还不够成熟，常常被混淆和忽略，它对自身尚无意识——它在生成之中"（第 4 卷第 309 页），"只有我们才具有……那种变为本能与激情的正派本分，它对'神圣的谎言'发动的攻击远过于对任何其他谎言发动的攻击"（第 8 卷第 261 页）。

为何这种美德在过去与现在如此罕见？尼采回答说，因为有如此之多的理由让人心怀善良意愿行事虚妄不实。例如，人们因循先人之风而有所信仰，或申明各种真相，因为希望有真相存在，但要在真相中感到自己是无私的才行，那么此时人们便不会因这里掺杂有不真实性而感到良心上过不去，因为"如果觉得自己是无私的，那么他们似乎就可以轻率地对待真相了"（第 4 卷第 309 页）。就连在哲学家当中，也没有什么比合乎理智地做到正派本分更罕见了。哲学家只承认某些真相:"他们知道自己必须证明什么。"(第15卷第474页)他们"对善的挚爱"瓦解了他们的正派本分(第15卷第483页)。他们把"美好的感觉"当作论据(第15卷第441页)。但是,大众当真不希望诚实:"他们火冒三丈地仇视认识者与新生的美德,这种美德叫做诚实。"(第6卷第44页)

然而,诚实想限定自身。尼采在要求无限的诚实时,会不松口气地向我们呼吁:"如若有朝一日我们的美德倦怠了……我们这些最后的斯多葛派会坚持不懈的!"他随后马上做限定说:"我们这些自由的思想家为诚实而操心,为的是让诚实不致成为我们的虚荣、炫耀与奢华之物,我们的局限,我们的愚蠢! 任何美德都倾向于变为蠢行,任何蠢行都倾向于变为美德——我们为此而操心,让我们不致由于诚实而最终变为神圣与无聊之人。"(第7卷第182页及以下几页)

诚实所做的自我限定具有双重意义。首先,生命迫使人,区分开对自己诚实与对他人诚实。人或许不得不学会,对他人不诚实,对自己保持诚实:"有意为之的观念依靠的是……对自己保持诚实。"(第11卷第261页)其次,就诚实而言,人是否有可能对自己保持诚实,是成问题的。

首先,在尼采看来,诚实所做的自我限定在第一个方面源出于宽容待物的心态:"我们想合乎人性地靠诚实意识来为人处世,给这种做法施加压力,狠狠地教训那些如今还想将自己的信仰强加给全世界的自以为是的自我中心论者。"(第4卷第343页)

诚实所做的自我限定进而源于人们对实际可能之物的诚实了解。在这个世界上,生活不可能没有谎言。尼采认为,还没有人意识到真正的真实性的问题。"凡反对谎言的说法,均属教书先生的幼稚无知"(第11卷第261页)。如果用"你不应当撒谎"这一戒律要求人做到真实无妄,那么值得注意的是,"承认事实(即不受欺骗)这一诚实的目光恰恰在撒谎的人身上最为显见。他们同时认可这一通俗的真实性不符合事实之处"（第 15 卷第 413 页）。仅在特定情况下，真实性才是可能的，"人的方方面面必须纯洁、平凡、值得尊重才行，真实之物必须在任何意义上都有优点才行"（第 16 卷第 48 页）。实际上，情况是这样的："人想到什么，就说什么。只有在得到（相互间的）理解，而且是得到（还是相互间的）善意理解这一前提下，人才是'真实的'。在陌生人面前，人们是藏而不露的。谁要想达到什么目的，讲的都是他是如何考虑自己的，而不是他考虑什么。"（第 15 卷第 413 页）

其次，由于无限度的诚实或许根本就是不可能的，而是会扬弃自身，所以尼采超越人类现实世界地趋向假相世界的形而上学。这就是诚实在自身之内的自我限定。他说："在实质上是错误的世界中，真实性似乎是违背自然的倾向。"（第 16 卷第 48 页）这话想必还涉及外界的虚妄现象，却也切中了真实性本身。青年时代的尼采就认为，只有艺术的虚假性才是通向真相之路。"做到完全真实——这是人在一个充满谎言的世界中美妙而大无畏的乐趣！但是，这只是很少有可能的……艺术的真实性：它是此时此刻唯一诚实的"（第 10 卷第 141 页）。最终，他认为真实性的意义仅在于"作为特定的更高虚妄能量的手段"（第 16 卷第 48 页）。他认为，有效于认识的是："真实性只是认识手段之一，是一架梯子——而不就是梯子。"（第 12 卷第 243 页）这样，下面这句话才有其意义："真实之物终结于它意识到自己一贯撒谎之际。"（第 12 卷第 293 页）尼采谈论自己说："你们哪里知道，我还需要犯多少错误，才能一再享受自己的真实性这一奢侈。"（第 2 卷第 5 页）

正义——

在尼采看来，真实性与诚实性只有在正义中才拥有其真正的意义，而正义是由真实性和诚实性成就的。与尼采那实际性的、有所期望的、诲人不倦的基本态度相符的是,他认为诚实只是纯洁性的事情,而正义却是激情的事情。例如,他说:"我们这些不纯正的生灵时而被火焰所烧灼,时而又被思想所冷却。我们对正义顶礼膜拜,承认它是超出我们之上的唯一女神。"(第 2 卷第 412 页)"较之拥有正义的欲望与力量的人,的确没有人能要求在更高程度上博得我们的尊重了。这是因为,这些人如同一片深不可测的海洋,身上凝聚与隐匿着最高尚、最罕见的美德"(第 1 卷第 327 页)。除了说正义是不可企及的,年长后的尼采还讲道:"后来我才意识到,原来自己从根本上说欠缺的是什么——正义。'正义是什么? 正义是可能的吗? 如果正义是不可能的,那么生命该如何维持呢?'我不断这样询问自己。"(第 14 卷第 385 页)他的意志始终是:"无论如何,我们要做到正义,能做到多正义,就做到多正义。"(第 12 卷第 135 页)对真相的追求至此才获得其合理性:"只有当真实的人具有行事正义的绝对意志时,在未遐思索便备受赞誉的追求真理的行动中才会有伟岸之处。"(第 1 卷第 328 页)

正义究竟是什么,这只有在尼采明显不相一致的各种论述的意旨变化中才显示出来。

正义者希望真相"不仅是冷漠、无结果的认识,而且是约束人、惩罚人的法官;不是将真相当作个人自私自利的所有物,而是将其当作清除自私自利者的一切所有物的神圣合法权"(第 1 卷第 328 页)。由于真相是正义的前提与实质,所以正义的特点是:"厌恶地避开令人对事物的判断眩晕与困惑之物。因此,正义是信念的敌人,因为它要将存在赋予一切——无论是活生生之物还是死亡之物,无论是现实之物还是想象之物。为此,它必须纯粹地有所认识……最终,正义还成为自身的敌人,赋予盲目而近视的'信念'以信念的关键——为真理起见。"(第 2 卷第 411 页)这种赋予任何存在方式以其地位的正义意志是无限的。由于每个人都需要在哲学上笼统地维护自己生命与思维的合理性,所以尼采要求："就连恶人、不幸之人、例外之人也应享有自己的哲学、自己的正当权利、自己的光芒！……需要一种全新的正义！……就连道德世界也是圆形的！就连道德世界也有自己的对跖者。就连对跖者也有自身存在的权利。"（第 5 卷第 218 页）这种态度要求"我们必须再度清除诸多虚假的伟岸之事，因为它们有悖于正义。而在我们面前，所有事物都有资格享有正义！"（第 4 卷第 14 页）

但是，正义存在吗？在人的平均状态中，它基本不存在。在这些人当中，"正义的美德很少见，更少为人们认可，几乎总要被人恨入骨髓……事实上，有少数人服从真理，因为只有少数人拥有纯粹的意志，做事正义。而在这少数人当中，又有最少的人有能力做到正义"（第 1 卷第 239 页）。

如果有正义的话，那么何为纯正的正义，认识到这一点，就不会混淆正义。这个词汇一直遭到滥用，无能者出于仇视、嫉妒、猜忌、报复、怨恨之心来议论自己并不具备的正义，"他的内心在暗地里庆幸，可以对一切正义施加报复"。尼采补充说："我的内心在报复时，正义的铁砧尚能迸射出火星。"（第 12 卷第 291 页）

真正的正义建立在主动的感情上，而不像滥用正义的情况那样，建立在反作用的感情上。反作用的感情利用作为假相的正义，为的是给无能者带来虚幻的强力感，而这要靠表面上自身有效之物或不现实之物，就仿佛它们是正义所要求的一般。要么就是由于反作用的感情，任何正义都会随即消失在单纯的情绪之中："一般来说，一丁点儿攻讦、恶意、疑虑"就足以让人"两眼充血，忽视什么是正当合理"（第 7 卷第 366 页）。

与此相反，甚至在极度虚弱的情况下，正义的主动性情感也有可能别具一格地具有极高的人格力量："如果正义的人真地做到，甚至对伤害自己的人保持正义（不仅冷静、有节制、有分寸、无所谓，因为正义始终是积极的态度），如若在亲身遭受伤害、嘲讽、猜忌的逆境中，正义而准确的目光并未视线模糊，而保持着高贵、清晰和既深沉又柔和的客观性，那么这就是世上完善而高贵的杰作，甚至是人明智地不加期待，无论如何都不会轻信之事。"（第 7 卷第 366 页）

只有这种主动的正义才会做真正的审判，"只有占优势的力量才能审判，孱弱的一方只能容忍，如果它不装作强大，要将审判席上的正义变成闹剧的话"（第 1 卷第 331 页）。

在尼采看来，认识最初必定作为质询而做否定，并因此而在审判中做谴责，最终则会作为主动的正义而做肯定，即最终承认，一切事物都是真实的："我们理解一切，我们经历一切，我们心中不再怀有敌意……，'一切都是好的'——做否定是费力的。如果我们一度变得不理智，对什么事情采取反对立场的话，那么我们会难受的。"（第 15 卷第 303 页）

看起来，正义似乎是个明确的理想，人们甚至有可能做到正义。但是，尼采看出，这是不可能的。只要实现正义的，不是这样一种实质，它像"认识的冷漠恶魔一般……周身散发出超人式君主那冰冷的气息"，而是这样的人，他"尝试着，从可谅解的疑虑转向严格的明确性……从罕见的高尚美德转向最为罕见的正义"，那么这种美德就不是真实的：人像恶魔一般，却"不过是个可怜的人"，不得不"随时随地为自己的人性而忏悔，并因自己不可能获得的美德而悲惨地伤神"（第 1 卷第 328 页）。由于我们不做评价，就永远无法完整地认识与生活，即尚未形成完整的认识，就不得不去做评价，所以我们无法做到正义："谁想得更为深刻，就知道自己总有不对之处，自己有可能是如自己所愿地行事和下判断的。"（第 2 卷第 370 页）

尽管如此，尼采仍然认为，在这注定不义的世上，仍有着正义的驱动力与要求。只是无论人们如何伸张正义的驱动力，这种驱动力都会再度被置于疑问之中。无论是就驱动力本身而言，还是面对现实而言，都是这样。

当正义缺乏挚爱，即消除挚爱时，它就有问题了："真正正义的人是不接受任何馈赠的，他把一切都还了回去，因而他令挚爱的人感到厌倦。"（第 12 卷第 291 页）虽然尼采拒绝过高评价那盲目的挚爱，因为挚爱明显比正义要愚蠢，但正因如此，它令大家更为惬意。挚爱像雨水一般对人一视同仁（第 2 卷第 84 页）。但是，查拉图斯特拉认识到真正实质性的挚爱，他说："我不喜欢你们冷冰冰的正义……你们说说，哪里有一种正义就是目光如炬的挚爱呢？"（第 6 卷第 100 页）如若正义是独立自主的，那么正义便不具有那样一种实质，正义只能从目光如炬的挚爱中得到它。如果说尼采认为正义是首要的、至高无上的，那么这在他那里大致意味着："正义出现于我的面前，我打碎了自己的偶像，并惭愧之极……我强迫自己注视自己以前不愿意注视的，由此承担起挚爱。"（第 12 卷第 351 页）可是，如若正义是独立自主的，那么强迫是不会造就挚爱的。像这样一句话听起来便毫无挚爱之情："我极其正义，因为这样才会保持距离。"（第 11 卷第 260 页）目光如炬的挚爱本身同时就是正义的，它对尼采而言形同一种观念，是正义永远无法企及的。因此，尼采出于对挚爱的了解，对正义提出质疑。

进而，正义在涉及人的现实存在状况时，是成问题的。

不义首先是同生命密不可分的，因为在尼采看来，一切生命均取决于透视性的目光及其不可避免的虚假性。虽然说不义一贯最为强大之际，"生命发展得最为微弱、狭隘、贫乏、不成熟，却仍然能成功地成为事物的目标与标准，为维护自身起见而隐秘地、狭隘地、不断地瓦解高尚、伟大、丰富之物，将其置于疑问之中"（第 2 卷第 11 页），但最为丰盈的生命也仍需要有不义。如果在历史性正义的意义上可以看到，这种情况漫无边际，那么生命会自我毁灭。"历史性的正义……是一种可怕的美德……审判它，总是在否定它……如果正义自行其是，则创造性的本能就会失去力量,丧失勇气"(第 1 卷第 399 页)。

人类存在状况的现实创造出其"正义",它同目光如炬的挚爱的生存性正义不再有任何关联,而是法律式的,但又不像某种自然法,而是取决于强力条件,这种强力同时将正义置于疑问之中。这种"正义"仅仅源出于"强者彼此势均力敌之际……只要无法明确看出哪种力量占优势,斗争便会徒劳地造成彼此间的伤害,就会出现相互谅解的想法……正义是各种力量在势均力敌这一前提下的相互报复与剑拔弩张"(第 2 卷第 93 页)。

但是,尼采认为,这样认识正义,就太贫瘠了。它很抽象,既无挚爱又无创造性作用,是在某种暂时性力量分布局面下凝固与僵化了的状况。但是,如果正义是从某种渗透一切的主动性中产生出来的,那么它在社会学意义上的现实中就不仅仅是交换。在尼采看来,正义一经显现出来,甚至会呈现出那样一副面目,就仿佛它转变成尼采迄今为止所认识到的情况的反面:"首要的与最为强有力的,是趋向优势的意志和力量。只有统治者才能随后确定,什么是'正义'。这就是说,统治者用自己的标准来衡量事物。"(第 14 卷第 89 页)因而,要"赋予任何事物以其地位。而这似乎是期望正义,却造成混乱"(第 12 卷第 291 页)。正义成了"某种无所不及的力量的功用","它忽略善恶之分这一无关宏旨的看法,获得更为广阔的有益视野,即有意保存不局限于此人彼人之物"(第 14 卷第 80 页)。这种力量即创造性的生命:"正义作为建树性的、甄别性的、毁灭性的思维方式,源出于这样的价值评价——做生命的最高代表。"(第 13 卷第 42 页)查拉图斯特拉"启示了进行塑造、建构、因而又要摧毁的正义及其宏大的形式"(第 12 卷第 410 页)。

正义作为形而上学上的现实性:再向这种创造性生活的不确定性迈进一步,便会达到这样一个立场,即正义并不停留为人的真相问题,而是成为超越的问题。随着人有可能做到正义这一点成为问题,尼采便以形而上学的形态重新确立了正义。正义不再是可为人所意识，并赢得和争取的，而是"永恒的正义"、"统帅一切的正义"。正义不再是真相之探索的实质，而是形成中的事物的实质。

虽然尼采拒绝以罪责与赎罪作标准来衡量正义这一思想："在行动的后果中，已然有奖励与惩罚——这种有关内在性正义的想法从根本上是错误的"（第13卷第315页），但尼采还认识另外一种形而上学式正义。没有"恶行"，它就是不可能的。他在阿西鲁斯身上看到这种正义。阿西鲁斯"用自己的正义天平衡量奥林匹亚世界"，并"看到命运女神戴上永恒正义的桂冠"。普罗米修斯这个大胆得亵神的"个人"受苦受难，而受到伤害的奥林匹亚居民预感到诸神的黄昏。双方都迫切地要和解。这就是正义的实现，它审判了双方，并重新确立了双方。"人类通过恶行而分享至善至高之物，如今人类又要承担恶行的后果了"。主动犯罪，这本身就是真正的普罗米修斯式美德。这是一种本源性矛盾，在这一矛盾中，诸神与人类双方都是正义的（第1卷第68至72页）。

即使不必谈及恶行及其后果，尼采也相信，可以借赫拉克利特的思想领略真正的正义："世界是个大杂烩，必须不断地搅拌它。在对立之物的相互斗争中生成了一切……这种斗争是永恒地持续的。一切都取决于这一斗争，恰恰是这一斗争启示出永恒的正义。有一个神奇的……想法，认为斗争永远统辖统一的、严格的、关联永恒法则的正义性……它将赫西奥德笔下的那位出色的不和女神奉为世界的原则……每个希腊人都在斗争，就仿佛只有他是正义的一般，而裁定性判决所运用的无比可靠的标准随时随地都在决定着，胜利倒向哪一方。同样，各种品质也在相互斗争……事物本身……根本就不真正存在，不过是彼此截然不同的各种品质剑拔弩张的刀光剑影而已。"（第10卷第34页及以下几页）赫拉克利特"再也无法将斗争的双方同仲裁者分开看待，仲裁者本人似乎加入了斗争，而斗士本人似乎就在仲裁——是的，由于他实质上只能感受永恒地支配一切的正义,所以他敢于宣称:诸多斗争本身就是纯粹的正义"(第 10 卷第 36 页)。或者说,"一切现有之物既正义,又不义,并在这两点上是等量齐观的"(第 1 卷第 72 页)。

在尼采那里,人类的正义意志在超越的正义性面前也显得微不足道。真相彼此间的斗争令人对正义提出质疑,而正义却依旧是绝对的驱动力——这在哲学沉思中就是对个人内心行动的相对明晰的呼吁。这一斗争涉入形而上学领域,便不再是主动的哲学活动,而是纯粹的观察,听任斗争成为事物自身之事,以至于这样一句话变得很真实:"观察事物,倒是挺好的;但成为事物本身,却是骇人的。"(第 10 卷第 324 页)

求真意志的自我扬弃——

求真意志是在道德基础上形成的:"求真意识是道德意识呈现出的最高尚、最强有力的一幕"(第 11 卷第 35 页)。尼采自觉地靠无限的求真意志这一至高道德驱动力生活。他说:"我们今天这些认识者、我们这些无神论者与反形而上学的人,仍是从上千年古老的信仰点燃的火焰中汲取自己的火种的。"(第 7 卷第 275 页)直至尼采同样质疑信仰,即信仰转变为无限的求真意志,出自真实性的认识激情也不得不再度对自身产生怀疑。这一思想循环(参见上文)沉浸在求真的激情中,被再度发挥到极致。如果"对真理的信仰肇始于对迄今一切得到信仰的真理的怀疑之际"(第 3 卷第 22 页),而信仰又不容其他诸神同自己比肩并存,那么这一激情便以疑问而告终,因为对真理的信仰是屈居于疑问的。这样便展露出一片无底的深渊。这种疑问具有两种形态:

首先,同生命所需假相的理论相关——真相对生命的敌视是人反对真相的一个理由,"绝对的认识是道德生长期中的一项疯狂之举,令生命走向沉沦。我们必须赞美谎言、信念的妄念,不义"(第 13 卷第 124页)。结果,"这种求真的意志,这种'不惜一切代价的求真意志',这种青年人热爱真相的妄念——令我们兴趣索然"(第 5 卷第 11 页)。

其次,思维在认识之路上自行发生转变。再也一无所惧的认识,其前提首先就是,什么也不信,"只要你还感到,星辰'在你头上',你就还缺乏认识者的目光"(第 7 卷第 94 页)。随之,真相也不必再"在我头上","真实——我如此称呼那些穿越无神的荒野、打碎自己崇敬之心的人"(第 6 卷第 150 页)。所谓的自由思想家并不自由,"恰恰在相信真相时,他们绝无仅有地坚定与绝对"。要彻底地追问真相,就还要勇于针对他们迈出关键的一步,"没有什么是真实的,一切都是许可的……这就是精神自由。这样,信仰宣示给了真相"(第 7 卷第 469 页)。

这种转变——如若求真意志自行毁灭的话——看起来必定令一切沉沦下去。在尼采看来,这种转变源出于历史的转折点,源出于现时代,同道德的自我扬弃以及同上帝之死是一致的。"两千年来对真相的管教这一令人敬畏的灾难……最终令人无法在信仰上帝时撒谎"。这种转变同时要迈出这一步:继基督教的真实性得出一个又一个的结论之后,最终得出最为彻底的结论,即针对自身的结论。而这种情况产生于这种转变提出这一问题之际:"一切求真意志有何意义?"(第 7 卷第 480 至 482 页)尼采会说,这是注定的,"一切伟大事物均自行走向毁灭,通过自我扬弃的行动走向毁灭"(第 7 卷第 481 页)。

然而,求真意志在思想循环中自行毁灭,成为纯粹的虚无,而思想循环的崩坍只是一个思想的界限。在尼采看来,要么思想循环通过循环式运动再度得以充实,而在这种运动中投入斗争,目的是随即再度形同理所当然地设定起来的真相;要么在思想的临界处做超越性思想突破时,人会感受到不同之物。

无限的怀疑——

尼采的思想观点的运动看起来总要一再搁浅。似乎出于求真意志,这一意志总要牺牲掉。但是,他又总做出新的思想运动。他的目标不是虚无,而是真正的存在。为达取这一目标,他的求真意志激情不减。这体现在他不可遏制、不断涌现出来的怀疑之中。尼采不想限制自己的"怀疑",他视自己的哲学沉思为"对怀疑的训练",并勇于在"危险的或许"之路上"尝试"任何可能的思想。求真的激情一再确立在对一切的质疑中,是无法获得稳固的基础的。尼采就像人们所说的那样,命中注定在形成任何一种思想后,都不得不随即将其置于无边无际的疑问之中。他没有沉沦于在循环中自我扬弃的关于真相的思想所带来的虚无,而是借自己的求真意志的自我,伸张那始终全新的运动,来充实这一循环。他没有停留于任何一种所谓对真相的最终有效的正确认识,而是将任何一种最终有效性置于思想的旋涡之中。

理性的解体

对理性提出质疑的,不在于尼采看出科学的界限,而在于他将真相解释为虚假性,在于他一再面目一新地出现的思想循环令一切真实存在如同自杀一般自我扬弃。无论涉及道德,还是涉及上帝之死、涉及真相,每一次的结局都像迷失在虚无中。但是,在这种极端情况下,尼采原本是想获得不可作为理性来理喻的存在的。他尝试着借助瓦解理性或突破理性来达取这种存在。

尼采攻击了四种形式的理性:

一、尼采用来反对可在思想中找到真相这一主张的,是作为他的真正逻辑的阐释理论,以及一切所思之物皆假相的理论。思维范畴是生命所必需的错觉,是有益的,是增强人的力量的工具(第6卷第22页)。不相信这一点,人类就会走向毁灭(第16卷第20页)。但是,思维范畴不是真相,而是虚构,因为它们并不起源于存在,而是起源于可借以致思的条件。这种条件指的是，似乎有什么是自身同一的。只有对同一性（同一的情况，保持不变之物）加以致思，才可对存在加以致思。假定存在物是自身同一的，"是思维与推论所必需的。形式逻辑运用的，只是保持不变之物的形式"（第 16 卷第 30 页）。尼采依下述步骤对这一思想做了进一步演绎。

致思同一性，需要矛盾律。而矛盾律也是那种设定存在的理智在虚幻的视野内所做的一种虚构："对一物而且是同一物，我们无法既做肯定，又做否定"。但是，这只是个表述主观感受的语句，它并未表述有效于存在本身的"必然性"，而只是表露了我们的思维能力无济于事。"这一语句并不包含真相的范畴，而只包含涉及应当被信以为真之物的一项绝对命令"（第 16 卷第 28 页及以下几页）。

在尼采看来，同一性、不矛盾律的最终根据在于"自我"，而"自我"是自身同一、持存地设定起来的。但是，在他看来，在这一设定之外，没有自我。德国理念论在作为思维性意识之自我的逻辑中所致思的，尼采都拿来当作攻击的手段。由于理性的运动所依赖的前提就是我们"对自我的信念"，其局限就在于："我们的思维本身包含那样的信念……听任这一信念，就意味着，再也不许致思。"（第 16 卷第 15 页）

自我、同一性、不矛盾律彼此支撑，构成一个循环。在这一循环中，思维才有可能成为为生命而做的、始终是虚构性的对存在的阐释。

由于其他一切范畴（物、实质、主体、客体、谓词，以及因果性、机械性等）仅涉及不自相矛盾的同一性存在与差异性存在的方式，它们就全部被理智用来服务于生命，而生命要求有稳定性作为自身的条件。范畴只是关于存在物的假设。从尼采的著作残篇中可以拼凑出一个做出进一步演绎的范畴理论，它单调地反复显示，每一个范畴本身都具有同一性特征等，并服务于生命和强力意志。

尼采这一"逻辑"一再得以重新印证的结论是，理智虽然是生命的手段,却无法把握真正之物,即永恒的生成:"我们的理智无法瞄准生成,它竭力证明,一切都是僵死的。"(第 12 卷第 23 页)"生成中的世界的特征"是"无法表述的"、"虚假的"和"自相矛盾的"。它在逻辑上不可通约。"认识与生成彼此排斥……一种生成必定造成存在物的错觉"(第 16 卷第 31 页),即造成现有同一性存在的错觉。而只有通过自我封闭的思维循环,这种错觉才是有可能的。这一阐述建立在将一切思维性生命均视为解释的理论之上,其最终意义在于,将理性限定为某种理智,取消理性把握真理的资格,以迎合在完全不同的思想层面上的、意义完全不同的对真相的要求。

二、在人的生命中,理性是不必要的、危险的、不可能的。理性是不必要的:"一件事情不合理性,这并不是反对它存在的理由,反倒是它存在的条件。"(第 2 卷第 369 页)理性是危险的:当它作为所谓的关涉一切的知识而出现时,它是毁灭性的。对于"理性自以为无所不知,它迄今在总体上是保留得更多,还是毁灭得更多?"(第 12 卷第 156 页)这样一个问题,尼采回答说,"要是人类当真依据理性行动,即依据其意见与知识奠定的基础行动,那么人类早就毁灭了"(第 12 卷第 157 页)。理性是不可能的:没有可以说明一切的理性真理,能让所有人达成共识。如若宽容的鼓吹理性的人要将一切建立在理性见解之上,那么这就表明,他们始终排斥一些"基本真相",就此而言他们便不再宽容了。"依靠理性,是美好的,如果真有某种理性的话! 可是,宽容的人不得不依赖自己的理性、自己的弱点"(第 12 卷第 172 页)。事实上,并没有某一种可以作为人类生命基础的理性。

攻击对于理性的信念,意味着什么? 只要理性以现存之物的面目出现,自认有资格在思想起源处证明人的生存对存在的意识的真相,将这一真相当作普遍有效的、任何人都可加以致思和吸收的、因而可以共同承载所有生命的,那么尼采就必定对理性提出质疑,因为他认为,理性遮蔽了真正起支撑作用的生存真相。尼采的哲学沉思追问这一深刻的真相。如果说他在这种真相中只是在"基本真相"的名义下寻找到生命所需的谬误，那么这只不过表明，思想在一时间限制了自身，而尼采则在这一时间感到不安。

三、对于理性是否统治世界这样一个形而上学式问题，哲学思想所给予的回答在任何意义上都始终是肯定的，即使这些意义彼此间如此截然不同。与此相反，尼采否认这一整体的形而上学式理性："我们所认识的唯一理性之物，就是人身上的那一点儿理性。"（第 10 卷第 414 页）世上各种纷杂的力量是没有理性的。"世界不是永恒的合理性的总体，这一点最终可由此来证明，即我们所认识的那一部分世界——我们人如何合乎理性——并不怎么合乎理性"（第 3 卷第 190 页）。这是因为，"即使在最为明智的人身上，理性也是个例外现象。星辰的混乱与必然性及其旋转——这才是规则"（第 12 卷第 243 页）。还有，"在所有事物当中，有一点是不可能的——这就是合乎理性。即使有一点儿理性，它也从一个星辰到另一个星辰地分散开来——这块发酵的面团揉进了一切事物"（第 6 卷第 243 页）。令尼采感到惊讶的是，竟然还有理性存在。那么，它是怎么来到世上的呢？"它是如何廉价地，以不合理性的方式通过某一偶然性来到世上的，这像一个谜一样，要人去猜"（第 4 卷第 125 页）。

对于渗透尘世的理性抱有形而上学式信念，这同对上帝的信仰密切相关，要么就是与之同一。在尼采看来，这两者俱已陨落。对真理的信念还是这样一个信仰的结果，即"上帝是真理，真理是神圣的……但是，如果这一点愈来愈不可信，如果再也没有什么表现为神圣的，除非谬误、盲目、谎言是神圣的，如果上帝本身表明，他是我们最为长久的一个谎言，那么会怎样"（第 5 卷第 275 页）。

尼采想借助于这种攻击来谴责信仰与对客观理性——作为一个在

原则上可以致思与认识的——整体的信任。在他看来，将这类理性当作绝对之物，会遮蔽存在本身。他的这种攻击性藏有对人的起源的呼吁，这种起源理当真实地意识自身，而不应当被所谓人的状态及人自身普遍合乎理性所蒙蔽。

四、尼采做历史性回顾时，概括了自己的攻击之词，以反对传统的哲学。只要哲学家将理性当作逻辑上固定下来的形式之整体，从中展望真理与存在本身，尼采就要对他们大加鞭笞。这样，在他看来，几乎全部传统哲学俱已沉沦。他随即对准自己的对手中最早的伟人："巴门尼德说过，'对不存在者，是不可致思的。'我们则截然相反地说，'凡可致思者，必定是一个杜撰'。"（第16卷第47页）如果说逻辑学家"将自己的局限当作事物的局限"，那么尼采则说："可是，我已经向这种逻辑乐观主义宣战了。"（第14卷第46页）尼采不信任宣扬理性绝对有效的哲学，尤其不信任近代的笛卡尔及其"对思维的直接确定性的信念"。他想比笛卡尔怀疑得更好。笛卡尔怀疑一切，只是不怀疑理性本身，认为认识的明确和清晰是真理的可靠基础。尼采则认为："只要有更为深刻的人存在，则同理性之神这一绝对权威截然相反的情况以及反向运动就随处可见。"（第14卷第5页）对于黑格尔"阐发某种理性的尝试"，尼采批评它是"对天庭发动的哥特式进攻"；"我则截然相反，认为逻辑本身尚且是某种非理性和偶然"（第13卷第89页）。他的判词是泛泛而言的："哲学家几千年来摆弄的，是概念木乃伊……对他们来说，死亡、变化、老迈同出生和成长一样都是反证——甚至是反驳。凡存在者，皆会消失，要生成者，皆不复存在……因此，我们大家甚至怀着绝望对存在物抱有信念。"（第8卷第76页）

对于作为存在意识载体的理性，尼采的态度在总体上体现为，要取消其所有效用（这一点贯穿在我们论述其基本思想的各章节中）。这一态度具有不可忽视的历史作用，却没有真正澄清其意旨，没有澄清理性有可能为哲学思想带来什么。

首先,尼采针对理性进行的斗争不是贯彻始终的。可以看出,他是在何种意义上借助于"理性"这个词汇来有所肯定的:在人类生活中,理性是必需的。人的那"一丁点儿理性",需要人去"尽力争取。如果人要'听天由命'的话,那么这一丁点儿理性会愈发凋零的"(第 10 卷第414 页)。所以说,尼采要求人,凭借自己的理性,尽力掌握事物,而不是以"天命"为名义,得过且过地听命于各种情况。虽然人不能凭借理性达取一切,不能达取整体——如果人认为能够做到这一点,并据此而行动,那么理性则是毁灭性的。但理性作为标准,必定起到积极作用,尽管尼采并未对这些标准予以批判性的明确确定。

进而,尼采针对敌视理性的人,为理性作辩护,并批评这些人的动机说:"在某些虔诚的人身上,我发现了对理性的仇恨……这至少表明他们是居心叵测的!"(第 5 卷第 38 页)尼采也同轻视理性的哲学家划清界限,因为他们"显示出禁欲式的自轻自贱,在理性面前自我嘲讽:有一个真理和存在的王国,但理性偏偏被排除在外!"

首先,尼采承认理性。其次,理性并非理智那种总是碎片化了的方式,绝不是思维着的意识,而概括地说是"躯体"的"大理性"。只有躯体的工具才是"小理性",而它叫做精神(第 6 卷第 46 页)。要么就是,尼采涉及目前尚不可理喻之物与我们的行动明显偶然之处时,谈到"我们未来使命的更高理性"(第 13 卷第 33 页)。借助于这种"大理性",尼采把握了某种消融和侵袭一切对理性之敌意的意义,即使这一意义在他那里以躯体为象征,完全未得以确定。只有从这一大理性出发,这一句话才会具有意义:"唯一的幸福存在于理性之中,世上其他一切都是无聊的。我在艺术家的杰作中看出了最高的理性。"(第 10 卷第 415 页)

尼采瓦解理性的意义看起来具有一种双重的、彼此矛盾的特征,其根据在于,他对理性所做的肯定性与否定性表述彼此矛盾。

敌视理性的表述本身会带来对理性的无所谓态度。凡尼采本人——看起来就是这样——对理性采取无所谓态度时,他的合乎逻辑的要求便松懈无力。因此,他的语句中始终保留有矛盾,就仿佛他在一时间并未感到矛盾如芒在背一般。这样,矛盾便不是辩证性的,而是滞留为矛盾,不再被纳入丰富的思想运动。这样,尼采既这样说又那样说这一事实情况,就会让读者无所适从,让人觉得一切都是可能的。这样,尼采原本是系统性的、有所创建的意志最终看起来就有可能代之以仅凭理智来分门别类的意志。

然而,尼采的表述并不总是同样地词达其意。只要尼采使用理性、理智、才智这些词汇,而未合乎方法地对其含义做出阐述,那么歧义就几乎是不可避免的。他做表述,都同他人的理性设定的理所当然含义相悖,却常常把自己讲的理性的含义设定为理所当然的。这样,在尼采那里,理性大多未加确定地混同于思维、意见、同一性知识、秩序、法则、生命必需的对存在的阐释的诸种功用、才智、合乎目的的理智。

尼采瓦解理性的哲学沉思的真正意旨,总是一时兴起。事实上,这是一种充满激情、趋向远过于理性之物的渴望,而这就是大理性。他对"理性"发动的攻击,是大理性对小理性的攻击,后者即所谓的无所不知的理智。但是,在康德的意义上,这种攻击是非批判性的,因为尼采并未认识清楚自己的"大理性"的全部。因此,尼采在未以肯定的态度意识到大理性的可靠性时,便成为怀疑论者,重又牺牲了自己肯定性的与否定性的主张。这种无情的牺牲本身作为诸种现象之一表明,尼采是如何从统摄这一思想起源出发做思考的。这种不仅仅是某种解释性的生命,而是"真理"的生命所在,尼采就是由此出发,不顾一切地伸张真理的。在尼采的表述中,这种真理的生命是不可为康德那种宁静的明澈与有约束力的安宁所意识到的。尼采最终的意旨或许就在于:真理的生命是统摄,它是理性与生存的起源,而无需被识别为起源。只有在对象性知识的演绎与现实行动中,这种生命才会意识到,自身是不断变得明确的,而无需取得某个最终的目标。这不是生物学、心理学、社会学意义上的生命——这样的生命是尘世的对象,并因此是可加以经验性研究的,而是作为思想起源的生命,它也包括这种可研究性与研究活动于自身之内。这就是尼采似乎始终在触及、却未明确地在哲学上予以把握的。它推动着尼采,给了他的哲学沉思以一再克服一切所认识之物的驱动力。

统摄不是对象,但在尼采一切有关真理的思想中均可感触,它是让尼采的思想不致迷失在心理学客体及其他客体之中、不致最终陷入逻辑上的死胡同、不致停留在某些观点之中,而保持其哲学特点的思维起源。

只有以本源性地自我把握的理性为媒介,哲学沉思才是可能的(虽然哲学的内容并不来源于理性)。只有当人们合乎方法地意识到,那统摄的、澄明性的、驱动性的理性是须臾不可离的,只有当人们不再将理性混同为单纯的理智、固定的才智、合乎目的的有限之物,而是借助于哲学逻辑意识到,理性的种种作用是被分解开来的整体,哲学沉思才可在自身历史的伟大运动中忠实于自身。哲学式突破本身同样在逻辑上取得何种程度的成功,理性便在何种程度上是强有力的。在理性的这一意义上,尼采本人的哲学沉思为理性做出了一项巨大贡献,只是这一贡献并未同样在逻辑上彻底地得以澄明。[35]

但是,或许从尼采思想中形成的使命愈是向我们显现得明确清晰,就愈是不能径直确定,尼采本人也是这样看待这一使命的。在他看来,真相不仅是超出一切理性的(即使这一真相始终是通过理性才为人寻找到、倾听到、传达出来的),而且"真相"缺乏理性、违背理性,显然就是阴森可怕、蛊惑人心、令人惊骇的黑暗力量。至于他是如何借超越性的突破性思想谈论它,而且谈论它时必然掩盖多、揭示少,我们可以在下一节中看到。

借助于"理性的解体",尼采创立了一个新的起点:它是通向更为深刻的理性之路,必定带来哲学思想中新的斗争。任何在这一时代变得孱弱的心灵都要经历这一斗争。这一斗争具有一种双重性:重新意识自身的理性同从属于它的黑暗本质进行斗争,而没有这种本质,理性就会失去自身的形态。同时,理性在同自身的敌人,即彻底的缺乏理性、违背理性的情况进行斗争。

生命与思维源出于理性,而理性是统摄的,始终在探索自身,并始终在意识自身。理性批判性地确定自身的界限,以便不断澄清这一界限的彼岸,将其纳入理性自身的运动。理性面对存在——理性就是由存在而形成的,而理性并不是存在——观照自身。理性在斗争中同自己的对方形同联起手来,理性同对方比肩共生。

同样是这种理性看到了与自己截然相反的意志,这种意志不想为任何思想运动所澄明,它将理智当作手段加以运用,剥夺了一切理性——自身生命之基础——的表述,将其纳入自身任性妄为的随意表述之中。这种与理性截然相反的意志沉沦入混乱的黑暗,却显示出虚假的秩序。依靠这种虚假的秩序,它才得以欺骗性地同理性交流,以便将理性纳入自身。

这一斗争带有对非同寻常之处的探索。继所有三个方面(大理性、夜的黑暗、反理性的意志)之后,尼采似乎还做了极端的表述。因此,在这一斗争中,理性必定生成得像它或许已然形成、只是自己尚未理解的那样。理性必定突破一切故步自封的界限,并在这种行动中最终重新与自身相遇。如果说这里是尼采的关键性成就,那么这就是未来哲学沉思的源泉。

尼采的语句可以做到无所不至。对我们来说,它们最终都从属于"大理性"的思想运动。这一点在最为黑暗之处,甚至在尼采似乎因做超越性思想突破而牺牲了真相之际，如果有可能的话，是要经受考验的。

超越性思想突破中的真相

科学的界限为尚在探索自身基础的哲学沉思开拓了空间。有关生命中真实存在的理论，要么令真相同生命共同走向毁灭，要么令真相将自身限定为任何一种生命形态所必需的谬误。充满激情的求真意志是如此理解自身的，即它看到自身始终要消融在不同于真理的他物之中。科学似乎回归哲学沉思之中，真理似乎回归生命之中，求真意志似乎回归自身条件的一团黑暗之中。对真理的追寻总要面临深渊：一切都在迫使尼采进行思想飞跃。他跃出思想循环，最终要做出超越性思想突破。对这种突破的含糊不清的表述——无论它是极端的表述，还是沉默，才会或揭示或掩盖尼采关于真相的思想的真正基础。

对真相的追问就是对一切问题的追问，其意义是同对相对于我们的存在的追问相吻合的：它要深入一切要求具备有效性的思维与行动所不可逾越的前提。这一追问将追问者推入无根无基的境地；它将——凡作为特定之物而出现的——一切置于疑问之中；它为追问者开辟了最为广阔的视野，从而令追问者失去了根基。

如果追问重又将某一未经质疑的前提当作不言自明的接受下来，并因此而限制了自身，那么追问马上便远离了自身原本的意义。由于在思维时，没有特定性，即没有不得不接受的限制，便不可能有任何举动，所以真相在人们谈及它的那一瞬间就已然成为特定的真相。这种真相因并非真之故而把握并启示出自身的界限。它到底是什么，实质上是无法追问的，因为这一追问尚不确切，尚无对象。然而，这种不确定性并非虚无，所以运用这种不确定性，就是以哲学式超越的方式确定,什么是真相。

尼采的哲学力量表现为,它不断克服任何在一时间企图以真相自居的真相形态。无论如何,它们只不过总像是真相的执掌者,而非真相本身。

如果说我们至此探讨的,是尼采对任何一种执掌真相的情况的阐明,那么现在还应看到的是,尼采是如何以完全不确定的真相为标准做哲学沉思的。真相那无边无际的情况最终令一切都似乎消失得无影无踪。这是因为,如果不是对真相的任何一种特定性提出质疑,而是去注意真相本身的话,那么真相会消失在不确定者那无边无际的无限性之中。这样谈论真相,只能做消极的超越。对尼采而言,真相是无法传达的,只会间接地宣示出来;真相是危险之所在;真相是死亡之所在;真相甚至是这样一种思想起源,它在这世界上的说法是:没有什么是真实的,一切都是许可的。

真相的不可传达性——

由于真正的真相存在状况各异,表达真相就是有其界限的。尼采借一位老人同怀疑论者皮浪的对话触及了这一点。皮浪要求教育人,却是间接地、不带丝毫狂热之心地教育人,他说:"我想警告人们提防我。"他想做怀疑的教员,教人"史无前例地去怀疑,对一切事物、每一事物均抱怀疑态度"。而老人批评他说,他这番话也是一名狂热者的话,即宣布真相——此刻是怀疑的真相——是确定不移的。皮浪则回答说:"你说得对!我想对一切言词均抱怀疑态度。"老人说:"那么你就必须沉默。"在接下来的谈话中,老人怀疑地说:"我们现在还能彼此完全听得懂对方吗?"当皮浪大笑起来时,老人问:"沉默与大笑——难道这就是你眼下的全部哲学?"他听皮浪说道:"这似乎并不是最糟糕的。"(第3卷第308页及以下几页)

在尼采看来,大笑是对这样一种真相的表露,这种真理是不可传达的:"一定要笑的话,你们要学会嘲笑自己!"(第6卷第426页)"我给自己戴上这顶桂冠,我称自己的欢笑是神圣的"(第6卷第428页)。哲学家的笑声的名气决定了哲学家的名气(第7卷第270页)。因此,同样可以说,"当人大声狂笑时,他便靠俗气超出了一切动物"(第2卷第376页),正像查拉图斯特拉所说:"一个改头换面的人、一个名闻遐迩的人在大笑!世上还没有人像他那样笑过!"(第6卷第234页)尼采警告人们提防他的著作:"谁不会笑,就不应当读它。"(第8卷第363页)这种再也无法表述出来的真相就源出于人的痛楚:"这世上最为受苦受难的动物为自己发明了——欢笑。"(第16卷第36页)"深受伤害的人们有着奥林匹亚式的欢笑"(第16卷,第382页)。

欢笑之神圣、舞蹈之轻盈、沉重精神之被克服是联系在一起的(第12卷第393页)。尼采渴求"可以随之翩翩起舞的真相"(第8卷第382页),对一切特定的、固定的、自以为最终有效的绝对真相均持异议:"没有人能闻这类真相而起舞,所以说它们还远远不是我们的真相。"(第14卷第407页)"我似乎并不知道,一位哲学家的精神除了让人翩翩起舞外,还能让人抱什么指望。翩翩起舞是……人唯一的虔诚之所在,是人在礼拜"(第5卷第342页)。查拉图斯特拉高屋建瓴地讲道:"此时我变得轻盈,此时我在飞翔,此时我在俯视自己,此时一位神祇在我身内翩翩起舞。"(第6卷第58页)

真相的危险——

尼采所说的危险的真相,其一是特定的知识,其二是仅仅以特定知识的形态出现的本身不确定的真相本身的存在。在尼采的语句中,这两者是不可分的。

在认识到一切真实之物皆虚妄这一形态中,真相是消极的。尼采阐述,在真相作为生命必需的假相同真相作为对这一假相的认识之间,存在着一个矛盾。而他很早以来就认为,这一矛盾是个生命攸关的问题:"我们向来是不合逻辑的,因而是不义的生灵,并可以认识到这一点,即这是人的存在状况中最大、最不可解的不和谐之一。"(第 2 卷第 49 页)至于如何承受这一点,如何才能在这种不和谐状态中生活下去,则意味着这样一个问题:人们能否自觉地保持虚妄? 或者说,如果非这样做不可的话,人难道不是宁可死去吗? 全部人类生命均深深地陷入虚妄之中。个别的人"如不在内心深处怨恨自己的过去,便不能从这口水井中有所汲取"。这样便带来了危险:"剩下的只有一种思维方式,它作为个人之事让人绝望,作为理论之事造成毁灭性的哲学。"(第 2 卷第 51 至 52 页)尼采则反唇相讥地说:"既然随处通行的都是'不要因认识到的真相'而绝望,那么这里……就不妨承认,虚妄是生命的条件。在极其危险的情况下,必须马上唤起人富有创造性的基本本能,它较之一切价值感都更为强大。"(第 14 卷第 16 至 17 页)

尼采将有其特定性的真相当作生命必需的谬误,便不可避免与此相关地形成有关真相自身的观念。而且这不仅是对一切特定真实存在的否定,也是触及存在自身的可能性之所在。真相既是否定的,也是肯定的。只要真相超出一切特定性,不加质疑地保持自身,只要它似乎可以作为有关存在的知识呈现出来,那么它的任何形态都必定给生命——作为同谬误密切相关的存在状况——带来危险。因此,从生命的角度来看,求真意志本身就是有问题的:"在我们心中,到底是什么在渴求真相? ……为什么不能宁可选择虚妄呢? 为什么不能偏爱不确定性,乃至无知呢?"(第 7 卷第 9 页)

这样,人不甚了解自己,看起来就是人的幸事。人天性同智慧无缘,封闭于自高自大、杂耍一般的意识中。因此,"可怜那些管中窥豹的倒霉欲望,它们此时感觉到,人置身于无情、贪婪、不知足、凶残的境遇之中"。人只有对自己"在昏昏欲睡中骑虎难下的局面"采取一无所知、冷淡无谓的态度,才能活下去。在这一局面中,求真的欲望是毁灭性的(第 10 卷第 191 页)。如果"径直认为,认识发现不了什么,而什么也救助不了人,帮助不了人,根本不可能有也不会有不同的事物存在"(第 4卷第 292 页),那么这是幼稚的。

如果生命的目的在于假相,那么无论是对于一般性生命来说,还是对于各具特点的个别生命来说,真相是"一种敌视生命的、毁灭性的原则"(第 5 卷第 275 页)。这一点尤其适用于尚在成长之中的生命:如若"任何想成熟起来的人都需要某种掩饰性的幻想,一片保护性的、遮蔽性的云雾",那么揭去这一遮蔽的真相似乎就摧残了这一幼芽,会令生命变得枯萎"(第 4 卷第 292 页)。

所以说,在尼采那里,有什么在促使他疏远真相。他讲过,自己总是并不怎么关注真相(第 14 卷第 380 页),他还表示反对"真实之物"的统治:"我似乎并不知道,为何真相独占鳌头的局面是值得企望的。对我来说,真相力量强大,这就足够了。但是,真相必须能够进行斗争,必须拥有一个对手,人们必须能够从这虚妄的对手那里时不时得到休息。"(第 4 卷第 333 页)真相令人失望,因为"一切对真相的认识都不具有创造性"(第 9 卷第 113 页)。

在尼采看来,真相的危险并不是人们反对它的理由。他更希望真相有可能带来祸害:"有害并导致毁灭,同有益并有所建树一样,同属哲学家的使命"(第 14 卷第 350 页)。但是,对危险有所了解,他便既理解一无所知的愿望,又理解求真的勇气。

首先,真相的危险是人彻底的一无所知的愿望的由来:"我们有时需要盲目,不得不在心中对某些信条与谬误不加触动——只要它们保存我们的生命。"(第 12 卷第 48 页)其意义在于:"我希望一劳永逸地做到一无所知。智慧也触及认识的界限。"(第 8 卷第 61 页)"人就是自己那副样子,其前提是,人并不能离得极其遥远地预感,自己是什么人"（第 15 卷第 43 页）。甚至科学本身也以有所不知这一意志为基础："我们从一开始就懂得,保持自己一无所知。……只有在……一无所知的稳固基础上,迄今的科学才会拔地而起,求知欲是建立在某种更为强大的意志基础上的,即建立在渴求一无所知的意志,渴求不确定之物、不真实之物的意志上的。"（第 7 卷第 41 页）

其次,真相的危险是何以真正的求知欲需要勇气的缘由。"我们大家都畏惧真相"（第 15 卷第 36 页）。但是,"谬误是懦弱的表现"（第 15 卷第 3 页）。"人们能够在何种程度上鼓起勇气、勇往直前……便在何种程度上接近真相"（第 15 卷第 64 页）。精神的力量是"依此而得以衡量的,即它还能够承受多少'真相',更明确地说,它有必要……在何种程度上稀释和掩饰真相"（第 7 卷第 59 页）。但是,"就连我们当中最有勇气的人也很少有勇气面对自己真正了解的情况"（第 8 卷第 61 页）。尼采承认（在《查拉图斯特拉如是说》的残简中）："人们会不自觉地做到自我保护、小心谨慎、有所掩饰,面对最为艰难的认识保护自己……我会对自己隐瞒些什么……我们发现,我们承受真相的唯一手段在于创造一种能够承受真相的本质,除非我们情愿再度头晕目眩,面对真相盲目无知。"（第 12 卷第 399 页）

真相与死亡——

真相的危险不仅是危险。完整的真相则是死亡——尼采似乎就是这样看的。他借各种各样的象征手法试图表明自己的这个意思,却未能说清这一意思。

很早,他就从一则神话的象征中看出,对某种毁灭性的违背自然的现象这一令人恐怖的深渊的最终认识,是同沉沦入其中合二为一的："俄狄浦斯杀父、娶母、解开斯芬克斯之谜! 这三件事神秘地联系在一起,告诉了我们什么……?凡大自然原有的魔力被预言的力量所瓦解之处,必然先有一种极其违背自然的情况是其原因,因为假如人没有战胜自然,即没有一种违背自然的现象,那么人如何能迫使自然透露自身的秘密呢?……解开了自然之谜的人,必定是杀父娶母、瓦解神圣的自然秩序的人。的确,看起来神话要向我们透露,智慧是个违背自然的残酷现象,靠自己的知识将自然推入深渊的人,自己也要体会自然的瓦解。"(第 1 卷第 67 页)

尼采以一种乌托邦的形式设想"认识的悲剧性出路",即由认识而来的人类的没落:对真相的认识是留给人的唯一的非同寻常的目标,这一目标是如此之最终有效,以至于相形之下,全部人类做出的牺牲似乎都是恰如其分的。问题在于:"哪一种认识欲能够如此程度地驱动人类,让人类牺牲自己,眼中闪烁着某种有先见之明的智慧死去。或许,人们曾为认识目的而同其他星球的居民联手,几千年来从一个星球到另一个星球地传播自己的知识。或许,认识的热忱随之是如此高涨!"(第 4 卷第 50 页)

对于人是否寻求死亡这一问题,对这一乌托邦的回答必定是:人勇于死亡,却并不希望死亡。"或许,人类会由于认识的激情而走向死亡!……我们的认识欲过于强大,以至于再也无法评说不带有认识的幸福,或某种疯狂过度的幸福……我们大家宁愿人类没落,也不愿认识倒退。"(第 4 卷第 296 页及以下几页)

如果进一步问道:让人类为真相做牺牲,这是许可的吗?年轻的尼采会回答说:"这大概是不可能的……如果这是可能的话,那么这是个不错的死亡,是对生命的摆脱。但是,没有人会不带有一丝疯狂地就如此坚信,自己掌握了真相……至于让人类为一桩疯狂之举做牺牲,这是否是许可的,对这一问题必须做否定的答复。"(第 10 卷第 209 页)后来,尼采在经历了彻底的思想飞跃后说:"我们不妨拿真相做个试验!

或许人类会因此而走向灭亡!"(第12卷第410页)

尼采抛开这一乌托邦的无关紧要之处,尝试着得出生命与真实存在不可统一的思想:"人们会因彻底的认识而走向毁灭,这也许是生命的基本特点。"(第7卷第59页)这样一来,真相便消灭了幻想——"这真是克服人类(人类自我毁灭)的伟大手段!"(第14卷第270页)真相作为绝对的义务,似乎充满敌意地毁灭人世(第10卷第208页)。"真相扼杀人——也扼杀自己(它认识到自身的基础是谬误)"(第10卷第208页),如果这话有效的话,就要补上一句:"求真意志——这有可能是一种隐蔽的趋死意志。"(第5卷第275页)

尼采深切地体会到,认识的实质在得以完善时,是致死的。但是,他尝试着表述这一体验,靠的不是这种主要属于思想上的阐发,而是由诗歌而来的顿悟,或一闪而过的个别语句。

他看到,认识之实质的矛盾之处在于,它源出于挚爱,但形成之后便取消了挚爱:"认识者要求与事物合一,却看到自己是同事物相分离的——这便是他的激情所在。"这样,他便陷入毁灭他自己或面对于他自己毁灭事物这两重思想运动。要么,他要"将一切溶解在认识之中"(这是"将一切都变成精神的努力");"要么,他自己消融在事物之中"(这是"他的死亡与死亡的激情")(第12卷第6页)。

在《夜之歌》(第6卷第153页及以下几页)中,他体会到第一种可能性(将一切溶解在认识之中)的高潮。这首"爱慕者之歌"是尼采出于孤寂对明晰真相的深深抱怨。作为孤寂者,他不为人所爱,并再也无法爱。然而,作为孤寂者,怀着挚爱的意志,怀着朦朦胧胧、超凡脱俗、形单影只的挚爱,他感到精疲力竭:"我是光明,噢,我要是黑暗就好了!……我生活在自己的光芒之中,啜饮着自己焕发出的火焰。我不了解汲取者的幸福……这里是茫茫深夜。噢!我一定要作光芒!我渴求夜色!我渴求孤寂!"(第6卷第153页及以下几页)这里,尼采表述出闻所未闻、备感压抑的感受："因光芒四射、因阳光的特点，就注定无法挚爱。"（第 15 卷第 97 页）这似乎就是永恒不变、自我完善的真相。

这就是消耗光芒的真相所带有的痛苦，仿佛纯粹的精神实质得不到神化，而要僵化为某种逝去的幽灵般的生命。

第二种可能性（即消融在事物之中——死亡），尼采借用同样的象征手法，也有所触及。他在谈论《夜之歌》时说："对这样一首关于光芒四射的太阳陷入一片孤寂的颂歌，阿里阿德涅似乎就是回应……可除了我这外，谁知道阿里阿德涅何许人也！"（第 15 卷第 100 页）

阿里阿德涅、迷宫、弥诺陶洛斯、忒修斯、狄奥尼索斯，这一完整的神话系列，尼采一再谜一般地、模棱两可地有所提及，是要揭示真相的最终秘密：真相就是死亡，或者说追求真相的激情所渴求的，是完全不同的，是濒于死亡的。

迷失在迷宫之中，便无法脱身，并会被弥诺陶洛斯所吞噬。进入迷宫，就是认识者的目标与命运。谁要试图达到完全独立的认识，"而又本无需这样做，就证明他鲁莽到了任性的地步。他陷入迷宫，使已然凶险的生命变得万分凶险。而并非无关紧要的是，没有人亲眼看到，自己如何迷失，迷失在何方，孤零零地被良心上的弥诺陶洛斯一口口吞噬。假定这样一个人走向毁灭了，那么就可以进而对人形成这样的理解，即他们既无感觉，亦无同感——而且人再也没有回头路了"（第 7 卷第 49 页）。针对以前那些讲授通向幸福与美德之路的哲学家们，这位新颖的、独立的哲学家轻蔑地讲道："我们为何躲躲闪闪？难道成了哲学家……就成了妖魔鬼怪了吗？难道这不是为了摆脱美德与幸福吗？我们天生过于幸福，过于富有美德，无法稍稍尝试一下做哲学家，这就是说，做非难道德的人、冒险的人……我们对迷宫固有地好奇，我们竭尽全力地结识弥诺陶洛斯先生。"（第 16 卷第 437 页）哲学家"在自己的巢穴里年复一年，夜以继日地独自同自己的心灵争执与对话——这巢穴有可能是座迷宫，但也有可能是座金矿"（第 7 卷第 267 页及以下几页）。

这就是真相，它引人走进迷宫，落入弥诺陶洛斯的掌握之中。因此，认识者还另有目的："一个迷宫一般的人从不寻觅真相，而始终只是寻找他的阿里阿德涅——这也是他愿意向我们诉说的。"（第 12 卷第 259 页）寻觅真相，会促成与真相不同之物。这不同之物形同真相，却不是真相，只是被当作真相而已。阿里阿德涅何许人也，尼采没有说过，或许无法说出。

在尼采那里，阿里阿德涅又成为死亡。正如她是对"光芒四射的太阳陷入一片孤寂"的回应，是对脱离了存在的纯粹精神的回应，因为她有可能消融进思想性的实质，或有可能在真相的迷宫中获救，此刻对于正探索真相的忒修斯来说，她同样意味着没落："狄奥尼索斯讲，阿里阿德涅，你就是座迷宫。忒修斯在你之中迷路了，他再也没有引线了。他不为弥诺陶洛斯所吞噬，又有何用呢？那吞噬他的，比弥诺陶洛斯还要糟糕。"阿里阿德涅回答说："这是我对忒修斯的最终之爱：我要引他走向毁灭。"（第 14 卷第 253 页）

然而，这也并非尼采盖棺定论之语。如果说忒修斯是"荒谬的"，即作为对真相抱有狂热信念的人，不惜一切代价地探索真相的话，那么狄奥尼索斯就是新的真相。尼采作为忒修斯，虽然迷失在阿里阿德涅的迷宫中，但尼采作为狄奥尼索斯却成为穿透生死的真相，因而他出于真相对阿里阿德涅说道："我就是你的迷宫。"（第 8 卷第 432 页）[36]难道在隐秘作为从属于真相的因素并救赎与克服真相之际，由于人们探索真相时发生的荒谬的命运转折可归结为一种存在，而这种存在仅在狄奥尼索斯身上才是真实的，结果狄奥尼索斯就是真相所在吗？凡尼采在此未再诉说的，人们便无法理解，无法真正体会。阿里阿德涅是"光芒四射的太阳陷入一片孤寂的回应"，阿里阿德涅指点真相之迷宫的迷

津,阿里阿德涅本身就是迷宫,阿里阿德涅以狄奥尼索斯为迷宫。在这
些论断中,阿里阿德涅既像一个谜,又保持为一个象征。

在尼采看来,最终的真相就是死亡。查拉图斯特拉就是一个象征,
因为他对至高真相的宣示、他的实质之完善、他必然性的命运,汇合成
查拉图斯特拉的沉沦。难道因为死亡是真相,人就渴望死亡,或者因为
死亡是假相,人就躲避死亡吗? 在尼采那里,由真相中的死亡与死亡中
的真相而来的这种灾难性的歧义性是无法澄清的。

"没有什么是真实的,一切都是许可的"——

如若世上一切特定真相都要经受质询,掌握真相并不代表真相本
身,那么看上去否认一切真相的表述就必定是可能的。尼采一再重复
的话本身是无法理喻的。它本身是毫无思想联系的表述,是对人采取
随意、诡辩、犯罪态度的要求。在尼采那里,它释放出最为深沉、因而最
为真实的驱动力,不拘泥于僵化在任何形态中的"真相",因为这种真相
事实上是假相。求真的激情作为彻底、不断的怀疑,令现象的所有规定
性灰飞烟灭。如果说真相作为超越,作为完全不确定也不可确定的真
相,本身并不会撒谎的话,那么世上的任何真相都会撒谎。因而真实的
只有无可置疑的眼下之物的具体的历史性,但还有生存的不为人知之
物。不是在任何真实之物那里,不是在有关真实之物的思想中,不是在
有关真相本身的思想中,而是在这种生存之处,哈姆雷特表述的怀疑才
有其界限:"可以怀疑真相是否会说谎,只是不能怀疑我的爱。"

尼采对真相的任何僵化方式都提出质疑,借此提出非同寻常的要
求:"我将'精神自由'理解为极其特定之物,即靠严格对待自己,靠正直
与勇气,上百次战胜哲学家与其他'真相'的学徒,……我视迄今的哲学
家为躲在女性真相钗裙下的可怜浪子。"(第15卷第489页)只有这种
在未得以意识之物——生存本身——的严格指导下才有可能出现的无

限开放的态度,才能够真实地说道:"没有什么是真实的。"这句话的含义不是无节制地随意性的,而是"你们必须对高尚情怀做最伟大的尝试"(第 12 卷第 410 页)。只有与生俱来的高尚情怀才能出于其挚爱与创造欲的历史性肯定态度,充实那一句话的无与伦比的否定性。这是因为,在这种高尚情怀中,有着能够对一切特定真相中的生命提出质疑的驱动力与力量,因为这种驱动力与力量创造出更高超之物。由于再也没有什么"是"真实的,因而"一切"都是许可的,不可触及的存在是无规定的。只有当存在出于历史性之深处面对自身时,尼采的话才有其意义。而这一句话也随即扬弃了自身。它只有在关键时刻才有其意义。

只有当这一句话保留了尼采设想的全部真相时,才能在尼采哲学沉思的进程中保持真实性。作为简洁的表述形式,它具有灾难性的歧义,直接表露出尼采要间接表达的含义与观点的反面。作为完全缺乏思想联系的表述,这一句话本身无法起到引导人的任何作用。随着一切真相俱告终结,这一句话直接意味着,人沉沦入不确定的可能性之中,而这就是虚无。在虚无当中,因有益生命而是真实的假相同个人的随意性谎言无分轩轾,历史性同混乱局面也泯灭了差别。似乎所有生命都是在同一个层次上齐同均一的,似乎一切都是同一生成过程的现象,这种生成以强力意志形态各异的面目自相斗争。最后的界限只是空洞的毫无意义与徒劳一场。

虽然说这种看法既是确定无疑的,又是显而易见的,但从总体思想关联上看,它仍不可能是尼采思想的最终意义所在。这一句话将关于真相的思想推行到极致,因为它要通过否定性的表面现象来表述深刻的肯定性,即对不可在任何普遍形态中得以把握的真相的肯定。但是,这一句话与其说是一种呼吁性的象征,不如说是向人迎面袭来的论战形式。这一论战形式与其说是对思想起源的意识,不如说形同绝望之情的表达。

　　明确地采取那样一些辩证的思想运动,在这些辩证的思想运动中,真相在任何地方都达不到自己的目标,因为真相在任何地方都不可为人所据有,而是最终自我否定的,这一点促使我们返归对自身可得以历史性意识的生存的实现。我们了解这一思想运动,便不想据有真相。只有一贯保持思想的运动,才可克服错觉带来的危险。这错觉来自,当我们将尼采被孤立起来的表述和本身孤立的表述当作一针见血的话语,不假思索地加以利用时,就是在借助于辩证思想,对一切做随意性辩解和批评。

第三章　历史与当今时代

尼采借以洞观历史的诸形式

历史的一般性本质特征——时代、民族与人

历史意识的生命意义

反对历史性科学的基本谬误——反对历史摧残生命的作用——主张真正的历史性

当今时代

时代的面貌——"上帝死了"——欧洲虚无主义的由来——这些论点的意义

人并不是保持不变的，并不是世世代代重复同样生命的生灵，而是历经历史而生成其自身的。历史带着人不断运动。哲学的古老使命之一就是意识这一运动。至于如何做到这一点，则始终决定着人对生命的意识。如若这一使命是同广泛的历史哲学相统一的，那么这种统一性就充实着我们对于自身之由来这一基础、自身借以生活之实质、自身立足之基础、自身处身之时代、这一时代面临之使命的明确意识。在尼采那里,这类整体性已然支离破碎。他只是分别给出一些整体性观点,作为尝试性的透视性观点,而这些观点随即重又显示出其局限性。所以说,他的历史观点随即分崩离析了。这种情况可以从三个方面得以考察。首先,尼采生活在对历史现实的实际性直观之中,他分享对于他那"历史性的"世纪的包罗万象的历史知识,借以追问这一现实的本质特征及其因果关系。其次,他不是以历史本身作为对象,而是以历史意识的现实性对于生命的意义作为对象,并对这种现实性加以质疑。他的课题是,历史性的回忆源出于何种动机,都采取哪些形态,起到什么作用。再次,他将目光对准自己所处的时代。研究这一时代,是他所有历史思想的真正意义之所在。他自觉地投身自己要把握的某一世界历史瞬间,以便了解在今天什么才是关键所在。虽然他不像先前的基督教历史哲学、黑格尔历史哲学及其传人的历史哲学那样,能够出于对世界历史整体的知识来确定我们占据的位置,但他在事实上同前人一样,具有同样的某种整体性历史意识的激情。他在时代的转折点研究这一转折点的意义,以便通过自己的思考为人们指明道路。

尼采借以洞观历史的诸形式

尼采既非合乎方法地做研究的研究人员(除了青年时期一小段紧张日子,在那段日子,他作为古典语文学家,自觉地对自己的研究工作做专业训练),亦非有所建树的历史哲学家,阐发一个联系广泛而又自成一体的思想整体,来表述自己当下的历史意识,而是一个旁观者,表述出自己从各个角度看到的一切,挥霍性地抛出大量的观察结论。他想必感受到一种描述事件的审美乐趣,有时又显示出一种虚假的非凡之处。但是,他真正的驱动力就是认识的意志:他试图通过有关历史事件的知识,赢得评判人间万物的价值的思想基础。

历史的一般性本质特征——

尼采把握着统治历史进程的法则、社会学意义上的必然性以及人们为人处世的心理学类型。他试图透过无边无际的直接的历史现象，触及实质之物。透过几组考察，他的历史观的几条脉络便通过实例清晰可见。

1. 第一个问题是视野最为广阔的。历史肇始于何时，是什么因素推动了历史进程？尼采回答说：历史肇始于个人具有创造性的解放动力之际。在个人与个人所隶属的亘古不变之整体之间的紧张关系中，历史运动生生不息。

前历史时代——就像尼采所建构的那样——仅仅是由作为普遍有约束力且根本未经质疑之物的传统习俗决定的。这里原本没有历史（第11卷第138页）。这一时代的人最为恐惧的，莫过于感到自己形单影只。个人并不意味着什么好事，而是一种惩罚。所有苦难、所有畏惧都关联着这种独处的生活。人的行动愈是显露出"随大流的本能"，愈少显露出个人意识，人便愈觉得自己符合道德（第5卷第157页）。

在世界历史之前，这种"为道德而讲求道德"的时间极其漫长。这一漫长的时间——相形之下，"世界历史"只是"人类生命中小得可笑的片断"——"是确定人类特征的实际而关键的主要历史"（第4卷第27页；参见第16页、第21页及以下几页、第38页及以下几页）。

在有历史的时期，历史运动总是源出于同传统习俗的分离，"是自由精神塑造了历史"（第11卷第138页）。但是，面对传统习俗，"自由精神"总是孱弱的。至于它如何依旧能够得以实现，这一问题就是在追问"天才的创造力"以及真正历史的开端及其再度的开端（第2卷第218页及以下几页）。

尼采将个人联系到具有普遍约束力的整体之中，反过来又将整体联系到个人身上（使得生命与人的发展同时成为可能的，使得时间的持存与历史同时成为可能的），对这两个方面都做了表述。他充满激情地伸张个人、天才和自由的精神。并不违背这种态度，而是补充这种态度的话是："对于妥善认识文化来说，没有什么比只承认天才而不承认其他一切更为有害了。"（第11卷第135页）所以说，尼采要用"对文化的崇拜"作手段，来取代对天才的崇拜。这是因为，一切人性的余音——从蚂蚁的作为到天才的杰作——都不应当再度消失："我们怎么能够丢掉共同的、深刻的、常常是极其重要的基础呢？没有它，旋律便不成其为旋律。"（第3卷第104页）

这种相互作用的总体情况显示出一种严峻的必然性。对立于任意妄为的情况的，是"某种信仰的普遍性与有约束力性，简而言之，即下判断时的非随意性。迄今为止，人最伟大的工作就是，彼此间就许许多多事物取得一致，并确立彼此一致的法则"。如果恰恰是最为不可多得之人——尤其是探索真相的人——反对这种贯彻于齐同均一的协议中的有约束力的一致性，那么就需要有"符合道德的蠢行，以及慢慢腾腾的气质那种雷打不动的节奏，以便让伟大整体信念的信徒聚集起来"。如果个人行为的任意妄为将各个民族引向混乱，任何亲力亲为所导致的约束的松懈都是一种危险，那么状态最为良好的民族"由于其中大多数人因他们所习惯的、无需讨论的基本原则是一致的，即因他们的共同信念而拥有活跃的共同意识"，便会与此相反地面临另外的危险，即"由于世代相传而逐渐变得愈发愚蠢"。尼采认识到历史运动的矛盾之处，意识到自己的存在是一个创造性的例外情况，承认历史中出现的必然性。"我们这些另外的人是例外者，是危险所在——我们始终需要自我辩护！——此刻的确要替例外之人说些好话，前提是例外永远不会成为惯例"（第5卷第104至106页）。因此，他称"仇视某位哲学家的平庸，是不合适的"。而这恰恰是因为，哲学家"是例外人物，他要为惯例提供保护，要对一切平庸之物满怀信心"（第16卷第303页）。

2. 在尼采看来,历史进程就在于通过形而上学、宗教、道德内容的有效谬误来约束人。历史发展的出发点在于,人是野蛮、无制约的自然力量,虽然我们几乎忘却了这一点。我们的时代也形同一种温和的气候,不同于以往的干热气候,"如果我们在那里看到,最为狂烈的激情如何为形而上学观念的巨大力量所征服、所粉碎,那么我们的心情仿佛热带的野虎被巨蟒所缠困的情景历历在目……甚至在梦境中,我们也无法捕捉到,先民在清醒时看到的是什么"(第 2 卷第 223 页)。那种情形也是我们生命的前提条件。随着情况的变化,我们的实质便形成了。"似乎为了让人类铭记永恒的要求,一切伟大的事物都必须像丑陋而骇人的面具一样从世上消失殆尽。这种面具之一即教条式哲学,如在亚洲有吠檀多学说,在欧洲有柏拉图主义……如今,我们继承了针对这一谬误的斗争所培养起来的全部力量"(第 7 卷第 4 页及以下几页)。"如果忽略这些谬误的作用,也就忽略了人文精神、人性与'人的尊严'"(第 5 卷第 156 页)。

3. 在历史上总可以看到一些保持不变的恐怖力量,人会对它们加以掩饰,而不是克服它们的实际情况。人的生命是同这些力量共存的。"文化只不过是裹在一团混乱之外的一层干瘪苹果皮"(第 12 卷第 343 页)。尼采认为,这些力量是一切之由来:"最为野蛮的力量是开辟道路的,最初是毁灭性的,尽管如此,它们的活动却是必需的……人们称之为邪恶的令人恐怖的力量,是巨人般的建筑师,是人文精神的创始人。"(第 2 卷第 231 页)任何更高的文化,都是由野蛮人开启的(第 14 卷第 68 页)。其开始时,"便有大量事物被掩盖起来"(第 10 卷第 127 页)。随时都有可怕的事情发生,只是更为隐蔽,因为似乎没有人做这样的事,"为了做个人没有勇气去做的事情,人们发明了各种各样的名义。因此,人的所有共同体都要比作为个人的人的本质更正派和富有教益一百倍"(第 16 卷第 173 页)。国家做到了个人永远无法理解的许多事

情,靠的是将负责任、下命令和执行命令分隔开来,靠的是在这里塞进
顺从的美德、义务、对祖国与王公大人的爱,靠的是维系傲慢、严酷、强
力、仇恨、复仇之心(第 16 卷第 174 页)。

时代、民族与人——

历史事件的类型是尼采历史思想的一个透视角度。另一个透视角
度则是他对时代、民族与伟人的直观。他的目光触及原始时代、古希腊
世界、印度、基督教、文艺复兴与宗教改革、启蒙运动与现代各民族,并
围绕它们做了言简意赅的描绘性表述。但是,在他看来,历史并非对种
种形态的平铺直叙,就仿佛其价值随处都是等同的一般。在世界历史
现实的范围内,凡他的目光所及之处,他的价值判断都有一个核心。这
是因为,仅在历史的一个段落上,尼采才同自己的对象始终具有一种生
存上的联系,而这就是古希腊。就算他论述文艺复兴、日耳曼民族史前
时期、罗马帝国的种种现象时,偶尔也显露出类似的联系,那么这也是
暂时的,不具有更多的普遍性。这些表述,尼采仅仅用于自己从古希腊
汲取的知识。贯彻他终生的是,他追本溯源地认定,自己的种种可能性
都同古希腊息息相关。而这是同他要实现更高的德意志精神的意志相
吻合的,他认为这种精神是同古希腊如出一辙的。只是古希腊历史已
然结束,在尼采无庸置疑的评价中,[37]古希腊是历史的轴心(近乎像基
督降生对于虔诚的基督徒的意义一样),而德意志精神在他看来则完全
属于未来,它本身带有闻所未闻的危险,以至于尼采对真正的德意志精
神的挚爱——在这个堕落的世界上,他对德意志精神寄托了所有的希
望——表现为充满激情的、终生愈发强烈的批判。

希腊人是“最为硕果累累的人”(第 13 卷第 363 页),希腊民族是
“世界历史上唯一富有天赋的民族”(第 10 卷第 390 页),“再高估希腊
人也永远不过分”(第 10 卷第 237 页)。

由于古希腊是"真正的和唯一的教化之乡"(第 9 卷第 344 页),"古希腊世界是生命唯一的、最为深刻的可能性之所在"(第 9 卷第 232 页),做如是理解的尼采便认为:"最高的教化只不过是古希腊文化的再生。"(第 9 卷第 424 页)因此,如果我们对古代仅仅采取历史性态度的话,就会错失教化(第 9 卷第 29 页)。关于古希腊人的单纯知识本身只是关于教化的空洞知识,而关键在于"教化上的决断"(第 1 卷第 312 页)。由此,尼采希望:"我们日复一日地变得希腊化,首先是合情合理地将概念与价值判断变成希腊式的……随后但愿我们的躯体也变成希腊人式的! 这就是(一向是)我对德意志精神寄予的希望。"(第 15 卷第 445 页)

尼采意识到:"对伟大的希腊人的认识教育了我。"(第 13 卷第 8 页)只是在古希腊文化的起源处,他才领略到自己的时代的危害:"只要我还是以往时代、尤其是古希腊时代的学生,我就超出自己作为这一时代之子,感受到自己是如此之不合时宜。"(第 1 卷第 281 页)

只不过,人不能"靠否认德意志精神,径直而不经桥梁地跃入最为遥远的古希腊世界"(第 9 卷第 348 页)。人的目标在于:"通过更新德意志精神来获得古希腊的新生。"(第 9 卷第 294 页)"自然,人要懂得,只有在隐秘之处,才能寻找这一德意志精神"(第 9 卷第 349 页)。

只有当所有人不再做单纯的旁观,而将有关古希腊的知识变成自己的血液时,这自己的血液才同样会唤醒古希腊幽灵的生命。尼采如何超出古希腊与德意志之分,在自身的历史性中感受到,自己的思想起源与古代思想起源的更新是一致的,这一点表现为,他年轻时就不再做"没落的古代的学生",而要"在伟大、自然、人性的古希腊世界中勇敢地瞻望自己的榜样"(第 1 卷第 352 页)。尼采在临终之际表露了自己一开始便当真做到的:"一切德国哲学沉思享有真正的尊严之处在于,逐步重新赢得古希腊的基础。任何提倡独创性的要求都显得微不足道,相形之下,德国人的那样一种要求才更为高超,它要将断裂的纽带重新连接起来,即将同古希腊人这一迄今最高贵的人种的断裂的纽带重新连接起来。"(第 15 卷第 445 页)

历史意识的生命意义

尼采深入研究人的实质的基本事实:人的实质区别于动物,是由历史、无意识的传统以及有意识的回忆造就的。没有历史,人就不复成其为人。人把握过去又排斥过去,并对未来有所领略,借此一再以全新的形态返归自身。因此,人需要历史,以便——像尼采阐述的那样——(在波澜壮阔的历史中)以人有可能做到之事为伟大先例,鼓起采取眼下行动的勇气,获得自身实质的升华,在气馁时得到安慰;人需要历史,以便(在考古性的历史中)怀着挚爱与虔诚之心意识到自己的亲身由来;人需要历史,以便(在批判性的历史中)出于自身生命硕果累累的驱动力来克服仅属过去之物。

在历史科学当中,历史性追忆被塑造成了知识。尼采是在自己的时代体会这种追忆的,这一时代曾自誉为真正的历史。但是,尼采首先向全部历史科学提出了质疑。

反对历史性科学的基本谬误——

历史学不是关于某种不变与固定事实的持久有效的知识。历史学作为知识,是伴随着作为现实事件的历史而变化的:没有任何过去之事是最终死亡的。如果它是真正的起源的话,它便出自崭新的当今,在不可忽略的变化中存在下去。它会遭遗忘,并被重新把握。它会得以发现,尽管它看起来已众所周知。它会成为新的驱动力,尽管它已经被等闲视之。对于这作为活跃演变的知识的真实历史,人永远无法最终弄清，它曾经是怎么回事。以前的情况取决于现在，取决于现今的实质。出于这种实质的驱动力，历史才再度成其为关涉现今之物，并成为现今的升华、尺度、范例与对照。因此，一方面，真正的历史绝不会成为纯粹的科学；另一方面，没有精确的研究，历史也不会是真实的。只是精确的研究涉及历史素材与前提，涉及任何理智之人能够认识也必定认可其为事实之物、视之为以往之人意旨所在之物。与此相反，不受制约地以这种事实情况为媒介，则历史性追忆就是真实的。它凭着某种渗透理智的实质——这种实质同样在这种追忆中成其为实质——所带有的历史性目光，观望这种实质是如何使得追忆成为可能的。

对任何以往之事的完整知识尤其是不可能的。这并不是由于历史素材之故——无论是说历史素材无穷无尽，永远无法概括，还是说我们缺乏历史素材——，而是由于任何活跃的生存都具有无限的可能性，只是随着追忆显现出各自的天地才显现出来。我既不能靠知识等同于奠定我的基础的以往之物，也不能看透这一以往之物。由于科学上不正确、生存上不真实的虚假知识之故，所谓的整体知识会毁灭真正有所吸收的追忆过程。有鉴于此，尼采呼吁人注重眼下的生命与"非历史之物"。但是，他在作表述时，却在表面上将非历史之物——它形同动物的生活一般，一无所知、遗忘一切地采取蛮横无所谓的态度——同另外一种非历史之物——它原本是符合人性的，是眼下的本源性存在，因而已然是历史性看法的雏形——混合起来。

尼采的怒火不是针对科学方法，不是针对历史性追忆，而是针对从事所谓纯粹科学的历史学家而发作的：他们展示的，是自己根本不掌握的知识。这一点表露在他们的思维方式的所有基本特征之中。例如，当他们宣称，事物的进程具有某种必然性时，他们拒绝尼采看待历史的方法所看重的那种"基本的问题"："如若这事情与那事情并未出现，那么会怎么样"。他们赞美成功，持有"历史乐观主义"，不能理解

"历史有多么残酷与缺乏意义"。尼采同他们针锋相对地呼吁:"一切被成功所压抑之物都会逐渐奋起反抗。"至于有科学良心的历史学家的所作所为,则是"将历史当作对胜利者的嘲讽,是臣服于事实的意识"(第10卷第401页及以下几页)。

反对历史摧残生命的作用——

讲求科学的历史学家在自己的知识整体中带有的原则性谬误并非无关紧要的谬误。尼采深切地体会到,历史学会毁灭人。他在自己青年时代的著述(《论历史对于生命的益处与害处》,载于《全集》第1卷第277页及以下几页)中揭示出,历史学"过分"地有害。首先,它削弱人性,因为历史意识成了某种表演艺术,时不时假定有任何一种异样的心灵,以至于仅仅还能理解往昔的人的内心由于如同做戏而缺乏本质,同这个人的实际现实相脱节。其次,历史学致使人自以为做得既客观又公正。其结果是:历史学摧毁了本能;它由于意识超前而妨碍生命的幼芽成熟起来。它让人相信,人类已衰老,因而带来了因袭前人的感受。最终,它让人意识到自身的虚无、万物的堕落,只遗留下某种讽刺性情调。历史学通过这些渠道剥夺了人做历史性追忆的价值。由于历史学之故,人(在波澜壮阔的历史中)仅仅还能认识伟大人物而已,而不能充当伟大人物;人(在考古性的历史中)毫无虔诚之心地将往昔之物仅仅当作往昔之物;人(在批判性的历史中)毫无实际必要地仅仅是分解性地评判往昔之物。

什么是历史学的"过分"之处?尼采说,追忆是人区别于动物之处,人除了需要追忆外,也需要遗忘,而这是人同动物的共同之处。为了能够承受历史性追忆,而不致使自己泯灭,就需要对追忆有所加工,有所汲取。因此,那种"造型的力量"抉择着,历史之物在何种范围内可为人所接受,而不致毒害人。是人性的力度决定着历史学在何种程度上可为人所接受。

尼采称追忆与遗忘这两种力量是人身上的历史性与非历史性。由于这两者都是必要的,所以尼采要依照情形,在仅属表面的矛盾中将前者或后者解释为实质性的。

有时,他对历史学一味批判。"如若具有内在联系的以往全部努力俱遭谴责",尼采就会看出"历史科学的使命已然结束"。这样一来,历史科学就是多余的了。"取代它的,必定是有关未来的科学"(第 10 卷,第 417 页)。

主张真正的历史性——

尼采着重对真正的历史之物做肯定性评价。他阐述了我们这个时代可能具有的历史意义:这一时代提出的使命是,超越不可逆转地已成定局的原汁原味的民族文化,通过一种比较性文化来考察全新的生命(第 2 卷第 41 页)。在此意义上,尼采称颂我们这个时代:"我们回顾往昔,享受一切文化……从一切时代中汲取珍贵的给养……而以往的文化只能享有自身,视野超不出自身。"(第 3 卷第 99 页)但是,在他看来,这种"享受"并非宁静地袖手旁观。如今,我们有可能做得更多:"谁懂得将人类历史统统当作自身的历史来体会,谁便会极其广泛地感受到所有悲伤之事……如同英雄人物置身胜负未分、却令敌我两败俱伤的战役之夜的那种悲伤……但是,承受无数悲伤之事……人的视野才遍及生前身后的几千年,才禀承这一切……才成为古代所有高贵之人中的最为高贵之人,同时又是某种新贵的初生子……这必定带来人迄今尚未领略的幸福……这种突如其来的感受就叫做——人性!"(第 5 卷第 259 页)

他甚至在一时间赋予这样一种尝试以价值,这种尝试即超出人们之上、无限远大的生命历史学与世界历史学:"认识历史上的全部既成之物这一努力……第一次拆除了横隔在人与动物、道德与自然之间的旧有围墙"。"这一努力要认识人类的天赋总体。得以完备致思的历史学似乎就是宇宙的自我意识"(第3卷第103页)。

尼采揭示了自我孤立的历史意识的毁灭性作用,有时将往昔仅仅看作锁链。相形之下,尼采所提要求的核心是:充满激情地把握历史。他的确骇人听闻地讲述,历史有可能失落并堕落:"你们对往昔不抱同情心吗? 你们没有看到,往昔是如何被牺牲掉的? 往昔又是如何取决于每个人的恩惠、精神与公正的? 难道不会随时冒出一个大恶魔来,强迫我们否认往昔,对往昔装聋作哑,或者干脆递给我们一根鞭子,让我们虐待往昔吗?"(第12卷第193页)"查拉图斯特拉不想失却人类历史、抛弃一切"(第14卷第217页)。

在尼采看来,深刻地吸收往昔,是未来的真正源泉之所在。"往昔所孕育的、未来所创生的——在我看来就是现如今"(第12卷第253页)。

当今时代

如果说往昔尚且是隐秘的,仿佛在等待人去发现它最高的可能性,那么当今就意味着要求人们,把握当今之物。尼采对往昔的思考同他对未来的思考一样,源出于他对当今的意识。他询问,当今究竟是怎么一回事。

时代的面貌——

尼采很早就看出,时代的面貌是恐怖的。他看到文化荒芜的征兆:"宗教的泉水已然干涸,遗留为泥沼与水塘;各个民族彼此隔阂,相互敌视……科学……将一切为人们所牢固信仰之物分割得支离破碎……一切都有助于兴起一场野蛮愚昧……有一些特定的力量野蛮而又原始，毫无仁慈之心……如今世上的一切几乎都只是由粗暴与凶恶的势力来定夺，由攫取力量的人的利己主义者以及依靠军事力量的强权统治者来定夺。"近代人的生存表现得"无法言说地贫乏与枯竭，尽管它从往昔的文化中借来了无法言说的绚丽色彩"。它的教化被有关教化的知识所取代。充斥于人内心的是"空虚的衰弱感、腐蚀人心的不满足感、忙忙碌碌的无聊感，不诚实的愁闷感"（第 1 卷第 310 页及以下几页、第 402 页及以下几页、第 527 页及以下几页、第 533 页及以下几页）。"没有什么是基础稳定、令人确信不疑的……我们的生涯平淡无奇而又危险重重，令人战战兢兢，如履薄冰：我们所走的道路，很快便无人再走"（第 15 卷第 188 页）。

尼采也知道，要为当今说几句好话，尽管几乎每一次最终都让人疑虑重重："我们在澄清这个世界这一点上超过了希腊人，这靠的是自然条件与人类历史。我们的知识更为丰富，我们的判断更为公允与正当。一种更为柔和的人性也已然普及开来……我们最终宁愿生活在这个时代，也不愿生活在其他时代，这实质上是科学的贡献。以前肯定没有人像我们这样，享有如此之多的高贵的欢乐。只有当人们只想理解，不想参与时，享有种种'自由'才是件好事——这就是现代的症结……这样便产生出危险，即知识会向我们施加报复，正如在中世纪，无知曾向我们施加报复一样……"（第 10 卷第 408 页）

进一步研究世界的巨大变化源于何处，最初会发现一些触手可及的现象：机器就是命运所在。机器改变了我们生活的世界，我们接触的对象本身对我们而言变得无关紧要。这是因为，机器"没有人格，它令人在从事计件工作时毫无自尊，剥夺了工作的个性财富及其不尽完善之处，即剥夺了它那一丁点儿的人情味儿"。以前，家具与服饰"象征人们的相互尊重与人际的相互联系，而我们如今看起来只是生活在无名的与非人格的奴隶制中"(第 3 卷第 350 页)。机器还进而借助于它促成的劳动方式来改变人。它"不给人以奋发向上的驱动力……它令人忙忙碌碌,千篇一律"(第 3 卷第 318 页)。机器造就了共同的生活。它"为组织政党、发动战争塑造了模式。相反,它并不教人去崇尚个人。它将许多人变成一架机器,将每一个人变成达到某一目的的工具"(第 3 卷第 317 页)。尼采概括道:"新闻、机器、铁路、电报是一些前提,其贯彻上千年的结论,还没有人有勇气得出。"(第 3 卷第 340 页)

尼采进而认为,时代是由大众决定的:"今日是贱民的今日。"(第 6 卷第 429 页)"极大的平庸是时代的危险所在"(第 14 卷第 204 页)。传统知识再也无法得以吸收。"现代生活杂乱无章"(第 1 卷第 503 页),令人湮没无闻:现代的喧嚣令一切再也无法生长。人们谈论一切,却对一切闻所未闻。"一切都落在浅水中,再也没有什么沉入深深的井中"。"一切都是飞短流长","一切都是流言蜚语"(第 6 卷第 271 至 272 页)。

为了在无聊之际排遣乏味感,人们麻醉自己,"所以,这个时代在发明麻醉品方面最富有创造力。我们熟悉音乐的麻醉、对个人与个别事件做盲目祈祷的麻醉。这是沉沦时刻的残忍之处。我们熟悉……无思无虑的劳动"(第 14 卷第 209 页)。而"对虚无的神秘信念以及为此信念而做的自我牺牲"(第 14 卷第 209 页),不过是另外一种麻醉方式而已。

这一切的实质在于,世人被剥夺了实质,倾向于伪善地生活,对伪善之物而不对真实之物欢呼雀跃,每个人都愈来愈不是在生活,而是在伪善地生活(第 15 卷第 193 页及以下几页;第 8 卷第 35 页及以下几页;第 15 卷第 199 页)。

对时代的这番振聋发聩的描绘,其深刻性与思想统一性得自于一种基本思想,而这一思想是尼采对当今是怎么一回事这一问题的回答:"一切都在摇晃,一切都在震颤。"(第 6 卷第 439 页)人们当真失去了信念。时代的这一基本事实开始明确地揭示出：

"上帝死了"——

这一观点充斥于尼采后期的全部著述之中，它很早——早在 1872 年以前——便宣示出来了。"要么我们死于宗教，要么宗教死在我们身上。我相信那句原始日耳曼式的话：诸神注定要死去"（第 9 卷第 128 页）。他当时论述时代说："垂死的意志（垂死的上帝）分解为诸多个体。它始终追求失去的统一性，它的结局是始终瓦解下去。"（第 9 卷第 77 页）他在 40 年代末说："信念的失却是众所周知之事……如今接踵而来的是，再无恐惧、再无权威、再无信任感。"剩下来的只是"短暂的生命、趋向最为粗鄙的目标的生命……"（第 11 卷第 374 页）他一再以愈发新颖的表述方式重复有关上帝之死的思想。例如，尼采如此表述这一思想，即将人描绘为囚徒，将耶稣描绘为同样死去的囚徒看守人之子。看守人之子说："我要释放所有信仰我的人，他们如此确定，就仿佛我的父亲仍旧活着。"（第 3 卷第 24 页）随后，尼采的激情直接表露在对"狂癫之人"的描绘中（第 5 卷第 163 页及以下几页）。这个人在上午的光天化日之下，打着灯笼在市场上寻找上帝。他置身取笑他的人中间，呼喊道："上帝去哪里了？……我要告诉你们，我们杀死了他——你们和我……可我们是如何做到的？我们如何才能饮干大海呢？……我们向何处去？……难道我们不是为无限的虚无所迷惑？……我们这些所有凶手中的凶手该如何聊以自慰？难道这一行动的伟岸之处对我们来说不是过于伟岸了吗？难道我们不是仅仅为了显得配得上诸神，就要把自己变成诸神吗？还从未有过更为伟大之举——谁只是继我们之后而生，便因这一行动起见而属于一段更高的历史，一段高于迄今一切历史的历史。"当大家沉默着露出不解的目光时，他将灯笼抛在地上："我来得太早了……我还不适合这个时代。这一伟大的事件还在半路上……

它尚未传入人们的耳中……对人们来说,这一行动始终比最为遥远的星辰还要遥远——但他们毕竟做了这件事。"

尼采没有说上帝不存在,也没有说我不相信上帝,而是说上帝死了。他认为如果看清了这个时代及其自身的实质,便为当今的现实做出了诊断。

对于上帝怎么会死这一问题,他借助于比喻做出回答:"上帝死于对人的同情。"(第 6 卷第 130 页)可是,"当诸神死去时,他们的死法总是不同的"(第 6 卷第 379 页)。为什么上帝被谋杀了?"他看到人的内心深处,所有的人都隐匿自己的耻辱之心与仇恨之心,人的同情是不知羞耻的……人忍受不了有这样一个证人活着"(第 6 卷第 387 页)。

欧洲虚无主义的由来——

上帝何以死了,这一问题得到这种象征性的回答后,便作为问题而获得了当今虚无主义历史来源研究的非象征性形态。尼采认为,在基督教中可以看出虚无主义的来源:在基督教对尘世做的完全特定的,即道德式的阐释中,隐藏有虚无主义的起源(第 15 卷第 141 页)。这是因为,"对于通过基督教高度发展起来的真实性的感受,最终令人对基督教解释尘世时的虚假性、欺骗性感到恶心"。基督教创造出一个虚构的世界,出于基督教带来的求真的驱动力,终究可以看出这一虚构世界的非真实性,而且如今什么都已不复存在。由于在基督徒的生命中,一切牢靠之物与价值都是虚构的,它们便在人认识到这种虚构之际,以闻所未闻的方式沉沦入虚无。如今这个时代,"在我们不得不为人做基督徒有两千年之久而付代价时,我们便失去了生命的重心——一时间不知何去何从……此时,一切都彻头彻尾地是虚假的"(第 15 卷第 160 页及以下几页)。

在尼采看来,虚无主义产生的背景可以合乎逻辑地用这样一种谬误来加以说明,即人认为可以主张,像意义与完整性这类范畴,对于这个世界是绝对有效的。如果我错误地假定,世上必定存在某种涵括一切事件的意义,那么由于一个诚实的人实际上无法寻找到这一意义,最终就会产生可怕的失望这一空虚感,即"徒劳一场"的痛苦。"那样一种意义有可能存在过:……像世界的道德秩序,或挚爱之情的增长……,或接近某种普遍的幸福状态,或投身某种普遍的虚无状态。任何一个目标都总还是一种意义。所有这些观念的共同之处在于,要在过程本身中获取什么。此时人们领会到,在生成过程中没有目标,没有可达取之物"。"对某种所谓的生成之目的感到失望",便是"产生虚无主义的原因"。此外,虚无主义还出现于"人们悬设一个整体性……将所有事情都组织起来之际",出现于人相信"相互联系、相互依存的深刻感觉"之际,即"普遍的福祉要求个人做出奉献",而随后人发现,"根本就没有这类普遍之物!"最终,虚无重又表现为,一切价值俱已丧失:"实质上,人丧失了对自身价值的信念,如果这信念不能带来无限的、富有价值的整体的话。"(第15卷第148至150页)

如果这两种看法均已具备——在生成之中达不到什么目的,在一切的生成之中,没有什么了不起的统一性,那么面对失望之情,总还留有一个最后的遁词,即"将这整个生成之世界判定为虚幻,发明一个在此世界之彼岸的世界,作为真实的世界"。在尼采看来,这就是柏拉图-基督教式的巨大杜撰,正是它的破灭才带来彻底的虚无主义。人"承认生成之中的现实是唯一的现实,杜绝通向背后世界或虚假神性的任何隐蔽渠道,但忍受不了自己已经懒得否定的这一世界"(第15卷第150页)。彼岸世界尽可被设想得富有价值、值得敬仰。此岸世界是现实的——我们自己作为这一世界就是现实的,决定着人的存在意识。如若这两个世界两相对峙,便会产生虚无主义。在揭示彼岸纯属杜撰时,会产生这样一个抉择:"要么放弃你们的敬仰之心,要么放弃你们自己。"(第 5 卷第 280 页)这就是说,要么将虚构的"真实世界"当作杜撰予以放弃,而这样一来,一切有价值之物便湮没了;要么放弃——我自身实际上的——现实,而这样一来,我便无法生活。在这种境遇中,无论我们选择哪条道路,在两种情况下都会有虚无主义,无论它是否定价值,还是否定生命:"一位虚无主义者是这样一个人,他评判现存世界是不应当存在的,评判应当存在的世界是不存在的。所以说生命没有意义……"(第 16 卷第 84 页)

尼采阐释了柏拉图式与基督教式的世界观,同时试图合乎逻辑地揭示出,这就是范畴形式的绝对化:"相信理性范畴,是产生虚无主义的原因"(第 15 卷第 151 页),他想对现代虚无主义做历史性把握。但是,他那个时代还从未意识到,自身是怎样一种情况,更不用说把握自身的境况由何而来了。尼采生活在黎明破晓之际,他看到别人没有看到的,了解没有人关心的事情,这一情况"过于重大……以至于没有人哪怕是将它宣示出来,更不用说让许多人了解到底发生什么事情。随着这一信念被埋葬,一切都注定要沉沦下去,因为一切都是建立在这一信念之上的"(第 5 卷第 271 页及以下几页)。

这些论点的意义——

尼采关于虚无主义之由来的论点、关于"上帝死了"的论点、关于人类发生了前所未有的转变的论点——尼采通过对时代的体会,同时领略到自己是怎样一种情况——都非常具有说服力。它们根除了世上任何一种安宁的根基,它们提出的要求都具有不可抗拒的生存严肃性。但是,这些观点依据其如何得以把握的方式,具有极其不同的意义。谁在审美意义上为它们的戏剧性高潮所吸引,谁就还完全没有被它们所打动。谁从中引申出固定的话语——上帝不存在,谁便陷入平庸的无神论之中,而这恰恰并非尼采的意旨所在。这便产生一个批判性问题:

这些论点到底有何意义。

它们并不意味着表述出关于人类各种事物总体进程的知识，以及关于当今的危机的知识。这是因为，对整体做历史哲学式表述，以便人们了解世界的进程——从奥古斯丁到黑格尔，人的历史性思维都理所当然地占据着主导地位——，这并不符合尼采思想的特征。

尼采批评一种世界进程的总体观念。那些哲学家及其传人如此设想这一整体性，以至于他们将自己的时代理解为这一世界进程的结果，并对此加以辩解，将历史的力量看作上帝的作用。尼采讥讽地拒绝这种整体观念（第 1 卷第 353 页及以下几页），针锋相对地提出"人类在总体上没有目标"（第 2 卷第 51 页）。"人作为一个物种并没有进步"（第 16 卷第 147 页）。

如果要谈论目标，则"人类的目标尚未达到，而只是在至关重要的试验之中"（第 1 卷第 364 页）。"除了伟人与伟业，人类没有其他目标"（第 11 卷第 142 页）。就连人类的更高形态也只可靠幸运达到，而幸运很容易毁灭"（第 16 卷第 148 页）。

历史中没有明确的直线，同样没有进步与退步，而是集二者于一身。任何更美好的未来同时也是更糟糕的未来："相信人类有某种更高的新阶段，集以往的准备阶段的所有优点于一身，则纯属呓语。"（第 2 卷第 226 页）"或许，仅在人类某个有限的时间段中，才会产生天才。人类或许正在半途之中……接近自己的真正目标，而非终点"（第 2 卷第 221 页）。"人类能够成长得多高——或许人类最终还不如开始的时候"（第 4 卷第 52 页）。

认为世界进程与人类历史具有自我完善的意义，会给人类整体带来安宁，如若这整体被扬弃进其神性的来源或其历史最终目标的话。针对这种安宁，尼采提出："全新的基本感受是，我们最终都要逝去……为何在一个小小的星球上，永恒的戏剧（生成）会有一个例外呢！"（第 4

卷第 52 页）

但是，就连这一基本感受所需要的整体观点也无法持续存在，因为它表述出，在整体中有什么东西是一贯有效的。如若历史的由来与目标这一整体被否定了，就会产生一种毁灭性的感受，而尼采表示，这种感受不过是一种可能性而已："感到自身作为人类（而不仅作为个体）同样遭到浪费，就像我们看到大自然中的一些花卉被浪费掉一样，这是超出一切感受的感受。"（第 2 卷第 51 页）如果有人在此意义上把握住人类的总体意识，他就会诅咒生命："如果我们知道，人类有朝一日会逝去，那么我们会说，人类的一切努力均毫无目的。"（第 10 卷第 493 页）

尼采本人最终必定反对这种看法，就像他反对任何其他有关总体进程的知识一样。他知道，我们始终处于这一进程之中，既不在此进程之外，亦不超出这一进程。我们无法概观它。[38] 因此，尼采说的"上帝死了"这句话，即使有其一如既往的那种字斟句酌且毋庸置疑的特点，却也不会意味深长地意指某种对时代最终有效的认识，让我们将其当作某种普遍有效的知识来屈从。如果将他的论点当作表述出来的真理接受下来，就是将其意义简单化了。其结果便不会像尼采所希望的那样，对人提出至高的要求，而是会出现一种平淡无奇的情况，即无非是有所了解而已这样一种平庸的状况。他的表述更多地意味着有可能的情况具有的张力，随后又作为最后时刻的呼吁，恰恰意味着对结局悬而未决这一情况的意识。他的表述要么或许只能在教条式地信仰它的人身上实现其内容（尼采似乎是个诱惑者，他看透了虚无主义，但他会承认并说道，受诱惑实属人的天性），要么会克服以往，在尼采鞭策人的思想意义上开启全新的、更高的人的现实性，要么会唤醒人，更为果断地做得与这表述截然相反，明确上帝并没有死。

无论这些思想怎样活跃在尼采的头脑中，无可置疑的是，对他来说，没有什么是知识，一切都保持为一种巨大的张力，而这一张力源出于尼采自身的实质。他很早就知道:"谁攻击自己的时代,就只会攻击自己,因为除了自身之外,他还能看到什么呢?"(第 11 卷第 135 页)后来,他还惊讶地说:"我直至不久前才承认,我迄今实质上是个虚无主义者,我作为虚无主义者所带有的活力与极端性,令我对这一基本事实视而不见。"(第 15 卷第 158 页)然而,尼采从来不是个虚无主义者,虚无主义中的激情本身就不是虚无主义(激情是同虚无主义者相矛盾的)(第 16 卷第 84 页)。另外,在他看来,"上帝死了"始终是一项使命。

这一使命至少是同不复存在、但看起来依然存在——甚至依然统治世界——之物做斗争的使命。它是积极地做否定的使命。因为即使上帝死了,上帝的影子还在:"只要人还是这样,地狱或许就还会存在上千年,人可以在地狱中展示上帝的影子。而我们——我们必须同样清除他的影子!"(第 5 卷第 147 页)但是,对于尼采来说,这绝非不言而喻、轻而易举之事。他用来与此两相对照的,是宗教式暴行在不同阶段上的最终献祭:以前人向自己的神献祭人,后来人向神献祭最强有力的本能,而当今,"向虚无献祭神——这一最终暴行的荒谬神秘主义遗留给了当今成长起来的一代人"(第 7 卷第 79 页)。这里面有趋向真正存在的极端的意志,它仿佛要说:神性最终要为自己操心,要自己有所表述。如若神性不这样做,我们就一定要消除它的影子。

由于尼采并不想将虚无当作最终之物,他也就积极地表现为克服虚无主义的人。他将自己的全部后期哲学理解为针对虚无主义的反动:他的"大政治"、他的"对世界的阐释"、他的关于"永恒轮回"的学说就是如此。

此外,凡未被表面现象蒙蔽的人都会从尼采的思想中看出,尼采总在否定中透露出肯定。他的所有质疑都是在渴求起源、真实性、根据。如果说肯定性表述不能做到有所肯定,那么他的思想中总留有肯定的腔调,即使在他彻底地瓦解了这个时代时,也是如此。

第四章　大政治

导论：大政治的含义

尼采对政治现实的洞察

一切人际关系的原初必然之物（国家、战争与和平）──当今政治境遇（民主）

对有可能的未来的憧憬

民主之路──民族国家的世界政治发展──人的精神实质的改变──新的主人

大政治的使命

立法者──大政治之路──教育与培养

大政治与哲学

导论：大政治的含义

出于对真正的人的渴望，尼采对人的任何现实形态均感绝望。在了解真相之后，他觉得一切持存之物具已解体。他瞩目时代，看出世界历史已然沉沦。尼采像被自己所承受的命运驱使一般，不断地做否定。他并不希望一味否定，而是不断地从现有境遇中寻求肯定之物。这肯定之物并非此时要生成的真正的人的具体形象，并非改善时代的灵丹妙药，并非对新的、现有真相的展示。他的肯定之物必定具备另外一副形态，它就是某种改良的方式。由于他无拘无束，无所畏惧，因而他虽然放弃了任何迄今尚属理所当然的立场，无论是宗教的、道德的、哲学的，还是科学的、政治的立场，却仅仅是为了达到人的能力的最终起源。为了达到这一点，他设计出自己的"大政治"、"强力意志"形而上学、"永恒轮回"神秘论。他以前的思想家们尝试革新时，还始终局限于某个思维框框内。总还有一个世界，它并非在总体上，而是在其特定内容、范围、使命上相对于人的意识而言有所不同。如今则仿佛一切都要从头开始。因此，尼采趋向肯定之物的意志的特点在于，那种从未存在之物完全不可理喻，它一经表述出来，便马上会作为一种特定的肯定性而遭到误解。

尼采的"大政治"源出于他对人类未来及人的层次所抱有的独特忧虑，这种忧虑不是零零散散的，而是贯穿他全部身心的。人在成长，并要达到自身最高的可能性，这赋予了尼采的政治思想以标准。他采取的是三条途径：

一、尼采澄清了政治现实（国家、战争与和平，欧洲民主的当今境况）。他这样做，目的不在于借此为最终有效的知识打下最终基础，而是出于对可能的人的存在提出统摄性要求，为了做出评价。他讲的价值在起源上是明确的，在广泛性上是无法抽象确定的。凭借这些价值，在知识当中得以澄清的事实情况就可得以保留或毁灭。

二、尼采的大政治始终设计着未来，这不是为了体会什么是实际出现的情况——没有人能了解这一点——而是为了清晰地亲眼看出，有可能会发生什么情况。它取决于未来，未来是无法像它已然存在一般来加以观察的,而是要创造出来的。这种有政治作用的未来尚全然未确定。因此,尼采讲:"我喜欢未来的不确定性。"(第 5 卷第 217 页)但是,对未来的可能性的憧憬决定着现如今的意愿,而且这些可能性在总体上愈是影响广泛,这种憧憬便愈是具有实质性:"我想教会你们,随我飞向遥远的未来。"(第 12 卷第 253 页)未来以可能性为媒介,作为我们向往之物,影响我们的现如今(第 14 卷第 74 页)。这是因为,"未来之物像往昔之物一样,是当今之物的条件。凡既应当也必然形成之事,都是现有之事的根据"(第 12 卷第 239 页)。

然而,由于可能之物多种多样,实际的未来情况便看不出有一条线索。在尼采看来,对未来的憧憬的统一性必定同某种对未来的最终有效的规划一样,是付诸阙如的。因此,尼采有关未来的思想尽管在个别之处明晰清楚,它也会令读者感到失望,如果读者看到,尼采所讲之话都消融在自相矛盾与思想各异之中,而读者又指望,有明确表述的真理可让自己把握的话。尼采不想知道未来会怎么样,而是想超越特定地设计的未来之可能性的明确清晰性,"创造出未来的神话"(第 12 卷第 400 页)。

设计出未来,"大政治"便成为人当下的决定性意识。不断地从最广阔的角度理解当今,便可形成对时代的真正认识。这种认识给尼采带来极大的忧虑,以及从未有过的要求。他认为,当今这一时刻是独一无二的。一切都表明:"我们全部欧洲文化……都形同面临灾难,就像一股已然枯涸、不再致思的思想之泉。"(第 15 卷第 37 页)

三、在这种极端的境遇中,必须有极端之物来震慑危险。要从人的存在之根据中创造出新颖之物,从而控制上千年来的颓废没落。但是,什么都尚未出现,"我们在等待什么? 难道不是在等待一片大张旗鼓的喧嚣之声吗? 眼下是令人窒息的一片寂静:我们已经倾听得过久了"(第 13 卷第 362 页)。一切都做好了翻天覆地的变革准备,"只是还缺乏令人信服的伟大之人"（第 11 卷第 372 页）。尼采在这一片恐怖的荒芜景象中设想令人信服之人。依靠令人信服之人，大政治的使命便可实现。在这一时刻，令人信服之人该做些什么？他们要做彻底重估一切价值的人，并借此做"立法者"。

如果说大政治起源于着眼人类未来之整体的价值重估，那么尼采并不想割断一切地从零起步。在摆脱传统历史学的尝试中，他并不想失去原本可以克服的历史学。他认为只有在既把握未来又把握往昔的博大能力中，才有新的思想起源的可能性。在此意义上，他讲道："我自己的价值的合理性——我从哪里得到这一点？得自于一切旧价值权利以及旧价值的局限。"（第 12 卷第 281 页）

尼采的政治不是特定国家境遇的小政治，不是实际性的、在一时间发挥作用的政治行动的切身政治。它的起源先于一切特定行动。尼采称之为"创造"。（参见本书第 164—167 页）这里，尼采的政治思想的抽象性必定在于，它来自对运动中的创造性起源的审视，这种运动反对一切单纯持存之物、现存之物，趋向未确定的未来。创造性的立法者会对它予以证明。

我们要追随尼采这三条彼此交织的途径——他对政治现实的澄明性洞察、对可能的未来的憧憬、对大政治的使命的看法。在此之前，我们还要间接地对尼采原本的政治思想的实质做出对照性描绘。

尼采称之为大政治的，是在他找到种种答案之后才成为明确问题的。青年时期，他不做政治思考，而是积极地希望，借助瓦格纳的艺术来革新德国文化。后来，他梦想建立一所世俗的修道院，即一个从事认识的团体。它不是要改变世界，而是要把握存在。这一梦想恰恰来自对政治的背离："如若日复一日愈发明显的是，搞政治是不甚正派的，那么高贵的人今后该干些什么？"（第 4 卷第 194 页）只有脱离离群索居、孤独寂寞，此刻在当今时代这一最为广阔的视野中考虑人类生命整体最遥远的未来,尼采才最终寻求目标:"大政治"应当考虑尘世境遇,从而抉择时代,以及抉择人类何去何从这一问题。尼采认为自己"在迄今尚缺乏相应的概念这一高度上"看出这一政治的使命,因为"如果几千年来真相都在同谎言做斗争,我们就会感到震惊……何以从未有人梦想这类事情。政治的概念完全融入精神斗争……只是从我开始,世上才有了大政治"(第15卷第117页)。

取得1870至1871年胜利后[39],日常政治氛围充斥着资产阶级的自满情绪,赋予眼下的事物以虚假的重要性,并始终仅仅维系实际的力量。为了让自己的政治摆脱这一氛围的特点,尼采自称是"最后一个反政治的德国人"(第15卷第13页)。他讥讽说:"学者变成政客,通常都是在扮演一个滑稽角色,即不得不做政治的良心。"(第2卷第343页)他还评判哲学说:"任何一种哲学如认为可以通过政治事件排除甚至解决生命问题,就是玩笑哲学、伪哲学。"(第1卷第420页)

若拿尼采同其他政治思想家做一比较,则想必同他相比,其他人在确定政治之事时都有局限性。他们大多要么指望上帝或超越,要么就指望人的某种特定的、个别的现实。例如(在黑格尔那里),可以借有关现存的与正在生成之中的整体的设想做政治思考。这样,它作为系统性的整体,表述了实际性现实的自我意识,受到特定的维护与批评,充实着对现存的统摄的实质性意识。要么(像马基雅维利),可以着眼于局部实际及其对强力自身法则的意义做政治思考。这样,它便阐发出境遇的类型与行为方式的规则,无论这是在某种政治技巧意义上而言的,还是在直接呼吁出自强力意志、对精神的意识、无畏勇气、不可最终得以有效合理化的行动。尼采并未走上这些道路中的任何一条,既未像黑格尔那样提出一个结构整体,也未像马基雅维利那样提出实际政治,而是出于对人的无所不包的忧患做思考,既非尚缺乏某种统摄性实质,亦非已然掌握某种统摄性实质。他设想政治事件的关键性起源,而未合乎方法地深入研究——就像在每日里各种力量与人物的斗争中有目共睹的那样——政治行动个别而具体的现实。他想造成一种运动，唤醒人的存在的最终根据，通过自己的思想，将倾听他、理解他的人推入这一运动，而无需这一运动的内容受到像国家、民族、社会这类特定内容的限定。在他那里，决定着各种判断的内容更多的是对存在之整体的概括性态度。它不再仅仅是政治，而是这样一种哲学。从这种哲学出发，可以以拯救与提高人类存在为唯一的主导观念，在无理性原则的可能性王国中对截然相反之物、矛盾之物做出尝试。

因此，同博大的传统国家理论与历史哲学的思想结构相比，尼采的政治思想必定缺少内容相关的演绎与一贯明确的抽象性。但是，他带来一种完全统一的思想氛围，即使他的思想内容缺少任何明确的表述。这种思想能够像风暴一样激荡人的心灵，可如果让它的形式与概念变得清清楚楚、最终有效的话，它就是不可思议的了。只要尼采的思想意在创造这种氛围，它就是在避免做得看起来像是一种教条。他均等地对各种截然不同的可能性做出尝试，而未用一个明确的目标对它们加以概括。抽象性不是对某种变得愈发持久的真相的表露，它似乎落入某种不愿僵化的主导性思维意志手中，成了可无限地捏来换去的工具。因此，它一经表述出来，便具有最大限度的说服力。只有掌握了这种具有应变能力的表述的力量，才能掌握这种思想的意义。

由于不摧毁尼采的思想，便不可能从他的政治中得出一个合理的体系，所以只有探寻其表现出的矛盾性，才能感受这一有所意欲的思想的独到之处，即它那活跃而不抽象的特定倾向。

尼采对政治现实的洞察

尼采的思想涉及人际关系这一本源性的与持存性的必然之物，尤其涉及国家、战争与和平，还涉及当今政治状况——欧洲民主。他的思想实质不在于具体、特定的个别内容，而在于一种宏大的洞察，由此才会形成大政治的思路。

一切人际关系的原初必然之物——

人类生活的界限——生活便形成于这界限之内，并因这界限而形成——是某种主权性统治机制的必然之物，即国家，此外还有战争与和平的持续的可能性。尼采很少谈及国家与战争的特定历史形态及其变迁的意义，很少谈及它们对历史局面造成的关键性影响。在哲学沉思中，他实质上更加着眼于普遍属于人的临界境遇。

国家。在尼采看来，国家的起源及其横亘不变的现实性是毁灭人、吞噬人、奴役大众的暴力。但是，没有这种暴力，便没有人类社会，没有富于创造性的个人。"只有国家的铁钳才能迫使大多数人如此相处，以至于……带有金字塔结构的……社会注定要分崩离析"（第9卷第154页）。因此，国家建立在人类存在的某种必然性之上，这种必然性同样是起内在强制作用的。所以，国家尽管是摧残生命的暴力，仍被人当作至高财富接受下来。一切历史不仅告诉我们，"被抛到底层的人很少关心国家的恐怖起源"，而且狂热地献身国家，如若"人的内心因怀有某种深不可测的意图，不由自主地将国家的魔力吹得膨胀起来……如若人甚至热忱地将国家视为个人做奉献的目标与顶峰、个人义务之所在的话"（第9卷第115页）。

尼采追问这一存在的条件对于人的存在的作用，目的在于澄清国家的意义和价值。尼采视国家为塑造真正的人、民族、文化的力量（第9卷第147至165页）。

有了国家，才会有文化。虽然说没有"令人满足的奴隶制"，没有国家创造出来的条件，就不可能有文化，就像"有猛禽啄食普罗米修斯式促进文化的人物的肝脏"（第9卷第151页），但否定这些条件，就意味着否定文化本身。只有依靠国家，人类的状况才会持存下去。如果一切总要从头开始的话（第9卷第261页），那么文化便无法发展起来。因此，"国家艺术这一伟大目标应当持存下去，它抵得上一切，因为它较之自由具有更大的价值"（第2卷第213页）。在他所意识到的境遇中，一切都没有长远规划。尼采认为，这是国家观念松懈的标志，它造成"我们不安而短暂的生命不同于形而上学时代的悠久安宁"的毁灭性区别，致使"个人感受不到更为强烈的驱动力，去建设持久的、横跨几个世纪的工程"。

尼采同时揭示出，在国家的必然性现实中存在着危险。国家脱离了创造性根基，就成为因平庸化而毁灭人的真正存在的力量。如果这样的国家还在被神化，尼采就称之为"新的偶像"。他恰恰视之为真正的国家应当成就或创造的事物的死敌，这些事物即民族、文化、作为创造性个体的人。

首先，颠倒了自身目的的国家会成为"各民族的死神"。"它会做出最为冷漠的欺骗……：我，即国家，就是人民"（第6卷第69页）。如果人民不生活在国家之中，那么大众就会认为："生出来的人太多太多了，为了多余的人，才发明了国家！"（第6卷第70页）

其次，错失了自身意义的国家会成为文化的死敌！尼采违背自己美化国家的做法，而这种做法源于他洞观到古希腊式的孕育国家的文化。他看到，现代国家是"多余的"大众强大暴力的无创造性的工具："文化国家只是个现代观念……一切伟大时代都是政治垂败的时代。凡在文化意义上伟大的，都是非政治的，甚至是反政治的……拿破仑来时，歌德便内心洞开；"自由战争"时，歌德便内心封闭了。"（第8卷第111页）"文化达到登峰造极，要归功于政治孱弱的时代"（第2卷第342页）。

再次,国家败坏了个人。国家"是个体彼此防范的灵巧机制。如果有人夸大国家的高贵之处,那么个人最终就会被国家所削弱,甚至泯灭——但是,国家原本的目的则破灭得更为彻底"(第 2 卷第 222 页)。"国家破败之时,才开始有并非多余之人,才开始以独一无二、不可替代的方式响起必然之物之歌"(第 6 卷第 72 页)。因此,"尽可能不要有国家!"(第 11 卷第 368 页)。

最后,尼采用这样一句话彻底限定国家:"一个人为了不致背叛自己的理想而牺牲掉国家这一行动,有可能是至高无上的成就。因此之故,后世才会注意到这一国家的全部情况。"(第 13 卷第 177 页)

尽管国家显得在特定之处疑问重重,尼采仍视国家主权为人的生活的界限,对它不加触动。对于更为高贵之人,国家"唤起更为高贵的感受"。为什么会这样?并非"明智的观点,而是英雄主义的动力,在国家的产生过程中才是强有力的。这就是:相信有比个人独立更为高贵之物"。它促成"对家族与祖先的敬畏……对死者的敬畏……对精神优越之人、胜利之人的崇拜。这就是:对于与自己的榜样亲身相遇感到心醉神迷"(第 13 卷第 195 页)。

尼采凡看到,民族的运动、文化与富于创造的个人在国家之中并通过国家得以可能,他都对国家持欢迎态度。凡国家起到有助于大众和平庸化的僵化作用,凡国家不再侧重独一无二、不可替代之人,而仅仅侧重可以替代的"多余之人",尼采便批评国家败坏人。

对尼采而言,与这种看待国家的双重观点相符合的,是正义的双重含义。无论如何,正义都是"将所有权力关系予以永恒化的意志"(第 13 卷第 205 页)。但是,要么这种权力关系是平均化渴望所起到的主宰作用,这种渴望当然只希望过平安的生活,而这样一种正义会成为无穷无尽的法则;要么奠定了正义之基础的权力关系希望由人的高贵之处来做主宰,这样,正义的含义便在于维系创造者的地位。如果说在第一种情况下,立法者无非是无人格的立法机制,那么在第二种情况下,立法者就成为人格,并远胜于法则。同样,在这两种情况下,实施惩罚的理由也彼此不同。在第一种情况下,它是有用的行动(报复、恐吓、改过),要么有利于社会,要么有利于罪犯;在第二种情况下,惩罚源于"教化性力量的意志"(第13卷第197页),而真实的人的面貌则成为正义的尺度,"社会的前提必须是这样的:它要代表'人'的最高类型,并由此引申出其正义所在,将一切与它敌对之物当作敌对之物本身来克服"(第13卷第196页)。

无论尼采如何看待国家,他都没有神化"国家本身",而是清醒地看出国家的现实情况,并将其意义视为这样一种作用,依靠这种作用,国家要么鞭策人上进,要么使人齐同均一。要求国家服务于人的最终意义以及人从事创造的可能性,便成为评价国家的现实情况的标准。

战争与和平。尼采审视战争不可避免这一实际情况如何成为人的生命的界限——它既毁灭生命,同时又是生命的条件。国家是最终决定事物进程的关键机制,战争从属于国家,既源出于国家,又对国家产生影响。没有战争,也就没有国家。战争与战争的可能性刺激人那昏昏欲睡的国家情感(第9卷第72页)。年轻的尼采早就说过:"战争是国家所必需的,就像奴隶是社会所必需的一样。"(第9卷第162页)后来,尼采重复道:"生命是战争的结果,社会甚至是战争的手段。"(第15卷第179页)

然而,尼采并非仇视和平、拥护战争之人。他的诚实令他无法采取某种明确、最终有效的观点,就仿佛我们的生命有一条众所周知的界限,而这条界限似是受我们的裁决和立法所节制的。

因此,尼采沉浸于和平观念之中。但是,尼采讲的和平,特点迥异于和平主义思想。后者要么依靠大量军备,即依靠暴力来促成和平,要么借助于逐步裁军来促成和平。针对所有这些乌托邦,尼采提出了另外一种乌托邦,即"或许有朝一日,一个因战争和胜利……出类拔萃的民族……自愿地高喊:我们来销毁武器……在人们武装到了牙齿的同时,自己出于高贵的感受而解甲归田,这才是实现真正和平的手段……众所周知,我们的自由派代表没有时间考虑人的天性,否则他们就会知道,当他们在致力于'逐步裁军'时,他们是白费力气"(第 3 卷第345 页)。

这种英雄主义的和平观念迥异于一切和平主义。它涉及人全身心的态度。另外,它也迥异于康德的永久和平观念。在这种观念中,和平之所以可能,就在于其特定条件是从理性原则中演绎出来的。但是,他们两人——康德与尼采——均未臆想,某种实际政治有可能直接带来和平,而是澄清了观念所提出的要求。尼采至死也未放弃和平的观念,即使这只是一种可能性。如果这种观念是严肃认真的,他预见,它绝不会由暴力来实现,或哪怕在任何一个生活领域运用暴力来进行斗争。他预言会有一个"和平政党"并不出于悲天悯人之情仅仅禁止自己与自己的子女发动战争,而是阻止任何有可能导致武力行动的做法,因而也"禁止自己做裁决"。这一政党根本不想斗争。由于这一政党是诚实的,不是由于软弱无力,而是出于本质高贵才放弃暴力的,它也就摆脱了任何仇恨之心,因而"反对任何复仇感、怀恨感"。由于这一政党在性质上迥异于人惯常的情况,它就必不可少地"要给自己招致斗争、矛盾、迫害。这是受压迫者的政党,它至少在一段时期内是受压迫者的政党,而它会成为强大的政党"(第 16 卷第 193 页)。

在这一背景下,尼采马上又提出了未来的"战争党",同"和平党"两相对峙,前者以同样无情的结论反后者之道而行之——"在和平中崇尚新的战争的手段"(第 15 卷第 487 页)。这再度表明,尼采对人的存在状况中的临界境遇不加掩饰,不虚妄地否认现存的现实。

由于人有极端性冲动,尼采首先在心理学上论证战争不可避免:

"继基督教一切吸引人、恐吓人之处都变得枯燥无味之后,战争一度最能激发人的想象。"(第 11 卷第 369 页)危险的探险旅行、环球航行、攀岩登山是对战争的不自觉替代。在尼采看来,由于人有这些晦暗不明的冲动,事实上便不可避免要爆发战争,如果人不想失去自身的可能性的话:"如果人不会发动战争了,那么对人还抱如此之多的期望,就纯属呓语。"人们会看到,"因文化高度发展而注定萎靡不振的人类,就像今天的欧洲人一样,不仅需要战争,而且需要大规模的、令人恐怖的战争,即时不时回到荒蛮中去,以免因文化手段之故而令文化和人的生命本身蒙受损失"(第 2 卷第 356 页)。

查拉图斯特拉那句著名的话便源于对面临危险的生命所做的本源性的哲学意识:"如果你们不能做认识的圣徒的话,那么至少做战士吧……你们说,难道甚至为战争做辩护都是一件善事?我告诉你们,良好的战争为任何事物做辩护……你们要么过顺从的生活,要么过战争的生活!寿命长久有何益处!哪有战士愿受到照顾的!"(第 6 卷第 66 至 68 页)谁——像"认识的圣徒"一样,不愿发动战争,就要"从战争中学会,让死神接近人们为之战斗的利益——这使得我们令人敬仰"(第 16 卷第 353 页)。

尼采不会想要神化战争。战争像自然一样,"对个人的价值采取无所谓的态度"(第 10 卷第 483 页)。就战争的弊端而言,人们可以说:"战争令胜利者变得愚蠢,令被战胜者变得阴险。就战争的益处而言,战争令对双方的上述影响都变得野蛮了,因而变得更自然了。对文化而言,战争是休眠时期、严冬时期。由此,人们无论是从善还是从恶,都变得更为强大。"(第 2 卷第 329 页)

这一思想的真正意义在于:置身临界处,而不误解一切现实存在状况的条件及其起源。尼采奉行这些最终要求与态度,而未放弃那样一种根基,就是出自这种根基,各种要求和态度才阐发得彼此截然相反的。他的思想意义在断章取义的想法中无迹可寻，而在由各种可能性带来的运动中才再度确立起来，这些要求和态度的总体才展现出生命的面貌，以至于他的目光促成洞察之博大、触动之深刻，其大政治之勃发。

当今政治境遇（民主）——

国家、战争与和平的形态都是不可忽略地经历历史性变迁的。一切人际关系都在不断生成之中，这使得任何一种眼下的情况都成为过渡。但是，尼采认识到，他自己的当下在世界历史上是个至关重要、千年之交的时代。他将这一时代理解为迄今历史的终结，一个新的历史的可能的开端。他在审视这一时代、感受其持存时（参见本书第 267 页及以下几页），视民主为统摄一切、决定一切的状态。民主本身就可以奠定一种基础，而未来的形态注定从中发展起来。这就是法国大革命后出现的政治现实，正像托克维尔最先对它作的完整认识所说的那样："欧洲的民主化是不可遏制的。"（第 3 卷第 337 页）谁反对民主，谁就只能利用同样为民主思想所掌握的手段，并因此而亲自促进民主化（第 3 卷第 337 页）。反对民主的政治行为只会促进民主（第 3 卷第 351 页）。民主是威胁一切现存事物根源的厄运所在。

何为民主，这在很大程度上是不明确的。尼采所看到的，最初尚不是特定的政治性法制形式，不是某一政治理论或教条，也不是受民主影响而形成的民意理论。民意是无从把握的，只有通过以民意为主导、又反过来影响民意的法制形式，民意才可得以确定。如果说人们视普选权——借此，大多数人最终选择所有人的福祸——为适合民意的表达方式，那么尼采则回答说，这一权利的基础不能够重又在于大多数人，因为大多数人的统治就是建立在这一权利之中的，而必须在于所有人取得一致，宣布愿意服从大多数人："因此，只要有极少的一部分人反对,就足以将这一权利当作不宜之举重新束之高阁。而且不参加表决,同样是一种异议,这种异议可以推翻整个投票体制"(第 3 卷第 339 页)。尼采一而再、再而三地做出的这类反思与其他反思,在他那里只是某种表面之物。他所指的民主进程,更多的是一种深刻的情况:首先,五百年来,国家与政府都在奉行基督教的标准。即使基督教作为一种宗教遭到明确的批判,它也在决定着民主运动的内容与目标。其次,随着基督教信仰已然垂死,现在应当也必须抛开宗教来建立国家与政府。

一、基督教的由来解释了一种基本动力,尼采认为自己在欧洲民主现象总体情形中已然识别出来这种基本动力:古希腊人的创造最为丰富,而罗马帝国滥用权力,导致孱弱的人们借助于基督教成功地举行了反叛。其结果在尼采看来就是,欧洲历史从此便意味着,弱者不断取得新的胜利,不断举行"贱民与奴隶的起义",这种起义在民主制与社会主义中达到最终胜利。

二、基督教信仰开始垂死,导致民主运动兴起。在这一运动中,大众想抛开宗教进行统治,并接受统治。尼采看到这一情况多种多样的转化和变迁,勾画了其面貌(第 2 卷第 344 至 350 页):

宗教成就了政府,令其维持下去,因为宗教抚慰了充满困苦和猜疑的时代的情绪,而不致让政府来承担罪责,宗教维系了大众的感受的统一性。因此,如果宗教开始垂死了,那么国家的根基也就动摇了。随后,民主的动力——就其内涵而言,它就是世俗化的基督教——占据了上风。受这一动力支配的政府便不再神秘,而只是充当民意的工具。政府再也不接受宗教方面的认可。经过多重思想的转变与徒劳的尝试,猜忌最终战胜了一切统治之物,"国家之灭亡,私人(我避免说'个人')之解放,是民主式国家观的结果"。"现代民主是国家之灭亡的历史性形式"。

尼采以愈发新颖的论断和攻击揭示出,人生活在再也无法理喻的基督教理想的桎梏中,却变得不再虔诚,这便是民主的总体状况。他如此论述作为民主的实质性表现的各个政党(第 2 卷第 382 页;第 3 卷第 148 至 153 页),并如此论述在这种状况下形成的社会阶层的两个主要类型:

在愈发失却宗教的民主世界中,等级失去了意义。大众愈发组成两个极其特定的集团——拥有财产的人与不拥有财产的人,或者说公民与某些社会主义者。尼采在这两者当中看到他们实质上的共同之处,认为这两者都摆脱了宗教,却缺乏创造性生存的新基础,尽管其生命在表面上拥有各种一时间的权力,却未承载未来。

尼采认为,民主时代的关键性基本特征在于,人在这一时代会成为什么样。他审视大众、大众承受的压力、大众"实在过多"的情况、大众单调的平均化状况。尼采要求:"你们不妨创造一个人民的概念,你们将它设想得再高贵、再高尚也不过分。"(第 1 卷第 346 页)他轻视大众。当他意指大众时,常常说人民,而这是很容易纠正的。

在大众当中遭到毁灭的是那样一些人,他们在芸芸众生当中作为个人意识自身,同时靠自身存在而彼此联系地构成芸芸众生。在大众当中,个人无法富有意义地充实人民的内容,而是被"齐同均一化了……这样,人类必然成为一盘散沙,所有的人都极为相仿、极为微小、极为圆滑、极为有耐力、极为无聊"(第 11 卷第 237 页)。民主时代拒斥任何更高超的人(第 13 卷第 30 页)。这一时代的人再也看不到人的层次,活着的都是微末之人,他们不再像以往那样,对圣徒与伟大的善举抱有信念;活着的都是公民,他们不再像先前那样,对高高在上的统治种姓抱有信念;活着的都是科学界的手工艺人,他们不再对哲学家抱有信念(第 14 卷第 210 页)。在他看来,大众"只配从三个方面得以关注……作为伟人的模糊复制品……作为针对伟人的叛逆……作为伟人的工具。此外,他们只归属魔鬼、归属统计"(第 1 卷第 366 页及以下几页)。由于大众无处不在,在有教育的人和无教育的人那里都一样,所有阵营中的人都不再敢伸张自身。由于大众往往首先只希望富裕、舒适、感官满足,因此尼采希望,民主世界的结局是:"顺理成章地走上前所未有的精神奴隶制。"(第 12 卷第 203 页)

对有可能的未来的憧憬

尼采的思想源于他对人的存在的忧虑。他对未来倾注了如此的热情,以至于人们出于对即将君临之物的一贯考虑,在做陈述时很难摆脱他对政治上的普遍之物、当今之物的解释。他在现时代总是看出,未来之物危机重重,且已崭露头角。因此,尼采的憧憬不仅是多方面的,而且在关键思路上说法不一。他既看出人的没落,也看出人的蓬勃向上。对毁灭的预见与对新的创造的憧憬交织在他的大政治思想中。而在旁观式诊断中,大政治实际上是一种振聋发聩的诊断,即对于可能的未来,要么阻挠、要么造就。

依照尼采那种支配一切的憧憬来看,继法国大革命之后,欧洲世界的治理不受宗教影响,民主会造就"新主人"领导下的人类形态。只是在尼采看来,在此之外还有民主之路的其他可能性——对此,他难得一见地并仅仅是一带而过地尝试着做过论述——,以及着眼于相互联系的民族国家的世界历史性发展而做出的对未来的考虑、对人有可能的实质性转变的憧憬。

民主之路——

尼采绝不认为,民主的未来是明确无疑的。他时不时尝试着指出,在诸种可能性中,有三种可能性格外显眼,而它们是彼此截然相反的。

　　一种可能性在于,分门别类、秩序井然的世界依靠知识和周密的考虑而得到保障。它可概括为一个"各民族联合体"。虽然说尼采看到自己那个时代的人"自觉与诚实地致力于民主的未来",觉得有些单调无聊,但他毕竟考虑到,自己这个时代的人或许会造就非同寻常之事:"后世有可能……大致如此设想一代又一代人的民主工作,即像我们营造堆石坝与防护堤一样——它是一项必然会弄得人灰头土脸的工作……似乎欧洲的民主化是庞大的预防措施链条上的一个环节……我们就是借助于这一链条来反抗中世纪的。如今才是大力营造的时代! 基础终于稳固了,以至于一切未来都可以安然营造在上面了!"(第 3 卷第 338页)这基础是什么,他几乎未作阐述:这就是精神力量、各种业绩、对知识的掌握、各种机制,它们克服了黑暗与混乱。他甚至觉得,在这基础上,有效的和平是可能的:"民主的实际结果……首先是欧洲的各民族联合体。在这一联合体中,每一个民族都依地理上的适宜情况而彼此分隔开来,各据一块地盘。很难再指望人们,对迄今的民族做历史性追忆,因为人们的尚古意识……逐渐被连根拔除了。"在这崭新的世界里,一切都凭理性原则决断,靠有效的理性来塑造。未来的外交官"必定同时又是文化研究人员、农夫、熟悉交通的人。他们不是以军队,而是以有各种理由及用处作背景"。在这种民主制下逐渐演变出来的人民,同"作为改变所有制的学说的社会主义"相距甚远。财产分配要得到调整,如人们亲自涉入"交易所的领地","促成一个中产阶级,而这个中产阶级可以忘却社会主义,就像忘却已经挺过去的疾病一样"(第 3 卷第352 页)。这种民主,尼采称之为"即将来临之物"(他强调说,目前的民主绝不是这种民主)。它要"尽可能多地造就和保障独立性",即克服和取消独立性的三个仇敌:一无所有者、富有者、各政党(第 3 卷第353 页)。

　　尼采仅仅隐晦地透露了另一种可能性。如果说不能通过民主走上

第一条道路,即建立合理秩序与各民族统一之路,而是出现了"国家的消亡",就会展现出一种"并非各个方面均不乐观的前景":出现的将不是混乱,"而是一种像以前的国家那样的合乎目的的发明物,它将战胜国家"。自然,尼采不想将这种观点普及开来,因为还没有人能够展示这种可在未来播撒的种子。"我们相信……目前国家还可持续存在很长一段时间,那些头脑发热、匆忙草率的一知半解的人做出的毁灭性尝试都会失败!"(第 2 卷第 348 至 350 页)

民族国家的世界政治发展——

有可能的民主之未来的面貌大多涉及内政状况。然而,只要有许许多多的国家存在,内政状况就要受到国家间的外交关系的影响。各个国家如何出于自身且相互影响地发展起来,最终决定着人的特点。尼采对未来的憧憬展示出了一副厄运。他期待,"此时有一些史无前例的战争频繁的世纪接踵而至……我们步入战争频繁的古典时代,步入深奥而又普及的大规模战争的时代"(第 5 卷第 313 页),"产生史无前例的战争"(第 8 卷第 117 页)。

在历史上,战争的意义首先取决于,它是争夺对领土的统治。因而"民族战争的时代"具有"完整的插曲特点,它符合欧洲目前的状况"(第 8 卷第 192 页)。而只有着眼于全局,未来最大的可能性才会展现出来:"小政治的时代已然结束,下个世纪会爆发争夺领土的战争——这逼迫人走向大政治。"(第 7 卷第 156 页)只有以此为目标,政治思想才会获得真正的意义。关键在于,"抱着良好的期望,加入争夺领土的争斗"(第 13 卷第 358 页)。此外,要在一切精神、思想、著述中"为目前尚属遥远的状况做好准备,让优秀的欧洲人掌握自己的伟大使命:引导和监督全世界的文化"(第 3 卷第 249 页)。

尼采自问,处于这一命运之路上的人有何意义。他随即审察人的生存面貌。对有一些人,他仅仅附带着做判断:"美国人过快地——或许只是在表面上——消耗着未来的世界强权。"(第 13 卷第 355 页)"再也没有人相信,英国强大得足以继续扮演 50 年前自己的老角色……今天,人必须先做战士,才不会作为商人丧失信誉"(第 13 卷第 358 页)。"在今天的法国,意志已病入膏肓"(第 7 卷第 155 页)。在尼采看来,似乎只有俄国和德国才沾大政治的边儿。

尼采认为,在俄国的面貌中可以看到力量非凡、未来独特的标志:"下个世纪的标志是:俄国人涉入文化。这是个了不起的目标。它同野蛮只有咫尺之遥。它是艺术的觉醒、青年人的高尚精神、幻想式的疯狂。"(第 11 卷第 375 页)

德国的政局会如何?尼采在满腹牢骚中发人深省地说:"德国人自己没有未来。"(第 8 卷第 192 页)但他也说:"他们属于前天和后天——他们没有今天。"(第 7 卷第 204 页)尼采对德国人的批评愈演愈烈,源出于他无边无际的、常常感到失望的挚爱。当他觉得在德国人身上再也无法看出有什么价值时,他甚至还认为,这本身就是未来的标志:"德国人尚一无所是,但他们会有所成就……我们德国人对自己抱的希望,是人们从未对我们奢望过的——我们希望得更多!"(第 15 卷第 221 页)

在尼采对世界政治的构想中,有两种可能性起到主要作用:要么欧洲在政治上分崩离析,表现出欧洲没落的命运,带来世界政局的新组合;要么欧洲统一起来,或由欧洲统治世界。

在尼采的思想中,这后一条是主要的:"我所想的——是统一的欧洲。"(第 13 卷第 357 页)但是,欧洲在世界上的外在命运最终取决于它的内在命运。因而,尼采要求:"让欧洲面对这样一个结局,即看它的意志是否'想'没落下去。与其保持中庸,还不如没落下去!"(第 16 卷第 420 页)或许,欧洲就是正在没落的世界。但是,尼采同样明确地视欧洲为人类唯一的伟大机遇之所在。一方面,他认为未来的欧洲人"是最为理智的奴隶式动物,极为勤劳,骨子里很谦虚,好奇到了极点,特点各异,娇生惯养,意志薄弱——这是一种世界政治的情绪、理智上的混乱"(第16卷第288页)。其危险在于"欧洲变得愚蠢,欧洲人变得卑微"(第13卷第35页)。另一方面,尼采看到,同作为"环境之结果"与由于"角色固定而形成的'诸种族'"相比,欧洲人有可能成为'超种族'"(第13卷第323页)。他希望有"优秀的欧洲人",希望从"透露出欧洲要成为一体这一征兆"中产生出优秀的欧洲人。尼采认为,在这一世纪较为深刻与博大的所有人身上,他看到了他们内心的神秘工作的总体方向:"尝试着先做未来的欧洲人。"(第7卷第229页)尼采一如既往地同样将这一思想推到极致。因此,在这种情况下,他认为"此时,在一切都取决于更伟大的、共同的利益之际"(第16卷第192页),他那个时代面目清晰的民族主义者更多地意味着一种危险:"现在看来,民族主义当作一种教条来要求的,恰恰是局限性"(第16卷第137页)。他认为,拿破仑的伟大之处在于,他"将欧洲设计为一个政治统一体"(第15卷第218页),并认为可以将欧洲合并:就连"欧洲的经济一体化也必将到来"(第16卷第193页)。他甚至相信,可以看出"那根本性的情况——各个民族消失了,欧洲人诞生了"(第11卷第134页)。

但是,所有这一切并非唯一的可能性所在。鉴于欧洲有"落入贱民之手"这一没落的危险,尼采一度想象去拯救残存之物:"及时藏匿待拯救之物!给那些文化落后的国度做出标志,在某种程度上禁止入内,例如对墨西哥就这样做。"(第13卷第360页)另有一次,他想到将德国与俄国联合起来的可能性。由于他觉得,"斯拉夫人看起来积累的意志力最多、最不易耗费……就想同俄国人联合起来:由德意志和斯拉夫人统治地球,这并非绝对不可能之事"(第13卷第356页)。"较之英国的功利主义者,我更接近俄国虚无主义者的情感中的伟大之处……我

们绝对需要同俄国联合起来……美国人就没有未来了!"(第 13 卷第
33 页)鉴于俄国未来过于强大,就会构成威胁,他这一联合的想法便又
消失了。面对这一威胁,其他的一切威胁对他来说都消失了:"俄国必
定要做欧洲和亚洲的主人——它必定要进行殖民扩张,占领中国和印
度。欧洲将成为臣服于罗马的希腊。"(第 13 卷第 359 页)这是一种从
长远考虑的可能性,俄国的优点同教会一样:"它们可以等待。"(第 13
卷第 361 页)

当尼采的欧洲意识重新强大起来时,他的想法便迥然不同。他看
到,俄国由于积聚了巨大的意志力量,不仅是最大的危险,而且也有可
能唤醒欧洲做防御。他甚至希望"俄国的威胁愈演愈烈,致使欧洲由于
共同受到威胁,不得不决心采取共同意志……一种持久而可怕的独有
意志历经几千年,便会达到目的"(第 7 卷第 155 页)。

所有这些想法的关键都在于,倾向于联合成越来越大的统一
体——欧洲,即对世界的统治。尼采还意识到截然相反的情况。他想
到,仅仅通过强权之间的斗争,从外界迫使国家间的联合,是多么遥远:
"对欧洲政治做最为遥远与表面性的透视,则是各个国家七零八散这样
一幅景象。"结果,小国家为大国家所吞并,大国家为超级大国所吞并。
最终,"超级大国又四分五裂,因为它终究缺乏缠裹自身的纽带。这便
造成邻国间的相互敌视"(第 11 卷第 139 页)。

所有这些对未来的憧憬都一再显示出,它们在最终的一点上总要
破灭,没有一种憧憬能表明未来世界持存的情况。尼采更多地审察了
揭示出他那个时代的世界局势无法持存下去的所有危险。他摧毁了仿
佛世界是合乎目的、完整有序的这样一种表面上的安全感。世界去向
何处,是不确定的。没有明确的方向,这才是明确的。这是对丧失基础
的世界所做的未来之憧憬。尼采不会拘泥于任何一种未来的可能性。

最终,尼采超出内政状况与外交中的联合,将目光放在人会成为什

么样的这一点上。

人的精神实质的改变——

尼采附带着举出一系列涉及人本身实质的对未来的憧憬：

技术迄今仍在创造出各种为生活所陌生的可能性，使得人可以对存在、对自身产生出某种不同的意识，"在新的时代，通过掌握自然，人拥有的力量或许较之耗费的力量更为充沛……仅乘飞船航行就会彻底改变一切文化的概念……一个建筑时代到来了，人们又像罗马人一样，把一切建筑得万年永存"（第 11 卷第 376 页）。"未来具备的条件是，首先有无数设施让人们时不时去消遣一下，随后对自己的内心责备一番；其次有无数对付无聊感的手段，人们随时可以听到，有人宣传什么，以及诸如此类的；第三有各种庆典，将诸多零零散散的发明纳入庆典这样一个总体目标中来"（第 11 卷第 377 页）。

建立在技术发展这一基础之上的种种变化中，尤其联系知识有可能不断拓展与提高，在这里存在着一种危险，即文化由于其手段之故而走向覆灭（第 2 卷第 270 页；第 7 卷第 323 页）。"生活越来越难以感受，人们想必会询问，人的发明能力是否同样足够应付极其困难的情况"（第 11 卷第 139 页）。尤其是，知识有可能变得令人难以忍受："如果科学越来越不能给人带来欢乐，越来越剥夺慰藉人的形而上学、宗教和艺术给人的欢乐"，那么生活本身就有令人绝望的危险了。此刻需要的，是两种截然相反的力量，即"要靠憧憬、一己之见、激情来温暖人，要靠认识性的科学来防范这种温暖带来的恶劣与危险后果"。如果这种双重要求还不够，就要预言："人们对真实之物再无兴趣……各种憧憬、谬误、幻想逐步争取……自己以前据有的基础。随之而来的后果就是败坏科学，重坠蛮荒状态中去。人类不得不重新起步……但谁能保证，人类总能一再寻找到相应的力量呢？"（第 2 卷第 235 至 236 页）

如果说尼采进而看到，一切都会产生最为危险的变化，如果说他考虑到，社会变革或许随时都会来临，那么他绝不相信，他对高超的人所寄予的热情的内涵会实现在社会变革中。这种变革的成就"会比人们想象得要小：人类能做到的，比人类希望做到的要少得多，法国大革命就显示出这一点。当暴风骤雨的强烈效果和人的陶醉烟消云散之际，就会表明，人为了胜任得更多，就要拥有更多的力量，做更多的练习"（第 11 卷第 369 页）。至于继上帝死了，一切传统内容俱成废墟之后，由于革新的尝试令人失望，灾难不可思议，那么这会对人的内心产生什么结果，对此只可含含糊糊地猜测说，在下一个世纪，"宗教的力量依然强大得足以形成信仰佛陀的无神论宗教……而科学没有对付新理想的手段。但是，普遍的人类之爱是不会有的！一种新型的人会展现出来。我本人对此敬而远之，根本不抱希望！但是，这是有可能的"（第 11 卷第 376 页）。

尼采在展望最遥远的未来时，考虑到有关人类之来源的退化理论式思想——他认为人类既然是由猴子变来的，就极有可能"退化成猴子，而没有人对这令人诧异的悲剧性出路有一丁点儿兴趣"（第 2 卷第 232 页）。

尼采对毁灭性的可能性的忧虑与他对高超的人的希望体现在查拉图斯特拉身上。查拉图斯特拉以非凡的象征性体现了两种截然相反的形象，一是备受轻视的"微末之人"，一是承载了一切希望的"超人"（第 6 卷第 12 至 21 页）。

新的主人——

尼采设想人类新的领袖的可能性，不同于他对无持存性的世界之未来的憧憬。就后者而言，他视世界为没落的。就前者而言，他探询如何重新组合与改造纷杂且缺乏引导的世界。对尼采而言，这个世界由民主造就的状况的意义在于,充当新型统治的手段。如果说尼采否定民主的所有价值,反对民主的现实,他却接受民主是西方的命运所在,承认民主是最有希望的可能性的出发点。他谈及查拉图斯特拉说,查拉图斯特拉"只是在表面上仇视民主的平庸体制",他更高兴"看到这种情况。此时他可以完成自己的使命了"(第12卷第417页)。这就是说,在尼采看来,民主为某种未来的、前所未有的、席卷全世界的统治创造了前提条件。"欧洲的民主化"的合理之处在于,无论它有可能造就出什么,都在于它"同时是并非心甘情愿的培养专制的机制"(第7卷第208页)。由于宗教信仰受到侵蚀,由于随之一切迄今有效的价值俱已分崩离析,由于几乎各个阶层的所有人都生活得麻木不仁,由于人们已成"一盘散沙",最终"不安全感是如此之强烈,以至于人们会顺从任何对他们发号施令的意志力"(第16卷第194页)。同样的条件既造就了平均化的中庸之人,即"勤勤恳恳的随大流之人",也造就了"最为危险、最为吸引人的例外之人"。与迄今有可能的情况相比,强有力的人必定更为强大与精力充沛(第7卷第207页)。

尼采在探询这种新的主人的实质时,概括出未来的政治思想。在期待行将君临的、利用民主却又取消民主的主人时,他的基本思想是:时势造英雄。

首先,事物自身的进程再也不会没有着落。只有真正优越的、在思维中把握人的全部可能性的那种人性才能掌握事物的进程。因此,"一种新型的哲学家与发号施令者是必需的"。

其次,在这无神论的时代,这些主人必定是这样的人,他们能够坚持无需上帝就去信仰与质询,像以往对上帝的信仰所起到的作用那样,以同样深刻的责任感做决断。他们同人民的关系尤其不同。人民的统治是大众品质的统治,只能带来民主式的、最终只是齐同均一式的、败坏人的安全感。与此不同,尼采说的统治更多地来自顺从者的实质同主人的意志合二为一。但是，这不再来自顺从者的积极看法，而是来自不信神的大众因孱弱而呼唤强者：这个世界的主人"应当取代上帝，为自己带来被统治者的深沉而绝对的信任之心"（第 12 卷第 418 页）。尼采期待在"极其理智的群众的广泛基础上，有一个不顾一切进行统治的种族"（第 16 卷第 336 页）。

因此，人类的命运就取决于未来的主人。尼采设想了他们带来的机遇与危险。他们能够做什么——从心理上说——取决于他们要统治什么样的大众。这是因为，主人不是出于某种抽象的真相或某种超人格的魅力而成为单纯的发号施令的专制者的，而必须作为人民中的一员，在这无神论的世界中充当赢得大众绝对信任之人。主人必须同其统治的人进行相互间的实质性影响。哪一个民族克服了要沦为大众的可能性，这是至关重要的。（参见本书第 478—479 页）

何为大众，这一方面是由主人的实质决定的。尼采在他那个时代考察这种情况："人们抱怨大众放荡不羁……而受过教育的人有多么放荡不羁，大众就有多么放荡不羁。人们可以做大众的领袖，尽可以如愿地生活。人们提高抑或败坏自身，便会提高抑或败坏大众。"（第 11 卷第 142 页）

另一方面，主人依赖于大众的特点，"像拿破仑掌握的那种一流组织力量，不得不关联被组织之人是什么样子"（第 14 卷第 64 页及以下几页）。因此，"谁迄今都用大手笔对待人，便是在衡量人的基本特点……拿破仑就是这样做的。他从基督教道德中一无所取，觉得它根本不存在"（第 13 卷第 329 页）。"拿破仑因自己不得不采用手段之故而降低了水准，丧失了高贵特征。他要是置身另外一种人当中，会采用不同的手段的，那样的话，他就不必非做一个糟糕的凯撒不可了"（第 16 卷第 376 页及以下几页）。

鉴于不得不如此治理大众，以便让更高超的人成长起来，鉴于民主世界给人带来极大的危险,尼采表露了自己的渴望与忧虑:"我们眼前浮现出这些领袖的容貌……这些领袖不得不面对之事,即它们有可能付之阙如、功败垂成、蜕化变质这类骇人的危险——这才是我们真正忧虑与沮丧之处。"(第 7 卷第 138 页)

尼采脑海中萦绕着真正的新主人的容貌,却不能看透他们的形象。"世界的主人"将是"新的精神性的与有血有肉的贵族,他们不断容纳新的因素,来培养自己……"(第 14 卷第 226 页)。他看到"他们全新的神圣之处,他们弃绝幸福与舒适这一做法。他们给予最为低微的人而不是自己以享受幸福的资格"(第 12 卷第 418 页)。他们依靠的,是对自己最为严格的约束:"使得哲学式强人与艺术家专制者的意志延续上千年。这种更高超的人利用民主的欧洲作为自己的工具,以便掌握世界的命运,以便将'人'本身塑造为艺术家。"(第 16 卷第 341 页)他们具有"柏拉图学园"中书写出来的那种思想意识:"我们中的每一个人都想尽可能地做一切人的主人,最好做上帝。"(第 16 卷第 340 页)

新的主人不仅要将统治关系固定下来,更是要提高个人的层次,自觉地改变人,而迄今的民主时代是以平均化为取向来改变人的。目光长远地培养人,要为"这种状况万世永存"(第 3 卷第 349 页)做好准备:让人在总体上感到满意,而且让人在必要的"奴隶制"中尽可能提高境界。这样做的前提是,不以某种唯一的、所谓普遍人性的标准去衡量所有的人。意识到任何一种生活方式都是整体所必需的,就要具备自我肯定的能力,而统治者一定要促成这种能力。由于"对中庸者来说,中庸是一种幸福……而对更为深刻的人来说,中庸是有失体面的,所以在中庸本身中便可看出一种异议"。要把"一个人身上的杰出之处、作为天然本能的擅长之处"当作真正肯定生命的思想意识来加以促进。要加以谴责的,是所有那些"用自己的微不足道之处埋葬工作的本能、乐趣、满足感的做法"(第 8 卷第 303 至 304 页)。

这种人的转变的基本问题在于劳资关系以及劳资双方。在尼采看来，民主世界在这一点上错失了一切：不是利用赢利的机会，而是看到"劳方的福利，工人的身心满足感"。错误在于，只是利用劳动，而不是将工人当作一个完整的人来考虑。迄今"对工人的剥削是一桩蠢行，是以未来为代价的掠夺式建设，是对社会的危害"（第3卷第349页）。尼采预见了一种新型劳动关系，它以军事关系为楷模："士兵与指挥官之间有着较工人与资本家之间更高超的相互关系……奇怪的是，屈从于强有力之人、专制暴君、军队指挥官，远不像在大工业中屈从于素不相识之人、乏味之人那样令人感到如此难受……企业家迄今都缺少更高种族的那种素质……如果他们具有世袭贵族的高贵之处，那么或许就不会有大众的社会主义了。这是因为，大众实质上是准备做任何形式的奴隶的。其前提是，更高超的人始终更为高超，是生来就具有发号施令的合法性的——靠他们的高贵素质！"（第5卷第77页）尼采视现今的奴隶制为一种野蛮行径，因为没有真正的主人可让人去服役（第16卷第196页）。他看到，在真正的主人的统治下，"工人之未来"虽然仍然是一种"奴隶制"，却是性质不同的：那时"工人要学会感到，自己像士兵一样。他们领兵饷、领收入，却不领报酬！这不是报酬与劳动之间的关系！而是依照个体的条件，如此安排个体，以便他在自身所属的范围内做出最大成就"。那时，这些劳动者就会享受到幸福与日常生活的乐趣。因此，有必要交换如今资产者与工人的角色："工人应生活得像如今的资产者一样。但在他们之上，是因一无所需而出类拔萃的更高等级的种姓，他们更为贫穷与俭朴，却掌握权力。"（第16卷第197页）只有真实的人的等级、发号施令者的主人天性，才会使必要的奴隶制不危害人，令服役者感到满足，即主人给予劳动者以适宜之物，令劳动者有可能全身心地敬仰向他们发号施令之人。

大政治的使命

尼采在否定哲学中同那种公认地人人分有之物一刀两断，无论这人人分有之物叫作上帝、道德，还是理性。他否认构成国家与社会的人有任何共同之处，认为人是完全不均等的。"根本就没有什么人权"（第11卷第143页）。他否认有什么权利本身存在。他遇到的所有要求绝对有效之物，在他看来不过是谎言之总汇中的一个实例。他将普遍有效的"真相"看作谎言之总汇。人无法切中某种有效的真相，而是靠为存在状况所需之物制定"约定成俗的法则"来生活（第5卷第105页）。

由于在现实当中，除了人自己，没有其他的机制来决断人的层次与价值，以及什么应当被视为真实的，所以就要由掌握实际权力的那一类人来做决断。在尼采看来，这世上的最终要求就是：为争取这一权力而斗争。狭义地说，这在政治上意味着，为争取国家政权而斗争。在大政治的意义上，其政治含义是，通过潜移默化地影响人、改变人的创造性思想来做斗争。实际上，真相仅存在于争取权力的斗争中，以这一斗争为自身的起源与界限。

尼采的大政治提出的使命是，在哲学上赋予新主人以意义，造就新主人——在他看来，在这不信神的世界上，新的主人将表现为并创造出更高超之人："我是为某一类前所未有之人写作的，是为这世界的主人写作的。"（第16卷第340页）

立法者——

在历史的转折点，"重估一切价值"是有所建树的前提条件。在眼下这一时刻，"重大的价值问题首次提了出来……精神的热忱以出人意料的深度与自由把握人类的最高问题，为人类的命运做出决断……"

(1888 年 10 月 18 日致欧文贝克的信)但是,这种价值之翻转不能是一时间的、局部性的价值评价,不能出自好恶感的情绪,而只能真实地来自最深刻的思想起源。因此,首先需要核查一切价值判断,"然后才能衡量一切事物,核查衡量活动本身——我指的是核查至高理智的至高公允之处,它将狂热信念当作自己的死敌"(第 11 卷第 371 页)。在单纯的评价中可彼此替换的,似乎是些无关紧要的表面之物。创造性的价值评价则要将思想起源本身当作生成之中的存在的必然性表露出来。价值之翻转不应当局限于分别自成一体的价值,翻转价值之人必须能够如此衡量一切,即在总体上看到各种可能性,自身承担起正在生成之中的存在的广度。如果说尼采在这里看起来要超出人的一切可能性,对人的起源提出要求,以至于面对这一要求,任何人无条件地投身自己的历史性,都会沦为狂热之举,那么这种创造性的价值评价就是尼采所称的立法,它不是对法律性或道德性论断的表述,这种论断更多的是总体价值评价的结果,而总体价值评价必须在统摄性的、立法性的哲学沉思中创造出来。

只是一味地表述法则,最终会扼杀人。在尼采看来,只有在由创造性的立法者制定出来时,法则才是活生生的、真实的。"只有在生活僵化之时,才会有叠床架屋的法则"(第 8 卷第 394 页),并且产生这样一种局面,它可用一句中国古语来概括:"律令纷杂之际,乃社稷覆灭之时。"(第 16 卷第 191 页)"啊!尼采喊道,"那令人敬畏的立法者的面孔到哪里去了? 立法者的意义肯定比法则更多,他希望出于挚爱与敬畏来维系法则的尊严"(第 12 卷第 200 页)。依附于法则,"实质上是在寻觅一位伟人。在他面前,法则会自行消失"(第 12 卷第 274 页)。

尼采的"大政治"的特点在于,涉及立法者时,它讲的根本不是实际的政治家,而是哲学家——它同样很少讲任何一种具体境遇中的特定政治,而是讲这一时代的世界历史性总体境遇。如果说尼采预见到,在那些未来要推动历史的人物身上，"征服者、立法人、艺术家的气质是一致的"（第 14 卷第 134 页），那么在他看来，未来真正的推动者与立法人就是哲学家："他们才决定着何去何从。"（第 16 卷第348 页）

尼采凭着或许前所未有的要求，宣告哲学思想的意义。他非同寻常地意识到，真正的哲学沉思、他自己的哲学沉思具有不可忽略的创造性作用。哲学家们"用创造之手把握未来"（第 7 卷第 162 页）。他们要"将几千年来的意志引上全新的道路"，"准备为训练人、培养人冒巨大的风险，做出全部尝试"（第 7 卷第 137 至 138 页）。尼采浸透着其思想的力量，宣称自己的优越性在于："我们这些思维着、感受着的人的确始终在成就前所未有之物，即所有评价、渲染、衡量、透视、引导、肯定、否定之愈演愈烈的世界。我们这一发明始终为所谓的讲求实际之人（装模作样的人）学习和练就，并转变为活灵活现之物与现实，即转变为日常"（第 5 卷第 231 页）。如果说采取实际行动之人具有现实优势，那么尼采则回敬一种讽刺他们虚幻不切实际且软弱无力的说法道："你们自以为是自由的……从我们这些评价者来看，你们是受摆布的，你们这些钟表一般刻板的人！"（第 12 卷第 249 页）尼采交替着表述创造性思维与创造性行动的关系。它们彼此分离，又相互一致。履行他的大政治的政治家们一度是"世界的主人"，一度又是这些主人的主人："在统治者之彼岸，在摆脱了一切束缚之处，生活着最为高超之人，他们以统治者作为自己的工具。"（第 16 卷第 359 页）他们的作用不在于直接、显现之举，但从长远说来，他们才是真正有力之人："恰恰是最为宁静的言词引来暴风骤雨。安详的思想左右着世界。"（第 16 卷第 217 页）"世界不以制造新的纷杂、发明新的价值的人为转移；世界在于无声处自行运转"（第 6 卷第 193 页，第 6 卷第 73 页）。

尼采自觉地在历史的转折点从事这种哲学沉思："谁与我一同感觉到，这意味着什么，谁就贴切地感觉到，要重新确定一切事物的分量！"

(1884 年 5 月 21 日致欧文贝克的信)他希望自己能对未来的人产生影响,"他们必定体会到我承受的重大问题——我知道自己就是因这些问题之故才活着的——,并在行动中和意志中接受这些问题"(1887 年 6 月 30 日致欧文贝克的信)。他期望自己的生命获得这样一种意义:"我的使命是,迫使人类做出决断,而这一决断将决定一切未来!"(第 4 卷第 104 页)

但是,当尼采考虑到,像他那样的史无前例的哲学或哲学沉思会造成什么影响,便隐隐感到一丝惊恐:"迄今的哲学史还很短暂,它是个开头;它尚未引发战争……让我们个人去体会前人的生活,让后人去为我们的见解而引发战争吧——我们生活在人类时代的中段,这真是极大的幸运!"(第 12 卷第 208 页)

大政治之路——

如果我们询问尼采,要在政治上采取什么行动,那么他的回答首先就是,在有可能采取行动之前,必须为他的大政治准备条件。大政治的创造性起源,即重估价值与制定法则,作为起源,不可能以自身为目标。政治会源出于它,而不会创造它。起源不是某种现实之物,就像我可以视它为有用的、值得企盼的,然后合乎目的地将它当作我希望的目标。要让重估价值与制定法则成为现实,需要具备两个前提。首先,创造性的立法之举不仅是健全理智与果敢意志之事,而且仅仅源出于创造者的博大胸怀及其实质。但是,尼采认为:"这类从事伟大创造之人……是人们在今天和显然很长时间内寻找不到的。"(第 16 卷第 337 页)其次,源出于创造性价值重估的新的价值评价要得以实现,就需要这个世界做好准备。人们必定已然不自觉地趋向创造性的价值重估者给他们带来的:"重估价值——这意味着什么? 这必定是自发的运动……任何理论都是多余的,所有已然积聚起来的力量,所有的炸药都不是为理论

而准备的。"(第 16 卷第 363 页)

尼采尚未寻找到对于他的大政治至关重要的前提条件,而与这一情况构成令他惊恐的反差的是,他恰恰在这个时代看到那样一个世界历史时刻,正是在这一时刻,最为遥远的可能性与最伟大的使命清晰地显现出来:"着眼于未来,我们有史以来首次目光远大地看到涉及全世界的人性目标。"(第 3 卷第 99 页)

尼采如何看待这条道路,是以他设想非同寻常之事与不确定的整体为标志的。由于他的思想源出于最遥远的可能性及视野,几乎达不到当今世界上的具体行动,所以它就表露在贯彻始终的论战中,并因此而极具现实性,却不会塑造经验性现实。他的大政治看起来常常关联着过去、未来与现在,令一切沉沦入分解一切的遥远性中去。

过去已不复存在,"人类还要面临许许多多——如何能剥夺往昔的理想"(第 13 卷第 362 页)。未来尚遥遥无期,几乎还触及不到每一个活着的人。因而,"毫不奇怪的是,要建立起同未来的联系,还需要几千年——至少还要几千年!"(第 16 卷第 384 页)当今可以如此概括性地理解为全人类的当今,以至于个人及其民族的具体历史性面临湮没的危险,如果有要求说,"但愿有尽可能多的国际强权存在,以便让人学会掌握世界性的观点"(第 13 卷第 362 页)。

尼采虽然要求"感受未来,欢庆未来,不要讲过去! 要在希望中生活! 这才是幸福的瞬间",可如果说他提出那样一种要求,"随后便大张旗鼓地庆祝这样一种想法,即投身最迫切的目标"(第 12 卷第 400 页),那么从他的大政治出发,是做不到把握最迫切的目标的,而这也不是大政治的使命之所在。

致思非同寻常与最为遥远之事,实际上是这一大政治的实质。由于在尼采看来,再无天命决定人的命运,上帝已死,人再不可信赖任何其他的力量,不得不自己掌握全部命运。让人感受到这一使命,便是这种非超越性思想的意义之所在。它触及这样一个重大使命与问题："应当如何管理完整的世界？为何要教育与培养完整的'人'，而不再是民族与种族？"（第 16 卷第 337 页）"人要自己掌握大写的人对世界的统治，要以锐利的目光超出文化的命运，做到'无所不知'"（第 2 卷第 231 页）。这里要做到的是什么？"要上千年地对方式方法做长久决断！这是因为，我们有朝一日会引导人类的未来！"（第 14 卷第 413 页）

但是，对尼采而言，这既宏伟又终究空洞的前景也不意味着，现在就可以采取任何一种这样的行动，或做出任何一种决断。如果我不经过超越，就想像上帝那样，基于自己的知识，掌握全部的方法，那么我首先要认识这一整体，否则我只会造成毁灭性的一团混乱。至于这种知识，它是掌握和运用方法的前提。正如尼采所解释的那样，它仅仅是序幕而已："如果人类不想因这种有意为之的完整统治而走向毁灭，那么无论如何都要事先超出以往地认识文化的条件，把这种认识当作完整目标的科学标准。这就是下一个世纪伟大人物的重大使命之所在。"（第 2 卷第 43 页）

尼采的思想没有阐发出某种明确的政治，而是揭示出存在状况的深渊、现实之物模棱两可的特点。如果说对尼采而言，这里所能产生的政治行动本身具有双重前提，一是对一切价值的重估成为有效的信念，一是对人类事务中的因果关系的科学认识超越迄今的一切，那么在两项前提皆不具备时，人们势必要抛弃尼采为具体行动得出的结论。如果人们面对第一项前提的态度，就仿佛人们相信，尼采哲学沉思在总体上令人深信不疑，那么总还有疑问的是，这种信念意旨何在：尼采有可能是个伪预言家，将人引入歧途。如果人们依照第二项前提而有所规划、有所行动，就仿佛在可合乎目的地获取的世上之物的范围内，人们已经很内行地了解了总体一般，那么就不会产生那种有意为之的作用。尼采会诱导人，得出所谓的纯属肯定性的知识。在这两种情况下，人们都不是在追随尼采。认为尼采有所设想,而他的设想现在很容易接受下来,这是个彻底的误会。在大政治的范围内无情地表现出来的是,尼采并没有为所有人做考虑,而是明确地只为"新的主人"做考虑。

教育与培养——

尼采终生仅仅沿着方式方法这一个方向做了考虑:他从自己青年时代的教育思想中形成了后期哲学中关于培养人的思想。

在他看来,教育是未来之人的生成之起源,是未来的形成之地。"有朝一日,除了教育思想,再不会有其他思想"(第 10 卷第 402 页)。人最终会成为什么样,要由人接受什么样的教育来决定。这使得在尼采看来,教育成为生命的界限。面对这一界限,尼采意图将教育的意义理解为:创造最高等级的高贵之人。为此,他还举出具体建议。只是在他看来,这些建议既非至关重要的,也非保持不变的。

例如,在论述我们的教育机构的未来的早期著述(第 9 卷第 292 至438 页)中,尼采提出某种教育组织的观念。就这种组织面向全体人民,是从各个阶层中筛选出来的而言,它是民主式的。就它以最优秀者为标的而言,它是贵族式的:"我们的目的不在于教育大众,而在于教育个别精选人物,为伟大而持久的事业服务的人物。"在尼采看来,大众教育必须是这类组织之外的事情,它"只是极其表面地、潦草地敷衍一下就行,那些让大众借助于教育触及的真正而深刻的领域,那些令大众焕发出宗教本能的领域,那些令大众继续编织神话般形象的领域,那些令大众忠实于习俗、法制、乡土、语言的领域,所有这些领域……只能通过毁灭性的强力直接达到……真实地促进大众教育,意味着……维系那种有益的无意识,维系大众那种健康的睡眠状态"(第 9 卷第 357 至 358页)。尼采批评这个时代说,它将教育扩展到一切人身上,同时因降低要求而削弱了教育。他反其道而行之,主张将教育限制与集中在少数人身上,以便增强与满足教育(第 9 卷第 302 页)。他甚至持有"某种教育宗派的理想","要有某种类似修士会一样的团体,只是它的成员要广泛得多"(第 10 卷第 484 页)。

除去这些特定之事不论,尼采在自己的丰富思想中提出了教育思想的矛盾之处:既要对教育抱一切希望,又要对接受教育者做出一切预设。

奋发向上的意志要寄希望于未来之人,要在未来之人身上看到并创造自己无能为力之事。但是,经验告诉我们,凡能够生成的,只是已然存在之物。因而对尼采来说,如果教育是良好的,它就是一种解放:"你的真正的教育者会告诉你,什么是你天性中的真实素材,这是完全不可教育出来的……你的教育者只是你的解放者。"(第 1 卷第 391 页)人需要教育者,"人需要学会看、学会想、学会说与写"(第 8 卷第 114 至116 页)。如果教育条件不好,教育便是"某种原则性的平均化做法,为的是让新颖的实质变得符合通行的习惯与习俗"(第 3 卷第 333 页)。"教育的氛围令每个人均不自由",就仿佛人"应当是一种重复一般"(第 2 卷第 217 页)。这样,教育便成为"为了规则而毁灭例外之人的实质性手段"(第 16 卷第 325 页)。

后来,尼采将这种看法推行到极致。他渴望未来的更为高超之人,不仅寄希望于这样的人,而且要创造出这样的人。大政治所抱的希望,必定不局限于教育所能成就之事。教育要么是一种平均化,要么是将已然存在之物展现出来。教育所奉行的培养人的思想并不触及人之生成的深刻起源。依靠传播开来的思想内容、认识与技巧,依靠"值得的事物"(第 10 卷第 481 页)来进行教育,单纯地进行情感教育与思想教育,这是不够的(第 8 卷第 161 页)。为一切教育奠定基础的,是一个深入的影响过程。在这一过程中,先形成人的存在本身,然后人才接受教育。"创造更优秀的人,是未来的使命"(第 10 卷第 415 页)。

这一创造人的存在的深入的影响过程,在尼采看来具有双重特点。它要么是"驯养",要么是"培养"。驯养人这种动物,意味着在平均化的意义上令人温和下来、安静下来、软弱下来(第 8 卷第 102 页及以下几页)。与此相反,培养意味着提高人的水平。他认为这两者都是必要的。而尼采本人的观念是"教育就是培养"(第 16 卷第 423 页)。

这样一种教育如何能是培养? 这里,首先要抉择的问题是:"应当培养哪一类人,应当希望哪一类人更有价值、更配享有生命、更能确保未来。"(第 8 卷第 218 页)在尼采看来,如果用生物学上的简单化语言包裹他那统摄的意向,则"对于人民与人类之命运至关重要的是,在恰当之处开启文化……恰当之处即躯体、神情、饮食、心理,其他一切随之而来"(第 8 卷第 161 页)。为此,任何人结婚前都要做医学检查,并禁止病人生育(第 16 卷第 183 页)。尼采培养人的思想并不限于生物学思想。在他看来,创造性思维本身就是一种培养,因为概念会塑造思考概念的人。所以尼采教训说:"要将概念视为一种尝试,借此来培养特定的人,考验其忍耐力与持久力。"(第 14 卷第 16 页)他的"尝试性"思维,他的哲学沉思想必就是一种培养人的思维。

尼采考虑到左右人类命运之人,即实现培养人的思想之人——这种人赋予人们以实际有效的道德,造就名副其实的人,对这种人有效的是"道德的大政治"。其问题不在于人们如何变得合乎道德,而在于人们如何合乎道德地有所作为(第 15 卷第 365 至 367 页)。

如果说在尼采的思想中,教育思想可归结为它的前提,即培养,而培养要么因包含有作为教育手段的思想而迷失在不确定性之中,要么在生物学意义上局限于局部问题之中,那么在这里,个别思想内容同样不是至关重要的,就仿佛个别内容是全部答案一般,而是说无畏地关注一切未经质疑的偏见的局限,并突破这种偏见,才是至关重要的。

大政治与哲学

尼采内容广泛的政治思想不允许人凭个人好恶断章取义,无论断章取义是鼓舞人心,还是令人感到异样。它的任何表述都有待于其含义得以展示开来,有待于得到其他表述的补充。但是,这种大政治思想不是自成一体的一个整体。尼采的大政治也绝不会导向一个乌托邦。整体的不确定性区别于个别之处的确定性,使得整体成为开放的。如果人们的注意力不因个别的、憧憬式的对未来的看法而凝固下来,那么这种不确定的开放性就既标志着事物有可能的进程,又标志着行动的道路。因此,尼采的大政治具有模棱两可的特点:它看起来要以最为广泛的判断和要求来促成某种行动,这种行动把人当作某种塑造性形式的材料,以便将人塑造得有所不同、更为优秀,塑造出更高水准的实质。但是,从这些规定性中尚得不出具体的行动,直接而合乎目的地揭示出可能的使命。而政治这个词似乎就是,许诺此时此地要做的是什么。因此,"大政治"决不是设想人的行为的局部领域意义上的特定政治,而是唤起实质性的政治气氛,这种气氛是以人类全部可能的存在状况为取向的。它要通过思想,将此时或许已然活跃起来的意识萌芽揭示出来。至于这种意识萌芽是什么,则不仅要在"大政治"之中,而且要在尼采哲学沉思的整体之中才能显现出来。

要揭示出他那出类拔萃的、结论不无荒谬之处的思想,似乎很容易。倾心于这些思想,也很容易。但是,人们需要理解的不是这些,而是其实质上的真正推动力。尼采的"大政治"如何源出于又归结入他的哲学沉思,对此我们可以从三个方面加以阐明。

一、在这些思想中,涉及人的存在状况整体的意义会对关心眼下之事的现实主义者产生绝妙的影响,这本身是哲学分内之事,也是许许多多先人的分内之事。这一意义可以通过比喻得以简单说明。适合于青年人的,是要从根本上改变一切的要求。青年人对现实当中的艰辛工作视而不见,脱离历史的基础,信赖绝对之物,认为一定要出于广阔的眼界与应当如何如何,从根本上重新创造全部存在状况。在哲学沉思中有着同这样的青年人相仿的情况,即渴望看到被直观之存在(被观察到的全部可能性)的内在充实性,看到与被直观之物相符的充实性与完善性。这是一种合情合理的无边无际的梦幻。它又不仅是梦幻,因为它面对现实,即使未采取行动,也在预想现实的可能性(无论柏拉图的国家哲学、康德的理念、尼采的大政治,都是这样)。它联系着当下的非现实之物的无限可能性,是对现实的期望。这种期望因无法实现而痛苦万状,加剧了幻想,随时随刻都会误入乌托邦的歧途,或像尼采那样,即使声嘶力竭,呼声也因弥漫于空旷之中而显得空空荡荡。但是,这在少数伟大思想家那里实际上是创造性的思想起源,我们要将可传达出来的理想归功于这种思想起源。依靠这些理想,晦涩不明的存在状况才可得以理喻。这里启示出的超出一切特定法则的法则,是我们能够寄予内涵丰富的期望的基础。

二、由于一切均不明确,由于对未来的憧憬总令人惊恐,由于采取什么特定政治行动尚不确定,尼采便指望这样一种思想起源,它随时随地都要承担起一切。当事物陷入一团混乱之际,它要完全依靠自身:这就是个人的自我存在。就仿佛在如此形成的思想中,尼采触及作为政治之对立面的完全非政治之物,只是在尼采看来,一切创造性的政治都要以此为出发点。

尼采着眼于个人的这种自我存在,是在思考自己在这一时代如何生活下去。而这一时代并不需要他,他也在这一时代中寻找不到自己的世界。他写道:"此时总还有这样的人降生,他们在以前的时代属于教士、贵族、思想家这些统治阶层。如今我们看到,一切俱已荒废。"他们还有什么可做的？"谎言与私下里的遁词均已被克服，在黑漆漆的庙宇废墟里做弥撒，已是遥远之事！一如市场上的营生已是遥远之事！"这些人"限定自己做最为独立之人，不想做市民、政客与财产拥有者……如果无政府状态中的庸人不复存在，人类或许还需要他们。那些此时纠缠不休要做大众的救世主的人真讨厌！……我们要做好准备！我们要做我们当中这一类人的死敌，他们靠弄虚作假来寻求避难之所，并希望弄虚作假得到回应"（第 11 卷第 374 页）。

尼采要求人具备独立性本质最为内在的力量，他呼吁追随他的人说："我希望与我相关的人受难、遭遗弃、患病、丧失尊严，我希望他们承受怀疑自身的磨难，品尝失败者的苦难。我对他们毫不同情，因为我对他们只抱一点希望，即他坚持下去，而这是今天能够证明的，无论一个人是否有价值。"（第 16 卷第 311 页）

他鼓舞人的勇气："你们这些掌握自我的人！你们这些自我崇尚的人！不要反对同情奴隶的观点！凡能够属于国家与社会之形式的，永远只是奴隶制的形式，在一切形式之中，你们都将成为形式的统治者——因为你们仅仅属于自己。"（第 12 卷，第 206 页）

在这种属于自身的情况中，尼采把握住创造性思想的唯一态度。（参见本书第 164—167 页）在这种态度中，真正的统治（不可见的）同不再采取实际行动的观点取得一致。在这种态度中形成的"大政治"思想看上去会像最为纯粹的沉思冥想："我的目标与使命较任何其他人都更为广大——我称之为大政治的，至少当今的事物提供了一个良好的立足点与鸟瞰视角"（1884 年 5 月 2 日致欧文贝克的信）。这种"大政治"再也不流露出统治的意志，但它的思想自认最终将是实际统治者："我常常感到，趋向统治，是虚弱的内心标志……最为强有力的人才能统治，这是必然的……即使他们终生深居简出！"（第 11 卷第 251 页）他认为富有创造力的哲学家是最强大之人，他们依靠的，不是掌握他们那个时代的世界的权力，而是自制，并随之最终靠自己的思想影响世界：
"伟大的道德之人诞生于分崩离析的时代，他们是自制之人……他们是
统治之人（赫拉克利特、柏拉图）。在一个变化多端的世界中，他们只需
要掌握自身。"（第 11 卷第 251 页）

　　尼采致思作为个人的人，这并非出于某种——更多的是由他提出
的——人文精神。出于人文精神，每一个个人似乎都拥有永恒的权利
与不可替代的价值。这是出于他的信念，即个人身上的一切创造力最
终都会涌现出来。这也是出于他对存在的信念，即只有在富有创造力
的个人身上，这种存在才会成为他挚爱与敬畏的对象。尼采触及不可
动摇之物。在一切俱已沉没之际，这不可动摇之物就像克服一切的内
心世界的宽容态度。但是，由于个人不仅是最终可唯一把握的人性的
现实形态，而且人作为个人也在履行设定伟大目标的、正在实现当中的
事业，个人的独立生命同时是决定其他一切的条件。在尼采的意义上，
个人的自我存在进而还是"强者"，如果大众的力量在高奏凯歌之后，又
要被同样是这些大众的人们所毁灭的话。因此，在其他条件下，个人的
自我存在如何能够并应当存在下去，以便通过自身这种存在状况来体
现人的存在，为完成使命做好准备，这才是令尼采反反复复忧心忡忡
的。在一个平均化时代，无论是采取主人这一形态、无名的孤寂这一形
态，还是采取不可预见的形态，个人的自我存在无论如何总要产生出
来，并最终决定事物的进程。

　　当尼采觉得未来之整体无以慰藉人时，仍牢牢着眼于个人的可能
性存在。他打比方说："上百名极度孤寂之人组成了威尼斯这座城
市——这真是他们做出的奇迹。这是对未来之人的一种描绘。"（第 11
卷第 377 页）

　　三、在一系列章节的叙述中，我们将尼采的基本思想割裂开来。
但是，对尼采来说，这些基本思想随时都意味着尝试性的可能性，它们

贯穿于始终存在的矛盾与自我扬弃之中，或许一度看起来像是落入偶然想法范围内的思想。实际上，依照尼采的直觉与意图，它们是一贯统一的。尼采的政治思想同他所有的哲学思想紧密相关，这种联系可用下述方式表述出来：大政治是影响未来的意志，是趋向最为高超之人、趋向超人的意志。为此，它首先需要有欧洲主人种族。这一种族凭其存在及其意志抵御虚无主义，而虚无主义又是迄今一切价值评价并尤其是基督教的价值评价的结果。尼采的哲学沉思就是要引导人做这种抵御，它根植于尼采对存在的基本看法之中。这种看法——不是为一切人，而是为可能的主人而做的哲学思考——带来了思辨的神秘论（永恒轮回）、对存在的形而上学式解释（强力意志）同影响深远的对超人的未来式憧憬的统一。它不是关于某种现存的不同之物的知识，而是克服虚无主义的动力。它通过不断生成的思想首先将虚无主义推行到极致，说明世界没有意义和目的，一切行动都是徒劳的。只有在这极端化的做法中诱使人做出最终的否定，才会促使人彻底地转向肯定。这种肯定切中的，不是其他的世界，不是上帝，不是某种理想，而是在整体与每一个个人身上体现出的现实世界之存在的一切。所有这一切作为"大政治"的统摄性意义之所在，要在以后的章节中得以展开叙述。

第五章　对世界的阐释

世界是阐释性存在

对阐释的比喻——阐释的现象

尼采的新阐释(强力意志)

基本阐释(作为强力意志的生命的基本规定性,由矛盾而来的基本规定性,由阐释性透视中的存在而来的基本规定性,由实质而来的基本规定性)——直观性的出发点(强力感的心理学,强力的社会学基本关系,强者与弱者)——将世界阐释为强力意志的现象(认识、优美、宗教与道德、无机界、有机界、意识)——对强力意志形而上学的批判性描述

作为纯粹内在性的世界

尼采反对双重世界理论的理由——作为生成、生命、自然的纯粹内在性——尼采关于世界思想的自我毁灭

一切存在到底为何物? 用比喻或臆想的世界结构对此做出回答,向来都是错误的。任何哲学沉思实质上也都取决于它是如何设想世

界的。

尼采属于那样一些形而上学家之列，他们提出存在的概念——这一存在指的是一切存在——，借以把握世界整体。"强力意志"作为一个基本概念，就是用来说明它的。尼采借助于形而上学式建构性思维形式，自觉地联系着数量庞大且不绝如缕的阐释世界的可能性。

但是，尼采生活在康德之后。他理所当然地接受了批判性问题。对他来说，幼稚的独断论形而上学已不复可能。因此，他的形而上学基础得自于对康德的批判哲学的转变。在这种转变中，他形成了那样一种理论，它将一切世间存在当作单纯的解释性存在，将关于世界的知识当作各种解释，将自己的强力意志哲学当作一种新解释。

最终，尼采的形而上学的特点在于，他不想在形而上学中致思其他世界，而只想致思这一世界。对他来说，没有彼岸性存在。他要取消在基础性世界与仅仅显现出来的世界（一个真实世界与一个虚假世界）之间做出的古老的划分。对他来说，只有世界的存在本身，我们的强力意志世界体现在它的多种表现中，此外再无其他。他的形而上学将世界的存在把握为纯粹的内在性。

世界是阐释性存在

如若我们尝试着思考，一个世界本身是怎样的，我们便会功败垂成。我们思考时，是在思考某种意义，只要我们称那些思维形式——世界就是在这些思维形式中成为我们的对象的——为某种意义。尼采询问，"一种存在状况不经阐释，是否便没有'意义'，是否就是'无意义之物'"；另外，是否"一切存在状况在生存上都是阐释性的存在物"？他的回答是，这是无法"靠理智的自我检验来确定的，因为人的理智在做此分析时，不得不借助于自己的透视式形式审视自己，而且只是借助于这种形式审视自己"(第 5 卷第 332 页)。至于存在状况——除了阐释与阐释性存在之外——还会是什么,这不可由人类理智来把握,因为理智总是只能重又借助于某种阐释来把握自身,就像把握事物一样。实际上,尼采将这一点当作自己的基本论点:一切存在都是被阐释的存在。"没有物自体,也没有绝对的认识。透视性的、虚幻性的特点从属于生存"(第 14 卷第 40 页)。也没有什么"事情本身。凡发生的,都是一系列现象,是由某种解释性的生灵选择与概括出来的"(第 13 卷第 64 页)。对尼采来说,其结果是,首先不可能有对某种现成存在本身的真实把握,其次不可能有某种认识理论。

他认为,在把握存在本身的固定持存这一意义上,理解是无意义的:"把握一切——这意味着取消一切透视关系,意味着什么也把握不了,并对认识的本质形成错误认识。"(第 13 卷第 64 页)由于认识就是阐释,它便意味着赋予意义,而不是解释,"没有什么事实,一切都在流逝、都无从把握、都在回避。持续存在的,只还有我们的看法"(第 16 卷第 96 页)。人们在事物当中重新寻找到的,无非是自己塞进去的东西(第 16 卷第 97 页)。

认识理论要对认识能力进行批判,这只是尼采嘲讽的对象。他像黑格尔一样说道:"工具如何能够批判自身,如若它只能利用自身来从事批判的话?"(第 16 卷第 14 页)由于认识机制提出的要认识自身这一任务是荒谬的,所以在尼采看来,一种哲学若可归结为趋向认识理论的意志,它就是稀奇古怪的(第 14 卷第 3 页)。

难道尼采以认识为阐释的论点本身不是一种认识理论吗?不,它是一种尝试,要彻底地区分对存在的意识与特定的、因而是有限的关于现存真相的内容。这种尝试要将我们的视野扩展到无限,这种尝试要取消任何将存在一劳永逸地固定下来的做法,要维护作为真相与现实的虚假性。(参见本书第 202—221 页)这意味着什么,是要专门加以考察的。

对阐释的比喻——

为阐释存在状况与存在的基本关系,尼采做了比喻,而比喻摘取自语文学,即解释与文本的关系。文本具有内容与意义,而解释要切中这种内容与意义。文本要么被视为固定之物,要么同样被视为有所意味的意义,这种意义可以得到或正确或错误的理解。超出这之外的解释被认为是成问题的。语文学要求,通过剔除仓促的、想象式的、强加于人式的理解方式,接近流传下来的文本的真正意义。语文学理解了文献,便又表达出对文献的理解。在尼采看来,语文学式理解具有真正的活跃性与辩证性,适于用来比喻出于阐释性存在状况对存在做的活跃性理解。

尼采将这种比喻用于所有知识形式。有两种他应用比喻的极其不同的内容想必可以起到实例作用,他称"自然的合乎规律性"为某种阐释,它是"解释而非文本"(第 7 卷第 35 页)。但是,他对哲学沉思活动的说法也一样:"我们这些命中注定作欧洲事务的旁观者之人,仿佛面对神秘莫测又未经解读的文本。这一文本向我们透露得愈来愈多……同时,愈来愈多、愈来愈罕见的事物纷至沓来……要求阳光、空气、自由、言词。"(第 13 卷第 33 页)

作为文本的存在一度看起来是持存之物、可恰当把握之物。尼采讲道:"能够把文本当作文本来解读,而不在这之间加入大量的解释,则是内心体验的最终形式——或许是几乎不可能的形式。"(第 16 卷第 10 页)他还讲道:"要有足够的理智,才能将这类严格的解释艺术应用于自然,就好像如今语文学家为了阅读所有书籍而创造出这种艺术似的,他们想径直理解,作品到底想说些什么,却不去预感或预设某种双重的意义。"(第 2 卷第 23 页)但是,这样一来便恰恰出现了相反的情况,"对同一个文本,可以作无数的阐释:没有什么'正确的阐释'"(第 13 卷第 69 页)。后一种看法是至关重要的。由于有这比喻的一面,便可看出,对存在的可能阐释是无限灵活的:"我从经验上认为,以为有某种正确的阐释,即唯一正确的阐释,这一基本前提是错误的……凡是不正确的,事实上在无数情况中都可确定下来。凡是正确的,几乎从未确定下来过……简而言之,老语文学家讲,唯一令人满意的解释是没有的。"(1888 年 8 月 26 日致福克斯的信)

凡诗人与音乐家创作的,凡意识在梦境中创造的,凡由晦暗而澄明地得以致思的,凡作为感情表现出来的,这一切都是标志,是可加以阐释的,像全部存在状况一样是可能的。"附加一种意义——这一任务绝对是始终存在的,前提是这里面没有意义"(第 16 卷第 97 页)。

"这事关氛围,但也事关大众的命运:他们能够做出极其不同的解释,指出目标各不相同的方向"(第 16 卷第 97 页)。这进而事关对意识的阐释,意识自由自在地宣泄在梦境中,而梦境意味着,或许"所有我们所谓的意识都或多或少是对某一无意识的、或许是不可知却可感受的文本的绝妙记录……我们的经历是什么?它其实就是把我们塞进去的东西当作那里原有的东西!"(第 4 卷第 123 至 124 页)当我们的思想从不确定的、可感受到的一团晦暗走向确定的、可以致思的澄明之处时,也是这番情形:"思想借以呈现出来的形态是多义性的标志,它需要……得以阐释,直至它最终变得清晰为止。我产生了思想——这思想来自哪里,靠什么条件形成的,对此我一无所知……思想的起源是隐秘的。它极有可能仅仅是某种更为广泛的状况的征兆……在这种状况中,我们的总体状况总有什么征兆流露出来。任何一种感觉同样是这番情况,感觉本身并不意味着什么。它出现过后,才得到我们的解释,得到或多或少的解释!"(第 14 卷第 40 页)

如果说在这种情况下,恰恰由于他的思想的多义性,文本几乎是不存在的,并且文本具有失去衡量解释之真理性的标准这一倾向,那么在另外一种情况下的要求恰恰在于,让真正的文本摆脱虚妄的阐释。尼采要求人回归自然："不为诸多空洞而狂热的阐释与附加意义所左右，而迄今关于那种永恒的基本文本的阐释与附加意义都是人出于天性而涂抹出来的。"（第 7 卷第 190 页）

这些不相一致之处表明，尼采到底想触及什么。做简单明了的理解，会错失这一点。存在状况是做阐释的存在状况，也是被阐释的存在状况。它在思想循环中得以致思，而这一思想循环看起来要扬弃自身，却又重新开始起步。存在状况时而是客观性，时而是主观性；时而是持存的，时而恰恰是不断被扬弃的持存；时而毫无问题，时而不断质询，并是成问题的；时而是存在，时而是非存在；时而是本质，时而是假相。尼采所致思之物是不能被简单化的，它不是设定自身、创生世界的自我，不是仅仅作为我的表象的世界，不是理念论式的得以意识的和自我意识的世界，也不是由批判性理性澄清的、可得以研究的世界。对立于在尼采的表达方式中得以确定的或这样或那样的思想，他的思想基础更多的是一种要求，即穿越所有这些思想层次，达到那样一点：我必定无可替代地作为我自己解读——阐释——存在的真相，因为我就是我自己。尼采在表面上不过泛泛而谈的所有表述中指明生存的历史性。历史性阐释之不容忽视，是自身存在的根据。这种根据以自身为起源，看透一切阐释，概括一切阐释，对准文本本身。这样，真相便不被体会为我可以戏说的解释方式，而是被体会为生存本身的真相。生存凭借充实的历史性意识，将世界当作密码来解读。真相就是相对于生存而言的。在真相当中，有关阐释的普遍性知识与任何可外在地了解的阐释都被扬弃进对存在本身的意识。这样，真相就是"我的"真相，同时又不仅是我的真相，因为它首先是历史性地成为那种让我发现存在的事物的。其次，它是存在本身——尼采称之为强力意志，而且它是作为自我本身而生存性地生成的。

如果说在阐释理论中，一切存在状况都是做阐释的与被阐释的存在状况,留待解读的文本既出乎我之外,又入乎我之内,我自己只是我能够解读的文本,那么尼采则指明了一条可能的界限。这并非走向无根基之处。我在做阐释时不断改变自己,我随处都会遇到任何一种根基。它是固定之物,不为任何阐释所扬弃,也不为任何阐释所触及:"在我们的实质中,在我们的'心底',自然会有某种顽固之物、精神事实中的顽固之物……在任何基本问题中,都有一个不变的声音:'我就是如此'……人们有时会寻找到某些解决问题的方法……或许,人们称之为自己的'信念'。后来,人们在这些信念中仅仅看到……问题的指南,而这个问题就是我们自己——更准确地说,人们看到的是我们这些极蠢之人的指南,我们的精神事实的指南,我们'心底'的顽固之物的指南。"(第 7 卷第 191 页)

阐释的现象——

阐释——作为不断的价值重估,作为不断的生成——如何呈现为作为阐释的自我理解,在诸多可能的阐释中,赋予任何一种阐释以地位和价值,这一点是由尼采在原则上以及在对原则的运用中明确定的。

一、尼采称之为"存在之阐释"的,在他看来与对价值的解释密切相关。世界的价值存在于我们的解释中(第 16 卷第 100 页)。阐释不是随意性的,而是因评价本身就是对价值的澄清。因此,他计划撰写的论述强力意志的代表作的两个标题"重估一切价值"与"重新阐释世界的尝试"实质上是一致的。直至最为抽象的范畴之分殊,阐释都是意志的流露和对需求的满足,而这种意志与需求将一切存在都当作价值本身来评价。

二、阐释是永无止境的,而且它本身在生成之中。"有机体的实质在于对万物之缘起做新的阐释,即透视性的内心多样性,而这本身也是一种缘起"(第 13 卷第 63 页)。"凡涉及我们的世界,都是虚假的,即不是事实情况,而是某种臆想……它是流动着的……作为一种不断重新延续下去的虚假性,它从未接近真相:因为根本就没有'真相'"(第16卷第100页)。凡经过阐释之物,作为被阐释性存在,本身重又成为进一步阐释的对象。这样,"提升人的层次,便克服了狭隘的解释",带来了新的透视角度,意味着对新的视野抱有信念(第16卷第100页)。

三、对阐释做这种自我理解,即对阐释做阐释,则阐释的无止境运动看来便取得了某种完善。这样来理解阐释,但又牢牢把握住阐释中的存在状况,是尼采所希望的步骤。

在这条道路上,必须要有绝对可信的阐释。几千年来,人们不得不"啃食那些对存在状况的宗教式解释"。这使得人们"畏惧那样一种直觉,即感到人早在变得足够强有力之前,就过早地似乎能够掌握真相似的"(第7卷第84页)。

此时,尼采勇于来解放人。虽然我们同样"无法看到一切:想知道其他的理智与透视角度还能看到什么,这纯属无望的好奇心",但我们在今天至少远离了那样一种可笑的过分要求,即从我们的一己之见出发,规定别人只许从我们这一己之见出发做透视。世界再一次向我们显现"无穷无尽,只要我们能够不回避那样一种可能性,即世界包含无尽的阐释于自身之内。我们再一次感到不寒而栗……"(第5卷第332页)。只有高水平的人才能承受"世界无尽的可阐释性"。在这样的人看来,"阐释的多样性是力量的标志。但愿不要抹去这世界令人不安和神秘莫测的特征"(第16卷第95页)。

四、各种阐释都不是随意的,也不是价值均等的。首先,对立于可单纯理喻的臆想的,是用行动做阐释这一更高的层次(第16卷第97页)。而且,阐释的方法、意义与内容并不从属于对旧的认识理论所做的批判——旧的认识理论预设了衡量现有存在之唯一有效真相的虚幻标准——,而是从属于依靠活生生的事物之缘起的批判,"任何阐释都是壮大或没落的标志"(第 16 卷第 95 页)。因此,尼采将评价式目光投向他可理解的阐释:"迄今的一切阐释都对生命具有某种意义——保存生命、赋予生命以承受力,或促成生命的异化。它们既令生命愈发优雅,想必也隔离开不健康之物,致其垂死。"(第 14 卷第 31 页)另一方面,尼采将一些占主导地位的解释当作敌视生活的来加以克服,像大多数哲学阐释与基督教式阐释就是这样。尼采本人想做出更好的阐释:"我的新阐释赋予作为世界之主人的未来哲学家以必要的无拘无束的态度。"(第 14 卷第 31 页)

尼采的新阐释(强力意志)

我们无法说,总体世界为何。错误的做法是,将以往的一切转变为我们所熟悉的世界,然后说,"一切都是意志(一切都有意欲);一切都是快乐或不快(一切都在承受);一切都是运动(万物常逝);一切都是声响(一切都发出声音);一切都是精神(一切都在思维);一切都是数字(一切都在计数)"(第 14 卷第 49 页)。尼采对一切有关整体的观念发出警告:"我们要谨防设想,世界是一个活跃的实质……宇宙是一部机器……我们要谨防说,自然有其法则……我们要谨防设想,世界是生生不息的。"所有这些"神的影子"都令现实存在晦暗不明(第 5 卷第 147页及以下几页)。我们置身世界之中,对我们而言,总体世界作为一个整体是不可企及的。

鉴于尼采这些明确的看法,令人惊讶的首先就是,他本人提出了对世界的一种全新的整体性阐释,即关于真正之物的主张。可以看出,他是在何种意义上做出尝试的。这是因为,他所意指的存在,不可能意味着特定的、经过阐释的,因而是绝对化了的存在。这是什么?"这必定是这样一种东西,它既非主体,亦非客体,不是力量,不是素材,不是精神,不是心灵。但是,人们会对我说,这类东西看起来必定像某种混乱的臆想之物。我自己也相信这一点。假如不是这样的话,那就糟了!当然,它看起来必定也类似于其他存在之物与有可能存在之物,而不仅像混乱的臆想之物而已!它必定具有一种庞大的家族特征,一切看起来都因这种家族相似性而同它相亲和"(第 13 卷第 229 页)。

这几句话非常恰当地切中尼采提出的关于存在的思想的范围与意义。它们批评了所有要表述存在的局部性确定性。尽管如此,尼采对世界的阐释看起来也在实际上触及这些特定之处。

首先,尼采称真正之物、代表一切之物为生命。后来他认为,有生命,就有强力意志。由于一切生命都表现出强力意志,所以"就要将强力意志看作不受重视的、适用于全部倾向的公式。所以,要将'生命'概念重新固定为强力意志"(第 16 卷第 101 页)。尼采接着说道:"生命不过是强力意志的一个偶然情况。主张一切都在谋求逾越强力意志这一形式,则完全是随意任性的。"(第 16 卷第 156 页)而"存在最内在的实质是强力意志"(第 15 卷第 156 页),生命——仅为一种存在方式——并非最终之物,"在沉沦之处……生命自我牺牲——因强力之故"(第 6 卷第 168 页),"至高无上之物……因强力之故——投入生命"(第 6 卷第 167 页)。这样,尼采便依据古代形而上学的方式做出规定:"从世界内部来看,即世界由其'理智特点'得以确定与标志,世界似乎就是'强力意志',再无其他。"(第 7 卷第 58 页)

存在是什么,只有通过生命与强力意志才可理喻,"我们的生命感与强力感的程度……赋予我们存在的尺度"(第 16 卷第 14 页)。"存在"是"'生命'概念的普遍化……是意欲,是作用,是生成"(第 16 卷第 77 页)。

但是,"生命"与"强力意志"这些词汇既不能直接而随意地切中尼采所看到的,也不能在特定的生物学与心理学意义上切中他所看到的。

尼采所看到的,究竟为何? 由于它们会切中存在本身,它们就是"神秘莫测的"(第 6 卷第 15 页)。尼采朦朦胧胧地切中的世界之阐释的范围要确定下来。这种世界之阐释原本不是认识。存在作为生命与强力意志,其不可辨析之处在于,我们只能把握自己先前所营造之物:"某物愈可识别,就愈远离存在,就愈是概念。"(第 14 卷第 30 页)尼采的阐释很清楚,一切知识都是阐释。他要将这种知识吸纳进自己经思想做出的阐释中,使得强力意志成为随处发挥作用的、无限多样的阐释之动力。尼采的阐释实际上是对阐释的阐释,因而在他看来区别于以往的、相对而言较为幼稚的阐释,都不具备对阐释的自我意识。

尼采借生命与强力意志这些词汇来标示深不可测的存在,他的思想就是要澄清这一存在。我们要试着总结出他的思想的基本线索。首先要意识到他的基本阐释,随后关注他直观性的、充实基本思想的出发点,最终演绎尼采对作为强力意志现象的整体世界的阐释,直至其细微之处。

基本阐释——

关键在于,要如此来概括各种各样的规定性——它们在尼采那里是分散的——,使得在个别语句中形同丧失了的深刻而宽广的意义尽可能清晰地重新呈现出来。任何规定性都无法做到这一点。因为规定性都是局部性的。但是,人们只能依据规定性做思考,这些规定性在总体上才表露出真正的意义,在特定之处必定错失真正的意义。

作为强力意志的生命的基本规定性在于:生命是评价(第 12 卷第 264 页)。"为了生活,就要做评价"(第 1 卷第 74 页)。由于生命是评价、偏好,画地为牢、与众不同,生命就区别于自然,是他样性存在的意愿。这是因为,自然是无节制地消耗着的,无所谓的(第 7 卷第 17 页)。存在不是接受评价的他物,而本身就是这种评价:"评价本身就是这一

存在！我们做否定时，总是在成就自身。"（第 16 卷第 138 页）

不断做评价的生命遵循着价值，将价值置于生成之长河中。"一切活生生之物均是顺从之物"（第 6 卷第 166 页）。但是，在一切意愿当中，这种最基本的本能是隐秘的，"因为我们在实际当中总是在遵从它的戒律，因为我们就是戒律本身"（第 16 卷第 138 页）。

"意愿不是渴望、追求、要求：它凭着左右一切的情绪而突出于所有这些之上。"意愿是对某物的意愿。至于有受支配之物存在，这是从属于意愿的（第 16 卷第 132 至 133 页）。

生命意味着评价与意愿，顺从与指挥，它对于自己的所作所为始终有一套标准："生命是欢乐的源泉。"（第 6 卷第 140 页）由于"存在最为内在的本质是强力意志"，所以"欢乐在于强力的增长，痛楚在于无法抗拒与无法支配的感受"（第 15 卷第 156 页）。"由生命的本能促成的行动以欢乐作为明证，欢乐证明它是正当的行动"（第 8 卷第 226 页）。

"可是，谁可感受到欢乐？……谁在企盼强力？……这是荒谬的问题！如若实质在于强力意志，并因此而在于欢乐与痛楚的感受！"（第 16 卷第 156 页）这是因为，"强力意志是我们遇到的最终事实"（第 16 卷第 415 页）。强力意志是"存在最为内在的本质"，是世界的实质（第 7 卷第 115 页）。

由矛盾而来的基本规定性表现为：这些基本性规定性均为矛盾性存在状况。"需要有对立、矛盾，即相互比较、相互冲突的统一性"（第 16 卷第 156 页）。着眼于这些矛盾，它们便显示为同其他事物、同自身的斗争。在这两种情况下，矛盾均源出于壮大的意愿、进一步生成的意愿。"拥有并意愿拥有的更多，即壮大——这就是生命本身"（第 15 卷第 233 页）。

首先，生命的延续"总是以他人生命为巨大代价"（第 15 卷第 407 页）。因此，生命"实质上就是掌握和征服外人与弱者，吞噬并至少是剥削他们"(第 7 卷第 237 至 238 页)。这就是说,"生命的基本作用实质上就是谱写伤害、强暴、毁灭之歌,没有这些特征,生命是根本无法想象的"(第 7 卷第 36 页)。

换句话说,生命是"确定强力关系的不间断过程,……是一场斗争。其前提是,人们广泛而深刻地理解这句话,从而将统治者同被统治者之间的关系看作一种角逐,将顺从者与统治者之间的关系当作一场斗争来理解"(第 13 卷第 62 页)。随后,尼采不仅将生活确定为"确立力量这一过程的持久形式"(第 16 卷第 117 页),而且着眼于存在地看到,"一切缘起、一切生成都是在确定等级关系与力量关系"(第 16 卷第57 页)。

生命不仅有赖于外人付出巨大代价,而且有赖于以自身的生命为代价。生命"总要克服自身"(第 6 卷第 167 页)。"这就意味着,生命不断排弃自身行将灭亡之物"(第 5 卷第 68 页)。

不得不克服自身,这源出于这样一种事实,即生命是一种尝试。把握这一点,意味着更高超的生命,即尝试许许多多,克服许许多多。"你的生命即上百次的尝试:你的失败与成功就是明证"(第 12 卷第 285页)。"人们必须情愿逝去,以便能够重新诞生……轮回在上百个灵魂之中——这就是你的生命,你的命运"(第 12 卷第369 页)。

由于强力意志这一最终的存在之基本事实只可表现在斗争中,故而"它就在寻求与它矛盾之物"(第 16 卷第 123 页)。由于矛盾是一种限定,而这种限定以痛楚为结果,故而痛楚是一切行动的必然因素。"不满足是对生命的最大刺激"(第 16 卷第 158 页)。"强力意志仿佛渴求矛盾,渴求痛楚。在一切有机生命的实质中,都有一种趋向痛苦的意志"(第 13 卷第 274 页)。

强力意志寻求生命的实际情况:"凡生命呈现之际,便呈现为痛苦与矛盾。"(第 9 卷第 199 页)要知道,"生命本身需要对立之物,需要死亡与折磨人的十字架"（第 6 卷第 141 页）。"生命——就是受折磨！"
（第 12 卷第 254 页）

因此，这就是真正的生命的基本规定性："你要超出生命之上，才能
乐于体验生命！"（第 8 卷第 363 页）。生命的强力意志不是趋向作为单
纯生命的生命意志。强力意志是存在，存在掌握生命，为真正的存在而
牺牲生命。尼采将那一古老的真相翻转过来："对生命的挚爱近乎它的
反面，即对长久的生命的挚爱。一切挚爱都在思考瞬间与永恒，但绝不
考虑'生命有多长久'。"（第 12 卷第 308 页）

超出生命之上，这明确显示在趋向危险的意志中。虽然说"生命就
意味着危险重重"（第 1 卷第 414 页），但与此不同的是："凭直觉寻求激
昂的生命，即置身危险之中的生命。"（第 16 卷第 33 页）"人游戏人生，
这是意志充沛、流溢的结果：因为任何重大危险都关联我们的力量、我
们具有的勇气的程度，从而刺激我们的好奇心"（第 16 卷第 334 页）。
如果人将自己的生命托付斗争，那么"任何一种胜利都是对生命的轻
蔑"（第 10 卷第 306 页）。因此，尼采说："获取生命更大的收获、得到最
大的享受的秘密在于，冒生命之险！"（第 5 卷第 215 页）

生命是强力意志，即不断生成的意愿、奋发向上的意志、为自身壮
大而开展的斗争，这些在尼采那里对立于初看上去有可能显得相类似
的其他规定性。他针对斯潘塞说道："生命不是内心条件对外界条件的
适应，而是强力意志。它从内心出发，越来越多地战胜与吞噬'外界'。"
（第 16 卷第 144 页）生命不是初级的反作用性，而是主动性（第 7 卷第
372 页）。他针对达尔文说："生命不是为存在状况而进行的斗争——
这仅仅标志着某种例外状况，而是为了强力，为了更多、更好而开展的
斗争。"（第 13 卷第 231 页）他针对斯宾诺莎讲："生命的实质不是自制，
它所做的一切都不是为了自我保存，而是为了生成得更多。"（第 16 卷
第 153 页）他针对叔本华讲：叔本华讲的意志，只是个空洞的词汇。由

于这种意志的特点,生命趋向何方这一内容被删去了(第 16 卷第 156
页)。趋向存在状况的意志是没有的。"这是因为,凡不存在的,都不可
意欲。已然在存在状况中的,如何还能够意欲存在状况呢! 只有生命
所在,才有意志。但这不是生命意志,而是强力意志"(第 6 卷第
168 页)。

由阐释性透视中的存在而来的基本规定性是:如果我们回想起,
存在状况只是阐释性的存在状况,一切存在都是透视性的,如果清除透
视的话,便没有世界残存下来(第 16 卷第 66 页),那么问题就是,存在
的这一基本迹象同强力意志的关系如何。

强力意志本身就是阐释(解释)。作为生命,它受制于透视(第 2 卷
第 11 页)。"仅在束缚人的、创造出透视角度的力量引导下",生命才是
可能的(第 14 卷第 45 页)。强力意志借助于它创造出来的透视角度做
解释:"单纯的不同强力情况本身是无法感受到的",是某种具有壮大意
愿之物依据自己的价值来解释所有其他具有壮大意愿之物。"事实上,
解释是掌握什么的手段"(第 16 卷第 118 页)。如若"在有机界,一切缘
起都是一种征服",那么这种征服就是"一种新的解释,一种作为,它必
然令迄今的意义与目的黯然失色"(第 7 卷第 369 页)。"任何力量的核
心都在透视其余的一切,这就是说,都有其完全特定的价值评价,有其
行为特点,其矛盾特点。这样便根本没有其他行为的特点:'世界'不
过是表示这类行动之总汇的一个词语。"(第 16 卷第 66 页)

如果人们询问,是谁在汇总这些行动? 谁是那种核心? 谁在向往
强力? 谁在做解释? 那么尼采会回答说:"没有主体原子。"(第 16 卷第
16 页)"解释本身作为强力意志的一种形式就是存在着的"(第 16 卷第
61 页),不必再在解释背后设定解释者(第 16 卷第 11 页)。"主体的不
断消逝、不断逃逸"(第 16 卷第 17 页)并不以某物的存在为核心,"主体
的范围是不断扩大或缩小的,体系的中心是不断移动的"(第 16 卷第

16 页）。透视的范围并不源出于此前存在的、要自我保存的主体的态度："出于有机体的实质之故，要自我保存、壮大和自我意识的，不是某种实质，而是斗争。"（第 13 卷第 71 页）

意识性存在同被阐释的存在别无二致，尼采称这两者为精神。知识置身由阐释而形成的透视之下，是精神性存在状况。这种做阐释的存在状况运动于循环之中。它是由生命的强力意志创造出来，并服务于强力意志的。但是，当它随后独立地脱离强力意志时，它仿佛回到生命之中。这样，它体现在生命之中，似乎与生命一般无二，但也会同生命相对立、相疏远。就它为生命所包括而言，它弱于生活；就它确定、塑造、创造、牺牲生命而言，它又远强于生命。由于精神本身就是生命，既是生命的工具，又可超出生命之上，那些相互矛盾的语句便是可能的，即生命是相对于认识而言更高的统治力量（第 1 卷第 380 页），生命是认识的一种手段（第 5 卷第 245 页）。或者说，"在生命与认识看起来相互矛盾之处，谈不上有真正的斗争"（第 5 卷第 150 页）。另外，生命与认识这两种冲动愈强，它们之间的斗争便愈强（第 10 卷第 234 页）。如果说精神一度仅仅是"用于提升生命的工具"（第 16 卷第 118 页），那么另一句话同样有效："精神就是本身融入生命的那种生命。"（第 6 卷第 151 页）

如果说对尼采而言，强力意志是存在的实质，那么问题就是，分散在各种各样的强力意志中的存在物如何相互关联。这种关联要么靠的是理解性的阐释，要么无需这种阐释。但是，只有经过理解，才会有顺从："强有力的心灵对孱弱的心灵施加的强制有何特点？那种对更强有力的心灵的表面上的不顺从有可能出自对它的意志不甚了解。例如，一块岩石是不会听从指挥的……只有极相似者才会相互理解，因而才会有顺从。"（第 13 卷第 84 页）但是，随着尼采扩充了强力意志形而上学，他同时将"阐释"置于同样宽泛意义上的存在中。这样一来，一切存

在物都是某种阐释性的存在物,因而是有可能无限多样的意义的标志:
"一切实际之物都是某种不为人熟知的事物的运动性症候,一切意识与
感觉都同样是症候。我们从这两个方面来理解世界,则世界还有可能
具备许多其他症候。"(第13卷第64页)那不为人熟知之物实质上就是
强力意志。如果说就此而言,对尼采来说,一切存在状况都是某种语
言,"由此各种力量得以自我理解",那么他看出,由于言说与理解方式
的差别,这世上有一条鸿沟:"无机界没有误解,它的表达看起来是完善
的。在有机界才开始有谬误。"(第13卷第69页)"原初创造生命的,是
可以想象的最为粗略的谬误"(第12卷第40页)。"看起来,生活仿佛
建立在假相之上,我指的是,建立在谬误、欺骗、伪装、掩饰、自我掩饰之
上"(第5卷第275页)。

由实质而来的基本规定性是:尼采不顾一些有关强力意志的说
法,即它不是实质的意志,而是只顾维系自身的斗争,表明自己的关键
性立场:强力意志并非单一的、始终均同的。它更多地分别是某种有
所意欲的东西,而这种东西是彼此不同的。

虽然说尼采做过诸多表述,论述强力是某种独一无二之物,它们仅
仅具有量的区别,但明确的,看来是这样一句话:"生命中没有什么有价
值之物,除了强力的程度。"(第5卷第184页)另外,"确定等级、突出等
级的,只有强力的各种程度,再无其他"(第16卷第277页)。"你的强
力程度决定着等级"(第16卷第278页)。"价值是人能够拥有的最高
程度的强力"(第16卷第171页)。强力的程度似乎同时也是价值的程
度,强力本身已然是等级。

但是,强力是模棱两可的。绝非任何意义上的等级都同强力的程
度相一致。因此,可以发现,他有许多表面上反对强力的表述。"趋向
强力,代价惨重:强力令人愚蠢"(第8卷第108页);"强力是无聊的"
(第14卷第244页)。这类评价表明,对尼采来说,强力与价值不可能

是明确地一致的。因此,尼采最终批评将强力的程度作为标准这一做法。关键不在于程度,而在于性质:"机械性观点只想知道数量,只不过力量存在于质量之中"(第16卷第411页)。数量本身或许不过是质量的标志:"在一个纯数量的世界中,一切都是僵死的、凝固的、不动的。"(第16卷第65页)但是,强力的程度并非性质的明确标志。例如,在政治事务中,有效于国家的生命中的是,较高的强力程度并非直接同较高的价值相一致。

实际的强力同较高的价值彼此分离,在这世上彻底造成极大的不幸。如若"高超感受的真实源泉存在于强者的心里"(第14卷第65页),那么在质量等级上更高、但在实际当中软弱无力者,就绝不是高贵者,而是本身有问题的:"凡较高超者并非较为强有力者之处,较高超者都有所欠缺,它不过是一个片断、一个影子而已。"(第14卷第65页)如果反过来说,实际的强力并不同样代表较高的价值,那么它就会以多重方式起到毁灭性作用:"罗马皇帝滥用权力",导致欧洲弱者的道德取得了胜利(第14卷第65页)。这是因为,基督教的道德概念是手段,为的是在当时让弱者支配被滥用的权力,以至于无论是毁灭性的罗马的权力,还是新建立的基督教权力,都表现不出更高的价值:罗马的权力做不到,因为它是野蛮的;基督教的权力做不到,因为它是无能者的权力。在所有这些思想中,所谓强力与价值的统一俱已分崩离析。在这些思想中,较高的强力本身并不已然就是较高的价值。如果明确地将"强力"称为较高的价值本身,那么人们无法将这些思想彼此并不矛盾地统一起来。只有在一时间这样做,梅斯的那句话才是正确的(《尼采作为立法者》[*Nietzsche der Gesetz-geber*],第200页):"希腊人较之罗马人无可比拟地更为强大,后者只是'统治者',而非'立法者'。这才是尼采的意思。"

认识到强力与价值彼此分离,而强力与价值在其解释世界的思想苗头中本应是一致的,尼采要么会转而神化那种强力——它作为真实的存在,其高度是无法洞悉的——,要么会深入研究这一问题,即为何较为高超的存在状况不能同样是常胜的。

第一条道路自然在思想上毫无建树。它带来的只是一味反复的表述,从讴歌生命的特征过渡到表述存在之不可理喻,在存在中汇合了一切矛盾,令更高程度的强力摆脱善恶与真假(第15卷第321页)。

与此相反,第二条道路则澄清了各种价值评价方式,这些评价方式揭示出,强力意欲什么,强力获得什么,这原本是根本不同的。尼采没有深究强力意志在实质上可能具有的无限多样性,而是最终看出两种本源性驱动力("斗争中有两种强力意志",第15卷第433页),即强大的动力与柔弱的动力,奋发向上的生命动力与没落的生命动力,趋向生命的意志与趋向虚无的意志,上升本能的意志与没落本能的意志。

如果说较多的强力本身就是较多的价值,那么事物的进程便会简单明了。成功地获取强力,同时也是对较高层次的证实。但是,人类世界表明,在高水平意义上的至高强力有可能是软弱无力的,有可能被水平不高但握有实际权力之物所毁灭。"最强者如果触动组织起来的群体本能,招致数量上超过他的弱者的恐惧,他就是柔弱的……人们总要针对弱者证实强者,针对不幸之人证实幸运之人……如果要表述道德实际,那么道德意味着:中庸之人较之例外之人更有价值……我总是看到,剩余之人令生命失去价值"(第16卷第149至150页)。"弱者……也是明智之士……弱者更加具有精神"(第8卷第128页)。情况是这样的:"我们同强者一道,较之同弱者一道,更容易走向毁灭。"(第11卷第305页)此外,强者彼此针锋相对(第16卷第285页)。这是因为,"强者势必追求特立独行,弱者势必追求物以类聚"(第7卷第451页)。对于"为何生命会衰败下去"(第15卷第431页)这一基本问题的答复最终就是：因为价值被颠倒了，即无能者确立价值，其结果是生命、较高的价值、真正的强力俱遭贬低。弱者的强力意志是一种截然不同的强力意志，它消极地评判强力。这种孱弱的强力意志只是利用精神作为手段，以便战胜强者。它不自觉地将人的全部存在引向倒退。

强力意志在企望强力的特点上彼此截然不同，但这并未在尼采那种斗争性的、绝对性的意义上意味着，某一种强力意志是不应当存在的。这两种强力意志都是必要的。尼采问道，弱者与中庸之人的胜利是否或许会给生命与人类带来更大的保障，这种胜利是否或许防范了某种更为糟糕的情况："假定强者在一切事情中，包括在价值评价上都做了主人……那么结果就是弱者的自轻自贱，他们会尝试……隐遁而去……难道我们真希望有这样一个世界，在这一世界上，全然没有弱者的作用，没有他们的自由、顾虑、才智、柔顺吗？"（第 15 卷第 432 至 433 页）另外，由于柔弱的本性——作为精巧、细致的本性——一切"进步"才成为可能，所以弱者是必需的（第 2 卷第 211 至 213 页）。最终，生命的没落从属于生命："颓废是不值得去克服的"（第 15 卷第 168 页），"是不值得评价的"，它是生命的必然结果（第 16 卷第 167、281 页）。

考虑到这种情况，便可以理解，尼采的价值评价何以显得模棱两可：它们是依自身采取的立场而定，并赋有自身的合理性的。强力意志的实质既可以是强力，也可以相反的是柔弱。在存在状况有必要克服危险之际，强力意志中的柔弱性列举起来俯拾皆是："弱者对强者趋之若鹜，这种联合的冲动越强，便越会造成孱弱的结果。越是渴望有多样性、有区别、有内心的堕落，便越会有力量。"（第 16 卷第 122 页）与此相反，真实的强力作为存在的至高价值实现在这世上时，甚至会荒谬地反对直接提升强力之路："追求更多的强力，是背叛之举。最优秀的人追求的，是微末。"（第 10 卷第 309 页）

尼采懂得如何在斗争中站在真正的强者一边，既反对野蛮的权力，也反对孱弱在实际当中占据优势地位,并借此将强力与价值关系中的荒谬之处推行到极致。这表现在下述语句中:"我不是在对弱者讲话,他们只想顺从,并总是对奴隶制趋之若鹜……我在无人寻觅之处寻找到力量,在毫无统治之心的朴实而温和的人身上寻找到力量。"(第11卷第251页)

直观性的出发点——

尼采在"强力意志"中看出存在的本质,而在此之前很久,他就研究强力问题了。他借助于各种各样特定的强力概念把握世上的特定事实情况,在哲学上跃入作为非确定性强力意志的存在状况的形而上学,他的这种哲学上的飞跃是清晰可见的。但是,这世上可直观、可感受的事物始终是这一形而上学的出发点,并反过来是对这一形而上学的验证。尼采在三个方面积累观察和明确表述。从它们当中列举出一些,想必可以揭示尼采汗牛充栋的著述要告诉人们什么。

一、强力感的心理学。尼采的"强力意志"概念绝不等同于要带来权力感的冲动概念。前者涉及不可直观地形成的真正存在,后者涉及可加以直观的心理体验。前者涉及抽象意志,它企望由它而来且作为其存在的东西,后者以享受权力感为可体验的目标。但是,心理之物是直观性的出发点,这种直观性总要既有所阐明,又有所对照,如若话题是强力意志的话。尼采极其透彻地阐发了权力感的心理学。(参见本书第145—150页)

透过不可忽略的各种掩饰,尼采看出隐藏起来的强力意志。强力意志如何仅仅为了最终满足自己而发生转变、自我欺骗,强力意志如何一再改头换面地呈现出来,这在尼采看来是心理现实的一个基本情况:无论一个人为害他人还是造福他人,都要行使自己的权力。高傲之心与强壮的天性寻求与自己相仿的、百折不挠的实质,以便有可能同它们进行斗争。与此相反,同情他人则是那样一些人最为惬意的强力感,他们没有指望取得更大的收获(第 5 卷第 50 页及以下几页)。有一个最古老的安慰人的办法是,一个人如果倒霉了,就要让他人共尝苦果(第 4 卷第 24 页);被征服的人至少可以评价他人,寻找负罪之人,以此给自己带来强力感(第 4 卷第 143 页)。追求奖励,无非就是追求征服邻人(第 4 卷第 110 页及以下几页)。尼采在哲学家、苦行者、教士与离群索居之人身上看到精神性的强力意志(第 11 卷第 253 至 254 页,第 7 卷第 16 页及以下几页);野蛮人折磨他人时,苦行者折磨自己时,都"看到折磨的场面就感受到无法言说的愉悦"。"如果将幸福设想为最活跃的强力感,则在这世上,或许没有谁能比迷信的苦行者在内心更强烈地感受到那种幸福了"(第 4 卷第 111 页)。苦行者感受强力意志的情形,甚至令向外界施加自身强力意志作用的强者折服。因此,可以理解的是,"最强有力之人总是敬仰圣徒,即敬仰那种自我克制之谜……他们在这一谜团之中感受到压倒性的力量……是'强力意志'迫使他们在圣徒面前驻足"(第 7 卷第 76 页)。

如果说强力意志是心灵真正的驱动力,无论采取何种形态,都要给自身带来强力感,那么为什么还会有献身这一情况?尼采做出了各种答复:"人出于习惯,臣服于任何具有强力之物。"(第 2 卷第 42 页)施加强力,既费力气又要求有勇气(第 3 卷第 328 页)。对献身的渴望标志着没落生命的随波逐流(第 11 卷第 253 页)。献身在这种情况下只不过是强力意志的失落,而它原本是强力感的一种精致形态。对弱者来说:"我们尽力俯首贴耳,为的是拥有强力感。"(第 11 卷第 252 页)但是,对最强有力者来说,有效的是悖谬性的转变。"恰恰对于最为强烈地追求强力的人来说,感到自己被征服,才是无法形容地惬意的……一度完全抛开强力! 这是原始力量的玩物!"(第 4 卷第 239 页)

出于这些考虑,尼采的结论是:"迄今的全部心理学尚局限于道德偏见,没有勇气深入人心。将心理学把握为强力意志的形态学与进化理论——这一点还没有人做到。"如果说他进而要求,"重新认可心理学是众科学的女王,其他科学都是为心理学服务,为它做准备的",因为心理学"此时重又是通向基本问题之路"(第7卷第35页),那么这条道路直接通向的,是强力意志形而上学,而不是科学。

二、强力的社会学基本关系。人类社会的事实情况表明这样一种基本关系,没有它,人的存在状况一刻也不能存在,这就是统治与服役。"剥削……是真正的强力意志的结果……它作为现实,是一切历史的原始事实"(第7卷第238页)。在社会与国家之中,不断有争夺权力的斗争。尼采考察了这一斗争的现实、动力、种种掩饰、种种手段。

1. 希腊人的存在状况向他展示出一种因最为启蒙人而最为美好的情景。他在这里看到"猛兽般的毁灭乐趣","它那种取胜的残忍性达到了生命之礼赞的顶点"。希腊人做得不像全世界的宗教与哲学那样,灰心地对这种存在状况不屑一顾,而是"承认斗争与胜利的欢乐"。真正的古希腊文化在认识恶的爱欲——它造成了毁灭性斗争这一事实——的同时,也认识到善的爱欲,它通过猜忌、嫉妒、怨恨而诱发竞争性斗争这一事实。竞争性斗争是古希腊国家的生命基础。人们靠贝壳放逐制度清除平息竞争性斗争的清高的个人,以便重新唤起各种力量的竞争性游戏。如果我们"从希腊人的生命中剔除竞争性斗争,马上便会看出他们身处充满仇恨与毁灭欲的残忍、野蛮的前荷马时代的深渊"(第9卷第273至284页)。

2. 事实上的、外界的强力同古希腊世界真正的实质性强力彼此不同,对这一区别的意识展现出第二种情景。只有达不到自身最终目的的国家才惯于不自然地自我膨胀起来。因而对尼采而言,同雅典相比,罗马帝国不是一次崛起(第9卷第260页)。在他看来,希腊国家的没落是最充分的例证,证明事实上更高的强力并不同样就是更高价值之所在:"希腊在政治上居于下风,是最大的文化败笔,因为这样……便传播开这样一种理论,即只有在人同时武装到牙齿之际,才能够培植文化……那种野蛮的力量……导致民众战胜贵族式的天才。"(第 10 卷第 392 页)因此,尼采要求:"应当让更高超的人位居国家高位。"(第 14 卷第 66 页)"最为高超之人也应当作这世上最尊贵的主人"。如果做不到这一点呢?"没有真正的人性优势,政治上的优势就是最大的祸害"(第 10 卷第 34 页)。"比起这世上的强者没有做主人来说,人们的命运中再无更严峻的不幸了。那样,一切都是错误的、扭曲的、阴森的"(第 6 卷第 358 页)。

3. 现代人对金钱的渴望展示出社会中的强力的第三种情景。造成这一情景的,不是真正的需求,而是一种可怕的急躁情绪:"满足强力欲望的手段已有所改变,但这像一座火山一样总还在酝酿之中……以前人们'为上帝起见'而做事,如今则是为金钱的缘故而做事……如今哪儿还有至高无上的强力感与良心?"(第 4 卷第 199 页)

4. 强力之争不仅发生在同时代人之间,而且发生在人对待以历史传统这一形态流传下来的往昔的态度中。一切历史的基本过程,都是现今的强力意志重新解释传统的过程,以至于"某种既成之物、任何一种现有之物总要被压倒它的力量加以意图新颖的阐释,得到重新利用,并为重新利用之目的而得以改造"(第 7 卷第 369 页)。

5. 强力意志一贯自我掩饰。在政治事务中,弱者首先要求拥有权力的一方做到正义;其次,他们要求自由,即意图"摆脱"拥有权力的一方;再次,人们讲求"平等",即只要人们还未掌握优势,就要阻止竞争者扩充权力(第 15 卷第 200 页)。对强力感的需求不仅刺激公侯大人,也刺激下层人民,只是它当然不会直接流露出来,而是表现为正义与美德:"道德判断真是疯狂之极!如果人感受到权力,他就感觉自己如意,也自称如意。而恰恰……别人说他……丑恶!……伟大的征服者常常将慷慨激昂的道德言论挂在嘴上,他身边总簇拥着大众,大众感到自己置身崇高的氛围之中,只想倾听最为崇高的言论。"(第 4 卷第 178 页及以下几页)

6. 渴望强力的弱者的伪装在世界历史上行之有效。而在尼采看来,这就是道德,它作为奴隶道德,一向同主人道德两相对峙。社会性权力状况决定社会中的人的实质,依靠的与其说是自觉的斗争手段,倒不如说是不自觉的斗争手段(第 2 卷第 68 页及以下几页;第 7 卷第 239 页及以下几页,第 7 卷第 301 至 339 页)。尼采给全部精神历史提出一个定律:"人们发现的满足强力感的手段,几乎就是文化的历史。"(第 4 卷第 31 页)

三、强者与弱者。强者同弱者的对立深入对强力意志的基本阐释中,以形态各异、意义各异的各种观点为出发点。这些观点的思想苗头,尼采在他那一时代的医学中已看出端倪。有时,他联系当时的实证科学的臆想,并未明确区分直接的经验之物与只有含含糊糊意味的普遍概念:像在特定的、可加以自然科学式理解之物意义上的疾病(这又是原本极其不同之物),以及在仅属低估性评价意义上的疾病就是这样。最终,他无分轩轾地谈论,什么在人对自身的生存性态度中可称为"患病"与"健康"的(以至于依照他的思想的某种立场来看,一名在医学意义上的病人可因其态度而恰恰被视为在生存上是健康的,而一名在医学意义上的健康人可被视为在生存上是病态的)。做到概念清晰、体系清晰,不是尼采的直接目的。遣词造句时的矛盾并不妨碍他的生存性直觉保持清晰,但有可能妨碍表述上的清晰,尤其当这些表述涉及可得以科学性、经验性认识之物时,更是如此。(参见本书第 117 页及以下几页)进而言之,似乎在尼采看来,源出于对人的存在整体的统摄性解释之物,与内在于人的现实的局部性认识——在这里仅为真正的科学认识——汇合在一起。尼采将某一时代的文化类型同神经官能症类型置于同一范畴下。人的生理与心理存在现实同生存性实质现实无分轩轾地混同在对其特征的描述中，而它们本是不可同日而语的。仅在一时间大致得以区分的，是在尼采看来作为没落的生命行将垂死之物，与尽管实质上已然没落、却作为他物的条件而有其价值之物。尼采对这类事物的广泛论述诱惑着唯理论者的理智，将自己的主观感受塞进表面上是客观性的概念之中，舒舒服服地靠所谓的知识来对一切存在方式做出裁决。但是，由于一再出现表述上极不确定这一情况，它们会令寻求清晰性的读者不堪其苦。

我们抛开在尼采那里碰到的这多种多样的心理学的、生理学的、生物学的、性格学的、社会学的阐述，来认识一下尼采借以表述其双重生命类型的对象的一些范畴。

弱者的性格结构混乱，强者的性格结构是综合性的。前者是"面目多样的人，有趣的一团混乱"。后者是这样的人，"在他们身上，各种不同的力量被不可思议地连接起来，趋向一个目标"（第16卷第297页）。孱弱的意志由于缺乏重心，滋生出多种多样的冲动；强壮的意志由于方向明确、清晰，会在某种个别动力占优势的情况下，将各种动力联合起来（第15卷第172页）。在弱者那里，适中是一无所能、一无所是、一无所有的结果；在强者那里，适中是有所节制的乐趣，是骑上烈马的骑士的乐趣（第16卷第290页）。

弱者是片面之人，或者说平均之人、中等水准之人、平庸之人；强者是这样的人，"他最为鲜明地揭示出存在状况的矛盾特征"（第16卷第296页）。

弱者对诱惑毫无抵抗能力，强者掌握诱惑，从而改变诱惑。弱者的反应行动既突如其来，又不可遏制；与此相反，强者看上去是留待与拖延做出反应（第15卷第171页）。弱者由于不能抵御诱惑而"受制于偶然"，他"将各种感受粗糙化、扩大化到极致"，其结果是剥夺了亲身感受

（第 15 卷第 170 页）；强者控制偶然，将其纳入自己的命运（第 5 卷第 57 页）。他可以说："凡不能置我于死地者，皆令我更加强大。"（第 8 卷第 62 页）"凡仅仅适于强者之事——迫不得已之事、冒险之事、可疑之事、超出常规之事，如若施加于平庸之人，必然会将他引向毁灭"（第 16 卷第 308 页）。"令人变得微末的那同样的理由，会令强者与罕见之人变得伟大"（第 15 卷第 222 页）。

弱者无法克服任何经历，强者则可以改造它、吞噬它。"有些人很少具备这种力量，以至于他们哪怕经历过一次……就像伤口无法治愈一般流血致死"（第 1 卷第 286 页）。尼采说："我热爱在受到创伤时依然内心深沉、却会因微小事情而毁灭之人。"这句话既不是在说强者，也不是在说弱者，而是涉及生存性澄明的另外一个层面，即忠诚与内心化。与此相反，在强者与弱者相对立这一层面上，有效的是："强者因极其健康而本能强健，他像消化食物一样消化自己的行动，他会自己解决不易之事。"（第 16 卷第 309 页）

弱者的存在状况贫乏而空洞，强者的存在状况丰富而充盈。两者都在受难，一个因贫乏而受难，一个因充沛而受难（第 5 卷第 325 页及以下几页）。

弱者希望和平、和睦、自由、平等，想不必自卫就可活下去（第 16 卷第 319 页）；强者偏爱可疑与可怕的事物（第 16 卷第 268 页）："一类人不想冒险，另一类人想冒险"（第 16 卷第 323 页）。弱者有报复感和同情感，强者有攻击性激情（第 15 卷第 21 页）。

将世界阐释为强力意志的现象——

尼采在所有现象中都看出强力意志。凡在他深入"事物的根基"之处，意志都是最终之物。一切世间事物都无非是这一意志丰富多彩的表现形态。

尼采的强力意志形而上学一经演绎出来，同样具有以往的独断论形而上学的特点。同莱布尼兹相比，它虽然没有单子（主体的基点），却具有或增长或减弱的各种强力统一体的体系。它虽然没有前定和谐——除非这是在各种程度的力量间的斗争中不断做出各种判断的和谐，而这种斗争就是存在本身——，但正像在莱布尼兹那里，单子有着或多或少的清晰性一样，单子在这里就是不同程度的力量（在尼采这里是阐释性的强力意志）。遍布世界的，是这种或大或小、不断变化的各种程度的强力，它们是真正的存在。如果从尼采那里搜集所有特定思想，汇集成这一对象，就可以构造一个相对系统化的整体，这一整体看起来同 17 世纪庞大的哲学式世界体系在思想形式上是相吻合的。

尼采做了力所能及的一切，以便开启和保持可能之物，启示每一透视角度，看到无限的阐释，最终却由于将个别之物绝对化而将一切重又封闭起来。他没有从宏大的、解放人的、再也没有普遍性答复的追问中退回每一当下的、本源性生存的历史性，而是看起来在将真正的存在证实为强力意志之际，给出一个普遍性答复。

如此狭隘地提出的形而上学式总体使命，是一种"强力意志的形态学"（第 16 卷第 430 页）。"强力意志的变化，它的各种情况与分门别类之处"可同一切事物明显表现出来的形式并行不悖地陈述出来（第 13 卷第 66 页）。尼采进而分门别类地论述这一使命。一些要点论述得言简意赅、直截了当，部分论述得出色绝伦，部分论述得令人感到异样。

这一形而上学在方法上分为两条道路。首先，尼采尝试着理解我们对世界的塑造，而这一世界是我们靠认识、审美、宗教、道德阐释性地创造出来的。其次，尼采尝试着自己来阐释世界，即阐释无机界、有机界与意识。

在第一条道路上，他对阐释做阐释：他自己的阐释是用来澄清一切阐释的。对世界的阐释性塑造随时都应源出于强力意志。但是，它应当同时是自身的征兆,即这是蓬勃向上的生命的强力意志,还是没落衰亡的生命的权力意志;是真正强有力的生命的强力意志,还是实际上软弱无力的生命的权力意志。因此,作为真相、审美、宗教、道德,阐释的内容便具有模棱两可的意义。它们要么是弱者的征兆,要么是强者的征兆。表面上相同的内容(像虚无主义、审美的幻景或道德法则)会依实质不同而具有截然相反的意义。

在第二条道路上,他以形而上学的方式阐释,在迄今的各种阐释当中,什么实际上并未从生命本身中得到真正阐释,而只是为各种必然如此且欺骗人的生命条件之目的而得到阐释的。

1. 认识。如果说尼采紧盯着密切关联生命的真相,那么他看出,真相的标准在于"提高强力感"(第 16 卷第 45 页):理智偏爱给予它强力感与安全感最多的"假设",并认定这种假设是真实的。"凡赋予思维以最大强力感的",就是真实的。"从触觉、视觉、听觉出发,则要碰到最强烈的抵抗"(第 16 卷第 45 页)。

尼采相应地指出,"认识是作为强力的工具发挥作用的"(第 16 卷第 11 页);"求真意志是在服务于强力意志时发展起来的"(第 14 卷第 322 页);"自然科学要用公式来教人克服自然力量"(第 13 卷第 79 页);"我们的生命感、强力感的程度赋予我们衡量存在、现实、真实性的标准"(第 16 卷第 14 页)。

这种阐释支配着尼采的"逻辑"。矛盾律"并不包含真理的标准,而包含关于起真实作用之物的绝对命令"(第 16 卷第 29 页)。凡尼采阐释个别范畴的特定意义时,有效的总是"一切意义都在于强力意志"(第 16 卷第 92 页)。一些事例一致表明,范畴下的认识的前提就建立在这一意志基础上:"平等的意志即强力意志。"(第 16 卷第 25 页)

2. 审美。美是由艺术创造出来的,或由直观揭示出来的形态。"我们对美的热爱是⋯⋯塑造性的意志⋯⋯塑造与改造的乐趣——是一种原始的乐趣"(第 16 卷第 19 页)。"爱美的意志"意味着"毫无顾忌地阐述形式：只有最强的，才是最美的"(第 14 卷第 323 页)。

艺术作为强力意志的表现形式，其意义在于，它是"对生命的最大刺激"(第 14 卷第 370 页，第 8 卷第 135 页)；它是认识者的解脱，如若认识者看到也想看到存在状况的可怕与可疑特征；它是行动者的解脱，如果行动者不仅看到，而且要体会存在状况的可怕特点的话；它是受难者的解脱，如若受难者要借助艺术之路通向那样一种状态，在此状态中，苦难是值得的，是被神化的(第 16 卷第 272 页)。强力意志表露在艺术中，艺术表达出那样一种状态，即面对可怕之物而毫无畏惧(第 8 卷第 136 页)。

不同的艺术是强力意志在特点与程度上的区别之所在："最高的强力感与安全感表现在博大的风格中。"在建筑中，"充斥着要成为艺术的强大意志的虚幻；最强大之人往往从建筑中获得灵感"(第 8 卷第 125 页)。

艺术超出艺术家之外，深入世界的内心。生命意志与强力意志牢牢地把握美的事物的表象："世界无非就是艺术……；绝对的求知意志……在我看来在这样一个虚假的世界上是对形而上学式基本意志的亵渎。"(第 14 卷第 366 页)

3. 宗教与道德。尼采将这两者主要理解为无能者的强力意志的表现，但并非仅仅理解为无能者的强力意志的表现。信教的人"是感觉自己不自由的人，他将自己那种心态即臣服性本能升华了"(第 16 卷第 142 页)。道德作为奴隶式道德，是毫无顾忌的人进行统治的手段。

道德也是强有力的意志的表现形态，但它不是作为道德，而是作为手段。善良意志并不存在于事物的本质中，它只是在社会的教化中形成的，是"一个更大的整体要针对另一整体维系自身的结果"(第 14 卷第 323 页)。"在道德的视野下"把握意欲，则"道德可理解为有关统治

关系的学说"。正是在这种关系中,才出现了"生命"现象(第 7 卷第
31 页)。

如若强力意志的现象是不自觉的、不可由我们"内在地"加以理解
的自然事件,是从无机物到有机物再到意识发展起来,并作为有机物的
纯然功能发展起来,那么对作为强力意志的现象的阐释就必定具备另
外一种特点。

4. 无机界。僵死的自然界的内在因果性是何物,我们外在地看待、
尝试着借自然法则与规律性来把握的僵死因素本身为何物,这是个古
老的、永久性的、却始终只能靠想象来回答的问题。在此,尼采也做出
了对一切事物一视同仁的阐释:如果"我们相信意志的因果性,我们就
必须尝试着将意志的因果性设定为唯一的因果性。这样,一切机械性
事物,只要有某种力量活跃于其中,它就是意志的力量、意志的作用"
(第 7 卷第 57 页)。

无机界的最终现实是,存留下来的不是物质,"而是活跃的量子,它
与所有其他活跃的量子处于一种紧张的关系中",而量子的实质在于它
们的相互作用。这种作用源于强力意志。"所谓的自然法则都是些适
用于强力关系的公式"(第 13 卷第 82 页)。我们无法体验、无法看到、
无法借经验性证明来感受的强力意志是什么? 它"不是一种存在,不是
一种生成,而是一种激情——是最为基本的事实,由此才有了生成与作
用"(第 16 卷第 113 页)。

如果说强力意志是最终现实,那么尼采必定不可避免地将其类比
为我们可以感受的意志,来对它加以思考。如果一切无非都是意志,那
么意志就要能够作为意志来发挥作用。它如何发挥作用? "意志自然
只能对意志起作用,而不会对材料起作用"(第 7 卷第 57 页);意志的作
用只能由此而来,即它感受到其他意志,并为其他意志所感受:"无机物
的相互作用……总是某种距离遥远的作用,因而在一切作用之前,必然

有'某种认识',即要感受到这种遥远性。"(第 13 卷第 230 页)尼采相应
地断言:"在化学界有着对各种不同力量的最强烈的感受。"(第 13 卷第
227 页)

在无机物的感受性认识中,感受、想象、感觉、思维在强力意志中密
不可分。只是在有机物中,才开始有了它们的彼此分离(第 13 卷第
229 页)。这些因素彼此分离,其结果是产生不精确性、虚幻的可能性。
因而对力量之价值与强力之关系的感受(第 13 卷第 227 页)仅对于无
机界来说才是绝对准确的:"那里有真相"。"在有机界才开始有不确定
性与假相"(第 13 卷第 228 页)。

因此,在这种观点下,对尼采来说,无机界必然要"高于"有机界。
"凡无谬误之处,这一王国便高级些:无机物是无个性的精神性之所
在"(第 13 卷第 88 页),这就是说,是彼此完全同一与均等的、未经分裂
的、始终可明显意识到的、真实的强力意志。与此相反,有机生命则是
某种专门化:"这背后的无机界是各种力量的最大综合,因而是至高无
上、最值得敬仰的。那里没有谬误,没有透视的局限性"(第 13 卷第 228
页)。尼采对无机物怀有热情:"僵死的世界永恒运动,毫无谬误,以力
量对力量! 而在有所感受的世界中,一切都是错误的、晦涩的。"(第 12
卷第 229 页)无机物不是有机物的对立物,而是母体,是规则,有机物则
是例外(第 12 卷第 229 页)。

5. 有机界。同无机物是"无个体的精神性"相反,有机物是一种个
体的生成,而且这首先来对自身世界的想象与阐释,这种想象与阐释
属于个人的生命:"有机界整体就是,将自己的实质同臆想出来的围绕
这一实质的各个小世界……即它的外界……串起来。创造的能力(塑
造、发明、杜撰)就是它的基本能力。"(第 13 卷第 80 页)"有机物有着以
自我为中心的视角,为的是自我保存。它只能以有益于自我保存为准
做思考"(第 13 卷第 88 页)。

其次,所有有机物带来的这一世界之所以可能,仅在于记忆先行于一切意识:"有机物区别于无机物之处在于,它积累经验,永远不会是同一个样子……"(第13卷第231页)"我以记忆及某种精神为一切有机体的前提:这种机制是如此精细,以至于在我们看来,它似乎并不存在"(第13卷第232页)。在任何意义判断中,全部有机物以往的历史都在发挥作用:"在有机界中没有遗忘,只有某种对经历的消化。"(第13卷第237页)

尼采如此设想有机物,便觉得它的实质不凡——这对立于在此之前他评价无机物时对有机物的贬抑:"强大的有机原则给我留下的印象是,它轻而易举地吞噬了无机物的素材。我不知道,如何能轻易地通过进化来对这种合目的性做出阐释。我宁愿相信,有机物的实质是永恒的"(第13卷第231页);"有机物不是产生出来的"(第13卷第232页)。

然而,在尼采看来,在这种有机物中创造与提高它的组织的,并不是一种意图、一种目的、一种偶然,而同样是他的形而上学式阐释:"表面上的合目的性(远远优于一切人类技巧的合目的性)仅仅是活跃于一切事物之中的强力意志的结果。强大起来,就会带来秩序,这种秩序看上去近似于某种合乎目的的设计。表面上的目的并非有意为之的,但是,只要优势力量控制较弱的力量,后者作为前者的功能发挥作用,等级与组织的秩序就必定带来手段与目的的秩序这一表面现象。"(第16卷第58页)

强力意志并未促成持久僵化的形式世界,而是将这一世界投入不断的生成之中。尼采追问这一生成的方向。针对那些所谓理所当然的看法,即生命向更高形式发展,生命比无生命的物质更高级,尼采的考虑是:"同样可以证明的,是相反的情况,即直至我们为止,一切都在堕落。人,最为智慧者,是自然的最大谬误,他自相矛盾(人是受难的生灵)。至此为止,自然在堕落。有机物是蜕化的"(第12卷第359页)。

　　在他看来,有机物是强力意志的不断演变,没有明确的方向。人作为有机体,也是强力意志的专门化,因而无论如何都是一种注定要没落的形态。"人是……沿某一特定路线继续持续下去的完整有机物"。人之所以依然存在,原因在于某种特定的阐释体系未加改变——而人就是这一体系"(第16卷第143页)。这一情况如何继续下去?"我们的'不满足',我们的理想……或许就是这一已然得以掌握的阐释的结果、我们的透视性观点的结果。或许,有机生命最终会因此走向毁灭……有机生命及其最高形式必定会没落下去,就像个人会没落下去一样"(第16卷第143页)。

　　6. 意识。尼采称人的形态与生命是人的身体。身体不是单纯的原子式的躯体,更不是尸体,而是不自觉地囊括一切的活跃功能整体。他认为,同身体相比,"一切意识都是贫乏、狭隘的"。任何精神都不足以哪怕是接近地起到身体所起到的作用。"我们意识到的,是多么少!……意识是一种工具:考虑到有多少和多么重大的事情都是不经意识就做出的,意识就不是必需之物……或许没有比这发展得更糟糕的器官了……这毕竟是最后产生的器官……一切所意识之物都是不甚重要的事物……精神要理解为身体的符号语言"(第13卷第164页)。

　　身体不仅是可见的形体,而且是个体化的、统摄性的强力意志整体的活跃之物:"人的身体活灵活现地显露出一切有机生成最为遥远与最为切近的历史,似乎有一股巨流透过身体、超出身体喷薄而出:身体是一个较之古老的心灵更令人惊讶的想法"(第16卷第125页)。较之对精神的信念来说,对身体的信念有理由是更为强烈的信念(第16卷第44页)。身体是"最大的理性",而它的工具只是"小理性"(第6卷第46页)。[40]

　　尼采思想的意义在于贬低意识。意识并不以自身为出发点。他针对夸大意识的做法,认为意识是滞后的,仅时不时稍做一下观察而已,而观察一物时便忽略了他物(第11卷第185页)。再有,意识仅仅涉及表面现象,仅仅是一种旁观(第 11 卷第 289 页),而只有同样留意内心世界,才能既认识内心,又认识外部世界(第 16 卷第 6 页及以下几页)。凡被意识之物,只是某种在意识之外的真正的、更为丰富的事物的标志(第 13 卷第 65 页)。意识仅仅是最终的现象,它本身不发挥作用,因而在意识中一切都是十分机械地前后相继呈现出来的(第 16 卷第 8 页)。

意识仅仅作为工具为之服务的这一事物到底是什么?这又是强力意志。"任何思想、任何感受、任何意志……都是一种总体状况……是对所有支配我们的驱动力做出的当下强力判定的结果"(第 13 卷第 56 页)。"我们称之为意识的,只是一种手段与工具,借助它来维系自身的,不是主体,而是斗争(第 13 卷第 71 页)。"实际上,我们看不到在暗地里进行的斗争"(第 13 卷第 64 页)。

问题是,意识到底由何而来。这要从它服务于某种强力意志的意义上来把握。尼采指出,它出自紧迫的局面。困境迫使人迅速而准确地相互理解。没有意识,就没有理解。"意识的精确性与力度看起来总是同一个人的表达能力密切相关,表达能力又同表达的必要性密切相关"。意识是人与人之间的联络网:"语言的发展同意识的发展是携手并进的。"

出于这种来源,尼采指明了意识的特点,它不是每个人所特有的。意识不属于"人的真正的个体性生存",而是"仅仅关联着共体与群体的利益而精确地发展起来"。它是人的"非个体性之处",是"人的平均之处"(第 5 卷第 290 页),"只是一种可表达的手段",不是"总体性知觉与最高机制"(第 16 卷第 37 页)。

由于意识是必需的产物,并不以自身为根据,它就很容易出错:"生活的蜕化实质上取决于意识非同寻常的致谬能力。"(第 16 卷第 132 页)"一切完善的行动都是无意识的"(第 15 卷第 356 页);"我们必须到再也没有更多意识之处寻找完善的生命"(第 15 卷第 469 页)。

这样,对尼采来说,意识也就具有了实质性的、谜一般的意义。它是"一个自我深化、自我内在化的过程",要么就是在不断接近生物性核心(第16卷第22页)。当我伸展双臂时,意识起到了什么作用,这是不清楚的。在这里,知识与行动分属两个彼此不同的领域。"另一方面,拿破仑实施一项进军计划——这里一切都是有意识的……,因为对一切都要下命令。但是,这里也有基本性前提,它可解释普遍的情况,即要适应眼下的必需"(第16卷第129页)。

有一些话听起来像是对意识提出的要求:"自然是愚蠢的,只要我们是自然,我们大家就是愚蠢的。就连愚蠢也有个好听的名字,它自称为必然性。我们快来帮帮必然性吧!"(第16卷第239页)

对强力意志形而上学的批判性描述——

研究一下尼采借以将强力意志理解为事物之本质的诸条道路,人们就会看到一番总体情形:这一思想形式是对被设想为基础之物的假设之形式。从诸现象的统一性中可引申出对诸现象之总体性的阐释:一切"无非是……"、"不过是"、"只是"强力意志的各种形态。只有将相对普遍地出现在世上的现象予以绝对化,才可得出设想的基础之物。经验性观察中的各种直观性证明关联着某种阐释性结构,这种阐释性结构来自绝对化思想不可控制、不可直观的向存在本身的转向。

如果说尼采实际上陷入这种形而上学思想形式,那么毫无疑问的是,他的出发点与他的目标都另有意旨。

首先,他知道,强力意志实质上是一切事物所"不熟悉的",(参见本书第328—338页)因而凡强力意志被提及之处,都是它尚未得以认识之处。至于我是借助于将概念固定下来,从而在这世上有所阐释,还是在总体上阐释这个世界,这是具有根本性区别的。对整体的阐释不是将什么固定下来,也不是将什么引申出来,而是解读唯一之物的密码。

其次,尼采意识到,他没有臆想有关基础性存在的假设,而是寻求"令一切均与之彼此亲和之物"。

如果我们要把握尼采真正的出发点,就要追问他借助于变得形而上学化与独断论化的思想形式所做的表述,即密码在这里意味着什么,在何种程度上一切都可显得彼此亲和,什么既是现实的,又是实质性的,却无法从中显现出来。

强力意志对世界的构想令斗争心安理得地保持为斗争,因为相对于这斗争,一切都转化为斗争的手段。在这种构想中,强力欢呼雀跃地肯定自身。斗争的意志从这种构想中获得了源源不断的驱动力。凡在我们的存在状况中实属强力之事实、斗争之乐趣的一切,不仅重新意识到自身是彼此亲和的,而且获得了自身的更高意义。

但是,这取决于是哪一种强力意志在自我肯定,强力意志是作为什么来自我肯定的。强力意志的不同性质、不同程度与不同特点决定着某一具体的斗争乐趣的价值。虽然尼采的形而上学本身就在阐发出这一点,但在如何感受自身的亲和性以及谁可感受自身的亲和性这一点上,它是模棱两可的。这是因为,有时所有存在状况都是这种情况,有时所有存在状况只有依照自身的层次才是这种情况。

对于这一形而上学的意义的一项证明在于,它自身之所以致思,这必定要被理解为强力意志的活动。在尼采的意义上,这一形而上学适于充当对世界的描绘,用于反抗虚无主义的强有力运动。

只有揭示出在这一形而上学中,有什么无法意识到自身是与此亲和的,才可明确地寻找到这一形而上学意义的局限。与一切存在之物相亲和,这一基本特征不是连贯的。阐释虽然在人的创造中看到强力意志的一面,看到一切事物均有可能蜕化为强力意志的手段,却在人的生存的本源性存在中错失了同强力意志毫无关联、无需强力意志亦可自身显现之物。在强力意志中,不再有懂得对自身负责的自我存在,不再有无条件地仅仅关联超越的独立之处,不再有无需强力意志与强力之滥用的、作为爱的斗争的交往,不再有真正开放的、自由的视野。即使说尼采揭示出某种实质性存在诸种方式的歧义之处,也要面对这一形而上学,做到在歧义性中声明本源性之物。

关键在于,这种纯属内在性的形而上学要无需超越地将存在的密码解读为强力意志。凡在存在状况中晓得自己面对超越之物的,在这种形而上学中都会感到自己格格不入。在存在状况中,有一种存在同这一形而上学的可能性做斗争,而它本身实质上不是追逐强力的斗争,它拒绝这种阐释。当尼采在这世上做出实际性和局部性阐明,却无法切中存在本身之际,这种存在是一如既往的。

强力意志形而上学之意义的局限还在于它对无机界与有机界的阐释,即我们只有在观察中才可体会那种自我识别的亲和性。亲和性涉及的,完全就是强力意志与强力关系的单纯相似性。它不具有认识的价值,无法为意识带来真正的亲和性。

对强力意志形而上学的局限的这番勾画是实质性的,它标志着尼采的全部思想,即尼采本人有划地为牢的情况。任何学说都不会让尼采五体投地。他掌握每一种学说,实际上又用另外一种学说同它保持平衡。强力意志学说不是尼采最终的形而上学,而是在他对存在的论述界限内的一种尝试。

尼采并不满足于这一形而上学,这表现在这一形而上学同他对生命的描绘处于一种两极互补的关系中,随后又被覆盖在永恒轮回的学说之下,而永恒轮回学说本身也不是绝对的。

在尼采那里,没有以往的独断论形而上学的唯理论思想的那种客观化真理。唯理论者在概念结构中认识真理,而在尼采那里这不是主导性特点。他认为这不是关于存在本身的最终真理,即使他有时似乎相信自己的尝试,就仿佛这尝试是独断的一般。

仅在任何学说都彼此关联之处,才有尼采真正的哲学沉思。要深入到这里,就必须打破任何限制性的封闭性,存在状况的谜一般的特征不能泯灭在某种众所周知的假相中。

作为纯粹内在性的世界

从巴门尼德经柏拉图到基督教与康德,所有形而上学都在阐发两个世界的理论。我们的世界是有限的、易逝的,是在生成之中的,是时间性的,是表象性的。作为这一世界之基础的,是一个存在自身的世界,它是无限的、永恒的,是无时间性的,是真理之所在。用宗教的话来说,它是上帝。

无论这些对立之处的意义多么不同,始终激发尼采的反对态度的,是那样一些因素,这些因素主张,彼岸同此岸相对立,真实世界同表象世界相对立,不可见世界同可见世界相对立,幸福世界同苦难世界相对立。在尼采看来,这些对立只是一种阐释。但是,他认为,一切关于存在的知识都无非是阐释。因此,他在反对两个世界的理论时,不仅将这种阐释当作阐释来反对,而且反对某种极其确定的阐释原则。这些阐释不是价值等同的,某种阐释较之其他阐释更为重要。

尼采反对双重世界理论的理由——

无论人们如何设想真实世界,它在实际上只是又一重表象世界(第16卷第66页)。如果另外一重世界不为人们所熟知,只有靠重复人们所知世界的范畴与内容,它才得以被阐释为是存在着的,那么设立两个世界就是多余的。尼采所反对的,不是在我们置身的世界即我们这个世界之外,可能有无数的世界(第16卷第89页)。这些可能的世界同我们无关,只有宣称另外一重世界是真实的世界,这才触及我们的全部生存。

在此意义上，两个世界的理论意味着什么，这表现在作为它们的由来的动机上。人畏惧世上的偶然之事、不明确之事、突发之事，就像畏惧凶恶之事一般。人不是靠思考来真实地克服它们，而是在感到自己无能为力时，靠做阐释来进行斗争。它实际上是无效的，只能缓解主观情绪。这一切是一位人格（神性）唤来的。人要么可以对凶恶之事息事宁人，同这一人格订立一份约定，要么就是靠对凶恶之事做不同的解释来自助，即它们只是表面上的恶事，最终结果倒是好的；要么凶恶之事是对人罪有应得的惩罚。无论如何，人都是靠这些解释来采取听天由命的态度，这种态度减轻了人对凶恶之事的恐惧，降低了人克服凶恶之事的主动性（第 16 卷第 370 页）。另外，人畏惧万物常逝、一切常变；人靠这样一种解释聊以自慰，即还有另外的世界，有持存而不变的存在，即使不为人所知。人对自身的激情、统治欲、性欲等均感畏惧，让所有这些都在真实世界中消失殆尽，以便摆脱它们，接触真正的存在（第 16 卷第 72 页）。每一次，这类阐释都是从这个世界向另外一个世界的逃逸，而这另外的世界实际上什么也不是。"厌世的直觉创造出另外的世界"（第 16 卷第 90 页）。

这另外的世界一经宣示出来，它就靠抛出新的诱惑来持续存在下去：不为人所知的世界迷惑我们去冒险，并错误地假定，那真正的、当下的世界是人所共知的，以至于我们会错失原本有可能形成的认识。一个不同的世界令人深思，或许在那里一切都是好的；或许在那里我们会有所不同；我们被诱使着去设想，当下的世界本身可以有所不同：必然性与事实都被取消了。真实世界似乎在那样一种意义上对我们的真实性提出了道德要求，即我们应当将当下这个世界看作不真实的、不纯正的、非实质性的（第 16 卷第 86 页及以下几页）。

划分两个世界，其作用是玷污世界与生命。恰恰是人栖居、适应于其中的那个世界,在人看来是不洁的(第16卷第80页)。真实的世界"极大地怀疑与贬低我们这个世界,它是我们迄今对生命最为致命的行刺"(第16卷第79页)。

关于真实世界的思想,在其孕育出了强力意志力量的阐释时,尼采对它不仅仅是一味否定,他自己同柏拉图那种始终自相矛盾的关系就是对此的表露。柏拉图作为一名艺术家——他确实是位艺术家——偏向于假相,而不是存在。艺术家视自己从事物中得到的阴影般的残余为事物的真正价值所在;认为愈不真实,便愈有价值。但是,柏拉图此外还具有翻转价值的果敢与力量。他说,愈是分有理念,便愈是分有存在。他偏爱非现实之物,而不是现存之物,并称前者为真正的存在(第16卷第70页)。这一真实的世界实际上是可为智慧之士所达取的。智慧之士就生活于其中,就是真实世界本身。真实世界是对这样一句话的改写:我,柏拉图,就是真理(第8卷第82页)。在这种思想起源中,可以看到的不是恐惧以及从这个世界的逃逸,而是创造性人格的强大力量,只是到后来,这种思想起源才转变为有关真实世界的思想:在基督教中,真实世界是眼下无法企及的,但它许诺给了做忏悔的罪人。其结果是,它既是不可企及的,又是不可许诺的,但作为单纯被设想之物,给人以安慰与约束。它是一轮惨淡的太阳,透过怀疑论的迷雾看去,"是苍白的、北欧式的、哥尼斯堡式的"。随后,它作为不可知之物,失去了安慰与约束,在实证主义(不可知论)中丧失了任何意义。现在已经是可以取消它的时候了。尼采所做的这种取缔并不意味着,表象世界可以残留下来,而是说表象世界同真实世界一道被取缔了,尼采的世界豁然开朗(第8卷第82页及以下几页)。

作为生成、生命、自然的纯粹内在性——

在取消了双重世界之后,还有什么存留下来?尼采称之为生成、生命、自然，他指的是真正存在的完全不固定之物、实质上不可致思之物。他指出真实之物与现实之物，却在做表述时不得不让真实之物与现实之物实际上重新成为"存在"，在有所言说时不得不听任它们要么受到歪曲，要么消失殆尽。

一、哲学家们在自己所设想的、现存的存在物中仅还保留一丝想象之物的残余（第 16 卷第 69 页）。针对他们所讲的存在，尼采提出唯一的、真实的存在，而这就是生成。因此，持存并无价值，事实上根本没有持存。相反，尼采为"最为短暂之物、最为易逝之物，为生命之蛇的蛇腹上迷惑人的闪闪金光"做辩护（第 16 卷第 73 页）。这恰恰并不意味着，人们应投身瞬间的偶然（"如若你们更为信赖生命，你们便不轻易投身瞬间……你们没有充足的内涵来等待"［第 6 卷第 65 页］）；而是意味着，易逝、勇敢、牺牲之物是存在之唯一现实的、真实的、富有价值的形态。把握这一点，是要人亲身严肃对待的。彼岸似乎会取消严肃性，因为如果人们将生命的重心不是置于生命之中，而是置于彼岸、置于虚无之中，那么就彻底取消了生命的重心（第 8 卷第 271 页）："没有什么与此不同但又与此相关的永恒"（第 12 卷第 66 页）。尼采在生成中意识到的存在的这种新的永恒，在下一章中将成为"永恒轮回"的话题。

二、尼采针对这一切僵死、平庸、抽象之物，针对向彼岸性他者之虚无的转折，为生命做辩护。对他来说，一方面，只要他是在生物学范畴中思考生命的，生命就是他借以把握存在状况的言辞；另一方面，生命是他借以指向存在本身的标示，而我们就是这种存在，也只有我们才是这种存在。受到如此之绝对肯定的生命根本不可能是单义的。它的意义一经表述出来，就不断从真正的存在这一统摄走向变为生物学对象的特定存在状况的规定性。就连肯定也只有通过不断的否定表述出来，否定性反对的，是令生命不成其为真正生命的各种方式。这些方式在总体上意味着："生活是一种义务吗？胡说！"（第 11 卷第 222 页及以下几页)这是因为，生命作为单纯的存在状况，并不已然具有价值，这一点本身就是成问题的。当尼采看到丑恶的、令他厌恶的生命，当他"不喜欢这家伙"，并"怨恨鬼火"以及"出自泥沼的一切"时，他想必会问道："难道生命就是一潭泥吗？"（第 12 卷第 349 页）他对"试图怀疑生命价值的一切"均持敌视态度（第 12 卷第 67 页）。关键在于，要将单纯的生命同真正的生命区分开来。尼采区分开奋发向上的生命与颓废没落的生命，刻画出不同等次的另外一种形态，虽然借此在呼吁生存之可能性的意义上做到这一点，却未在取得客观确定性的意义上做到这一点。在这种情况下，尼采的语句中一再出现的对生存的要求还无从谈起。这是由于生命概念作为纯粹的内在性，无法独特地切中生存，相反，这一生命概念会令各种语句无法遏止地滑向某种生物学意义上的知识。而在这种情况下，这就是虚假的知识。

因此，尼采不断改变这种僵化的做法。恰恰是保留在一切生命现象中的那种无限的歧义性得到了肯定："或许，这是生命的最大魔力所在：它上面覆盖着一条由美好的可能性编织的金光闪闪的纱幔，既在祝福又在抗拒，既羞怯又嘲讽，既同情又诱惑。是的，生命就是个女人！"（第 5 卷第 263 页）这种歧义性虽然会令人产生怀疑，"对生命的信赖之情已然消失……这是对一个女人的爱，令我们疑窦丛生"（第 5 卷第 9 页），但是，这种怀疑融入支配尼采思想的、对生命的绝对肯定态度中，而这种生命不再可得以致思，而是在查拉图斯特拉的舞蹈之歌中纵情诉诸狄奥尼索斯的状态（第 6 卷第 157 页及以下几页，第 338 页及以下几页）。

死亡从属于生命，"我们不要说，死亡同生命两相对立"（第 5 卷第 149 页）。尼采视死亡为何物，标志着他非超越性生命哲学的特点，其结论就是他关于死亡的论述。人同死亡纠缠不休。尼采不得不仅仅着眼于生命来指明这种关系。由于在他看来，生命是创造性的，是在创造中充实自身意义的生存的标示，但也可随时理解为同生物学的、健康的、可加以自然科学式研究的生命相一致的，或者说有时甚至仅仅是这后一种生命，在这两种情况下无论如何都是非超越性意义上的纯粹生命，所以在尼采看来，死亡与死者之国度就是虚无。

但是，尼采发现，在全部西方，有一种在思想起源中同他截然相反的对待死亡的态度，这就是对死后的恐惧。他是从神秘论、埃及文化、犹太教、基督教这些历史性来源中来把握这种恐惧的，他的生命哲学的基本态度是反对这种恐惧：死亡是"一了百了的"……"死后的情形同我们再无瓜葛"（第 4 卷第 70 至 72 页）。死亡使得人不再惧怕身后之事。反过来，有关死亡这一绝对性虚无的知识是一条理由，让人避免对于生命还会面临什么的恐惧："人们离死亡近得足以不必再惧怕生活。"（第 12 卷第 306 页）

死亡要么是自然而然的、我们无法回避的事情，要么是由我们的意志导致的，如自杀。对于这两种情况，人们必须直面。第一种情况是明确的，第二种情况是可能的。

正常的死亡随时都会出现，无需我做任何事，大限便已来临，这对于尼采来说并不可怕。尼采称之为生命的，绝不意味着无休止的生命欲与不朽的能力，而是为生命起见对生命的掌控："一个人活得愈充实、愈出色，就愈是尽快地准备着，为某一唯一良好的感受而牺牲生命。"（第 3 卷第 295 页）死亡作为终结不过是一种生命。通过我把握死亡的方式，我可以掌握生死："人应当欢庆自己的死亡，即使这仅仅是出于对生命的怨恨，怨恨这要离我们而去的妇人——她要离我们而去！"（第 12 卷第 351 页）

尼采明确了创造性的充实生命，因而轻蔑地反对任何形态的对死亡的恐惧。首先，这种恐惧是出于普遍人性的恐惧，它"或许比欢乐与痛苦更为久远"（第 13 卷第 272 页）：这就是无休止的求生欲，无非是想活下去而已。它不是正当的生命,因为它是孱弱的生命。其次,这种恐惧是一种"欧洲人的疾病"(第 14 卷第 217 页)。它源于对身后之事的恐惧。谁怀有这种恐惧,就会羁縻于对地狱的恐惧。

尼采属于这样的思想家之列,他们要克服任何形态的对死亡的恐惧,因为这种恐惧在生存上是毁灭性的,标志着生存并不以自身为根据。他们既要克服由空洞的生命渴望而来的恐惧,又要克服对稍后才可体会的痛苦与惩罚的感性恐惧。摆脱这种恐惧,不仅是尼采意义上的充实的生命的前提与结果,而且也是关联超越的奋发向上的真实性生存的前提与结果,就像克尔凯郭尔所阐明的那样。尼采的生命哲学的特点在于,他有可能造成下述歧义:

由于对死亡的恐惧始终是贫瘠的存在状况的标志,因而尼采甚至会与此相反地肯定那种对死亡毫不在意的平常心态,肯定涉及死亡时无思无虑的心态,就仿佛死亡根本不会到来似的。虽然说死亡是未来唯一可确定之事,想到"这唯一可靠与共同之处几乎根本不影响人",尼采便感觉"这是多么罕见"。但是,尼采并不想借此来唤醒人,让人去回味,他写道:"令我高兴的是看到人们根本不想考虑有关死亡的思想!我真想做点儿什么,让他们觉得有关生命的思想上百倍地更值得去思考。"(第 5 卷第 211 页及以下几页)

在尼采看来,只有自杀才具有压倒死亡的真正现实性。尼采终生都在盛赞,自杀是合乎人的尊严的:自觉自愿的(合乎理性的)死亡强于反抗者并非心甘情愿的(自然式的)死亡(第 3 卷第 294 页)。"要将愚蠢的生理事实转变为道德上的必要性"(第 16 卷第 315 页)。自然的死亡是"最为卑下的条件下的死亡,是不自由的死亡,是不恰当的时候的死亡,是懦弱者的死亡。人应当出于对生命的热爱,寻求另一种死法,要自由、自愿地死去,无需偶然,无需意外"(第 8 卷第 144 页)。

为何尼采——就像古希腊传统,尤其是斯多噶哲学那样——对自杀之人的伟岸之处流露出这种激情？因为就连尼采也区分人的本质，即内心的自我存在，与人的身体、人的单纯生命，区分"核心"与"表皮的可怜实存"。在自然地死亡时，身体是"枯萎的、常常呈病态的、麻木不仁的狱卒，是指点自己的重要犯人应当何时去死的典狱长。自然的死亡是大自然的自杀，这就是说，是非理性之物扼杀了理性之物"（第3卷第294页）。尼采超越了生命，趋向远远胜过于生命的状态，从那里裁决、肯定、否定生命。但是，他将人的这最为内在之处、这种远远胜过于生命之处只是设想为生命，设想为纯粹的内在性，而不是将其设想为关联超越的生存。由于这种生命羁縻于自身，就不仅有权利，而且被要求，超出它的全部存在状况与可能性地做出真实的决断。这一决断应当切中生命的意义，即生命是否依然是"创造性的"。

但是，尼采随即将这种决断把握得更为狭隘，并且指的是病态，如若病态取消了创造的话："病人是社会的寄生虫。在某种状况下，活得更为长久，是不正派的。继生命的意义、生命的权利俱已失去之后，苟延残喘只是懦弱地依赖医生与实习医生，会招致社会深深的蔑视。医生似乎就应当传达出这种蔑视……"（第8卷第143页）

尼采反对在患病中慢慢死去的这种可怜的存在状况，就像反对任何一种方式的空虚、苟延残喘的生命一样，并主张"完善的死亡"——自杀："至善者主动赴死，他胜利般地被祝福者与赞誉者簇拥着……所以说赴死是至善之事；其次便是在斗争中死去……但是，你们那位奸诈的死神像窃贼一样悄然而至，令战斗者、胜利者深恶痛绝……在你们临终之际，你们的精神与美德应当炽热如火，仿佛一层晚霞笼罩大地。否则，死亡对于你们是不妥的。"（第6卷第105至108页）

这种态度要克服自然的死亡，即将死亡变为自由之事。死亡要转变为一种生命行动，即近似于远远胜过生活，它忽略生活、掌握生活。其结论似乎就是，所有人都享有充实而成功的生命，再没有人自然地死去,而是说大家都要"自由地赴死","在恰当的时候"赴死:"明智地安排和支配死亡,从属于未来之道德。它在如今完全不为人领会,并且听起来是不道德的。而展望这一片曙光,必定是一种无法形容的幸福。"(第3卷第294页)

对于自由的死亡而言,关键的问题是,什么时候是"恰当的时候"。尼采认识到两种可能性。首先,有些人的存在状况从一开始就不是"合适的生命":"谁从未生活在恰当的时候,又如何能在恰当的时候赴死呢? 要是他从未出生就好了!"(第6卷第105页)他想向"多余的人"、"过多的人们"宣讲死亡(第6卷第63至65页)。他对这种人说:"如果人自行了断,他就是在做最值得尊敬的事。由此他近乎值得生活了……他不再注视他人。"(第8卷第144至145页)但谁是这样的人,如何能识别出他来——就算对于这样的人,这些话似乎有某种意义,可如若有人能够吸收性地理解这些话,而这些话偏偏对他再无意义,那么它们就显然是荒谬绝伦的了。这是因为,人的实质会为人的生命做出辩护。领略这一要求,有可能在逻辑混乱的一瞬间恰恰令高水平之人去赴死,而它绝不会令实际上水平低下之人受到一丝一毫的触动,尽管尼采在此考虑的,仅仅是这种人。

其次,尼采考虑的,是那些恰当地生活过的人们。什么是他们"恰当的时候呢"? 如若创造业已停顿;如若时值"达到目标、托付遗产的恰当时候"(第6卷第106页);如若人留下来,是为了能够诀别;如若人不仅疾病缠身、老态龙钟,而且无法享有意义充实的"创造性"生命,就是那一时刻应当实际上确定下来的时候。它也许只能借最为普遍的、不确定的措辞表述出来。如若合理地将这些措辞运用于个别事例,似乎会造成这样的结果,即要么恰当的时候始终尚未到来,要么随时都是恰当的时候。这完全依我的情况而定,或依那样一种人的情况而定,这种人怀着同情感或厌恶感,面对个人评价每个人的生命意义。要么对于

"恰当的时候"的追问会转变为极端而粗暴的断定,要么它会成为这样一种要求,即应当自由地抉择死亡的时刻。而这种要求靠的是另一种要求,即要如此生活,以便有能力做出这种抉择:"要如此生活,以便人在恰当的时候同样具有赴死的意志!"(第 16 卷第 315 页)这种要求表述得最为深刻,但也是完全不确定的。它排除了一切规定性与人际可交流性,因而一经表述出来,便重又消失殆尽或发生种种变化。

这种要求向人提出一项对人来说不可能的使命。生命哲学是非超越性的,它将人的全部存在的可能性当作人自由支配与创造之事,将它交付到人的手中。但是,人不是,也绝不可能是洞观一切的上帝。或许有些可能之事是人靠深厚的知识、靠他孤立于世的例外性存在所能做到的,只要人在隐去的同时,能谜一般地摆脱一切普遍性解释。这涉及人的伟岸之处这一秘密,涉及人是非凡地独立的这一可能性,涉及某一英雄般的心灵——孤寂而朴实地保持同颂扬的人与批评的人、既颂扬又批评的人那种低下心态的距离——对自身提出的非交往性要求。但是,这种可能性一经表述、传授、要求——如"在恰当的时候赴死!"——便会成为那样一种秘密的反面,这种秘密原本有可能表露在这种可能性中,如若它不是显露在畏畏缩缩的阐明中——这是不可能的——而是要得以历史性触及的话。

尼采设想的对待死亡的态度,是他的哲学有意识地保持非超越性的必然结果。这种非超越性有双重表现:

首先,对于如此致思的尼采来说,死亡无法保持其深刻含义。人意识到,自身是有限的,有可能面对不解之谜保持自足与自制。尼采必定将这种意识误解为"仅在宗教中"才可能,"因为合情合理的是,较高的理性(上帝的理性)颁布命令,较低的理性服从这项命令。在宗教的思维方式之外,自然的死亡是不值得赞颂的"(第 3 卷第 294 页)。尼采的态度对立于"基督教在人临终一刻上演的那一幕可怜又恐怖的喜剧"

（第 8 卷第 144 页）。至少，他认为，"死亡这一幕并不像通常的敬畏说法所讲的那样意义重大"（第 4 卷第 267 页）。他将目光限定于一名毫不相关的旁观者的心理过程，说道："在人们中间，再没有比死更平庸的事情了。"（第 3 卷第 233 页）

其次，死亡仅能从超越性中获取其深刻性。随着死亡变成可为人所掌握之事，它便失去了其深刻性。这关联这样一个事实，即尼采的哲学沉思并未将死者当作死者来加以意识。没有什么渗透死者实质的形而上学式追忆，没有什么不朽（取而代之的，是无追忆性"永恒轮回"）。[41] 在他看来，以往的伟人在光天化日之下似乎是透明的。生存性存在状况同死者相关的全部神秘根据形同消失在这种生命哲学之中，而这种哲学无法超出创造者的升华。这是因为，死亡本身同对生命的绝对化做法一样，形同被扼杀在无所谓的态度中。

再次，尼采反对任何方式的超越，反对上帝与道德，反对"道德的不自然做法"，反对"非自然化"，即反对为善而善，为美而美，为真实而求真相，要求"恢复自然"（第 16 卷第 458 页），"承认自然道德"（第 15 卷第 291 页），"用纯自然的价值取代道德的价值"（第 15 卷第 486 页）。

与卢梭那种混乱的方式方法不同，尼采并不是真要"回归自然"，而是主张上升到"至高的、自由的、甚至可怕的自然与自然性中去，这种自然性玩味也能够玩味伟大的使命……用比喻来说，据我理解，拿破仑是回归自然之人"（第 8 卷第 161 页）。但是，没有什么"回归自然"，"因为还从未有过自然之人……人要经过长期斗争，才走近自然，永远不会回头"（第 15 卷第 228 页）。这种自然无非就是"自然之人这一糟糕的基本文本"。关键在于，要将人归结为自然（第 7 卷第 190 页）。

自然是什么，这在自古以来的哲学表述中，以及在尼采那里，是几乎未经阐明的。自然有时叫作自然科学的对象，是人所掌握的各种力量，有时叫作人的实质本身与存在之一般。

尼采看出,这个词已被滥用。而他要求恢复自然,也滥用了这个词。"你们想合乎自然地生活",他评述斯多葛派说,像自然这样一种实质,"是既无节制又无所谓的……它既丰富又贫瘠,同时还不确定,你们不妨将无所谓本身设想为一种强力——你们怎么能够依靠这种无所谓态度生活呢? ……假定你们那'合乎自然地生活'的绝对命令实质上同'合乎生活地生活'意思一样——你们又如何能够不这样呢? 为何要从你们自身的情况与必然的情况中引申出一条原则来呢?"(第7卷第16页及以下几页)。当尼采谈论"自然之物"时,似乎自相矛盾:"恶总会造成重大的影响! 而自然是恶的! 让我们做得自然些吧! 这就是人类的哗众取宠。"(第5卷第196页)他流露出自己倾心于自然超善恶的非凡优势(年轻时,他看到暴风雨便有此流露):"我曾感到一阵无法比拟的振奋……人与人那不安宁的意愿与我有何相干! 永恒的'你应当','你不应当'与我有何关系! 那闪电、那暴雨、那冰雹是多么不同,它们是非伦理的力量!"(1866年4月7日致格尔斯多夫的信)。后来,他批评这种"看到自然对善恶全然无所谓的情景时的快慰,是'虚无主义的艺术家'对自然的某种感受"(第16卷第266页)。

如果说尼采看到那"气势磅礴的榜样",即"自然之人——这最为柔弱、机敏的生灵以主人自居,征服愚蠢之人"(第16卷第277页),并要求"今后人要面对人,就像如今的人……面对自然一样"(第7卷第190页),那么值得一问的是,那时人是什么样? 是作为自然之主人的自然吗? 但是,尼采认为"要靠伟大的人来克服自然"(第14卷第291页)。只有区分人的实质同人的自然,才会成就尼采提出的标准:"一个人要距离自然多远,才能够做出肯定。"(第16卷第315页)

"自然化"揭示出那样一种东西,它一经表述出来,便自我扬弃在矛盾之中(第16卷第315页)。问题在于,借助纯粹内在性的手段,是否只能把握这种内在性。这种纯粹的内在性正是尼采所希望的。

尼采关于世界思想的自我毁灭——

对尼采来说,无论是自然的生成,还是自然的生命,它们之中的存在过程都是阐释或被阐释的存在。继现实世界与偶像世界的对立解体之后,尼采重又需要"表象世界"这个词,来表述做阐释的人创造的并因此而是现实的世界,"问题在于,是否还可能有诸多方式,来创造表象世界"(第16卷第69页)。这是尼采无法避免的一个矛盾:对尼采来说,表象世界就是真实的。他本人在用语上无法挣脱这种区分的藩篱,这是无法克服的困难的一个标志。他自己就表述出了这种困难:

如若我们的理智一方面以透视性审视为准(即在阐释中创造理智的世界),以便有可能在存在状况中保持自己特点的实质,另一方面又富有这样一种能力,即看出这种透视性审视是有其透视角度的,那么我们既要相信现实,就仿佛这是唯一现实似的,又要理解,这种相信有透视角度的局限性。"用这种审视来洞悉的信念就不再是信念了,它作为信念解体了"(第13卷第49页)。

很明显,尼采在这里切中了自己阐释世界的过程。但是,他对这一过程的态度是矛盾的。他时而发现,超出生命之上,是有可能的,我们的实质是真正强有力的,这使得我们能够掌握矛盾,(参见本书第217页及以下几页)时而又想将这种有关知识之方式的摧毁性知识当作逻辑上不可行的予以摒弃:"我们不能如此充满矛盾地设想我们的理智,即它是一种信念,同时是关于这种信念本身的知识。"他本人也不得不随时运用对真实之物与表象之物的根本性区分(这在尼采那里同对本质与现象的区分密切相关)。这种区分虽然迫使他对我们的理智做出矛盾性阐释,即带有关于阐释的知识的阐释,但尼采在这里对这种阐释又做了批评(一度例外地运用矛盾作为检测他的主张的最终真相标准)。他下结论说:"我们取消了物自体,随之便取消了一个最为含糊的概念,即现象的概念。"(第13卷第49页)此时他本人并不能做出这种取消的举动,尽管他令人信服地批评了那种特定的、玷污世界与生命的生存内容。这些内容因陡然逃离世界、遁向彼岸而利用两个世界的理论形态做表述。在尼采那里涌动着一种要清晰而深远地理解世界的思想起源,而这种理解似乎在瞬间显露出来,随后又马上消失了。

尼采关于真理的思想有一个明确的循环,它不断促成新的思想运动。这一点在他关于世界的思想中最终重又扬弃了变得教条化了的强力意志形而上学,而强力意志形而上学原本是斗争性的、因人而异的阐释。在这里,矛盾缓解下来,带有僵死的最终有效性,起不到新的思想萌芽的作用,除非有一种思想萌芽要挣脱这种形而上学,因为这种形而上学不想仅仅充当一种富有意义的可能性、局部性比喻,看出可以在何许程度上感觉同一切相亲和,这种亲和性又是在何处消失的。

在批评两个世界理论时,尼采只是将其粗糙的理性两分法这一形态当作研究对象。而事实上,这里是空洞的彼岸或虚无的发源地。他认为,在这种思想过程中,所有“本质与现象”、“真相与假相”、“存在与存在状况”这些范畴均失却其功能,而这些范畴是用来表述像事物的澄明、世界的密码性存在这类生存内容的,而无需在世界之外悬设一个他者。在他思维的这一时刻,他搁置了对世界的存在的种种沉思。这种沉思——正像他所要求的那样——不允许不可得以意识之物显现于当下。这种沉思取消了将世界的存在限定为特定的可认识之物或个别范畴这一做法:没有哪种“另外的世界”可以借这种沉思反映出虚幻的梦境,这种沉思同一般意义上的超越性(上帝)相关联,承载着在这世上致思超越的沉思者的自我存在。

第六章　临界与起源

导论：基本问题(神正论)

起源于"诸种状态"的存在

第一组：好高骛远的驱动力,运动不息、毫无目的地克服一切;第二组：诸基本态度——正派高尚、英雄主义、狄奥尼索斯式心灵;第三组：意识存在的诸种方式

致思存在时的肯定态度

生成——永恒轮回：学说(1.对学说的论证;2.作为物理学学说之扬弃的思想之超越;3.思想的瞬间;4.思想的生存性作用;5.历史影响);概括与质疑：上帝抑或轮回?——爱的命定

尼采的神话学

自然神话——狄奥尼索斯

导论：基本问题(神正论)

何谓存在状况,人在提这个问题时,不能不同时追问,存在状况有

何价值。同在世间一味得过且过这一毫无疑问的情况不同,只有人才会追问,自己是愿意活着,还是不愿意活着;生命是值得的,还是不值得的;是否宁肯不再有存在状况,而非有存在状况。如果说这些问题似乎在审察存在状况,那么存在状况要么受到批评,要么得到辩护。考虑到上帝创世这一前提,这种辩护意味着对上帝的辩护(神正论)。但是,在存在的任何形态中,包括在无神论的形态中,这一问题都会重新冒出来。它在主观上追问,人对生命采取的是肯定态度还是否定态度,在客观上追问世界的意义与价值。

尼采追本溯源地提出神正论这一古老的问题。在古代,神正论在阿西鲁斯描绘的普罗米修斯身上、在《约伯记》中达到其思想的深刻性;在近代,神正论得到莱布尼兹的理性阐述。尼采的哲学沉思质询意义与价值,从而获得震撼人的推动力,因对存在持肯定态度而得到充实,或者说作为对肯定的致思而得到充实。在他看来,这种致思就是存在本身。

追问存在状况的意义与价值,不同于任何其他追问。只有通过这种追问,人才真正变得严肃起来。这种追问大多没有人做,甚至人的求知欲无需这种追问也可自行其是,这在尼采看来是令人诧异的。年轻的尼采对科学界人士感到惊讶,这种人表现得"就仿佛存在状况不是一件不可救药、令人忧虑的事情似的……任何步骤都本该令他想起:为何目的?向何处去?由何而来?但他的内心热衷于完成点数花卉的雄蕊这样的任务"(第 1 卷第 229 页)。这一问题一经提出,存在状况看上去就是无法慰藉人的,如若它未加掩饰地映入人的眼帘的话:存在状况是"不断消逝的曾在,靠自我否定、自我消耗、自相矛盾而存在的事物"(第 1 卷第 284 页及以下几页)。看到这番总体情况,绝望的人寻求安慰与把持。可是,如若愈发清楚的是,人类没有目的,人的存在状况的这番景象就流露出无目的性,那么反思性思想只会令人愈发绝望(第 10 卷第 493 页及以下几页)。追问最终意义与价值,令生命在此刻才可以真正把握的生存可能性中获得严肃性,却也失去了其毋庸置疑的稳妥性。在一片澄明地认识存在状况总体时,不是退缩到由掩饰而来的狭隘、幼稚的稳妥性中去,而是赢得本源性的生存明确性,这才是实现人的本质的前提条件。考虑到这一点,尼采才简明扼要地、客观地说,"人类最为重要的目标或许就是,衡量生命的价值,正确确定生命的根据",并等待"最高智慧的出现","以便能够最终确定生命是否有价值"(第 11 卷第 13 页)。

此外,对尼采来说,追问存在状况的价值,这之所以是无可比拟的,恰恰是因为,对它的回答何以是不可能的。尼采合乎逻辑的思考揭示出,如若价值判断采取了某种客观的形态,那么回答就是不可能的。因此,他借用这种形态来批判对生命、存在状况、完整世界的价值判断:

为了能够做出这种判断,人们首先要拥有一种立场,从这立场出发审视总体。"人必须拥有置身生命之外的立场……以便能够触及生命的价值问题"(第 8 卷第 88 页及以下几页)。我们置身生命之中,便无法采取那种想象出来的立场。此外,整体本身在自身之外并无标准,它根本没有价值,既无积极价值,亦无消极价值,"因为没有衡量整体并在涉及'价值'这个词汇时赋予意义之物。世界的总体价值是无法评价的"(第 16 卷第 168 页)。

此外,为了能够做判断,人们必须"像体验生命的某一个人、许多的人、所有的人一样熟悉"生命(第 8 卷第 88 页)。

因此,实际上,做任何一种总体评价,其基本错误都在于,做任何评价时,用于世界整体的标准都取自于世上的某一特定之物。"将意识范围内的乐趣或精神、习俗或随便什么个别之物设定为最高价值,或许甚至由此来为世界作辩护,是幼稚的"(第 16 卷第 165 页)。

从这种基本性异议中可以得出结论:"所有关于生命之价值的想法都是错误的"(第 14 卷第 312 页),"所有关于生命之价值的判断都是不合逻辑的,并因此是没有道理的"(第 2 卷第 49 页)。

除了发表这些见解之外,尼采还不断做出价值判断——在意识到这些判断是不可能的情况下——并且是从两个方面做出判断的,他充满激情地渴望生命,并再次追问:我还要如何爱戴生命?他承认:"我再也不指望生命了……是什么使得我忍受这番景象?是我着眼于肯定生命的超人。我尝试着,自己来肯定生命——噢!"(第 12 卷第 359 页)

认识到不可能做出回答,这并不妨碍在实际上做出回答。尽管这种追问在逻辑上是不可能的,却仍有什么迫使人做出回答。这表明追问与对追问的回答有同一个根据,而这一根据较之任何认识都更为深刻。对存在状态持肯定与否定态度,并非业已证明的或可以证明的认识,而是生命本身的行动。所以说,尼采深入自己哲学沉思的根基,即质疑生命的价值,提出质疑本身作为一个事实,答复质疑的方法。他不再追问存在状况的价值,而是追问这种追问的价值、对生命持肯定或否定态度的价值,以便借此深入思想起源。在思想起源之中,对生命的那种无法触及的、无疑是无拘无束的肯定态度会再度显露出来。

在这条哲学沉思的道路上,尼采最初局限于表面看来轻而易举的结论这一思想层面上,将这一问题及其否定性答复仅仅当作没落生命的标志。查拉图斯特拉深有感触地讲道:"一个陌生之物环绕着我,若有所思地注视着我。天呐!你还活着吗,查拉图斯特拉?为什么?为何目的?你从何处来?向何处去?你置身何处?如何活下来的?仍旧活着,难道不是愚蠢之极吗?"他随即接着说:"噢,我的朋友们,我流露的,是西方的追问。请原谅我的悲哀。"(第 6 卷第 159 页)无论如何理解孱弱的情绪,它都是特定生命的征兆,如果它出于自身持久的心境对整体做出这类价值判断的话:"活着的人对生命的评价,归根结底只是某种生命的征兆"(第 8 卷第 88 页)。这种评价是"被征服者的标志"(第 14 卷第 96 页),是病态者、颓废者的标志。有一种异议认为,所有时代中最具智慧之人都对生命做出了同样的评价,就连苏格拉底临终前也说:生命——这就意味着长期患病。针对这种异议,尼采回答说:"这证明了什么?这说明了什么?……这些所有时代中最具智慧之人……或许他们全都再也不能自立了?"(第8卷第68页)如果"对生命的真正评价取决于占优势地位的各种情绪"(第13卷第218页),那么尼采要求:"仅仅源于至高的生命力量来对生命做出至高评价……不允许弱者、精神贫乏者评价生命。"(第10卷第420页)他甚至反对追问生命的价值,因为这种追问显示出,它"事先就为痛苦所侵袭"。与此相反,尼采确定了事实情况与要求:"更为英勇、更富于创造力的人从不将欢乐与痛苦当作最终的价值问题……人必须接受这两者……在这里,形而上学表现出乏力与病态,即它将欢乐与痛苦的问题看成了首要问题。"(第16卷第75页)

如果这就是尼采哲学沉思的终点,那么它就没有什么成就了。在这世上的某种特定之事,即用来发现生物学意义上的事实的某一观点,会成为衡量临界体验的标准。但是,尼采的哲学沉思没有沦为颓废的学说,而是走上更为深刻地把握思想起源的道路。他的基本性追问在可加以证明的观点范围内是不可能的,在生物学、医学观点范围内甚至被降低为一种标志,并在事实上被排除了,在理性之彼岸才重新得以提及,其真正的严肃性才为尼采所认识。

尼采对理性的批判(参见本书第234页及以下几页)首先意味着,存在不是理性存在;其次,它意味着,我们凭借自身理性无法达取存在。可是,如若理性既不是存在,又不能达取存在,那么存在还是可以企及的吗?尼采的所有思想似乎都最终陷入虚无。无论我们是否考察他的真相概念、他关于人的概念、他的历史憧憬,它们要么终结于自相矛盾,要么终结于苍白的象征,要么就是终结于那样一些言词,这些言词指出一个方向,却是不具体的。他的"大政治"尽管见解丰富,却在总体上不是具体道路,终结于不确定的"创造"。他的强力意志学说是那样一种形而上学,它将世上某种局部之物暂且予以绝对化,以此来反对自己有关这类方法陷入谬误的知识。我们倾听到他那肯定性的、自然主义式的转向,这种转向再也没有表述出什么,而关键似乎在于,要寻找到哲学式的充实性(而他本人总对肯定态度冷嘲热讽)。我们迄今从肯定性的、呼吁性的哲学中所倾听到的,本身是没有成果的,它并不是尼采的现实生活源泉。此刻,这种哲学沉思要作出决定性的飞越:恰恰在尼采为理性起见而投身虚无之处,真实之物才向他展现出来。在对理性而言显得缄默无言之物当中,存在那样一些思想,会作为单纯的思想而解体。但是,这种存在在尼采那里如何得以充实、得以现实性充实,而不是依靠他再度普遍质疑的教条式学说和特定的要求?这种充实超出一切理性,位于存在之中。而他意识到这种存在,靠的是他成其为真正的自身,靠的是他倾听到一种呼声,他的态度和行动就是以这一存在为准的,他的思想之路就起源于这一存在,他就是要回归这一存在。只有当人忘却这一存在,或同这一存在毫无联系时,尼采才会是"空虚"的。

正是在理性既非思想起源,又给不出答复,而只是表述存在的媒介之一之处,尼采的哲学沉思才最终达取存在。这种肯定性渗透在他的全部著述中,并可以——不局限于合乎方法地得出的可知之物——呈现出来。

关键性的肯定态度不可能源出于知识,不可能来自认识的理由,而是源出于实质。这一肯定过程确实就是尼采称之为"状态"之物。[42]人们可以在心理学意义上将其描述为情绪,在伦理学意义上将其描述为态度。但是,它是统摄,因而远不限于可在心理学上加以研究的状态、可在伦理上建构其意义的态度。它是生存的存在状况,把它当作对象,是远远不够的。它是存在的开放性,这种存在本身是对自身的体验。没有这种自我体验,它便不存在。它并不体验陌生的他物,而是通过自身来体验有什么存在着。它是我们的存在意识以及我们对存在状况的肯定与否定态度的根据、起源和界限。

尼采称统摄为"状态",在这种状态中看出"思想的起源"。在思想中,"我们的总体状态总会有什么借助于标志流露出来"(第14卷第41页)。

因此,思想并不能促成存在意识的实质,反倒是由这种实质创造出来的。因此,"存在状况的最终价值"同样不可能是"认识的结果",这种最终价值本身就是"认识的状态与前提"(第14卷第14页)。

由于状态多种多样,所以尼采得以分别依据其特点,对其可能性予以肯定或否定。他尽可批评这些状态:"我们不信任所有那些诱惑人的、极端的状态,如果在这些状态中,人们以为'可以亲手把握真相'"(第14卷第15页)。他反对人"沉浸于冥思苦想的状态"(第16卷第311页);反对人审视超出人之外的、神性的存在状况之形式,这些形式实际上是心醉神迷或一场沉睡(第13卷第75页)。他会视揭示存在之起源的各种状态为一种收益:"将心灵的状态当作迄今的最高成就"(第14卷第322页)。但是,他不觉得任何一种状态是绝对的:"我们不能希望某种状态。"(第14卷第267页)令他骄傲的是,"内心状态的多种多样"在他身上"是异乎寻常的"(第15卷第56页)。在撰写哲学著作时,他认识到这一使命:"我拥有的各种不同的崇高状态,是各个章节的基础及其素材,是对充斥于每一章中的表露、陈述、热情的调节,是我的理想之投影……"(第12卷第427页)

这一结果就是一个论断,即何谓哲学家,这是无法学习的。"人必定知道这一点",而且是通过自身的"哲学状态"知道这一点(第7卷第164页)。哲学无非是"一种非同寻常地高超的心灵状态的流露"(第14卷第322页),对哲学的眷爱是"对一种状态,对一种精神的和感性的至善感的眷爱,是出于对塑造性力量的充沛感受,对肯定与祝福的眷爱"

（第 13 卷第 75 页）。各种状态的档次与各种问题的档次是彼此相关的。"毕竟有一种心灵诸状态的档次序列，与问题的不同档次相符。至高的问题毫不留情地顶回了敢于接近它的任何人，而不论解决这一问题的人精神有多高、有多强"（第 7 卷第 165 页）。

状态一经传达出来，便清晰可见。思想与比喻表露了本源性的、自主的、只管做阐释的存在意识的状态。

要么，这种传达借助于思想的构成物，这些思想的构成物被视为理性的知识时，虽然似乎一无所是，却作为传达之根据的语言，将真相宣示给源出于自身存在迎接真相的人。因此，依照某种最终不可被理性化的标准，尼采的各种学说彼此不同。有些确实是本源性存在状态的语言，或触及存在的语言；有些可归结为单纯客观性的思想轨迹，即具有前康德时期独断论形而上学特点的有关现实的所谓知识。

要么，这种传达借助于描述。这些描述无需抽象性，或不受抽象性的任何影响，以神话的方式表露对存在的肯定。大自然与风景、各种元素与生命都成为语言。崇拜、叙事、造型式象征、歌曲所说出的，同思想一样，却是直接触动人心的，而思想同样赋予这些富有诗意的传达方式以分量与相互联系。

起源于"诸种状态"的存在

思想若未传达出，世间事物具有有约束性的可知性，那它要么是理性的游戏，要么是出自那样一种根据做表述的，这种根据支配着它，赋予它以方向和内容。这样，思想的意义可作为对象彼此替换，无法得以恰当把握：理解者必须出于自身的根据来倾听，这种思想唤起了什么。

尼采是出于自己的状态做表述的，哪一名读者没有不知不觉地涉入那种状态——尼采设想读者就是出于这种状态的——，便无法接近尼采的思想。各种状态本身都不能以某种恰当的方式成为对象，因为只是出自作为无法窥测的根据的这些状态，才形成了对象性思维与特定行动。因此，尼采认为，不能将这些状态中的任何一种状态当作目标，他要求，"我的道德的第一定理是：人不能谋求任何状态，既不能谋求自己的幸福，不能谋求自己的安宁，也不能谋求自制"（第 12 卷第 137 页）。这些状态呈现在哲学思维中。尼采同样论述了各种状态，不是间接地描绘它们，而是直接地刻画它们。他将它们描述出来，勾画出它们的理想。尽管如此，这种描述的意义仅在于，呼吁这些状态的可能性，即一种间接的呼吁。所以，清楚的是，尼采所讲的各种状态，没有一种有可能是单纯的情绪或单纯的经历，它们更多的是统摄、穿透一切之物、支配生活的动力的起源。在这些状态及其运动中，生存意识到自身，意识到存在。但是，如果描述不可避免地要利用心理学手段，那么这就总是同样接近于，令各种状态错误地转变为单纯的心理事实。这种已然存在于尼采那里的误解必须得以明确澄清，如果对尼采在哲学意义上把握的各种状态做一番简明扼要的概括，不会令误解变本加厉的话。这种概括可以采取下述三组方式。

第一组：好高骛远的驱动力，运动不息、毫无目的地克服一切

这种运动首先意味着否定一切约束这一状态。在尼采看来，摆脱一切，是自由精神的理想："他满足于那种最值得企盼的状态，即自在而无畏地超越于众人、习惯、法则、对事物的传统评价之上。"（第 11 卷第 9 页）这种彻底放松的状态要求："不依附于某个人，即使那是最受眷恋之人，每个人都是一所监狱……不依附于祖国……不依附于同情心……不依附于我们自身的美德，作为完整之人，不牺牲自身的任何个别之处……"（第 7 卷第 61 页及以下几页）

但是，这种状态采取如此的方式，只是在分解生存、切断任何一

历史性。它作为安宁,似乎是一片虚无;作为运动,只有靠不断的否定才能得到充实。它每换一种新的形态,就形同得以充实一般。尼采论述那种"内心深处的神秘热情,那种一再要扩大距离的要求,那种愈发高超、罕见、遥远、紧张、广泛的状态的形成情况"(第 7 卷第 235 页)。这一运动本身就代表着无止境的有所克服这样一种肯定性:"如果你没有任何阶梯,你就要懂得,站到自己的头上去……有必要学会忽视自己,看到许多多……要奋发向上,直至你将自己的星辰同样踩到脚下! 是的! 俯视自己,俯视我的星辰,这便是……我抛到身后的我最终的巅峰!"(第 6 卷第 224 页及以下几页)

这种本源性的、生存性的运动是"某种轻盈、神性之物,极其类似于舞蹈与纵情"(第 7 卷第 165 页)。在面向飓风而歌的舞曲中(第 5 卷第 360 页及以下几页),这种运动随风而逝。由于没有人相信这一点,所以尼采说道:"有朝一日,人们会意外地陷入这种纵情的内心状态,它想必可以比喻为舞曲。这种纵情而欢娱的兴致至少是我生而固有的。"(第 14 卷第 406 页)

查拉图斯特拉体会到在这种运动中自身与存在合一,他讲述道:"我振动双翼的欲望……常常吹得我上下翻飞……上至遥远的未来……让我觉得一切生成都是诸神之舞与诸神的恶作剧,都在脱离世界,嬉戏着回逸自身——这是诸神永恒的自我逃逸与重新自我发现,是神圣的自相矛盾……"(第 6 卷第 288 页)

无论这种运动采取哪种形态,作为单纯的运动,它似乎都将人分解开来。它尚未表明特定的内容。它的否定性具有无限的实质,并且仅仅作为否定性才具有肯定性实质。只是借助于关联人的存在状况的特定内容,尼采才将这些状态设想为正派高尚、英雄主义、狄奥尼索斯式心灵这些态度。

第二组：诸基本态度

在尼采的著述中，对人类行为的丰富刻画俯拾皆是。他始终反对传统的、所谓的普及的、理所当然行之有效的伦理，反对"美德"，反对"沉重的精神"，反对谎言和心灵贫瘠。但是，尼采不是为单纯的生命、而是为某种更高的道德才反对"道德"的。他出于可能性生存这一基本态度做表述，并主要沿着三个方面阐发了自己的激情：

1. 正派高尚。这一点建立在不可动摇的、"缄默的"自我存在基础上。这是因为，正派高尚的存在不折不扣地"存在着"：高尚者是"无需自我表白的真实之人"（第 11 卷第 256 页）。由于是出于自信的根据而生存的，他们便无需对自身提出质疑："本能式的行动与判断是良好之举；自我啃食与自我分解是不体面的。"（第 14 卷第 111 页）

在公众交往中，正派高尚者并不炫耀自身，而是应酬而已。他有着"保持距离的热情"（第 7 卷 235 页）。因此，"寻觅需要不断做出示意的姿态"（第 16 卷第 332 页），是正派的；"对风度的兴致"、"对各种自由散漫的不信任态度"（第 16 卷第 331 页）是正派的；"徐缓的示意，以及徐缓的目光"（第 16 卷第 330 页）是正派的。这世上的正派高尚者"有一切理由当仁不让"（第 16 卷第 332 页）。

出于自我存在，正派高尚的存在还有进一步的标志：它坚定不移。因此，"承受困顿与贫乏，也承受疾病……避开无足轻重的荣誉……能够做到缄默。[43]承受长久的敌意，不必做轻易的和解"（第 16 卷第 330 页及以下几页），是正派的。

正派高尚的存在会勇于面对他人的恶意。因此，"并无不信任之心"是正派的，尽管其结果会危及自身的存在状况，使之走向毁灭。正因如此，它恰恰意味着，"成功之人乐于带着优越与讥讽的态度谈论这一切（第 2 卷第 365 页）。但是，存在状况与成就并非衡量这种存在的标准。相反，正派高尚的人尤其在有权利时会以德报怨。只是一个人要足以这样做才行"(第 6 卷第 100 页)。正派高尚之人不会让任何人下不来台(第 6 卷第 100 页,第 5 卷第 205 页)。

进而,人自身的力量足以使自己不必忧心忡忡、斤斤计较地拒绝他人的要求,是正派的。正派高尚之人感到"自己乐于承受施惠他人的义务",并"不胆怯地回避自己尽此义务的场合"(第 2 卷第 289 页)。

肯定、挚爱、接触我能够肯定与挚爱之物,是正派的。正派高尚者懂得,"没有崇敬态度,便无法生活"(第 15 卷第 93 页)。他不先做肯定,便无法做否定。如若他挚爱之物全然不存在,他便认为:"人再也无法挚爱时,应当离去。"(第 6 卷第 262 页)

正派高尚的心灵的存在,是值得依赖的存在。这是因为,它不是"有能力飞跃得至高之物,而是稍有上升、稍有下降,但始终栖息于某种更为自由、更为澄明的空气和高度之中的"(第 3 卷第 180 页及以下几页)。它意味着:"造就高超之人的,不是力量,而是持久的高超的感受。"(第 7 卷第 94 页)正派高尚者无需畏惧自身,他毫无卑下之处(第 5 卷第 225 页)。

正派高尚的心灵"对自身具有一种基本的明确性,它一无所求,无所发现,或许也无所遗失。正派高尚的心灵对自身充满敬畏"(第 7 卷第 267 页)。但是,"对自己的某种至高无上之物感到羞怯,因为只有我们才拥有它,这是正派的"(第 12 卷第 225 页)。

正派高尚者出于自身而充实,以自身为实质,因而"有能力做到闲适",并且"深信,一种工匠式工作虽然无论如何都不令人丢脸,却必定降低人的档次"。他并不认为,"市民意义上的辛勤"是至高无尚的,无论他多么尊重这种辛勤,懂得承认它的意义(第 16 卷第 331 页)。

在尼采那里,正派高尚始终也是社会学与心理学意义上的事实,看起来就是单纯的现实的标志。这并不能泯灭向生存发出呼吁这一本源性意向。这是某种无庸置疑的态度将自身表露为既受肯定又做肯定的状态。

2. 英雄主义。尼采认为,由于人的存在状况不是最终的,而是要被克服的,人只能有所准备,只是一段过渡,因而人必将走向毁灭。人可以了解这一必然性,人的意志可以接受这一必然性。因此,尼采称"英雄般的伟岸之处"为"做此准备者的唯一状态"。他们"追求绝对的没落,作为忍受自身的手段"(第14卷第267页)。"英雄主义即趋向自我没落的善良意志"(第12卷第295页)。

英雄人物的根据不在于没落的意愿,而在于某种决定一切的目标:"英雄主义——这是这样一个人的意识,他追求一个目标,凡与此目标相对立的打算,他根本不予考虑。"(第12卷第295页)"看到一项事业,从中寻找到行动的唯一动机,以此裁决其他一切行动,这便造就了英雄"。但是,尼采补充道:"狂热的人亦如此……"(第3卷第355页)作牺牲的渴望并不是英雄式的——它向往的,是虚无,它的事业是空话——而是说作牺牲的勇气才是英雄式的,它向往存在,它的事业是实质性的,"英雄主义要求牺牲……,而且要求每时每刻的牺牲,而且更有甚者:人的全身心都要灌注一项事业。相反,生命与幸福都是无所谓的"(致雷书信草稿,《致妹妹的信》第505页)。

不仅英雄人物同自身的事业相比无足轻重,而且这项事业作为唯一之物必然毁灭英雄人物的命运:"我自己创造出的理想要求我具备这样那样的美德,即要求我因美德之故而没落下去。这就是英雄主义。"(第13卷第124页)因此,"造就英雄"意味着,"同时要承受最大的痛苦,抱以最高的期望"(第5卷第204页)。

仅有英雄人物的命定,还不够。这些命定变化多端,只当独立的自我存在承担起它们时,它们才保持为真实的:"英雄业绩在于,做出伟大之事(或者以非凡的方式有所不为),而不是在同他人的斗争中、在他人面前感受自己。英雄人物无论走向何方,都将各地变成荒郊野外与神圣不可践踏的边境禁区。"(第 3 卷第 368 页)"大多数理想主义者会立即为自己的理想做宣传,就仿佛如若大家都不承认这理想,他们便没有权利拥有这理想似的。而对于英雄人物来说,"真正的英雄主义在于,人们不是在牺牲、奉献、无私这些旗帜下做斗争的,而是根本不做斗争……我就是这样。我也想这样——你们都见鬼去吧!"(第 15 卷第 395 页)

英雄人物不是慷慨激昂之人("慷慨激昂意味着落后一个档次")(第 11 卷第 326 页)。他"羞于慷慨激昂"(第 1 卷第 327 页),这是他区别于他人之处。

英雄主义的基本命定就是危险,英雄般的存在状况的基本驱动力就是向往危险的生命,因为它不得不过危险的生活。"从存在状况中获取……最大的收获,其秘密就叫做:过危险的生活!"(第 5 卷第 215 页)"查拉图斯特拉喜欢在绳索上舞蹈的人,因为这样的人'从事危险的职业'"(第 6 卷第 23 页)。英雄主义承受的不断的危险,才是真正造就自由的:"什么是自由? 自由就是人自我负责的意志,就是人牢牢把握将我们分隔开来的距离,就是人对痛楚、艰辛、困顿,甚至对生命采取无所谓的态度……人们要到不断克服最大矛盾之处寻找自由之人的最高类型……重大的危险造就了他们,他们理当享有人们的敬畏。"(第 8 卷第 149 至 150 页)对于表面上最为远离危险之物,恰恰同样有危险的必然性,像科学就是这样:"人们向我描绘认识带来的安宁幸福——可我找不到它,是的,现在我蔑视它。我不再希望有毫无危险的认识。"(第 11 卷第 385 页)针对随意性知识的无所谓态度,尼采感受到知识带来的威胁。只有当知识不是一种营生,而是将存在者启示给本源的求知欲时,才值得激起勇气:这才叫勇气! 在尼采看来,只有伴随真正的知识,才开始有生命的至高危险,而这是无思无虑之人所不了解的:"你们根本不知道自己经历了些什么,你们终生像喝醉了一样晃来晃去,并沿着台阶摔下去。可是,幸亏你们喝醉了,才没有摔断四肢……对我们来说,生命是更大的危险之所在:我们是玻璃做的——要是我们碰一碰,会疼的! 要是我们摔下去,那就什么都完了!"(第5卷第181页)只有作为这种加剧了危险的生命之根据,科学对他来说才有价值:"我想提醒人们,要从事科学,需要英雄般的情致"(第11卷第170页)。"一个人能够承受多少真相,能够勇于面对多少真相,这对我来说愈发的是真正的价值尺度……谬误是懦弱的表现……迄今人们戒备的,从原则上说始终只是真相"(第15卷第3页)。

尼采本人那种英雄般的自我意识形成于他周围的荒芜氛围之中。他不得不忍受孤寂,对他而言,这种孤寂较之他的使命更加沉重。他的使命在于,把握灾难是命运之所在,这一命运即成就他那个时代针对虚无主义的对立运动,并促成人的交往。如果说,这一使命的"英雄般的重负承担者"等待有人"哪怕以千分之一的痛苦和激情迎合他",有人猜到了他的情况,那么他最终学会"不再等待,随后……宽厚待人,谦虚处世,从此忍受任何人、任何事——简而言之,再多担待一些……"(第16卷第347页)

但是,对尼采来说,英雄气魄并非至高无上的:"就英雄而言,我不像您那样把他想象得如此之好。总之,他是人的存在状况最可接受的形式,尤其当人们没有别的选择时,更是这样。"(1882年12月致海·冯·施泰因的信)

3. 狄奥尼索斯式心灵。尼采在这样的人身上看出狄奥尼索斯式的心灵,他在摆脱一切时接近一切,并能够将一切吸纳进自身。他没有侵占,而是自身变化着成为自己实际遇到的一切,诱出具有实质之物,并投身于这种实质,而不至于自我迷失。尼采尤其在两个地方,即在"心灵的天才"(参见本书第23页)与《查拉图斯特拉如是说》中,描述了这种心灵,其中讲道:"拥有最长阶梯并能深入至深之处的心灵……是最广阔的心灵，它可以在自身内部最为长远地奔波、迷路、漫步；那种最为必要的、出于乐趣而听命于偶然的心灵，是现存的心灵，它涌现于生成之中；那种有所意欲、有所要求、有所拥有的心灵，是自行逃逸，并在最为广大的范围中弥补自身的心灵；那种甜言蜜语对它来说俱属蠢话的最为明智的心灵，是最为眷恋自身的心灵，一切事物在这心灵中形同云聚雾散、潮涨潮落……（第 6 卷第 304 页）这种心灵的实质在于"变换形态轻而易举，应对反应无所不及"。狄奥尼索斯式的人"有着最高程度的理解与猜测本能，正如它掌握最高程度的表达艺术一样"（第 8 卷第 124 页及以下几页）。

尼采借助于这种狄奥尼索斯式心灵（尤其是作为心灵的天才）所指的，是澄明的挚爱无限地投身于人的至深之处，投身于在挚爱动摇时也始终存在的生存可能性。这是对人的肯定态度，这种肯定并不像通常情况那样，出于毫无内涵的人性来接受自身的存在状况，而是在隐秘的思想起源处发现、引诱值得肯定之物，并促使其生成。

对尼采来说，这些伦理式基本态度——正派高尚、英雄主义、狄奥尼索斯式心灵——表露了某种本质，在这些态度中，这种本质坚忍不拔、有所准备、保持开放。而完善的状态似乎在于真正的存在意识。

第三组：意识存在的诸种方式

要说明这些状态，只有靠间接的语言、描绘和比喻才行。尼采借以做此尝试的各种各样的方式令人产生怀疑，即他讲的是否始终是同一回事。看起来，在阐述过程中，他对存在之起源的体会发生了一种变化。我们依次区分出三个阶段：沉思默想式洞观、与存在的神秘合一、狄奥尼索斯式心醉神迷。

1. 在沉思默想式的洞观中，真实的人体会到，自己是怎么一回事，存在是怎么一回事，以此作为"有关存在状况的重大启蒙"（第 1 卷第 438 页）："某种无法表述之物迎面而来，而幸福与真相只是它的偶像般的影像。地球失去了它的重力,地球上的万物缘起与各种力量都变成梦幻一般……而洞观者仿佛刚刚开始醒来……"(第 1 卷第 432 页)人置身于"阿尔卑斯山的纯净而冰寒的空气之中,那里再无云雾缭绕,那里的事物基本状态径直而生硬,却不可避免地一览无余"。在那里可以四下看到"存在状况的森然的象形文字、有关生成的固化了的学说"。人发生了变化:"心灵对此做思考,变得孤寂而无限……心灵的状态……那种波澜不惊的全新而谜一般的运动"……浸透在存在状况之中,"呈现为炽热的、鲜红的、充满全世界的光芒"(第 1 卷第 438 至 439 页)。就仿佛人要抗拒这汹涌的体会一般,尽管在这种体会中,人才成为真实之人。看起来,我们的所有作为只是为了逃避我们的真正使命。"生命的每一瞬间都要向我们透露什么,但我们不想倾听这一精神的声音……因此,我们仇视宁静,并喧嚣不停"。通常都是一派匆匆忙忙,因为每一个人都在逃避自己,对回忆与内心化充满恐惧,靠激烈的举止与喧嚣排除对回忆与内心化的意识。如果我们有一刻觉醒的瞬间,我们也过于孱弱,无法长久忍耐这一瞬间。由于我们依靠自身的力量,从未在短暂易逝的瞬间觉醒过来,我们便去寻求能够令我们成为真正之人的事物。而这就是"真实的人,不再是动物,是哲学家、艺术家和圣徒"(第 1 卷第 436 至 438 页)。

尼采以这种方式圈定的哲学状态所意指之物,包含他后来的存在意识的萌芽。尼采借自身体会这一思想起源传达出这种存在意识,还通过对大哲学家们的思想进行阐释来做思考。因此,他的表述是描绘性的、词汇丰富的,个别语句是鞭辟入里的。但是,就仿佛真实之物像浪漫的想象一般,他也会失之于偏颇。只要这些状态被描述为纯粹沉思默想式的,被当作关于存在的知识,尼采便依次认为,它们在启示存在这一点上是不完善的:"就一个以客观性、可直观性为最高状态的人来说,他的了解是不够的。"(第 13 卷第 16 页)

2. 经过思想转变后,尼采在撰写《查拉图斯特拉如是说》的时期体会到并描述出某种与存在神秘合一的新状态,还将其落实到诗歌式语言中。《查拉图斯特拉如是说》中的"午日"(第 6 卷第 400 页及以下几页)一章讲道:"安静! 安静! 世界不是已然完满了吗? ……发生了什么事情:听! 时间流逝了吗? 我不是落下了吗? 我不是落入——听! 永恒之泉中了吗?"此外,《归来》(第 6 卷第 269 页及以下几页)、《七印记》(第 6 卷第 334 页及以下几页)、《酩酊之歌》(第 6 卷第 464 页及以下几页)也一样。

他意识到这个世界的完善,体会到肯定态度,这态度接纳了存在的一切。这是对永恒的存在的挚爱:

> 噢,人们啊! 请注意!
> 深沉的子夜诉说些什么?
> "我沉睡,我沉睡,
> 我从深沉的梦境中醒来。
> 世界如此深沉,
> 比想象出的白昼还要深沉。
> 世界的痛苦如此深沉,
> 它的欢乐——比心灵的痛苦更加深沉。
> 痛苦说道:离去吧!
> 可一切欢乐都希望永恒,
> 希望深沉的、深沉的永恒。"
> (第 6 卷第 471 页)

3. 在尼采看来,体会存在的第三个阶段是"狄奥尼索斯式的"。狄奥尼索斯具有多重意义。(参见本书第 422 页及以下几页)尼采所讲的状态,是"一种肯定存在状况的最高状态,就连最强烈的痛苦也无法忽略的是出自这种状况的,这就是悲剧性的狄奥尼索斯的状态"(第 16 卷第 273 页)。这种状态即"对存在状况持肯定态度,即使它有其最为陌生、最为艰难的问题。这是生命的意志,它欢快地牺牲着自身无穷无尽的最高类型……为的是自身成为永恒的生成之欢乐。这种欢乐包含毁灭的欢乐于自身之中"(第 8 卷第 173 页)。借助于这种状态,人成为"神化存在状态的人,如若人学会神化自身的话"(第 16 卷第 246 页)。尼采借以圈定狄奥尼索斯式状态的方式,可以借一些实例得以形象地说明。

在狄奥尼索斯式状态中,高超的人达到自身生命的巅峰:"精神以感觉为家园,正如感觉以精神为家园一样……在这些完善而优秀的人身上,最具感性的情况最终都为最高精神性的譬喻式陶醉所神化。他们感到自己的身体被神化了,并丝毫不沾一点儿禁欲哲学的边儿。"尼采在希腊人身上看到,这种陶醉是真正完美的:"从人感到自己完完全全是大自然的神化形式与自我辩护这一高度欢乐,降至健康的农夫与健全的半人半兽的欢乐,这条完整漫长、非同寻常、光辉灿烂的幸福阶梯被希腊人称为……狄奥尼索斯……"(第 16 卷第 388 页及以下几页)"在这些状态中,我们神化与充实着事物……直至这些事物反映出我们自身的充实与生命乐趣"。尼采称这些状态为:"性冲动、心醉神迷之感、享宴、春天、战胜敌人、嘲讽、绝技、残忍、禁欲的宗教感情。其中有三种成分是主要的,即性冲动、心醉神迷之感、残忍——这一切都属于人的最古老的节庆欢乐。"(第 16 卷第 228 页及以下几页)

意识到狄奥尼索斯式状态,尼采便意图将最为感性之物同最具精神之物合而为一。他似乎在瞬间触及至高无上之物,在随后的瞬间又听凭它落入剧烈的心醉神迷状态之中。但是,即使是在无情地肯定这剧烈之物时,他也形同绝望地抓住超越。他所意识到的对存在最为真实的理解,在他看来总要失去。尼采放松自己思想的缰绳,以至于他像神秘论者那样,不做任何区分。只是他借助的,是完全不同的媒介。

感性之物并非作为单纯的自然事物就已然得到神化。在尼采那里,它在譬喻性陶醉中才成为存在的密码。然而它划定了尼采各种表述的界限——这些表述在瞬间形同迷失于仅属感性之物之中——,使得思想起源——由此感性之物才在至高精神性的譬喻性陶醉中得以神化——不可得以明确意识。就仿佛对生命的赞颂即使没有灌注关联超越的历史性这一灵气,也可具备至高象征的那种特点似的。

在"状态"总体中——包括克服一切的运动、正派高尚的存在、英雄般的存在状况、狄奥尼索斯的心灵,最后是同存在的神秘而完善的合一——有这样一个范围,在此范围内,尼采把握住生存本源性的、无所不包的绝对意识。一切真实的思想、表达、行动、态度、存在于世的方式、对存在状况的肯定性答复都源出于这种意识。因此,这种绝对意识不会——就好像它是这世上的一种单纯的存在状况一般——再度受制于某种仅仅为绝对意识而存在、仅仅作为整体的一个部分的东西。面对生存性存在的起源,再无疑问,再无知识。我们不妨看看尼采讲的这些状态,它们的总体特点在于,这些状态流露出一种呼吁,没有人能够逃避这种呼吁——无限的宽广境界、正派高尚、英雄主义、开放的心灵的舒展自如、对存在状况的神化,所有这些可能性都切中源出于我们的东西。

但是,全部展示仅在其形式中才是强有力的。呼吁源于那种基本驱动力,这种驱动力的内容愈少展示出来,它就愈加纯粹。

这个范围是独特地自成一体的,标志着尼采的特点。这种绝对意识得以明确阐述出来时,缺乏的是挚爱。取而代之的是"狄奥尼索斯的心灵",我们可以将其解释为挚爱。尼采讲述挚爱时——在对真相的殚精竭虑的思考中(参见本书第248—253页),在爱的命定中(参见本书第 412—416 页），在对存在状况的非历史性肯定态度中，在像"一切伟大的爱都不仅是爱"这类话语中，从未阐明挚爱是以自身为起源的。此外还有所欠缺的，是讽刺与幽默。尼采天性近乎毫无幽默；他擅长辛辣的幽默，却不具有幽默的灵魂；他将讽刺当作锐利的武器来使用，却不是用它来阐明思想起源。而正是在这里，讽刺才有其维护与鞭策性作用。这里没有恐惧与良心的一席之地；它们必然付诸阙如，因为尼采否认它们具有价值与真理性。尼采以非凡的方式阐明对于独立的、英雄式生存的绝对意识，流露出人的存在的不可磨灭的真相。但是，这是一种没有上帝的矛盾性自我存在，是无神论的深刻思想，这种无神论的独立性似乎可以依据世上的个别因果关系流传下来，偏离其本意地落实在其措辞的字面上。

致思存在时的肯定态度

要阐述"诸种状态"，不可能真正成功，因为阐述借助于这样一些手段，这些手段切中的，始终只是世上的特定之物，而不是诸种状态的统摄。这些手段不能直接做表达，而要借思想与比喻做实质上是间接的表达。思想与比喻这两者都具有一种不同的、需要加以哲学式阐明的特征，如果它们涉及的，不是这世上的对象，而是存在的根据的话。

抽象思维是一种传达真实之物的形态，而尼采在阐述它时，首先需要对它加以解释。这种以存在本身为目标、表面上看丧失了这世上一切基础的思维就是哲学沉思。尼采对它的看法是："抽象思维对许多人来说是件费力的事，对我来说，在好日子里则是一场庆典，一种陶醉。"（第 14 卷第 24 页）这种抽象思维绝不是空洞的抽象，而是渗透着他物，这他物就是存在本身："谁的思想哪怕只是一度跨上通向神秘论的桥梁，就不可能不对自己的其他思想做出标示。"（第 12 卷第 259 页）在尼采对存在的致思中,有这样一句论述神秘论之由来的话:"如果怀疑与欲望相苟合,便产生出神秘论。"(第12卷第259页)因此,尼采言简意赅地表述出自己的哲学思想进程:"神秘的状态与最为澄明、最为果敢的理性是通向新的强力感之路。"(第14卷第322页)

在有关存在的知识中,这种思维被迫将思维者本身的实质展现出来:"人们试图在哲学中描绘世界。在哲学中,我们感到最为自由。这就是说,在哲学中,我们最强有力的冲动感到,自身是自由地实现出来的。在我身上也是这样。"(第15卷第443页)尼采的形而上学思想表达出他的高贵存在的诸种内容,这种存在的状态通过他的思想才可理喻,并成为唤醒他人的力量,这种力量呼吁着"诸种状态"与作为生存的这种力量自身落实到存在状况中。这一点实质上对尼采的所有重要思想均有效,而对于令他格外震撼和充实的思想尤其意义突出。这些思想是:他将存在设想为"生成"、"永恒轮回",对存在采取的是"爱的命定"的态度。

生成——

生成是尼采抽象的、无以证明的、始终不言而喻的对存在的原始直观:一种仅仅持存的、安宁的存在对尼采来说是没有的。"人们不能纵容任何存在物"(第16卷第168页),因为它是虚幻,因为它作为所谓的可把握之物与更优良之物,贬低了不断的生成,而生成才是唯一真实的存在。生成没有可以让它停顿下来的目标。生成不是假相。生成作为整体是无法贬低的。生成是存在的一切,再无其他。

在尼采看来,作为生成的哲学家,赫拉克利特自始至终都是绝无仅有的。对赫拉克利特,他从无一句轻蔑的话。他对赫拉克利特哲学的最初阐述(第10卷第30页及以下几页)已然同时就是他自己的生成思想,以及由斗争中的矛盾而来的生成之运动的思想,生成之必然性、正义性、纯洁性的思想。

尼采对生成的洞观在哲学上可理解为超越一切规定性的思想,在这种思想中,他听任事物之存在的一切方式与空间都沉沦入时间之中,将时间当作生成本身,形同停顿于时间之中。这就仿佛他的超越活动停顿下来一般:时间性的现实性成为绝对的。

然而,尼采借"生成"做哲学沉思时,并未驻足于生成,而是重新把握存在,而且首先将存在把握为在存在状况中得以理喻的生命必然性,其次是在向存在进行超越的哲学沉思中做把握,再次是在生存性态度中做把握。

一、生成的无可致思性与存在的生命必然性。对尼采来说,关于绝对的生成的学说不是有关存在的知识的息止处。在这一学说中,他并不知道何为存在,而只是不得不超越一切可致思的存在形态,将其融入无形态的根据。生成是不为思维性理智所理喻的。凡理智致思时,同样要将存在确定为一种持存之物。"我们的理智不适于把握生成,它尽力证实普遍的僵死情况"(第22卷第23页)。如果我只能够设想,在任何一种意义上存在的是什么,那么"认识与生成是彼此排斥的"(第16卷第31页)。对思维而言,生成之中的世界的特征是"无法表述的"、"虚假的"、"自相矛盾的"(第16卷第31页)。

如果认识绝不是对生成的认识,而仅仅是对某一存在物的认识(为了能够思维与推理,有必要假定存在物[第16卷第30页]),那么在尼采看来,一切存在物都是一种杜撰。某种生成,即生命,创造出存在物的虚幻性。认识的意志是不停歇的。为了能够活下去,任何一种生命都要拥有一片视野。在这片视野中,向它呈现出来的不再是生成,而是特定的、保持自身同一的存在。这种存在的这一形态就是其生命的条件。这是因为,没有对存在物的杜撰,就没有生命。与此相反,生成作为被致思的存在,不可能是任何一种生灵的视野。如果这一生灵相信生成,而不是恰如其分地相信某一存在物的话,那么这一生灵必定走向毁灭。因此,尼采尽可将生成哲学称为一种学说,认为这种学说是"真实的,却是致命的"(第 1 卷第 367 页)。这是因为,"万物常逝这一最终真相不可磨灭,而我们的(用于生命的)器官则适合于谬误"(第 12 卷第48 页)。

二、在生成哲学中超越性地回归存在。生成虽是不可致思的,却是存在本身。相反,存在对我们来说则是阐释,而阐释是生命(强力意志)分别创造出来,作为自身条件的。关于生成的统摄的学说是不可为思想所阐述的,因为一切思想上的规定性都意味着阐释,都重又是对某种现存存在的把握。对尼采来说,致思存在的思想只是创造自身必需的视野的、生成之中的生命的工具。而生命作为生成,重又是不可致思的。

如若尽管如此,哲学家仍要将生成理解为存在的真相,那么该怎么办? 如果生命不死于此便不能坚持洞见生成,不会放弃对存在的认识,那么这对于作为生命的哲学沉思同样有效吗?

对此,首先要回答说,尼采对生成的原始直观实际上恢复了存在,而且将存在当作永恒轮回的循环往复:"一切都要回归,这是生成世界最为接近存在世界之处。"(第 16 卷第 101 页)按尼采的理解,这一思想来源于他活跃的哲学沉思:"给生成打上存在的印记——这便是至高的强力意志。"(第 16 卷第 101 页)

其次,对于哲学上的超越性思想来说,这种存在源出于生成。它严格区别于另一种存在,这后一种存在形成于强力意志将其可致思性固定下来、将其当作有关世上万物的知识。这是存在之一般,它作为被致思的对象,是消逝着的,作为一切对象性与一切存在状况的根据与界限,则是永恒的。

尼采在哲学沉思中意识到在他看来是真正的存在,这种存在不仅是生成,因为它尚未形成,也不是世上某种个别的存在。他为永恒轮回起见将它叙述出来:"循环往复不是既成之物,它是本源法则。一切生成都存在于循环往复之中。"(第12卷第61页)只要"强力意志"是对存在的形而上学式标示,他就承认尚未生成的存在:"关于什么是发展的原初原因,人们是无法重又在有关发展的研究之路上寻找到的。人们不该把它理解为生成着的,更不应理解为已经生成的……强力意志是不会已然生成的。"(第16卷第155页)

三、对无限生成的克服所具有的生存性意义。在哲学沉思中从绝对的生成回归存在,这对尼采来说不仅是一个思想进程,而且是一种生存观点的转变。

如果说当今时代的状况是,一切意义俱已分解,一切存在与价值都被相对化,一切都成为"一般存在状况的写照",单纯的生成毫无意义、徒劳一场、令人深感厌恶,由此而来的对生命的否定态度咄咄逼人,那么尼采就是将自己的思想理解为救助手段:"由于人们普遍松松垮垮、不甚完善这一麻木不仁的情况,我主张永恒轮回。"(第15卷第443页)

如果说洞观无目的的生成,会造成人们对自身的存在状况无动于衷,因为存在已消失得无影无踪,那么这种在生成中的沉沦会转变为对眼下之物的肯定性理解:这就是爱的命定的基本思想。

永恒轮回——

尼采的永恒轮回思想在哲学上既具有实质性,又很成问题,因为在他看来,这是最为振聋发聩的思想,而他认为想必还没有人当真触及这一思想。这是尼采哲学沉思的关键之处,而人们掌握尼采,大多试图绕过这一思想。

简单看来,这一学说讲的是:存在不是无止境的全新的生成,而是一切都轮回于异常宏大的时间——"生成的洪荒"(第6卷第321

页)——之中。现存的一切,都已存在过无数次了,并且还会无数次地轮回。"一切都在轮回:星辰、蜘蛛、你此时此刻的思想,以及一切都在轮回这一思想,都在轮回"(第 12 卷第 62 页)。"树间的月光、此时此际以及我自己,都在轮回"(第 265 页)。用比喻来说:"河流总要流回自己,你们总要踏入同一条河流"(第 12 卷第 369 页)。或者说:"存在状况的永恒沙漏总要再度颠倒过来。"(第 5 卷第 265 页)查拉图斯特拉的动物用这样一句话印证这一学说:"一切常逝、一切轮回,存在之轮转动不停。一切都要枯萎,一切都要重新绽放,存在的时光运动不停……存在随时会开启,此处会转变为彼处。四下都是中心。永恒之路是曲折蜿蜒的。"(第 6 卷第 317 页)

可是,如果人们以为,经过这番简单的表述,就可把握这一学说的哲学内容,那么人们就错了。对这一学说的平铺直叙会损毁它的内容。因此,查拉图斯特拉称宣布这一学说的动物为"手摇风琴",并斥责它们:"你们已经由此谱写出琴曲了吗?"(第 6 卷第 317 页)

在理解时不可避免的是,要将尼采论述永恒轮回的所有思想概括起来。这样,人们便会看到一种在物理学上可以证明的宇宙论学说。但是,它不可能是宇宙论,因为它恰恰是要超越这一学说,趋向存在,而这种存在实质上区别于世上一切单纯物理学式的与机械式的存在。这一思想并非由于其实际内容而得以如此的发挥,就仿佛它涉及的是一个研究对象一般,而是由于它对于人的存在意识具有"最大的重力",才得以如此发挥的。谁正确地理解与承受它,谁就借此保持了自己的力量。这一思想起到一种阐释的作用,成为提高未来之人的实质的手段。

对这一思想作批判性的、分解性的认识,会在科学的,但在此注定失效的论证层面上看到其物理学的一面,将其形而上学的一面看作前康德时期独断论形而上学的某种形态,将其生存意义看作无神论的表露。与此相反,意识到这一思想真相的批判式考察则同时看出,这一思想含有超越性内容,而这才是尼采的存在意识的恰当形式,这种存在意识并不局限于他的这一思想。

不可忽略的是,在轮回思想中有一种动摇不定的情况。这有时表现为有关特定内容的某一明确学说,有时又成为对不确定的信仰的象征,有时像物理学知识的对象,有时又在不知不觉地充实着阐释生存意义的功用。

学说:尼采借以阐释这一思想的各个思想步骤,可以分别得以认识。

1. 对学说的论证。尼采的论证出自三个前提。首先,他起步于生成不断、万物常变这一眼下的事实情况,在这一时刻,实际上没有什么最终状态可以达取,一切皆不停滞。其次,他主张时间本身既无限又独立:"变化从属于本质,时间亦然。"(第 16 卷第 398 页)"空间同材料一样,是某种主观的形式,而时间则不然"(第 12 卷第 54 页)。再次,他主张空间有限、力量有限(第 12 卷第 54 页)。这后两个前提是无法洞悉、无可证实的。尼采时不时说,相反的情况不可想象,试图用这一方法来确保这后两项前提:"我们根本无法想象某种不固定的力量。"(第 12 卷第 57 页)"作为力量的世界不允许人们对它做无限的设想,因为它是不能够被如此设想的——我们不认可同'力量'概念互不相容的无限力量概念"(第 16 卷第 397 页)。这样,他实际上提到了康德的二律背反理论阐述的问题,而未明确意识到这一问题。所以说他未留意康德的观点,即关于整体,既不可用矛盾律,又不可换一种方式来做出有效的、特定的表述,尽管尼采在其他上下文背景中持有这种观点。从这些无可证实的前提出发,尼采做出推论:

第一,"无限的全新生成是不可能的,因为这是一个矛盾,它要以无限增长的力量为前提,可这些力量是从哪里来的呢!"(第 12 卷第 52 页)如果说力量并不增长,那么只有两种可能:它要么来自某种安宁而持久的均衡力的最终状态,要么来自永恒轮回。如果排除掉均衡力的可能性,那么"关于能量守恒的定理就要求有永恒轮回"(第 16 卷第398 页)。

第二,由于力量是有限的,"虽然这些力量的状况、变化、联合、发展数量极其庞大,实际上无法衡量,它无论如何也是特定的,并非无限的"。但是,由于时间是无限的,"一切可能的发展必定已然出现过。其结果是,一瞬间的发展必定是一种重复,而且带来这种发展之物亦然……一切都已出现过无数遍了"(第 12 卷第 51 页)。

第三,由于一切可能性都已出现过,所以下述状态本身必定是不可能的,即它们曾出现的情况排斥此时实属一时的状态。这意味着:存在的最终状态、均衡力、持存与僵化情况是不可能的,因为如果一种均衡力哪怕仅在一瞬间一度成为最终状态,那么这种状态就会持续下去。由于时间是无限的,静止状态如果可能,便也会出现(第 12 卷第 55 页,第 16 卷第 396 页)。但是,"均衡力从未达到过,这证明它是不可能的"(第 16 卷第 398 页)。如果与此相反地假定,某一状态一度出现过,它同眼下的状态绝对一样——这有别于假定随时出现均衡力,那么它是无法因眼下的状态而受到否定的(第 12 卷第 55 页)。

尼采认为,对这一学说做物理学式与数学式证明,是可能的。1882年,他原想在某所大学进行新的研究,为此奠定科学性基础。但他未做到,因为对于他的思想的哲学意义来说,这条道路同样并非至关重要的。在与此相关的遗著片断中,尼采借助于某种自己通常并不相信的逻辑(矛盾律与"可致思性")做了论证。他想适应当时的科学性,在一瞬间提出自己认作真正关于存在的知识的基础,同时将其当作有约束力的科学成果。[44]

2. 作为物理学学说之扬弃的思想之超越。这种学说看起来是机械式的,它的模型看起来是设想出来的世上个别事物的循环往复,这些事物就是从这一循环往复中遍布到全世界中去的。这一模型绝不会在世上的个别过程中表现为相同事物彼此完全一致的重复,尼采用这一模型来反对机械式的循环往复:"在包围着我们的世界中,生存多少有些彼此不同,并非完全循环往复,这难道不是针对一切持存之物均匀循环的充足反证吗?"(第12卷第58页及以下几页)如果循环并未机械式地导致相同之物的轮回,那么无论如何一切力量的总体情况会轮回。且不考虑是否如此,"总有某种曾经出现的相同事物,这是完全无法证实的。看起来,总体情况直至细微之处都重新塑造了自身的特点,以至于两种不同的总体情况毫无共同之处"(第22卷第51页)。关键在于,尼采将循环往复当作全部世间存在状况的轮回,将其同世上可能的机械性循环往复彻底分开。他在轮回中展望世界的发展,在这种发展中,"存在状况最普遍的形式"似乎是尚未变得机械性的世界。机械性世界的形成似乎是总体中最初无规则的游戏,这游戏最终自行固定下来,以至于我们的机械法则似乎不是永恒的,而是形成的,作为例外与偶然形成的一般。"看起来,我们需要一种随意性,一种实际的不合法则性,一种不适合于机械性的原始的蠢笨。"我们所看到的合乎法则性似乎不是原始的法则,而只是变成惯例的随意性(第12卷第59页)。永恒轮回(循环)要关联"存在状况最普遍的形式",而不是像机械性情况那样,关联其中的个别事物。

　　一般来说,由于永恒轮回涉及存在整体,它就无法被削足适履地设想为符合存在状况的任何一种特定形态。因此,尼采取消了特定形态:"我们要避免将循环的法则设想为是形成的,错误地将其类比为循环内部的往复运动。并不是最初一团混乱……最终形成所有力量的固定循环运动,而是说一切都是永恒的,不是形成的。如果说有各种力量的一团混乱,那么就连这一团混乱也是永恒的,轮回在一切循环之中。"(第12卷第61页)这就是说,轮回的循环往复不同于世上现实的或可以想象的循环往复。前者是不可确定的,而后者是可以分别确定的。循环往复的原始法则不同于自然法,它作为模型是不可想象的,是不确定的,而自然法则是世上某种事物之缘起的有效规律。就连轮回的必然性,其特点也不同于世上任何一种规律的必然性:"我们尽可相信宇宙中的绝对必然性,但我们要避免论断任何一种法则说,这一法则充斥于宇宙中,是一种永恒的特性,哪怕它是我们感受到的一种原始的、机械性法则。"(第12卷第60页)一种合目的性的法则同样无法体现在轮回的必然性之中:"宇宙的混乱排除了任何合目的性,它与有关循环往复的思想并不矛盾,后者是一种不合理性的必然性。"(第12卷第61页)因此,尼采认为,世界具有"一种必然性过程,但这并不是它内部的法则使然,而是由于它绝对地缺乏法则,任何时刻的任何力量都会造就其最终结果"(第7卷第35页)。

何为最为普遍之物,即完全无以把握之物,何为这永恒轮回的整体,这是无法用某一种存在来加以解读的:既不可用有机物,又不可用机械物来解读;既不可用合法则性,又不可用作为几何形式的循环圈子来解读。在尼采看来,依照背景而定,它们都适于用一时间的比喻表述出来。这样说来,无机界物质的机械性就是个比喻,如果它表露了非历史性的均一重复性这一纯粹的可能性:无机物质"什么也没有学到,它始终是没有历史的! 如果不是这样的话,那么就根本不会有重复性了——因为这样便总会有什么产生于……新近的历史之中"(第12卷第60页)。如果反过来将整体视为某种追忆性的、变化着的历史,那么这意味着:"难道你不知道这一点吗? 在你采取的任何行动中,一切的历史都在重复与简化。"(第12卷第370页)

尼采拒绝将轮回、轮回的原始法则、轮回的必然性同世上的循环往复混为一谈,借助于范畴(必然性、法则)超越范畴,趋向存在的晦暗之处,却倾向于随即重新将现实世界想象为"存在状况的最普遍形式",借此用对世界的假设取代在形式上的超越中可达取的哲学性超越。这样,尼采在对自己实际的哲学沉思方法缺乏逻辑充分的意识时,便会忘却自己原本的想法,依靠他那个时代的科学,在证实自己的学说这一意义上,尽力做出数学式、物理学式论证。尽管如此,超越始终在哲学上推动着思想。

3. 思想的瞬间。在尼采那里,思想并不起源于游戏式理智思考,而是起源于在瞬间对存在的体会。人在创造出思想的瞬间赋予这一瞬间以至关重要的形而上学意义。

尼采格外强调构思的瞬间:"永恒轮回的思想……源于1881年8月……那段日子里,我在西尔瓦普拉纳湖边穿越森林,在索莱附近的一块巨大的、像金字塔一样突起的岩石边停步,在那里我产生了这一想法。"(第15卷第85页)他还说:"我形成永恒轮回思想的这一瞬间是不朽的。就是为这一瞬间起见,我才孕育出永恒轮回思想的。"(第12卷第371页)这一瞬间显然不是通常的一个偶然时刻。

如果我们追问赋予这一瞬间以这份重要性的真实体会,心理学研究便对我们失去了意义。这是因为,尼采在病态中是否已然同样看到熟悉之物,即体会到眼下之物,就仿佛一切直至细微之处已然一度得到过如此的体会,这是无关紧要的。对他的思想做阐释,似乎可以显示:"这在月光中缓缓爬行的蜘蛛,这月光本身,还有在大门通道处的我与你,一齐在轻声低语,轻声低语着永恒的事物——难道我们不是必定已然存在过吗?在那里,突然间,我听见一条狗在附近犬吠。我是否一度听到过一条狗如此犬吠?……是的,在我童蒙时期,在最久远的童蒙时期我曾听到有一条狗在如此犬吠……"(第6卷第232页)这在形式上会得出一个结论,而出于随便某个瞬间都在轮回这一确定性,这一结论可推到一切事物上去:"即使世间只有一个瞬间轮回——闪电说道——那么必定一切都轮回。"(第12卷第370页)

　　关键仅仅在于他通过自己的哲学内涵得出的瞬间的意义。如果说瞬间同时揭示存在，并因此是永恒的，那么轮回不过是这一永恒的一个象征。尼采超越性地认识到，时间作为对存在的启示，被扬弃进瞬间。"为正午的完满时刻起见"，尼采借查拉图斯特拉之口说道："安静！安静！难道世界不是完满的吗？……我不是落下来了吗？听！我不是落在永恒之泉中了吗？"（第 6 卷第 402 页及以下几页）这正午是"午日与永恒"（第 12 卷第 413 页，第 16 卷第 414 页）。

　　对尼采而言，午日还是世界历史性瞬间的象征，思想的形成就意味着瞬间："在人类存在之一切循环往复中，总有一个这样的时刻，万物永恒轮回这一最为强大的思想首先在一个人那里形成，随后在许多人那里形成，再后在所有的人那里形成。"（第 12 卷第 63 页）这一瞬间意味着："认识的太阳再度在正午升起，永恒之蛇蜷曲在它的光芒之中。这是你们的时刻，你们这些午日的友人！"（第 12 卷第 426 页）

　　对尼采来说，在思想的"瞬间"，作为时间中之永恒的生存历史性同存在整体的历史性交织在一起。永恒循环中的存在整体的历史性一再在哲学思想的这一瞬间把握自身，从而提升自身。尼采认为，作为思想家，自己在这里不仅是个人的历史性生存，不仅是民族与人类历史的至关重要的创造者，而且形同全部存在的总体核心，全部存在的循环过程再度以他为核心，他就是"伟大的午日，因为人处于自身进程的中段，位于人与超人之间"（第 6 卷第 115 页）。因此，对于尼采来说，这一思想的意义是无可比拟的，没有任何其他思想可以与它同日而语。他对陌生人说："请让我对你讲述这样一种思想，它是我捕捉到的。像一颗星星一样，它要向你、向所有的人洒下光芒，因为光芒就是这样。"（第 12 卷第 62 页）他认为，这一思想的作用必定巨大无比。要将这一作用象征性地宣示出来的话，那么《查拉图斯特拉如是说》的构思便已然在暗地里以这种思想为准绳：这一思想对于致思它的人，较之对于任何其他人都更为危险。因此,查拉图斯特拉不得不首先为自身起见而勇于承受这种思想,即有勇气致思自己清楚的事情,而且是在自己全部实质都在随之变化这一危机中承受这种思想,以便自身成熟起来,为这种宣示会同时带来自己的沉沦而做好准备(第6卷第313页)。尼采带着种种恐惧的迹象,向路·莎尔美与欧文贝克轻声细语地传达出这一思想,像透露一个秘密一般(参见路·安德雷亚斯-莎乐美论述尼采的著作第222页,贝尔诺力论述尼采与欧文贝克的著述第2卷第216页及以下几页)。

他如何尤其致思思想的作用,可以从两个方面得以考察:首先是尼采如何理解思想对于个人具有的生存意义,其次是他如何理解思想对于人的存在进程所具有的历史意义。

4. 思想的生存性作用。如若思想是真实的,并被看作是真实的,或者说无论对人意味着什么,都被信以为真,那么会怎样?

在尼采看来,第一重作用是压抑人的恐吓:"噢,人永恒轮回! 微末之人永恒轮回……这样人的伟岸之处便过于渺小了! 这正是我嫌恶人之处! 就连最微末的人也永恒轮回! 这令我对一切事物均感嫌恶!"(第6卷第320页)这一思想令人窒息:"存在状况既无意义又无目的,却不可避免要轮回,毫无征兆地堕入虚无……这是虚无主义的极端形式:虚无(无意义之物)是永恒的!"(第15卷第182页)

然而,这一极端情形会转向截然的反面,即彻底而绝望的否定会转向同样彻底的对存在状况的肯定。

思想不会碾压相信这一思想之人,而会改造他:"如若那种思想向你施加力量,它就会改变你……。所有人与每个人的问题都是,你还想再一次并且无数次这样吗? 这一点将成为你行动的最大重心!"(第5卷第265页)目前要做的是:"如此生活,以至于你不得不希望,再次获得生命。"这就像一条新的伦理式绝对命令,它要求将我所有的感受、意愿、作为、我本身都置于这样一条标准下,即我是否如此行动,以至于我愿意无数次地一再如此行动。换句话说,即我能否希望这种存在状况始终如故。这只是个形式,要充实它的内容的话,其可能性是无限的。这是因为,或许每一个人都根本不是以普遍有效的方式,而只是以自己特有的方式对永恒之物寄予希望:"谁觉得进取是至高感受,他就在进取;谁觉得安宁是至高感受,他就在安宁;谁觉得适应、遵从、顺从是至高感受,他就在顺从。只是,但愿他清楚,什么是自己的至高感受,并且要不择手段! 紧要的是永恒!"(第12卷第64页)这一绝对命令并未要求任何特定的行动、举止与生活方式,极端对立之物与看上去自相矛盾之物都是可能的。这一绝对命令要求的只是一点:"将永恒映现在我们的生命之中!"(第12卷第66页)

在尼采看来,如果仅在瞬间就做到,从绝望的否定态度转变为肯定态度,那么这必定导致对所有事物的肯定态度,包括对不受欢迎、令人痛苦的事物的肯定态度。由于在存在状况中,一切都是彼此相关的,所以只要我仅在瞬间便得知,我是为着生命起见而肯定生命的,那么我便在肯定生命时,同样肯定了生命的条件与全部的生命:"你们可曾对某种乐趣持肯定态度? 噢,我的朋友们,你们对一切痛苦都是持肯定态度的。一切事物都是相互关联的……你们要是想再次经历那一次性的事物……你们就是想让一切都走回头路!"(第6卷第469页)"赞同一桩事实,意味着认可一切"(第13卷第74页)。"一切欲望都希望,一切事物得以永恒"(第6卷第470页)。

只要对存在状况的肯定态度取决于,人是否如此体验过某一唯一性瞬间,以至于人总想再度体验这一瞬间,那么这样的人在尼采看来就是"获救了",哪怕这个人只不过体会到这一瞬间而已。因此,查拉图斯特拉的幸福在于,就连他遇到的最为绝望之人,"最为丑陋之人"也能够为生命的一个瞬间起见而说道:好吧,再来一次!(第6卷第62页)

但是,活跃的生灵实际上绝不可能随时都对现存的一切持肯定态度。人在这世上需要"轻视、厌恶、无所谓这类自卫性本能",并想必会由于这些本能之故而陷入孤寂。但在这里,尼采"在孤寂中"深受触动地说:"只要我感到一切都必定相互关联,则那种实质就是神性的。"(第13卷第73页及以下几页)

对一切存在均持肯定态度,意味着在生成内部,有什么"在生成的任何瞬间"都可达到,"而且达到的总是相同之物"。至于这是什么,是无法表述为普遍之物、超越、真相、特定之物的。这是用无限的规定性所无法穷尽的纯粹内在性,只有靠各种方式来呼吁,才可感受到。这是持肯定态度的人各自的实质,它表现在肯定态度中:"斯宾诺莎就具有这样一种肯定态度,因为任何因素都具有一种逻辑上的必然性,他凭自己那逻辑性基本直觉而踌躇满志。但是,这只是各种可能的肯定方式之一:任何事物的基本特征如若被个人感受为自身的基本特征,便成为肯定态度的一个来源(第15卷第183页)。

然而,如若"生成在任何瞬间都是合理的(或者说不可低估的是,这是万物归一的),那么结果就是,"绝不允许为未来之物起见而赋予眼下之物以合理性,为眼下之物起见赋予过去之物以合理性"(第16卷第167页)。

永恒轮回的思想带来了对存在状况的至高肯定,如果这一思想并未泯灭,对尼采来说,它便具有解放人、救赎人的特点:

第一,遵从这一绝对命令——如此生活,以致我要希望,再度获得生命——会伴随着对生命的挚爱,首先获得真正的勇气,而这种勇气"会杀死死亡",因为它讲述的是:"这曾是生命吗? 好吧! 再来一次!"(第6卷第230页)

第二,在内心的态度中,有了肯定态度,永恒轮回的思想会带来宽容态度。它赋予"内心的生命以分量,而不致使它对不同思想采取怨恨与狂热态度"(第12卷第63页)。凡个人一向所致思、培养人对自身生命之爱的,"都必定会认可其他想法,并为此而具备全新的、伟大的宽容之心"(第 12 卷第 67 页)。如果我们作为持肯定态度之人,一致敌视试图怀疑生命价值之人,那么其至"我们的敌视态度本身也会成为我们获得欢乐的一种手段!"(第 12 卷第 67 页)如果个人靠轮回思想赢得对自身的肯定态度,那么在他看来,一切存在状况都轮回得看上去面目一新。

第三,救赎人的肯定态度会成为有关不朽的知识。尼采已然将对不朽的渴望看作对生命的肯定态度:如果你的幸福映射出诀别的晚霞,就"注意这一标志:它意味着你热爱生命,热爱自己,而且是热爱迄今触动你的生命,以至于你渴望这种生命得以永恒。可是,也要知道!往昔始终在吟唱它那短暂之歌,人一听到第一句歌词,想到一切都要一劳永逸地逝去,便几乎会由于渴望而死去"(第 12 卷第 66 页)。但是,永恒轮回的思想明确的是:"在意识的最后瞬间与新生命的最初迹象之间,是'没有时间的'——它就像闪电一般一闪而过,即使过几十亿年后,活着的生灵能够衡量它,或从未能够衡量它"(第 6 卷第 334 页)。存在的一切都享有不朽。尼采的基本态度对立于某种万物常逝理论。这种理论要求人,对万物不必过分重视:"与此相反,我认为一切都具有多而又多的价值,以至于它们不会如此短暂易逝:我为所有事物寻求永恒……令我欣慰的是,曾有的一切都是永恒的——大海又将它们冲来。"(第 16 卷第 398 页)

第四,对永恒轮回的肯定态度欢庆救赎以往的一切这一关键性胜利。而在此之前,情况则有所不同:对以往的一切,意志均无可奈何。面对以往的一切,它只是个心怀怨恨的旁观者:"时间不可逆,这是令它愤怒之事。'过去就是如此'——这意味着它无法推动的巨石。"过去的一切都是零乱、偶然的。人绝望地回顾过去,由于无法意欲回到过去,便将这种意欲以及生命本身当作一种惩罚。而如今,怀有永恒轮回思想,人就可以知道:"'过去的'一切都是零散的,是一个谜,是一种骇人的偶然——直至创造性意志说'可我不愿意这样'。"(第6卷第206至208页)这是因为,创造性意志凭借自身的历史性所接受的,不仅是作为意志之由来的往昔的一切,而且意志还要超出它,同时将过去当作要重归的未来:在万物循环中,我将创生了我的往昔重新当作未来创造出来,往昔在未来中得以回归。坟墓打开门,过去的一切不仅是过去了的。

但是,尼采未意识到,有一个矛盾留存下来了。这一矛盾必定出现于任何超越性思想中,而在这里表现为,意欲流露出了自由。这一自由还要创生即将生成之物,而循环往复只是重复过去。因此,要保持这种哲学沉思的纯正性,各种语句实际上必定彼此扬弃:整体情况轮回而个别情况并不一致,这一表述对立于其他语句,"在任何大跨度的岁月中,我们自己都是同自身一致的,无论最大跨度的岁月,还是最小的岁月,都是这样"(第6卷第321页)。有这样一句话:"那吞噬我的诸原因之结在轮回——它会再度将我创生出来!我本身从属于永恒轮回的诸原因。"(第6卷第322页)如果说我看起来掌握了这句话,那么它随即又扬弃了另外一句话:"我在轮回,不是进入全新的生命、更佳的生命、或类似的生命,我永恒地轮回在同样的、同一个生命之中……"(第6卷第322页)看起来,在永恒轮回的循环往复中不可避免地已然注定的生成,同这样一种自由是彼此排斥的,这种自由指在全新的绝对命令下如此生活,以至于我愿永远重复这一生命。但是,这种必定的意欲表达出肯定性、创造性自由意识。而这种表达的形态是尼采特有的,它作为矛盾性陈述的形式,从属于一切超越性的自由理论(在奥古斯丁、路德、康德那里都是如此)。

5. 历史影响。尼采期待巨大的转变。从他形成这一思想的时刻起,"一切都必然换了颜色,有了另外一种历史"(第12卷第65页)。

"这是伟大的午日、彻底的澄明的时刻"（第 15 卷第 238 页）。会发生什么情况呢？

尼采在青年时代理所当然地认为，人们回顾自己的生命时，会一致不愿再体验一遍这一生命（第 1 卷第 291 页），后来他才看出区别所在：在无法忍受的思想重负下，人会绝种的，而无所顾忌地对生命持肯定态度，则会被推到某个高度上。这是一种培养人的思想（第 16 卷第 393 页及以下几页，第 12 卷第 369 页）。这种"令人陶醉的虚无主义"，即对终结的要求，靠令人无法忍受的轮回思想而得以完善——成为砸碎退化种族的铁锤（第 16 卷第 393 页）。"只有认为自己的生命永恒重复的人，才会留存下来"（第 12 卷第 65 页）。可是，如若"无此信念之人必定因天性之故而最终灭绝"（第 12 卷第 65 页），那么这会以"最为柔和"的方式出现，针对于此的学说是柔和的："它既不讲地狱，也不做威胁。谁无此信念，他所意识到的，只是短暂易逝的生命。"（第 12 卷第 68 页）在任何情况下，相同之物在自身所处循环往复的位置上永恒轮回这一思想，都是鞭策人超越自身的关键性驱动力。

然而，这种影响并非简单明了。虽然说似乎至高无上的是，我们能够承受自身的不朽（第 12 卷第 369 页），但同样可以致思的是："难道最优秀的人会因此走向毁灭吗？最劣等的人会接纳他们吗？"（第 12 卷第 370 页）"轮回学说首先会嘲讽那些冷漠而没有太多内心需求的平庸之辈，因为最平庸的生命欲望是最先表态的"（第 12 卷第 371 页）。尼采认为，这种虚假的影响只是一时的："伟大的真相最终会赢得最为高超之人。"（第 12 卷第 371 页）

为了让自己的学说产生历史影响，尼采要求："我们要避免把这一学说当作突然产生的宗教来传授！它是要慢慢传播的……对于最为强有力的思想来说，则需要好几千年——慢慢地、慢慢地，这一思想会变得微末与无力！"（第 12 卷第 68 页）他不想"用 30 年来大吹大擂，用 30

年来埋葬它"(第 12 卷第 69 页)。"我想必要抗拒轻信的人、梦呓的人。我要预先维护我的思想。它应当成为最自由、最开朗、最高尚的心灵的宗教——这是一片位于镀上金辉的冰川与纯净的天空之间的可爱草地"(第 12 卷第 69 页)。

尼采甚至会看到,自己最为实质性的思想也是有问题的,有可能是悬而未决的。这表现在这样一句话中:"或许它不是真实的——但愿有其他思想同它竞争!"(12 卷第 398 页)

概括与质疑:上帝抑或循环?——永恒轮回首先是一种物理学式、宇宙论式假说。作为这一假说的创立者,尼采沉湎于同有约束力的、可证明的科学取得所谓一致这一诱人之处,结果却丧失了对思想的哲学意识,并未达到科学性。

其次,永恒轮回是对其实际现实的信仰的内容。作为这样一种内容,它却是空洞的,因为没有对以往生命方式的追忆,轮回似乎就是无关紧要的。无论我是一度还是无数次地以完全想通的方式存在,这同我仿佛仅仅一度如此存在过完全一样,如若这一次同其他数次没有追忆性的、前瞻性的或相近性的联系。

问题在于,尼采何以尽管如此仍能赋予这一思想以重大意义。对此,他本人的回答是,只有借助这一思想,才可最终克服"上帝死了",同时克服虚无。

尼采认为,这个世界本身就是一切存在,只是在这里才有现实性,任何"不同的世界"不仅本身什么也不是,而且贬低了现实世界,造成自身替代神性。但是,这种替代不应当形同某种对不幸损失的补偿,而更应当远远超过损失。对尼采来说,这就是永恒轮回。因此,在同有关上帝的思想的直接斗争中,它也要取得胜利。尼采询问,如果信仰上帝,那么在思想中会出现什么情况?

要么情况是:"上帝是无用的,如果它一无所愿的话"(第 16 卷第

167 页）。只有当世界本身并不已然就是存在的情况下，上帝的意图似乎才是必要的。由于在万物的生成中，"偶然取得同样的投掷效果，较之取得绝对彼此不同的效果，可能性更大一些"，所以没有相同之物轮回这一情况，"只有借助某种……意图才可得以理解"（第 12 卷第 56 页）。因此，"想到世界有意回避某个目标，甚至人为地避免陷入某个循环过程，那些要揭示世界具有永恒更新能力的思想就都失效了"（第 16 卷第 396 页）。这种意图似乎就是神性，只是神性才能够阻止循环过程。所以，"谁不相信万物的循环过程，谁就要信仰任意的上帝"（第 12 卷第 57 页）。由于这种信仰实际上已不复存在，并让位于真实的哲学沉思，所以世界之存在的循环过程不仅保留下来了，而且成为超出上帝存在的真相。

要么情况是：受人信仰的上帝会一无所愿。这样，对上帝的信仰就是对"生成之总体意识的信仰……并用某种实属同情、参与了解却一无所愿的观点来看待事物"。但是，"承受与洞观一切的上帝，即总体意识与普遍精神，似乎是对存在的最大异议"（第 16 卷第 167 页及以下几页）。

永恒轮回——在尼采看来，如果没有上帝的话，它就是唯一可能的——对他而言是这样一种思想，只有借助于这种思想，他觉得才能摆脱一切对世界的玷污。这种思想令世界进一步呈现出来，并提高了人在世界之中的地位，将无法论证与无条件的肯定态度推行到极致，却使得神性与作为对立于世界之物而出现的一切存在都成为多余的了。因次，尼采论述永恒轮回说："这一思想的内涵远多于一切宗教，宗教将生命视为短暂易逝的，对其加以轻视。"（第 12 卷第 66 页）而这一思想是"诸宗教的宗教"（第 12 卷第 415 页）。

这种思想以其客观性和非超越性方式表述出来，对我们来说依然是空洞的，但正像在尼采那里显示的那样，对它的阐述在总体上仍然触动我们。

永恒轮回首先是生存性基本感受的表达手段：它要对我们的生命与行动提出至高要求，以便我达到最高的可能性。这是因为，凡一度存在的，就是永恒的；凡我现在所做的，就是我永恒的存在；在时间中要抉择我永恒的存在。

其次，轮回意味着表述万物扬弃在存在本身之中。没有开始，没有终结，——世界始终是完满的，始终是完整的，随时都是中点，随时都是起点与终点。一切事物都得到解脱。时间与时间的泯灭合为一体。永恒存在于任何瞬间之中，如若挚爱令它把握的一切存在均获得常驻的完满性的话。

看起来，对行动的至高要求与对存在最为深刻的关注汇合在思想之中。在思想中，尼采体会到奋发向上的生存自由，同时体会到充满挚爱的与存在的合一。他视这一思想为本源性肯定态度、一切神正论的来源与目标，它予以启示与证实、影响与维护。尼采以发自他内心的，因而同样向我们发出呼吁的方式，在思想中触及存在状况的界限。

但是，尽管如此，仅凭其合理性与直接的内容，这一思想根本不会打动我们。要将人的存在的原始体验表露出来，这一思想对我们来说是个无济于事的手段。任何一种当今的重要性——而这是由于当今的行动永恒地决定了什么——之所以有增无减，都恰恰是由于有同永恒轮回相对立的思想；由于这样一种知识，即曾经之事决不轮回，发生之事不可逆转。眼下的存在状况作为生存，只可关联超越来得以理解。由于时间不可逆转，时间中的存在是一次性的，所以关联超越的生存恰恰因其作为永不轮回者，要么有可能得以永恒的充实，要么会最终泯灭。如果说我们的说法对立于尼采的非超越性思想，那么这只是就我们能够如何致思这一思想而言才是真实的，并不是就尼采如何感受这一思想而言是真实的。由于有这种思想，尼采仿佛陷入一种令我们无法理喻的氛围,就仿佛他相对于我们而言陷入某种虚无一般。至于我们面对这种虚无,依然不脱离同他在哲学上的所有联系,是由于这种思想所表述的意义造成的。依据其内容,这些意义令这种思想列入伦理式、神话式思想的伟大行列。因此,忽略这些意义,仅仅单纯客观地陈述这一思想,会歪曲它所带有的尼采式意识。

这种意义用一个词语就可得以不断地认识。尼采没有说"无尽的轮回",而是说"永恒轮回",可什么是"永恒"?

克尔凯郭尔区分了致思瞬间与永恒的三种方式:如果瞬间不是本真性的,那么永恒会倒溯地作为往昔呈现出来(就像对于一个毫无方向与目标的人来说,他的道路只是在他身后作为经历之物呈现出来)。如果瞬间是实质性的,却仅仅是一种抉择,那么永恒就是未来之物。如果瞬间本身就是永恒之物,那么它"同时是作为往昔之物复归的未来之物"。最后一种形态则是基督教式的:"基督教的核心概念……在于时间的充实。它是作为永恒者的瞬间,而这永恒者同时是未来之物与往昔之物。"(《克尔凯郭尔著作集》,施勒姆普夫译,第 5 卷第 87 页)如果我们把克尔凯郭尔当作权威人士,接受他与尼采同出一源的表述,那么尼采完全非基督教式的永恒轮回思想难道不是保留了——在"永恒"轮回中变得令人难以察觉的——某种基督教实质的残余吗?尼采本想做彻底的决裂,但实际上并未做到这一点。他向往一种带有非历史性超越的无神论哲学,但在暗地里有不同的思想充实他,而且这源出于他批判的内容。

难道是他更新了古希腊思想吗?尼采确实将自己的哲学沉思理解为对古希腊的、前苏格拉底的思想起源的重新把握。但是,自青年时代起,尼采就了解并批评毕达哥拉斯学派的思想(第 1 卷第 298 页及以下几页)。他从未对自己特有的思想做历史性追溯,而是认为它是全新的。

由于在尼采看来,思想既非植根于基督教世界,亦非植根于古希腊世界,即非历史性的,所以思想似乎是从失却历史的状态中创生出来的,就像源出于虚无一样,只有借历史性虚无才可得以概括。对尼采来说,思想似乎是用来在人同一切传统信仰实质彻底决裂之后立即把握人的手段,以便不仅让人的存在继续下去,而且能够激发人的存在。尼采是伴随着灾难的思想方式创造轮回思想的,这一思想方式统辖了他对时代的世界历史性意识:我们正处于人类前所未有的最为彻底的转折点上,继基督教的内容涉及的领域及其有效性像幽灵一般失去其实质性后,新的思想起源必定呈现出来。但是,这样一种世界历史性的非凡思想形式尚且是完全空洞的。将它用于消极的言论,是轻而易举之事。致思可能性,无法预见未来之事,绝对无法判定什么是真实的。尼采不仅致思这一绝对空洞的虚无,而且以可怕的震惊心态体验这一绝对空洞的虚无,提出自己建树人的思想。但是,他并未清晰地揭示出,自己的思想实际上是无根无基的,因而是于事无补的,反而赋予这一思想以这样一些意义,这些意义充实了这一思想,却不仅仅同这一思想紧密相关,或哪怕只是必不可免同这一思想紧密相关。他讲述"永恒"轮回,为的是刻画这一思想,并在这种刻画中令"永恒"——就其词义令人感到无可置疑地可靠而言——透露出无法得以明确致思之物。

爱的命定——

尼采认为,肯定存在同肯定我所意愿的存在是合二为一的,并称之为爱的命定。我不是逃逸到对存在的某种泛泛的肯定态度中去,也不是局限于一味眷恋自身、畏缩地依赖自身的个别存在状况,而是从这两者之中抽身出来,趋向我的生存在这个现实世界中的当下历史性。我就是因这历史性而驻留于存在之中的。

当他还是一名 18 岁的学生时,尼采沿着这一思路致思这一思想,考虑涉及全部事物的意志自由同事实概念之间的关系。在他看来,"自由意志无非就是事实的最高潜能"。如果自由意志中有"个体脱离整体的原则",那么"事实重又将人同整体的发展有机地联系起来……不顾事实的、绝对的意志自由会将人变成上帝",而这仅仅是"机械之人的宿命式原则"(《尼采早期著作》,1923 年慕尼黑版,第 66、69 页)。

在此后的青年时代,尼采思考得更为深刻,超出这类格式化的反命题,看到人被抛回自身在这一瞬间的存在状况的历史性,视其为生存真相的根据。如果说由于生成是无限的,那种不可理喻性侵袭了我们,"即我们恰恰生活在今天,却有无限的时间留待生成",如果我们看到自己所拥有的只是"这一短暂的今天",我们要在今天表明,"我们为什么恰恰在此时产生,这样有何目的",这样我们就愈发受到鼓舞,"依照自身的标准与规则生活"。我们"要做存在状况的真正舵手,不允许自己的生存形同无思无虑的偶然性一般"(第 1 卷第 389 页及以下几页)。但是,这个世界有意诱惑我们,使得我们无法直面自己的使命。这个世界诱使我们脱离自身:"人的一切秩序的目的在于,让思想无法感受始终一团零散的生命。"(第 1 卷第 430 页)然而,只要一度意识到自己在这一瞬间的生存,"恰恰在此时意识到神奇的存在状况",则生命的意义便不可能在于,生命消失在任何一个普遍性类别之中(第 10 卷第 321 页)。无论如何,人向心灵揭示出的实质是:"心灵自言自语道,这一切都不代表你,没有人可以为你架起一座桥梁,而你必须从这座桥上跨越生命之河。除了你,没有人能这样做。虽有无数的路径、桥梁、半人半神要载你过河,但付出代价的,只是你自己……在这世上只有一条路除了你没有别人可以走,这条路通向何方?不要问,尽管走。"(第 1 卷第390 页)如果人一度决定,"我想保持自己",他就会感到:"这是一项可怕的决定……此时他要潜入存在状况的深层次中去。"(第 1 卷第430 页)

无论年岁稍长的尼采借助于永恒轮回的永恒性将什么表述为生成之中的存在,此时他视为这种潜入深层次的要求的是:"在生成中,一切都是空洞的、欺骗人的、肤浅的……人要解开的谜只能从存在中解开,在如此而非他样的存在中解开,在不可逝去之物中解开。此时人开始检测,自己同生成、同存在有着多么深的不解之缘。"(第1卷第431页)但是,这种存在只有充满挚爱地把握全部当下的存在状况时,只有在爱的命定中,才可达取。爱的命定发现从单纯生成的洪流通向当下的、充实的生存的历史性的道路,它在生成之中把握存在。

在爱的命定中,表面上不可统一之物汇合在一起:既要有实现尚未存在之物的紧张行动,又要充满挚爱地接受既成之物。但是,只有借用矛盾,才可抽象地表述这种统一。符合理智地做区分,仅在表面上是可以理喻的,却错失了真正的意义。因此,这样一句话尚未达到爱的命定的深刻性:"在命运侵袭我们之前,应当遵从命运……在命运侵袭我们之后,则应当尝试热爱它。"(第12卷第323页)这是因为,这样便在时间上将统一之物区分开了,但是,从生存上不无正确地看来,就仿佛我了解命运并可以将命运当作自己的目的,却无法也不能够促成命运似的。就连从单纯地适应自身命运出发,将爱的命定纳入事物整体,也并非最终的表述,"一个人的任何行为都会对未来之物产生无限重大的影响"(第13卷第74页),"人们的实质的厄运是无法脱离过去与未来的一切事物的厄运的"(第8卷第100页)。这大概意味着:"对于理解自己从属于事实的人来说,事实是个令人振奋的想法。"(第14卷第99页)(而且事实不无正确地表明,它也取决于我)只不过,爱的命定远远不限于这类对立的看法:它是对必然性的肯定,是个人命运中生成与存在同人的世界的统一,是人的意愿与人的认可态度的统一。在爱的命定中,自我采取真正行动的激情同对缘起的存在的感受合二为一,一切取决于尼采如何理解这种必然性。

这种必然性不是自然法则与机械论所指的因果必然性这一范畴。尼采讲因果必然性范畴时,是反对"对必然之物的神化"的(第 10 卷第 401 页),并反对人类历史的所谓总体必然性:"我不主张顺从必然性——因为人首先要认识到,顺从是必然的……"(第 10 卷第 403 页)涉及对这一范畴的绝对化时,尼采甚至说:"要排除必然性概念。"(第 16 卷第 396 页)

只有当必然性不再是范畴,因而对他来说既不是自然法则,又不是合目的性法则,既不是可计算的强制性,又不是意图时,必然性才是事实。它包括偶然与法则、紊乱与目的。它是永恒轮回所指的必然性。如果发生的一切都是必然要发生的,那么看起来想必就是:我自己是这一必然性的一个环节,是命运的一段(就连永恒轮回思想本身也是这一轮回过程中最强有力、最有效用的力量)。因此,爱的命定不是消极地屈从于某种所谓的业已认识的必然性,而是在意识到"享受一切不确定性、尝试性"(第 1 卷第 395 页)这一事实的必然性时对自由行动的表露。

只有当超越所有特定范畴的那种事实的真正必然性有目共睹时,面对于此,尼采一再重复并仅仅意在于此的爱的命定才是可能的:"不要仅仅承受必然性,更不要隐瞒必然性——一切理想主义都是对必然性撒谎——而是要深爱必然性……"(第 15 卷第 48 页)"是的,我只是还想爱必然之物!是的,爱的命定是我最终的挚爱!"(第 12 卷第 141 页)"我总想学习得更多,想将事物的必然之处看作美好的……爱的命定:这从此刻起就是我的挚爱!"(第 5 卷第 209 页)最初仅属尼采希望的,他随即表述为自己的实质:"必然之物并不伤害我,爱的命定是我最为内在的天性。"(第 8 卷第 115 页)

他取得的实质性态度,是与表现为对永恒轮回的肯定态度相一致的:"一名哲学家所能达到的最高状态,即对存在状况采取狄奥尼索斯

式态度——我对此的表述是爱的命定。"（第 16 卷第 383 页）

如果说尼采视自己的学说为"对宿命论的完善"（第 13 卷第 75 页），那么这种宿命论绝非强迫性，就像他将自然法则、道德法则或任何一种可认识的秩序均设想为必然性范畴那样。事实性不仅回避一切特定的可致思性，而且一经表述出来，就是自相矛盾的："最高的宿命是同偶然和创造之物相一致的（不是重复各种事物，而是进行创造）。"（第 14 卷第 301 页）彼此对立之物的统一是对不为范畴所把握的存在之实质的超越性表述。因此，尼采的宿命论无非就是基督教所讲的在上帝面前的意志无自由，它不是对消极性的表述，而是真正的、更高的行动的驱动力，这种行动超出世上一切可认识的必然性，因为它面对的是另外一种必然性。实际上，尼采将这种必然性当作神性来呼吁：

噢，深夜，噢，沉寂，噢，死寂的喧嚣！……
我看到一种征兆，
源于最为遥远的天际，
徐缓而闪烁地向我压下来一个星座……
……
这是存在的最高星辰！
永恒的图画！
你是在向我走来吗？
……
必然性的盾牌！
存在的最高星辰
它一无所愿，
它不玷污否定，
永恒地肯定存在，

我永恒地是你的肯定，

因为我爱你，噢，永恒！

（第 8 卷第 435 页及以下几页）

尼采的神话学

人的实质如果从根本上拒不接受某些内容，人就不会为这些内容所触动。因此，尼采——有别于黑格尔、谢林、巴霍芬——从未看出神话的深刻性，他也——不同于克尔凯郭尔——从未致思基督教神学的深刻性。因此，尼采未真正意识、更新、掌握任何神话——狄奥尼索斯是个表面上的例外——，但从另外的意义上说，这种缺陷正是他的长处。

只要神话仅仅是一种表演，而不能够具备实质，尼采就批评编造神话的做法。人不可能由于或许需要神话，就因了解神话的失落而想创造一种新的神话。这是因为，不真实的神话是有意唤来的。而如若神话是真实的，它恰恰是无法企及的。这似乎做戏一般的存在状况，是尼采在他那个时代无情地予以批判的。诸神与上帝是不可创造出来的（第 6 卷第 123 页），它们只可体会，它们的存在可从密码与象征中解读出来。尼采保持诚实，在传统的神话与象征中并未倾听到，有一种语言触动作为生存的他，而其他人做得就好像他们相信这些神话与象征一般。尼采没有寻找一种替代性神话，而是在哲学沉思中寻求实质。因此，激发他的那种历史现实性，并非神话与神学，而是哲学的历史性的最初起源：他更新了前苏格拉底哲学家——尤其是赫拉克利特——解释存在的基本形式，借此寻求自己独特的思想。

不容忽视的是，尤其是在《查拉图斯特拉如是说》中，他运用了大量的象征。但是，从这些象征的意图与效果看，它们并不具备让人信以为真的象征的分量,而是更为散漫的语言,此外无他。在青年时代,作为古典语文学家,尼采常常讲到神话,后来则不怎么提起了。

在尼采那里更为明确的是,关于创造神话或某种替代这一意图,根本无从谈起,而对风景与环境、自然与生命、全部非人化的世界的意识所具有的力量,则像全新的神话现实一般呈现出来。

自然神话——

风景是尼采思想的背景。谁一度领略这一背景,就会对它深有感触。无论尼采如何以变化多端的表述向读者倾诉,并不知不觉地影响读者,他使用的都是一种可普遍理喻的语言。在这种语言中,尼采的实质内涵——他的高贵、纯洁、他的命运——形同景出天然。这里是理解尼采的魅力及其情致的捷径,而这种魅力和情致是一切理解的前提。在尼采的世界中,自然与环境不仅像直观的画面与倾听到的音乐一样,而且形同无法描述的现实之物的类型,它径直自行流露出来。

他早期那种形象生动、描绘鲜明、一味观赏的叙述方式以"自我的田园"(第3卷第354页)为例,后期的叙述方式则起到与风景合一的作用。而从他早期叙述方式向后期叙述方式的飞跃,就像风景与自然向他如倾如诉一般。在早期,他只是受到自然的触动,自然像他物一样,同他两相对立;在后期,自然与人的命运、感性的活灵活现特点与存在仿佛合二为一。直至最后10年当中,世界才变得透明了,自然仿佛神话一般。此时,尼采在忍受经验现实性的同时,却能同时在其中看到真正的现实,而且幻景般地、活灵活现地合二为一。不仅相对于他的一切可见之物都得到令人振奋的表述,而且在自然之物中,他可以倾听存在的语言。

在尼采的诗作与《查拉图斯特拉如是说》中,尤其可以倾听到这种语言。接近这种语言,便可意识尼采的生平。尼采每天漫游在风景之中。他对气候与天气格外敏感，这使得他感受到各个地点、时日、季节的细微差别，并——或痛苦或欢乐地——感受到自身实质最内在的情绪与力量。他"花费许多力气与热情"，从深层体会风景："自然的美景像其他美丽的事物一样，极好嫉妒，想让人仅仅臣服于它。"（1881 年 6 月 23 日致加斯特的信）在他看来，自然尽管令人失望，同人隔阂，却是始终接近他的世界。在他的信札与著述中，自然总呈现为眼下之物。自然赋予他不受浪漫主义、神学、神话学束缚的，因而是纯洁的语言："自然被创造出来，目的何在，如若它的目的不在于让我拥有符号，以便借此同人们交谈的话。"（第 12 卷第 257 页）尼采散发出深深的幸福气息，即他满足于自然的存在状况，就仿佛他以自然为其支柱与安慰一般。他的全部身心都同自然相交融，正如他透过自然意识存在一般。

对尼采来说，同自然合一的幸福可以取代失去的同他人的交往。但是，交往意志仿佛被纳入这种同风景的合一。最初，自然的缄默还是"美丽而令人畏惧的"，是"伟大的沉默"（第 4 卷第 291 页）。然而，查拉图斯特拉在旭日升起之前对纯净的太空说道："我们对万物初始感到欢乐……我们并不彼此交谈，因为我们知道得太多——我们在沉默，在哂笑自己的知识（第 6 卷第 240 页），此时情况已然有所不同。最终，他的孤寂的痛苦流露于自然中，他询问而未期待答复，他感受自然的亲近，却未看到自然："噢，我头上的星空……你在凝视我吗？你在倾听我神奇的心灵吗？……你何时将我的心灵啜饮回去？"（第 6 卷第 403 页）这质询听起来无限惆怅，却依然作为追问而似有所期待，他的心灵向威尼斯的沉沉夜空吟唱，而吟唱的结束之语是："可曾有人倾听这心灵？"（第 8 卷第 360 页）

尼采看到自己对伟大自然之热爱的由来，它来自"我们的头脑中缺乏伟人"（第 5 卷第 181 页）。在他看来，自然不应当是最终之物。他身上活跃着某种东西，有别于年轻的生命力所带有的直接的自然神话。

他的希望不限于伟大的自然："我们要用人性穿透自然……我们要从自然中攫取自己所需之物，以便梦想着超越人。那较之风暴、山川与大海更为伟大之物应当产生出来。"（第 12 卷第 361 页）

如果我们询问，尼采向哪种自然、哪些环境、哪类风景倾诉，在何种意义上倾诉，那么我们虽然不可能对这些内容予以分门别类，却至少可以举出一些实例，清楚地概括出都有哪些情况，它们在相互关联地阅读各篇文本时可以得到理解。

一天的时间有其近乎时辰的细微差别。例如，午日是磨灭时间、体会永恒、臻至完善的时刻（第 6 卷第 400 页及以下几页，第 3 卷第 358 页及以下几页）。午夜同午日相近，是"酩酊之歌"的时刻，是存在的至深处，它启示永恒（第 6 卷第 464 页）。

环境：令人倾心的、纯洁的天空，令人厌恶的云朵，冬季的天空，旭日初升之前的天空；清晨的太阳，傍晚的太阳；风，春风，暴风；沉寂——烈火与火焰。

风景的各种类型：山脉、降雪、冰川、大海、湖泊、荒原；南方是永远不同的、遥远的、永远无法充分意识的南方；"非洲特点"（1886 年 10 月 31 日致加斯特的信）。

无数个别的自然景象：松树突兀在海岸边，笔直地伸向天空；无花果树；浪涛；草原；一只蝴蝶在海岩岸边的高空孤寂地飘飞；马匹、水牛、岩羚羊、公牛；水面上的风帆；湖面上的一叶扁舟，晚霞映照出的金色的船桨。

自然同时伴随自身的生命力，伴随着漫游、登山、舞蹈及在幻想中驰骋（第 12 卷第 222 页，第 6 卷第 241、281、282、285 页）；他在晒太阳时感到，自然就像一只壁虎（第 15 卷第 81 页，1881 年 1 月 8 日致欧文贝克的信）。他在大自然中形成实质性的思想，他习惯于"在旷野中思考，他漫步、跳跃、登山、跳舞，最喜欢登上无人的高山或临近海边，因为那里的道路就是沉思冥想式的"(第 5 卷第 318 页)。

尼采拥有仿佛属于他的风景与城市。上英伽登(Oberengadin)首当其冲:"我的风景是如此远离生活,如此有形而上学特点。"(1888 年 4 月 14 日致福克斯的信)"在有些大自然的区域,我们会带有一丝惬意而恐惧地重新发现自我……在这将意大利与芬兰联系起来之地……这里是令我感到亲切与熟悉、有着血缘关系的,甚至不限于此"(第 3 卷第 368 页)。"空气中充满我喜欢的气息"(1879 年 7 月 11 日致欧文贝克的信)。西尔斯—玛丽亚是"永恒的、英雄般的田园"(1881 年 7 月 8 日致加斯特的信),这"柔和、伟岸与神秘的神奇混合体"(1884 年 7 月 25 日致加斯特的信),是他感到令哲学研究得心应手的地方(第 5 卷第 359 页及以下几页)。他在当地感受到:"社交的群峰,但这不是僵死的,而是与双目(即与心灵)合一的。"(第 7 卷第 415 页)

在海拔 400 米高的里维埃拉时,那种无可比拟的情致流露在尼采向加斯特所作的描述中(1886 年 10 月 10 日):"您想象一下希腊群岛中的一个岛屿,上面森林与山峦遍布,有一天偶然地同大陆接连起来,再也退不回去。这无疑有些希腊的特点。另外又有些海盗式的、突发性的、隐秘的、危险的特点。经过一番少见的变化,最终出现一片热带松树林,这是从欧洲移植过来的,就像与我同桌就餐的那位多次环球旅行的人所说,这有点儿巴西的特点。我从未如此懒散地躺着过,就像真的到了鲁滨逊的岛上,遗忘了一切。我也多次在自己面前燃起熊熊篝火,盯着跳动不宁的火焰及其灰白色的烟直冲无云的天空——四周是荒原,那种十月的幸福体现在万般草木皆黄的景象中……"

他最喜欢的三座城市是威尼斯、热那亚和都灵。他简直把这三座城市看作是风景,并看出它们的氛围,它们无可替代的地理位置、它们真正的好地方。他特别讨厌罗马。

狄奥尼索斯——

尼采意识到的神话式现实,因朴实与不言而喻而有其力量。这是在他的著作中不经有意为之的象征就不知不觉诉说出来的,而他突出的象征——像狄奥尼索斯——却反而是近乎烦人的,同时是可疑的。然而,对于尼采具有实质性的是,他一反通常支配自己的直觉,以狄奥尼索斯的名义选择一个传统神话形象,以便将这一形象同存在整体把握为一体。凡他不能也不想在形而上学式思想体系中把握的,都要作为象征来得以认识。

在他看来,存在就是生命,就是强力意志,就是永恒轮回。这些是彼此近乎独立、各有思想起源的思想总体。它们的统一性在于都关联历史性瞬间。正是在这一瞬间之中,继"上帝死了"之后,尼采要寻求针对虚无主义运动的反运动。他关于存在的所有哲学思想都意在那种未来的统治种族的世界观,这些种族会出于自身生命的力量与水平而胜任虚无主义。

进而,统一性在于对世界之界限的洞察,尼采借此概括了他对存在的一切思考、他的形而上学与神话学、生成、生命、自然:"在我看来,世界是什么? ……是巨大的力量,无始无终……它不自我消耗,而只是变化万千……被作为自身界限的'虚无'所包围……绝非无限扩张的……是在自身之内汹涌澎湃的力量之海洋……永恒地复归,年复一年地轮回,其各种形态此起彼伏,从最为简单的形态被驱向最为形形色色的形态,从……最为僵死、冷漠的状况被驱向……最为狂野的、自相矛盾的状况,随后又从充实回归简单,从矛盾之争回归和谐的乐趣,在均匀的轨迹与岁月中肯定自身,祝福自身……作为一种永不知足的生成……不知何为筋疲力尽:这就是我的永恒地自我创造、自我毁灭的狄奥尼索斯世界……这就是我的'善与恶的彼岸',它没有目标,如若在幸福的循环中没有目标的话;它没有意志,如若这一自我循环本身没有良好意志的话。你们想给这个世界起一个名字吗？……这世界就是强力意志——此外再无其他！就连你们自己也是这强力意志——此外再无其他！"（第 16 卷第 401 页）

这种对世界之憧憬的统一性——它将永恒轮回、强力意志与狄奥尼索斯式的生命汇合在一起——不再是思想的统一性本身，而只能是尼采的一个象征，即这里不是从某一原则出发致思整体，而只是靠引人入胜的雄辩，借大量的动机，创造出整体的情绪。而这来自尼采的基本态度。相对于这种基本态度，原本没有什么整体，或者说不应当有什么整体。

想必尼采同样致思做掩饰和辩护的整体："自由精神伴随着在万物中俱感欢乐与信赖的宿命观，相信只有个别事物要受谴责，而在整体中，一切都得到解脱，受到了肯定——它不再做否定。"（第 8 卷第 163 页）这样，尼采作为英雄主义的宣示者、一切救赎性宗教的仇敌，仍然回归"救赎"这一古老的哲学思想，回归对唯一性整体的信念。在这一整体中，一切都被扬弃，都被纳入秩序。如果说他在"万物和谐发展的理想"中看出英雄主义式矛盾，虽然认为这种矛盾是"值得庆幸的"，却轻蔑地称和谐理想"不过是好人的理想而已"（第 12 卷第 295 页），那么他本人毕竟形成了自己的和解思想，或者说形成了某种整体性情绪。

但是，在尼采那里贯彻始终与逻辑一贯的，是与此相反的基本态度。这种态度认识并希望"没有什么普遍之物"（第 15 卷第 381 页）。对他而言，实质在于，"人们要摆脱普遍，摆脱统一"。为什么？"人们不会徒劳地将它当作最高机制，冠之以'上帝'之名。人们要砸碎普遍之物……要将我们赋予陌生之物、整体之物的东西取回来，将其赋予切身之物、属于我们之物"（第 15 卷第 381 页）。只有当尼采不由自主地创造出对上帝的替代时，对他来说——仅仅是暂时的——这类对世界统一性之憧憬的完整性才有可能是有效的，而这仅仅形同某种一神论-无神论神话。

在狄奥尼索斯这一形象中，尼采不顾自己的哲学式基本意识，将有意为之的神话予以客观化。尼采意图用这一神话概括自己的全部哲学沉思，消融一切仅属思想之物。这就仿佛他为了最为不可理喻之物起见，试图令这一句话变得真实："你要传授的真相愈是抽象，你就愈是要诱发对它的感受。"（第7卷第103页）无论古代的神话有多少特点，都没有致使尼采去理解这些神话，或者说尼采都无意去理解这些神话，而是说尼采自觉地选择看起来对自己的哲学沉思有用的象征。因此，在他那里，狄奥尼索斯完全不同于古代的神话，实质上不是生成之物的形象。

狄奥尼索斯首先是心醉神迷状态的象征。在这种状态中，"存在状态庆祝自身得以神化"："像古希腊的神体与古希腊的灵魂'绽放'之际……那种充满神秘的象征产生出来……这里有一个尺度，用它来衡量，则自此形成的一切都过于短暂、过于贫乏、过于狭隘——仅仅面对优秀而新颖的名义与事物，如面对歌德、贝多芬，或莎士比亚、拉斐尔，人们才诉说出'狄奥尼索斯'这个词汇。我们随即感到，自己那些优秀的事物与瞬间得到了评判。狄奥尼索斯就是审判官！"（第16卷第388页及以下几页）

进而，狄奥尼索斯是基督的对立面，即对立于十字架下生命的悲剧式生命："狄奥尼索斯对立于那位上十字架的人。"这种对立不是"在殉难方面的差别，——只不过同为受难，而意义不同……问题在于对受难的意识，即这是一种基督教意识，还是一种悲剧意识。在前一种情况下，它应当是通向神圣存在之路；在后一种情况下，存在神圣得足以为重大的受难做辩护。悲剧性人物肯定最为艰难地受难。对此，他足够强大、充实、神圣。基督教式人物否定世上的幸运……十字架上的神是对生命的诅咒，对自己要脱离生命的示意。被分解得支离破碎的狄奥尼索斯则是对生命的祝福，他永恒地获得新生，从毁灭中复归"（第16卷第391页及以下几页）。

在神这一模糊的形象面前，尼采结束了不确定的洞察——像他以往的思想一样——。他"借助的是一种神正论，即对世界的绝对肯定态度，却是为那样一些理由起见，以前人们曾因这些理由之故而对世界持否定态度"（第16卷第372页）。

但是，在尼采看来，狄奥尼索斯绝不是神祇，就好像有可能向他祈祷，向他祭献似的。狄奥尼索斯终究是"做哲学沉思的神祇"（第14卷第391页）。他具备新式哲学家的所有特征，而这些特征是尼采看到，或觉得自己具备的，即"做尝试的"（"做尝试的神祇"），并且是"伟大的模棱两可者"。尼采意识到这种象征所具有的神奇的新颖性："狄奥尼索斯是一位哲学家，诸神也在做哲学沉思，这在我看来已然是一件新鲜事，而这并非不令人费解。"（第7卷第272页）尼采以狄奥尼索斯自居，这一点尚隐含在这样一句话中："我是狄奥尼索斯神祇的关门弟子与知情人。"而他在开始精神错乱时，是当真这样做的。

狄奥尼索斯这一象征进而表述的，重复了尼采的哲学沉思已然精辟而生动地表现出来的，例如，"用狄奥尼索斯这个名字就可以主动地把握生成，并在主观上感受生成，把生成当作创造者震怒的欲望，而这一创造者同时了解毁灭者的愤怒"（第14卷第364页）。思想的表述会带来种种自然主义式歧义，其具有挑战性，却绝非最终有效的内容似乎变化万千地轮回在神话形态的表露中。尼采的本源性自然神话经过不知不觉的吸收，丰富了现代哲学沉思的根据与语言，而他的狄奥尼索斯象征则并未为任何人真正地掌握。尼采的超人、永恒轮回以及一切真正具有肯定性规定性并因而是束缚人的对存在的形而上学式设定，情况也相仿。

第三部

尼采在其生存
整体性中的思维方式

关注尼采的生平，能够揭示，何以他的一生仿佛是在不断的牺牲中启示真相。陈述尼采的基本思想，可以发现，这一思想具有无限的广度，所有立场——包括表面上不可更改的立场在内——都在客观上自相矛盾地彼此扬弃，少数对尼采来说变得近乎教条化的学说所具有的神奇性是无根无据的。现在的任务是，在尼采的生存总体中把握他的真相。这样便自然而然地提出了一个最终不可解决的任务，或者说任何一代人都要重新加以解决的任务。

如果人们想把尼采视为这样一个形象，即其意义清晰可见，那么人们必定会失望。用源出于尼采本人、他特有的批判所带有的扬弃一切、泯灭一切的辩证法来陈述他的思想，会令他的思想变得较之其本身有可能的情况更加不可穷尽。拘泥于文字、拘泥于教条式内容的规定性来做诠释，会令他的思想变得较之实际情况更加狭隘。在这两种方式中，他的思想尚不能就下述一点发挥影响，即他凭借某种或许从未完整地形成的驱动力，到底想做什么。

这是因为，不解之谜在于，在尼采自己对这一思想所做的批判式研究中，看起来一切都消失殆尽，看起来继给人带来种种失望、反感之后，这一思想仍恢复了魔力；不解之谜在于，尼采的真相并不存在于任何学说、任何固定下来的理想之中，但这一真相的吸引力会变得更加纯粹、更加明确，如若它最初的魅力打破了僵局，其个别语句不再令人吃惊的话。

尼采不仅是全新思想内容的本源、全新语言的创造者，而且凭借其生平与思想的完整性而是一种缘起。尼采超出自己所有基本思想的意义——不仅是他那个时代的危机的表露——只能借助于历史哲学的特定性表述出来,如果有谁对包含一切、概括人类的历史哲学的内容寄予信任的话。我们则满足于看到,他的生命之事实意味着一种历史根据,这种历史根据对于我们这些后人无法回避地提出诚实性要求,成为我们的现实,因而是我们的真正哲学沉思的前提。他的思想起源在实质上是不容歪曲的,就像所有跃入存在状况的伟大现象一样。

将尼采的思维方式在总体上当作其哲学沉思之实质的现象,走上答复对此的追问的最初道路,我们就要重又接受他自己的引导。

第一章　尼采如何理解其思想及其自身

生命与认识

生命与认识的统一与分裂——源于现实辩证法的思维

对逻辑思维方式的意识

对立与矛盾——整体——体系

传达的可能性

传达的必要性——直接性根据——间接的传达——伪装的必要性

与真相——比喻与吟唱——论战

尼采是如何意识自己的

　　如果认识要放弃这一思想在某一特定对象中掌握的基础,以便作为带有疑问的哲学沉思转向存在本身,那么这一思想的起源、进程、传达及其自我意识必定有别于对那样一些事物的日常处理方法与科学处理方法,这些事物在用语和概念上似乎是无问题可言的。

　　思想的自我意识作为方法意识虽然是一切科学知识的因素,作为自我理解却是哲学沉思的实质性因素。哲学沉思不会满足于科学认识的自我控制,这种自我控制为核查各种主张而做出实际性判断。哲学沉思借助于思维者的可能性生存来衡量自身,从这种生存出发来理解自身,从而做出自我检验。它作为一种思维,是在完整的人始终关涉自身的斗争中进行的。

这种自我理解到底是怎么回事,这是超出一切服务于它的方法论知识的可理解性之外、保持为哲学沉思之谜的。人们只能看到,它是如何流露出来,并与哲学家的全部思想保持联系的。在谈论这种自我理解时,说它不是什么,较之说它是什么,要容易得多。

这是因为,如果做哲学沉思的人的那种晦暗不明的自我存在想了解自身是什么,那么它很容易陷入误解:首先陷入对自身存在状况的心理式考察,其次陷入无尽的自我反思。

尼采承认,拥有"用于自我观察的少许善良意志",意味着一个人不是仅仅做观察的、经验性的研究者意义上的心理学家(这样的人用试验性、决疑性、统计性方式确定事实,试图做出符合因果关系的解释),而是阐明生存的哲学家意义上的心理学家。自我观察意义上的心理学区别于阐明生存的心理学,后者具有自我理解的形态:那种自我观察涉及经验性存在状况,也涉及自己对可能性生存的自我理解。我的存在状况虽然在某些方面——只是不可预见地无限零碎——可通过观察得以认识,而在观察中尽力争取它,才是富有意义的。首先,只要辅助存在状况的技术性手段是可能的(尼采就是如此观察自己取决于饮食与气候的心理状态的)。其次,只要各种现象表明,可能性生存在这些现象中有所倾诉,或向这些现象有所倾诉(尼采的大部分心理活动就是如此,它们即使是在把握事实,也是在呼吁澄明生存)。但是,观察是无意义的,如若人在探寻中将自身的存在状况当作经验性事实情况,围着它打转儿,就好像人在自身的存在状况中,通过心理学所说的自我观察就可以寻找到作为生存的自我似的。

如果我试图做自我反思，而非观察自己的存在状况，从而理解自我的话，那么我就是借助于变化之中的可能之物这一面镜子来看待自己，这种变化能够呈现出我所设想的自己的一切情况，以及其他情况，甚至与此相反的情况。我愈是保持诚实，则可能之物愈是无穷无尽，如果我仅仅做反思的话。我借助于可能之物来澄明自身，但任何现实的自我存在均纷纷解体，自我存在很快就在我意图借以了解它的形态中消失殆尽：

> 在上百面镜子之间
>
> 虚假地映射出你……
>
> 自我认识者！
>
> 自己的刽子手。
>
> （第 8 卷第 422 页）

只有借助于从可能性向现实性无可理喻的飞跃，借助于对思想起源的意识，借助于——并非有关某物的知识，并非对某一内容的最终有效的确定性——自我的明确性，才会形成自我理解，这种自我理解才是有所实现，而不再是有所瓦解的哲学沉思。至于这种有所实现的哲学沉思，只有当它勇于对可能之物做出无穷无尽、有所分解的澄明时，才会是诚实可靠的，这一点才使得自我反思充满意义。但是，拘泥于自我反思，会同时丧失自我存在与哲学沉思。

因此，尼采反对自我观察与自我反思——尽管他自己既做自我观察，又做自我反思，以便限定这两者，寻找到自我理解的真正道路。而对于自我理解来说，这两者既非来源又非目标。关于单纯的自我观察，他几乎只有批评的说法。它是不够的："人们通常再也不能将自己当作外物来感受，这一真正的堡垒是人无法通达的，它本身并不清晰可见……"（第 2 卷第 364 页）人是无法依靠知识的形式来理解自身的：

"每个人对自己来说都是最为遥远的。"(第 5 卷第 254 页)"我每天都感到惊讶:我竟然不认识我自己"(第 11 卷第 381 页)。此外,自我反思作为一种自我认识是危险的。如果自我反思将可能性思维零零散散地实现出来,而可能性思维像有所质疑的生存阐明的上百面镜子一般,将生存阐明颠倒为所谓关于自身的心理学知识,那么其结果就是"自我认识者——自己的刽子手"。对于真正的哲学认识来说——在这种认识中,尼采常常自称为"心理学家"——僵死的自我观察与自我反思是毁灭性的:"我们这些未来的心理学家……是认识的工具,想具有某种工具的全部简单性与精确性,——因而我们无法……认识自己。"(第 15 卷第 452 页)因此,尼采证实道:"我总认为自己不好……想到自己有某种特点,内心总会有一种反感……"(第 7 卷第 263 页)他还说:"在我看来,只要人对自己的个人情况产生兴趣,就对自己关闭了认识的大门。"(第 15 卷第 451 页)

区别于心理学式自我观察与无尽的自我反思的误解之路,自我理解是内心行动——哲学思辨——中的澄明。这不仅涉及我的个体存在状况(主观性),不仅涉及每一个人的普遍之事(客观性),而且在这两者之中涉及生存。生存是这样的自我存在,我只有存在于世,同各种事物打交道,生活在整体之中,才可成为这种自我存在。自我理解涉及的,是作为可能性生存的个人,个人依据存在向他昭示出来的方式而成其为个人。因此,自我理解在自我存在中涉及的,要么是普遍之物,要么是具有普遍实质性的例外存在。尼采的思想大部分是借助于特定内容做出的自我理解,而他在总体上再度对这种自我理解加以理解。他很早就写道:"我在寻求令我的苦难具有普遍性之物,并尤其避免人格的生成。"(1874 年 5 月致洛德的信)后来,他始终意识到这一点:"我随时随刻都被这样一种思想所控制,即我的历史不仅是我个人的历史,只要我如此生活,如此塑造和刻画自己,就是为许多人做了一些事。"(第 11

卷第 384 页）

　　因此,尼采的自我理解联系着他的思想,不是一种附加的理解,而是有所创造的理解。它不是顺手写下的,以至于我们会出于兴趣追问,作者是如何惬意地设想自己的,而是说它是实质性的,以至于它将一切联系起来。至于尼采有些思想未被纳入他借以理解自身的进程,则保留在表面上简单明了的暂时性表述中,在此意义上,研究尼采所有自传性的、自我批判式的、诠释自己著述的表述,则是通向他的哲学沉思的实质之处。[45]

　　在我们陈述尼采生平与基本思想时,他的自我理解是随处发挥作用的背景。[46]但是,尼采是在最终的反思中形成自觉的自我理解的。而这一反思对准的,是他的思维性行动与思维性存在。这种自我理解必定明确表露在自身的联系之中。正像尼采在自己的著述与札记中专门表达他的整体性理解所带有的自我理解一样,他持有一种自如的立场,同他自身与他的著述两相对照,这种自如的立场就其意义而言令他超出自己思想的特定内容。自我理解包括一切特定内容,同时是关联尼采自身哲学沉思的总体性澄明,只是这种澄明未如愿以偿。这是因为,要么他将自己理解为某种普遍之物,即人的存在的代表,这样他就不会将自我理解当作系统而完整的知识,因为在他看来,一切普遍之物同时都是有问题的;要么他将自己理解为例外,并必然不会将这例外性存在当作可普遍理喻的。

　　尼采的自觉的自我理解首先切中他在自己的生命中进行认识的根据,其次切中他思想的逻辑形式,再次切中他做表达的可能性,最后切中他全部存在状况的意义。

生命与认识

　　哲学认识并不起源于对某个单纯的对象的思考,或对某件事情的研究,而起源于思想与生命的合一,以至于思想形成于完整的人深受触动之际,这对于尼采的自我意识来说是其真相的真正标志:"我始终是用全身心来写作的";"对我来说,所有真相都是血淋淋的真相"(第 11卷第 382 页);"我只讲述自己经历的事情,而不仅展示思想活动"(第 14卷第 361 页)。

尼采理解那种在生命的主观性中进行认识的思维,它体现在存在状况之中,体现在世界之中,它本身就是这一切。"我们就属于这世界的特征,……我们除了通过自身之外,再无通达这世界之路"(第 13 卷第 228 页)。依靠自身的主观性,依靠对自身生命做阐释的存在状况,依靠自身归属的所有方式,我分享存在状况,分享世界。但是,人绝不等同于自己恰如其分的所有情况,绝不等同于自己的所做作为、所思所想,绝不等同于自我存在及存在本身。因此,通向现实之路——"全身心地"思考——同时是通向完整的人的存在之路,这种人的存在才会真正意识到世界的特征,"实事求是地构想实际……它既不对实际感到陌生,又不脱离实际……它就是实际本身"(第 15 卷第 122 页)。完整的认识似乎来自于,认识的个体本身就是现存的一切,并将一切识别为自身的存在。只要认识的个体对自己持肯定态度,他就对存在持肯定态度;只要他对存在持肯定态度,他就是在对自身持肯定态度。这是因为,在他看来,这两者是一回事:"任何作为事物之基础的基本特征如若被个人感受为自身的基本特征的话,必定促使个人欢呼着祝福普遍性存在状况的任何时刻。"(第 15 卷第 183 页)反过来说,人靠认识事物来认识自身,并且"仅在认识一切事物之后,人才会认识自身,因为万物不过是人的界限"(第 4 卷第 52 页)。

生命与认识的统一与分裂——

从有些表述来看,尼采似乎要将自身从生命中分离出来,在观察中获取认识。这样,他似乎一度是体验者,随后又从某个本身并非生命的立场出发考察这种体验。在此意义上,他早在 1867 年就说过(参见《传记》第 1 卷第 337 页),一种良好的能力"本身在受难与痛苦中……拥有蛇发女怪的目光,这一目光瞬间将一切石化"。认识者反省自身及其认识,仿佛经历了生命之汹涌澎湃的清晨,沉浸于午日的宁静之中:"他一无所愿,他的心宁静下来,只有他的目光是活跃的——这就是死不瞑目。他看到许许多多自己从未看到过的。"由于他是个活跃的生灵,他必定再度脱离认识的状态:"最终,树间阵风习习,午日已然过去,生命重新侵袭了他,那盲目的生命。"(第 3 卷第 358 页)

无所认识的生命同不再活跃的认识彼此分离,这意味着它们相互妨碍,意味着人必须体验盲目的生命,才能掌握认识的素材。出于认识的旨趣,这种体验不能受到妨碍。可是,谁要是始终注视自己,便恰恰会因此而丧失体验的可能性,并随之丧失对存在的体验与真正认识的基础。因此,人不能不合时宜地一味察看:"只要人体验什么,就必须专注于这种体验,闭上眼睛,即不去做观察者。"(第 3 卷第 356 页)"如果人擅长并习惯于对行动加以思考,那么在行动时就要闭上内心的眼睛。是的,在同平庸之人谈话时,要懂得闭上思维者的眼睛来做思考,以便达到并把握平庸的思想。闭上双目,是切实可感的、可以凭借意志来完成的行动"(第 3 卷第 324 页)。尼采意图如此来体验,即无需自身沉沦入同体验的合一,而是仅仅去认识现存之物。

尼采认为,在这些反思中,他的生命与体验似乎是这样一种情况,即人要接受它,并通过自身的行动使其免受干扰,才能在接下来的认识当中将所发生之事予以固定化。但是,在尼采的自我理解中,这种看法只是暂时的,它要被纳入他的认识行动中去。他将这一点理解为"尝试"。对人不由自主地接受下来的经历做明显的只是观察式的认识,这是一种积极的区分。针对混淆自身经历的人,尼采对自己提出要求:

"我们要如此严格地看待自己的经历,就像看待一种科学实验一样。"(第5卷第243页)对他的自我理解而言,生命本身会转变为一系列的实验:"我们想做自己的实验品与供实验用的动物。"(第5卷第243页)在他看来,"生命有可能是认识者的实验品"这一思想是最伟大的解放者。这样一来,认识便成为"充满危险与胜利的世界"(第5卷第245页)。是的,"为了变得明智,人要体验某些经历,即深入体验之虎穴。而这一点的危险之处自然在于,有些'明智之士'会被吞噬掉的"(第3卷第356页)。尼采毫无顾忌地承认,他将自己的种种尝试理解为在有意为之的引导下自己的体验的无尽变化:"实事求是地看待各种事物!其方法是,用许多人的上百双眼睛来看待它们!"(第12卷第13页)一无体验的无个性之人抱有无所谓态度,对现实现象视而不见;强者抱有僭越态度,只关注自身,用自身来衡量一切,把自己的看法强加给一切,因而保持虚妄不实;而尼采要走第三条道路,即在无尽的形态中保持个性。"要造就新的本质"。为了做得正当,一个人就要"体验诸多个人,并需要将所有个人体验为各种功用"。"充当一个人,是不够的"(第12卷第14页)。"人们要懂得随时地失去自我——随后重新发现自我……"(第3卷第359页)"谁想分享一切善事,就要懂得偶尔变得渺小"(第3卷第230页)。他询问那些所谓的了解人类的人:"你们可曾体验历史、震惊之事、地震、长久的悲哀、瞬间的欢乐? 你们可曾愚蠢地同大大小小的愚人们共处? 你们可曾真正承受过好人的疯狂与痛楚? 可曾体验最坏的人的痛苦与欢乐? ……"(第4卷第345页)一切都是尝试,没有什么是认识可立足于其上的基础。

如果我们看到,尼采将自己的生命与体验理解为一种尝试,那么就不可避免会产生一个问题,即生命是否还留有生存上的严肃性,是否作为认识手段的一切都会离他而去,最终认识成为无本之木。谁赞同尼采消除存在的简单明了状态的做法,只要他掌握看待事物的哲学意识的形式，当生命本身的各种形态看起来均降低为实验，并被剥夺抉择的平肃性时，谁想必就会感到惊恐。

对此要回答说，如果对尼采而言，倾向于各种可能性，是拓展认识的前提，那么他获取真相，靠的是可能之物的严肃性：凡尼采在现实性与可能性中经历的，相对于他而言，实际上彼此密不可分地交织在一起。其真实性在于，那种痛苦地折磨他的现实之物的严肃性流露在可能性当中。当他将自己的思想同他人的思想区分开来时，他的意旨恰恰在于对可能之物做思维性尝试："你们将这些事物认作思想，但你们的思想并非你们的体会，而是他人体会的余音，就像当一辆车行驶过时，你们的房间震动起来。我却坐在车里，而且我常常就是车子本身。"（第11卷第382页）因此，就认识而言，尼采是这样的人，他以尝试可能之物的全部严肃性作为经历，并认为自己在尝试可能之物时同存在本身的进程合二为一。同时，他对这种经历加以哲学式认识。他常常不再是在同一瞬间体验自己所认识之物的那同一个人，因而"我体会自己的见解的根据，已经有很长时间了"。有的时候，对他而言，体验与认识是同一个行动。但是，在他那里，体验不再是自明的实质，认识绝不是现有的知识。因此，他并不始终对自己有把握。他自觉地深入可能之物、一味尝试诱发的瓦解性经验、真实性与非真实性彼此交融所带来的危险之中，体验这种危险到了极致，而这些危险是大多数人并不了解，或令他们丧失自我的。仅限于自己而言，他尽可不无理由地说，自己"不假思索地运用危险的手段，将性格反常与多变的情况当作优点来设想与利用。我对自己是最为无所谓的……我掌握自己的性格……"（第15卷第451页）。这种危险的独立性或许会毁灭得以历史性充实的自身生存。然而，对我们来说，它只可被理解为某种被当作现实牺牲掉的可能性生存的例外情况。尼采的尝试即他同自己理解的世界的合一，他的可能性本身就是现实性，他的尝试是他历史性生存决断的方式。将自己的思维式生命当作尝试,在这样一种自我理解中,尼采达到了其特有的生命与认识的统一。

源于现实辩证法的思维——

对于尼采的自我理解而言,生命与认识在自我理解中汇合为尝试,始终处于运动之中。这种运动最初是不由自主的,随后成为自觉的、有意为之的。由于它集思想与生命于一身,所以说尼采随时随刻都对其倾注了全身心。他的立场是借助于独一无二的活跃力量,用绝对的声调诉说出来的,就仿佛尼采恰恰在此时致思唯一而真正的真相一般。但是,伴随着同样的力量,随之而来的,是向自身反面的转变,以及质疑的思想运动。尼采不是根据传统方法借助于短暂的概括做辩证思考的(他似乎只是空洞地将抽象概念的外壳归纳进思想循环中),而必定是全身心地、活跃地将各种观点一以贯之。这一点我们称为现实的辩证法。在这种辩证法中,对立与矛盾都是实实在在的,并不归属某种事先的自觉综合,而是形成于某种在生存性上保持开放的综合之中。"这样的思想家无需任何反对他的人,他自己就是自足的"(第 3 卷第327 页)。

尼采的自我理解是以下述方式把握这种现实的辩证法的。首先,思想运动不是随意的、无方向的事情,而是关联自身的,尼采称之为"克服";其次,由于关联推动生命的可能性生存,这种思维是实质性的,并区别于理智上的随意之物;再次,它的意义在于有所建树,但带有沉沦入否定性这一始终固有的危险;最后,它的道路虽然有其方向,却通向无限之物,丧失了根基,却未掌握新的根基。这种思想的实质性仅在于处于半途之中这一形态。

一、由于在尼采的例外性生存中,可能性与现实性密不可分,他的自我理解便涉及"克服"以及这种"克服"是如何同时出现在他的生命与作为生命的认识之中的。尼采是出于自己的认识使命来理解自己的"尝试"的，而认识在总体上逼近思想起源。这种认识要求人熟悉一切可能性，以便克服一切特定性。但是，由于一种纯属设想的可能性并非他自身的生命，并因此在真正的体验之外，尼采就必须像他经常讲的那样，同样要设身处地。无论其他因素作为现实性如何独一无二，并是否得到体验，尼采都将其当作自己活跃性、澄明性思想运动的纯粹因素。由于就可能性而言，他是一切，他就不是不可改变的，在任何地方都不能止步。现实的辩证法借助于无情的自我克服来推动他的体验。如果说他称这种自我克服为他"最为强有力的特性"，那么他也知道，这种特性源于他的生命与思想所固有的危险："我最为需要它们——我总是如临深渊。"（第 12 卷第 221 页）

对尼采来说，这种有所克服的现象意味着，它始终是一种质疑、攻讦、尝试性否定，而被否定之物必定在此之前才是现实的、为人所体验的、人自身的存在。因此，他希望的是自己将其当作可能性而得以实现的那种完整内容。他反对"掌握适用于一切生命状况的某种情绪态度、某类观点"的尝试，反对"人尤其是在哲学上倾向的"齐同均一的做法。他认为，倾听各种不同的生命状况中的微弱声音，对于扩充认识来说，想必具有更高价值："这些声音带有其自身的看法。这样，人就在认识中分享许多人的生命与实质，而不是把自己当作僵死不变的一个个体。"（第 2 卷第 398 页）有些人"未考察各种信念……一向一知半解、不可规劝"（第 2 卷第 407 页），而尼采的道路与意志在于："悉知现代心灵的全部范围，洞察每一心灵的隐秘之处，是我的志向、我的痛楚与我的幸福所在。"（第 16 卷第 378 页）对于尼采的自我理解来说，他反对的一切同样是他自身，或者说同样是过去的他自己。这一点有效于他的敬仰态度与信念，尤其有效于他所认定的人的真正厄运和正在迫近的人的沉沦，即有效于虚无主义与颓废没落的情况。他承认，自己是"欧洲最早与最杰出的虚无主义者,将虚无主义推行到极致"(第15卷第138页),或者说"既颓废,又百废待兴……我是这两者"(第15卷第9页)。"从病态的外表转向更为健康的概念与价值,又反过来从丰盈生命的充实性与自我确定性转而俯视颓废的本能暗地里的劳作——这曾是我长久的磨炼,我真正的体验"(第15卷第11页)。

尼采并不拘泥于任何有可能得以体验的否定之物或肯定之物,而是勇于尝试所有观点,以便通过辩证的否定重新掌握一切,这就是"克服"的意义所在:"我抖落所有的泪水、所有的人类苦难,总要一再超然于一切之上,就像油浮在水面上一样。"(第12卷第253页)还有,"无论我创造什么、热爱什么——很快我就要成为这一切以及我的挚爱的敌人"(第6卷第168页)。

尼采研究自己时,其自觉的技巧恰恰就是"反对自己的一切天然倾向,尝试自己是否具有与此对立的倾向"(第14卷第349页)。"为何我的言辞充满激情?……别人的全部精神流露在激情之中,而我的全部精神流露在被压抑、被克服的激情之中"(第11卷第378页)。因此,他寻求真相:"反抗与抵制令我最切身的感受这惬意的一切。"(第14卷第350页)这是因为,"我会毁灭于自己的任何情绪。我总是设定一物来反对另一物"(第12卷第224页)。

二、只是由于无论尼采身在何处、有何作为,现实的辩证法都随即在他的生命中采取了思维的形态,正像反过来说,他的思维成为他的实质的现实一样,他才得以论述这种实质性思想。他说:"如果思想就是你的命运所在,那么就用神性的荣誉来称颂这种命运,向它祭献最为美好之物、最为挚爱之物吧。"(第11卷第20页)他指的不是随意的思维,而是使他成为哲学家的那种必然性。思维才是他的实质的不断运动。如果说他要在自己有意克服的一切之中设身处地,那么凡仅仅得以理智思考并就此而言毫无意义的,均无法得以真正克服。因此,他区别于因不断的运动而在表面上同他相仿的"认识式唐·璜"，而这并不妨碍他本人有可能在一瞬间转变为唐·璜，并形成唐·璜式的体会。唐·璜"缺乏对自己所认识事物的热爱，但他有追逐的精神、兴致与乐趣，有认识的技巧……直至除了认识这一绝对令人痛苦之物外，再也没有什么值得他追逐为止……"（第 4 卷第 260 页）。

三、由自我存在引导的辩证认识绝不会仅仅做否定。否定是通向新的肯定之路。因此，尼采这样要求："一切属于基督教的，都要由属于超基督教的来克服，而不仅由其自身来了结。"（第 16 卷第 390 页）他向一味否定性地压制自身的人发出呼吁："你克服了自身。可你为什么要向我仅仅表现为被克服之人呢？我想看到胜利之人……"（第 12 卷第 283 页）胜利之人做出肯定，而否定只是出自肯定的结果而已。对胜利之人来说，"自我克服无非就是塑造统治性力量的手段而已，此外再无意义"（第 14 卷第 273 页）。至于如何从否定中得出肯定来，尼采把它当作创造者的秘密："我追寻思想起源，在思想起源处，我对一切敬仰态度均感陌生……但在我的内心，敬仰者——在暗地里拒绝这一切……在我内心成长起未来之树，我坐在它的阴影中。"（第 12 卷第 252 页）查拉图斯特拉在第一篇言论中描绘了生存的现实辩证法。他看到"精神的三重变化"：从负荷最为深重之物到借助神圣的否定摆脱桎梏，以便掌握获得价值的权利，再到出于神圣的肯定予以创造（第 6 卷第 33 至 36 页）。

辩证的否定无论是设想出来的，还是实际迈出的步骤，只有在有所建树的思想运动中才有其意义。它是在历史联系中相互联系的步骤，是保存以往之物的步骤。"继续做你自己——将你自己联系起来！……这样你便会记住自己的美好瞬间，寻找到这些瞬间之间的联系，这是联结你的自我的金色链条"（第 12 卷第 177 页）。可是，如果在不断的自我克服之中，一切依然是有问题的，最终只剩自由认识这条道路本身("不幸的人！你洞悉了孤独者、自由者的生命……又因你的认识而封锁了自己的这条道路")，那么哲学的使命依然保存下来了："我想规整自己否定的一切，吟唱完整的歌曲。"(第12卷第224页)这样便产生一种相互联系，它能够对存在之可能性做出完整的辩证性认识。只是这种思想上的客观化不过是尼采一时间的看法而已。他似乎从未满足于此，现实的辩证法保留为他的思想起源与命运。

四、这种克服与自我克服，这种历经一切可能性的情况似乎毫无目标。那么，可现实体验的、由不断的自我牺牲得来的辩证法之路通向何方呢？如若最终的克服——像《查拉图斯特拉如是说》第四卷中更为高超的人做出的最终的克服那样——仅仅是源出于对真实性的极端要求这一动力而做的单纯的思想运动，而不带有正在澄明的理想，不带有创造，不带有人本身的实现，因而也不带有和解，除了否定之外，再无其他抉择，那么这实际上就仅仅像不断地将自己钉上十字架，结局只是虚无。但是，尼采在未明确地提出自己的理想之际，毕竟把握了不断做克服的积极意义：他唤起了无限性。

年轻的尼采想法不同，因为他将封闭的视野当作充实生命的条件："有一条普遍法则，即任何活跃的生灵仅在某一视野内才有可能是健康、强壮、富有成果的，对于强有力的人来说，视野是封闭而完整的。"(第1卷第287页)虽然如此，到了后来，尼采着眼于自己的著述，理解却截然相反，他说明："要有不封闭视野的善良意志，对信念要留有些许聪明的谨慎态度。"(第14卷第354页)实际上，趋向无限的渴望轮回在他任何时候的自觉意志与实际思想中。在无限之物的无可避免性极其巨大的危险之中，他愈发清晰地理解自己。他不仅勇于在可能之物的瞬间承受无限之物，而且勇于——作为他这样一个例外人物——完完整整地承受无限之物。

他感觉自己是"飞向遥远海岸的一只鸟儿"(第12卷第323页)。

折磨他的,是一种新的思愁,即"没有乡土的思乡感"(第 12 卷第 255 页)。"伴随着他的精神性目光,遥远之处愈发遥远……他的世界愈加深沉,总有新的星辰、新的谜与景象跃入他的眼帘"(第 7 卷第 80 页)。

但是,尼采面对"无限之物的视野中的"危险感到颤栗:"我们离开陆地去远航!我们将桥梁抛到身后——不仅如此,我们还隔断了与身后大陆的联系!现在只有一叶轻舟!你要小心……如果对陆地的乡情向你袭来,就仿佛那里有更多的自由,则你会痛苦的。因为再也没有'陆地'了。"(第 5 卷第 162 页)"你的双眼——无限深邃地注视着我,无限地!"(第 5 卷第 539 页)

这条道路如此这般并固定不变,也仅仅如此这般地固定不变。尼采常常对它做出规定,他在"就某种令人绝望的进步而做的抚慰人的言论"中讲道:"无论如何,我们会没有回程地变老,我们焚烧了船只,剩下的只是背水一战……"(第 2 卷第 232 页)他在《流浪者》中讲:"谁达到一定程度的理性自由,谁在这世上就只能感觉自己像流浪者。"(第 2 卷第 413 页)对这条道路的论述,进而见于《前进》(第 2 卷第 266 页)、《我们这些乘坐精神飞艇的人们》(第 4 卷第 371 页)、《我们这些理想的淘金者》(第 5 卷第 343 页)的章节中。

在无限之物的视野中,这一现实辩证法之路作为可普遍感知之路,会变得愈来愈狭窄,任何一个步骤都不可预测。因此,它必定要在克服一切之际才可为某种不可知的自我存在所确定。只有这种自我存在才可创造充实性,而不是带来虚无。这使得这条道路成为不可把握的唯一道路。它不仅是不可传授、不可了解的,对尼采的自我理解来说,它的可能性也是成问题的:"在最为狭隘的生命阶梯上,我尚能立足。可如若我向你们展示这一技术,我像是什么人?你们想看看走钢丝的人吗?"(第 12 卷第 283 页)

对逻辑思维方式的意识

任何一种哲学的自我理解首先在于其表述自身逻辑意识的方式：哲学沉思同时了解自身做的是什么，并如何做到这一点，它是按照合乎方法的方式了解这些的。

尼采的思想不仅是通过有关对象的逻辑性结论，在纯粹的理智活动中发展起来的，而且它源出于现实辩证法这一思想起源，深入有所表述的被致思之物的形式。他的思想呈现出来时，所有个别表述都有问题，而且矛盾性一以贯之。在活跃而有所承受的思维的现实辩证法中迸发出来的，正是在客观辩证法，即在——或消解或增强于矛盾之中的——所思之物的运动中表露出来的。这种客观辩证法有可能出自一切可致思之物的多样性与可变性。

如果说辩证法超出尼采的任何思想，而尼采以其无所保留的真实性对辩证法寄予信赖，那么他并未合乎方法地锤炼这一辩证法。阻止他这样做的，是他喷涌的思想异常激烈，他始终紧张、仅在神秘的瞬间才安宁下来的思维家的生命在自我消耗。阻止他这样做的，还有他很少自觉吸收哲学思维的方法。实际上，尼采仅偶尔尝试逻辑性自我理解，而并未对此加以发挥。尽管如此，尼采了解一切哲学沉思均有可能的基本问题，即有关逻辑形式的问题，如他谈论过对立与矛盾、整体与体系。

对立与矛盾——

年轻的尼采尝试形而上学的思想说："如果矛盾就是真实的存在……如果生成属于假相，那么理解世界的深层次，就意味着理解矛盾。"（第 9 卷第 198 页）他很早就看清一个谜团："我 12 岁时就致

思……上帝——魔鬼。我的结论是,上帝——为了能够致思自身,就必须致思自身的对立面……"(第 14 卷第 347 页)

问题是,对立与矛盾到底存在于存在内部,抑或它们只是表现形式,本身并不自足? 生成是否解决了矛盾,在生成的最终现实当中,矛盾性是否被扬弃了? 还是说生成只是假相,存在当中的矛盾才是最终现实? 尼采并未沿着这些思路逻辑一贯地想下去。但是,他一再触及哲学沉思这一永恒的基本问题。在哲学沉思当中,逻辑与形而上学汇合起来了。

例如,如果对于尼采而言,"哲学问题此时重又……采取像两千年前的问题的形式,即一物如何能产生于它的对立面,如理性之物产生于非理性之物……"(第 2 卷第 17 页),那么他随即得出结论说:"人们尽可怀疑,是否真有矛盾存在;那种通常所说的价值对立……是否只是表面上的评价?"(第 7 卷第 10 页)因此,尼采在所有思想与判断中"反对一切笨拙的、生硬的矛盾"(第 14 卷第 354 页)。他自辩道:"只有在市场上,人们才会被问及:是抑或否?"(第 6 卷第 74 页)

看来,在这类考察中,尼采突然在瞬间洞悉了根据。大多数情况下,他已然是在特定的直观性中做思想运动。这些直观性向他表明,真相不可为粗陋的反题与合题所切中。由于对立之物彼此联系,真相与真实存在就只能在矛盾中表露出来。有可能的是,"美好事物的价值……似乎恰恰在于,它是以复杂的方式同糟糕的、表面上矛盾的事物相近似、相联系、相勾连,或许甚至是实质一致的"(第 7 卷第 11 页),而"最高超的人……似乎是这样的人,他最为强烈地揭示出存在状况的矛盾特征……平庸之人……则很快走向毁灭,如若……矛盾愈演愈烈的话……"(第 16 卷第 296 页)。这样,尼采尽可以说:"最智慧之人似乎是最富有矛盾的……在矛盾中有壮观和声的伟大瞬间。"(第 15 卷第 336 页)

将存在统统理解为存在于对立和矛盾之中，而这些对立和矛盾并不存在，这促使尼采得出结论：哲学沉思的形式即辩证法，而自由的本源性的生命的形式即现实的辩证法。否定同时就是肯定。查拉图斯特拉"这位最喜欢肯定的人，他所有的话都自相矛盾。在他那里，所有的对立都联合为一个新的统一体。最高的力量与最低的力量……同出一源，是不朽地稳妥可靠的"（第 15 卷第 95 页）。因此，尼采说人是"平庸的，如果他不认为事物的反面是必然的；如果他反对各种弊端，就好像可以不需要它们似的；如果他不想让一物来接受另一物……"（第 16 卷第 295 页）。他称赞德国人的特点（像莱布尼兹、歌德、俾斯麦那样）："它不可思议地生活在矛盾之中，充满随机应变的力量，这种力量使人免于信念与教条，让人用一物来反对另一物，却给自己保留自由。"（第 16 卷第 297 页）

摆脱一切因排除矛盾而来的固定性，以此作为力量，来承受矛盾与对立，在待人接物时不仅致使人能够承受由他人而来的矛盾，而且促使自由的人甚至希望有矛盾，并造成矛盾（第 5 卷第 227 页）。这种自由要求现实辩证法的过程："你必须宁愿焚灭于自身的火焰之中……你走上创造者之路：你要从自身的七重魔鬼中创造出一位上帝来！"（第 6 卷第 94 页）

显然，尼采在体验矛盾性时，并未对自己的思想形成自觉的方法，以及贯彻始终的自我理解。他未明确区分诡辩论与辩证法，也未区分将矛盾统一起来的意义与在矛盾中做抉择的意义。他未阐发有关对立与矛盾的多维度的逻辑，仿佛时断时续地形成意识一般，未进一步阐明所洞见之物。凡他只是偶尔合乎逻辑地看出的，就是他实际上做到的。他合乎逻辑的自我理解虽触及却未彻底洞观从形式上看属于他哲学沉思的核心之物。

整体——

尼采对自身整体存在与思想的内在联系形成了意识，而这种意识在时代的建树作用方面并无逻辑性："我们像树木一样成长——不是在一个地方，而是在许多地方；不是沿着一个方向，而是伸向四面八方——我们再也无法自由地采取个别的行动、做个别的人……"（第5卷第328页）

由此，尼采首先（为他的认识起见）得出整体性逻辑要求："我们作为个人，既不能够陷入迷误，又不能够切中真理……"（第7卷第289页）但是，所有被致思之物都是个别之物。因此，对一切可致思之物的真相的意识都不可能是绝对有效的。尼采批评"哲学家的原罪"，即无条件地看待一些定理，从而败坏了这些定理。像叔本华的"意志"就"因这位哲学家的偏好之故而变成祸害"，"即他主张，自然界中的一切都具有意志"（第3卷第17页）。"要描述生命的情景"是不可能的，因为"始终只会有源于一种生命的情景"产生出来（第3卷第22页）。整体却不会成为对象。整体是尼采的使命之所在，但在进行逻辑思考时，整体同样会消融为单纯的"一切"："一个人说，所有的一切都是思想、意志、战争、爱、恨。我的兄弟们，我告诉你们，所有这一切单独说来都是虚假的，这一切联合起来才是真实的。"（第12卷第240页）

其次，尼采认为（为价值评价起见），整体是无从评价的。（参见本书第370页及以下几页）由整体观念而形成的认识视域要求人在对各种事情做出价值评价时，"取得认识的某一高度，借以把握万物，把握万物应当怎样，万物实际上怎样，任何一种不完满性又是如何从属于最高的可企盼性的"（第16卷第362页）。甚至通常对世界的看法中的误解，必定也存在于对完满性的构想之中（第16卷第365页）。存在状况被否定的方方面面不仅是必然的，而且要被理解为是值得企盼的（第16卷第383页）。

尼采的思想触及逻辑性基本境遇,即一切所致思之物都是个别的,一切价值评价都是个别的,真正的认识与价值仅存在于通向整体的途中,它一经表述出来,便越过了自我澄明性要求之路,即它要同整体中的一切现实之物取得和解。这样,在这种思想面前,那留待致思的整体——各种矛盾就扬弃在这一整体之中——与生存的有限性——生存要在矛盾中做抉择——之间的飞跃便消失不见了。在这里,它未经理解自身,便暂且滞留于整体上的和解这一古老的思想。凡人在自身的思想运动中可以视为整体的,在具体的抉择中都无法企及。如果有和解的话,和解仅存在于超越之中,而不存在于某种设想出来的整体或最终的行动中。在包含一切矛盾于自身的认识整体性与在行动中做抉择的生存的唯一性之间,最终的矛盾保留在时间之中。不在生存上融解于虚无之中,我就无法对自身的矛盾性存在做出抉择,就仿佛我自身可以成为整体一样。

但在这里,尼采实际上的哲学沉思同样无可比拟地强于他的逻辑意识。他虽然可以一度无拘无束地同样做自己所反对的、其他哲学家所做之事,这些哲学家的特点在于,他们在思想上实现了和解性整体。但是,他一离开这一瞬间,便同样明确地把握住有限性立场。他说道:"我是一回事,我的著作是另一回事。"(第15卷第49页)看起来,他在实质上感受到生存与整体的可认识性之间的飞跃。他尤其明确地意识到,"没有什么整体","根本就没有一种整体过程(这一过程被设想为体系)"(第16卷第169页),并从未在某个体系中谋求所思之物的整体,而是为非封闭性与开放的无限性起见对此大加鞭笞。生存性要求突破了任何栖止于所知之物中的做法。

体系——

哲学存在于体系这一形态中,尼采视之为必然要呈现出各种形态的构成物。前苏格拉底的体系都"具有一种完全不可否定的要点,即个人的情致……他们看待事物的方式无论如何都曾是现成的,也是可能的"(第 10 卷第 5 页)。"各种哲学体系应被视为精神的教育方法,它们最为出色地构成精神的特定力量,包括他们恰恰如此而非他样看待事物这一片面性要求"(第 13 卷第 82 页)。这些体系不是随意性的,而是形成于各自的特定土壤:"各种体系间的斗争是完全特定本能间的斗争(像生命力、沉沦、等级、种族这些形式)。"(第 15 卷第 448 页)

但是,尼采未走上这些体系之路。他了解自己远离这样的哲学家,"他们寓居于粗陋而固定的认识之屋中"。他具有"力量与活跃性,从而在一种不完善的体系中,借助于自由而不封闭的观点来把持自己",并无需教条化的世界。

对于体系的思想来源,他认为"基本的偏见在于,认定秩序井然、层次分明、自成一体必定连带着事物的真实存在,相反,无序……仅呈现于虚假而未得以完整认识的世界中……"(第 13 卷第 57 页)。有些人就倾向于这种偏见,如"那些头脑刻板的人,如果一种拼凑起来的思想可以嵌入事先拟好的范畴表格中,他们就认为它是真的"(第 13 卷第 57 页),或者像那样的人,他们为不确定性所苦,因而趋向一种僵化的信仰(第 13 卷第 72 页)。出于真实感,尼采不得不批评体系:"求体系的意志就是缺乏诚实。"(第 8 卷第 64 页)它一经演绎出来,便是"体系学家的把戏:当他们要充实一种体系时……就不得不尝试,以更强的风格表现出自身的虚弱性……他们想表现出完整而独特的强壮天性"(第 4 卷第 255 页)。其结果是,"这是……一场欺骗,如若此时有一位思想家拿出完整的认识,拿出一种体系……"(第 13 卷第 72 页)。他还说,要认可一种体系,"我还头脑狭隘得不够——更不用说要有自己的体系了"(第 14 卷第 354 页)。

至于尼采仍旧渴望一种体系,这必定另有意旨。要么这是一种逻辑性、技术性意旨。"如果我们就方法之前提总体达成一致,这就足够了"(第 13 卷第 72 页),而尼采并未贯彻始终地持有这一意旨。要么体系是对立于无数体系学家们的唯一实质所在,这种实质致思整体,尽管它并不喜欢用图解做说明,而喜欢不确定性(第 13 卷第 72 页)。这种实质是尼采意旨所在。他明确地意识到这一实质的意旨,不能不联系体系的任何一种形态。尼采如何看待这一体系,是有目共睹的。

首先,尼采的思想中充斥着格言警句的形式。

尼采的写作方式是格言式的。[47] 看起来,这种写作方式实质上不变地伴随了他的一生。他散步时,各种想法纷至沓来。在最后的 10 年间,他上午与下午都要在户外度过几个小时,在记事本上飞快地做记录,回到家后用彼时细致地写下的文字填满记事本。这样便形成了汗牛充栋的思想片断,它们在形成时随即被赋予了某种形式。从这些素材中既产生了内容相关的诸篇著述,也形成了格言警句式著作,还有在最后几年间创作大规模、体系化著作的规划。他发表的著述有多少,剩下的并以遗著这一形式出版的东西就有多少。由于所有出版物要么是格言式著作,要么是短文,而用整体的观念来衡量,这些短文也仅仅算作格言式著作,这样实际上尼采思想的总体著述形式就始终是格言式的。

尼采自觉地选择格言警句作为著述形式。他因病而不得不常年满足于对格言警句进行加工润色,以供发表。他抱怨说,这样一来,对读者来说,"造成误解的缘由常常近在咫尺,而我因头脑与眼睛之故被迫采取简洁的形式,这种该死的电报般的文体,则是原因所在"(1871 年 11 月 5 日致加斯特的信)。尽管如此,他要做的是,由于现代人仅在旅行时,即摆脱了职业工作的要求时,才会敞开心扉,结果那些致力于改变通行看法的人就会专注旅行的人。出于这种考虑,便产生出"传达的特定形式:长篇累牍的思想体系是同旅行的实质相对立的……必须要

有这样的书籍，人们并不通读它，但常常翻开它"(第 11 卷第 5 页)。他
从未重复这一观点，但后来他做过不同的论证："言简意赅之物有可能
是长期思索的硕果。"(第 3 卷第 71 页)它有可能一反表面现象地成为
整体的一个环节。"你们觉得它必定是不完整之物，就因为它是不完整
地呈现出来的(并必定是不完整地呈现出来的)?"(第 3 卷第 71 页)对
于传达实质之物来说，格言警句的形式甚至是必要的："难道真有一件
事情单单因此就是不可理喻的，即它仅仅得以短暂触及吗？……至少
还有这样的真相……人们只能够突然间把握住它。"(第 5 卷第 341 页)
因此，"最为深刻、思想最无穷尽的书籍总要带有一点儿帕斯卡那样的
格言警句与突如其来的特征"(第 14 卷第 450 页)。最终，尼采是喜欢
这一形式的："我是擅长格言警句的最杰出的德国大师，它们是'永恒'
的形式。我的荣耀在于，用 10 句话来说别人用一本书来说的话——说
别人用一本书也未说出的话……"(第 8 卷第 165 页)

　　尽管如此，他在写这句话时，一直就有志于某种非格言式的、概括
性的总体性著作的形式了。只是他无数的规划都不是对体系的构想，
而是对陈述的构想。随着时间的推移，它们在合乎方法地建树体系方
面并未取得进展，它们的各种步骤都停留在构想中，而这些规划本身则
具有多方面的、格言警句式特征。对尼采来说，建构性整体体系，实际
上似乎也是矛盾性的。他可以设想可能的体系，但这种体系必须保持
为他的工具。它们是无法概括他的思想整体的。

　　区别于作为陈述性著作的体系，也区别于以往的形而上学家那样
理解世界的体系(尼采——如果未生病，如果有时间的话，是可以做到
这两点的，但这也只是他的整体思想的一项功用，而不是他的思维本身
的形式)，他的相互关联的整体"不仅意味着一种哲学"(1884 年 8 月 20
日致欧文贝克的信)。尼采思想的整体在于概括性特征，在这种特征
中，大政治、系统性的存在结构、对存在的神秘把握都是因素。注重其

中一种因素而忽略其他因素,就会剥夺其意义。因此,尼采的思维只不过像以往体系的类似物一样。他的思维的有机整体性是不自觉地形成的,它不是话题或对象,却是在他的思想的普遍关联性中生成的。如果人们想把体系提取出来(就像我们用诸多的语句陈述其基本思想那样),那么人们是无法完成这项无穷无尽的任务的。提取出来的东西,在最成功的情况下,或许不止是被意识到的整体性,而且是一种全新的东西。但它总会同样少于被意识到的存在,因为它必定遭到遗忘、忽略、删减。尼采在设想自己哲学的"准备阶段"、论战性行动、格言警句式基本特征时,从各部完成的著作中体现出的自己的思维式生活中提取出来的,绝对不再是整体。

这种整体存在于贯穿一切增强真实性之方式的进程中。在反思中,在沉思默想中,在体会以及神秘的升华中,尼采在各处都从可能性过渡到可能性。他像克尔凯郭尔一样阅读"人的生存状况的原始文本"。真相的任何方式,只要是生存性的,即使带有虚妄、歧义性形态,也会向他呈现出来。这一进程是一个延续几十年的思想运动,尼采的真理不在任何一个阶段中,既不在终点,不在起点,也不在某个高度上,而是在总体思想运动中。在这一运动中,任何思想都恰如其分地有其不可替代的意义。

这种通过运动而呈现出来的总体之密切相关的力量,并不像在黑格尔那里一样,是通过作为体系的一部著作而表露出来的。在个别之物中的憧憬式力量、对特定联系的建构、对整体性可能性的思想尝试,所有这一切都以同样方式同样融入总体的运动中。

因此,尼采的体系不可以靠拼凑来获得。这一体系处于一再更新的萌芽状态之中。但是,他洞悉一切的深刻见解,并非始终呈现出来的。尼采所讲的话,不可以在一个思想层面上来解读。伴随与他的思想运动的实质远近不同,而有各种思想层面。缺乏自觉地贯彻始终的方法,使得他见解受限,有失偏颇,确实变得平庸。这种缺陷造成绝对化的、排他性的、教条式的言论方式。心理上的披露显露出的令人信服之处,也是致命之处。但是,尼采直觉上的可靠性与合乎方法的意识足以做到,通过自我理解的方式揭示出这一缺陷。与这种自我纠正相符的方式,是尼采的各种语句如何彼此限定、扬弃、诠释。不容否认,正如尼采只是在身体好的时候,在清晰地意识到自己的整体使命之际,才会看到自己的完整著述,他并不是齐同均一地在其汗牛充栋的著述中意识到自己的哲学沉思的实质的。有些个别之处显得孤立而刺眼,这正是他的思想内涵的力量所在,而这一点并未持存下去,则是尼采起到体系作用的内在性辩证法的力量所在。他在最为自觉的瞬间清楚地表露出这种辩证法。

传达的可能性

在尼采的生命中,孤寂是他自觉的基本特征。(参见本书第 90 页及以下几页)在借助于超越突破来阐释真相时,直接性与沉默是实质性界限所在。(参见本书第 244 页及以下几页)在对自己的哲学做自我理解时,尼采一再关注的问题莫过于,什么是可传达的,如何传达,什么奠定了直接性的基础,其结果是什么。

传达的必要性——

尼采用这样一句简单明了的话表明,真实性存在与可传达性存在是密切相关的:"其中之一总是不合理的,但两者相结合,便开始有了真相。"(第 5 卷第 203 页)当尼采不仅得不到反响,而且觉得没有一个人理解他的意思时,便领悟到这一点。对他来说,彼得·加斯特替代了这种付诸阙如的理解。由于尼采认为,"在如此之多的美好事物上",他们都"有共同点"，他便描述自己的深沉幸福说："您简直不知道，这种孤寂的思想多么令我窒息，因为一个人单独拥有自己的思想，就是个傻瓜，他常常会对自身感到厌倦；两个人在一起，才开始有'智慧'、信赖、勇气与精神健康。"（1881 年 4 月 10 日致加斯特的信）

但是，这种满足感只是一时的。尼采愈发强烈地感到，传达是很成问题的。这成为他自我理解时的痛苦之处："我们对心灵的可传达性持有至深的怀疑……"（第 16 卷第 330 页）这取决于他人："人们并不擅长传达……人们必须寻找到可传达之人。"（1885 年 5 月 20 日致妹妹的信）一切都取决于这可传达之人。但是，"我是隐晦的人当中最为隐晦的"（第 12 卷第 257 页）。尼采一再重复这类话，这并不意味他的放弃，而意味他要不加掩饰地传达真实之物这一充满激情的驱动力。查拉图斯特拉鉴于自己的深刻思想无法传达，尚且对可传达性的假相予以肯定，对做无益之谈的动物们说："你们如此夸夸其谈，真令我窒息……言词与声调是多么可爱，难道言词与声调不是永恒分隔之物之间的彩虹与虚幻桥梁吗？……在最近似之物之间，假相撒的谎最为美妙，因为最微小的鸿沟是最难沟通的……诉说真是一件美妙的蠢事！……"（第 6 卷第 316 页）

直接性根据——

尼采意识到那种无从传达的实质之物——真相本身——的根据：可传达的，只是可诉说的；可诉说的，只是可致思的；一切可致思之物都是一种阐释。因此，尼采懂得，"为了传达，必须有什么是固定的、简单的、精确的"。这就是说，必须有什么是"妥帖的"（第 16 卷第 68 页）。这种经过表述之物，本身已然不再是真实之物了。只有克服了各种相关规定性，一切经传达之物才是真实的。但是，尼采本人在自己的哲学中阐发了非常特定的象征与教条。只要这些并不意味尼采眼光暗淡与狭隘，只要这些不只是瞬间表述的匆匆忙忙，不只是任何一种主张的唯我独尊，只要这些不只是这样一种学说，即它具备少数线索特征，却忽略其他的一切，只要这些不只是强烈地射出的刺眼光线，在有所揭示时，更为明显地遮掩其他的东西，那么这些要同尼采所表述的一切一样，被纳入思想运动的道路，成为再度被扬弃的、并非最终有效的真相。因此，读者会被尼采本人所推动，不至于对他在最后10年愈发固定的学说中提出的质疑掉以轻心，像超人、永恒轮回、强力意志——虽然很罕见——就属此列。在他看来，他自己的学说不过是做新阐释的尝试。由于这条阐释与克服之路因新的阐释之故而是无穷无尽的，"世界就再度是无限的：只要我们无法否认这样一种可能性，即世界可容纳无限的阐释。我们再度感到极其恐怖……"（第5卷第332页）。这就是尼采真正的无限性，在这种无限性中，只要人们认为真相的可传达性实质上是简单明了的，那么无论是就它自身而言，还是就它对他人而言，它都是不可能的。

由于尼采在思想起源中意识到真相，感到无限性是充实的，因而他必定始终不满足于所思之物，用作为所思之物的来源的思想起源来衡量："噢，你们都是些什么，你们这些我撰写与描绘的思想！……我担心，你们当中的一些已经要成为真相了……我们这些令可书写之物获得永恒的人，我们能够描述什么呢？噢，只不过是那些将要枯萎干瘪的东西……"（第7卷第274页）

对于那些不了解真正的不可传达性境遇的人来说，结果就是，他拘泥于某种业已表述出来的信念，而这种信念之牢固不变，反而会令他在实际上缺乏交往时，在有所传达的假相中缺乏真正的传达，彻头彻尾地虚妄不实。这样一个人会丧失其可塑造性，他会"严峻、不可理喻、不可教诲、毫无柔情，永远是个怀疑者、不可思议的人，不择手段地做传达，因为他根本不明白，必须要有不同的看法"（第2卷第407页）。他不能做任何传达,因而缺乏交往,因为他表现得就好像他可以简单明了地找到与传达真相似的。

但是,思想起源看起来不可能传达,这并未取消一切由思想起源而来的传达。尼采的努力与他的自我理解汇合在一起,意在真实的可传达性,而这不可能还是有关内容之真相最终不可沟通这一情况。

间接的传达——

一种明显的表面上的技巧是,传达者并不简单地说出自己认为真相是什么,而是由此触及他人,即他人必须注意模棱两可的状况,才能自己有所企及。如若经表述之物恰恰表现得虚妄不实,而它又要作为绝对有效的而持存下去,那么就会留有一个问题,即是否有什么间接地得到表述,以至于在这种传达的媒介中,真相与真相相遇了。尼采注意到这条迂回的道路,他回忆常常出现在自己的著作《曙光》中的"间接的鼓励"说:"与此相反,直接的劝诫与诱发则是古老的智慧。"(1881 年 8 月致加斯特的信)任何宣示出来的真相都是预言,而这是尼采所反对的。他问道:"我在像一个受到启示的人那样讲话吗? 要是这样的话,就尽管轻视我,不要倾听我吧。"(第 12 卷第 218 页)他已经在怀疑表述中的极端之物了,因为他论述自己的早期作品说:"极端之事透露出……人们试图借以保持那种蒙蔽的强暴性。"(第 11 卷第 383 页)令他惊讶的是,这些有所宣示与要求的著述都具有"共同的标志":"它们讲述狂热的语言。凡他们谈论持不同看法的人时,那种亵渎人的血腥方式便……引人注目……这是些丑陋的标志,由于这一缘故,要把这些著述读完,我实在受不了,要是我不那么熟悉作者就好了。"(第 11 卷第 407 页)

尼采在其批判性意识中将间接的传达形式当作问题来处理,他关联自己的著作《人性的,太人性的》,形成这样一种思想:不是自己诉说,而是让某一形象诉说,这就是间接性形式。可以将"自由精神"描绘

为形象,并尝试鲁莽之事,即"让精神发言,用一本书强加于精神"(第
11 卷第 7 页及以下几页)。这一思想是匿名表述出来的,尼采想必对
它做过考虑,但未加以演绎。它极少见于遗著与信札之中。继《查拉图
斯特拉如是说》之后,在《善与恶的彼岸》束笔之际,"最为困难的是,寻
找到一个能让我说话的地方……在这里,以前普及开来的'自由精神'
类型给了我绝妙的帮助"(1886 年 7 月 20 日致加斯特的信)。就连查拉
图斯特拉也不是尼采:"不要以为,我的儿子查拉图斯特拉表露了我的
观点。他是我的一个准备阶段与插曲"(1885 年 4 月致妹妹的信)。最
终,尼采意图取代他借以发言的那些形象,决定自己发言:"我要发言
了,不再让查拉图斯特拉来发言了。"(1885 年,见于《尼采自传》第 2 卷
第 546 页)。尼采出于事情本身来处理的问题,即克尔凯郭尔在其阐明
"间接传达"时匿名自觉处理的问题。尼采只是偶尔有所触及。实际
上,他觉得自己同自由精神与查拉图斯特拉大多是一致的,尽管他有克
服这两者的动机。

伪装的必要性与真相——

如若真实之物并不径直存在,那么伪装就从属于存在状况。这并
不是指一味欺骗的伪装,而是指保护性伪装,它只想让切中真相的真实
目光看透它。间接性不再是传达的技巧,而是存在状况中的存在之真
相,以及表述本身的真相。在伪装中,既有通常所讲的谎言,又有真正
的真相。在伪装的做法中,模棱两可的情况与有所突出的情况是交织
在一起的。

尼采的实质性态度学会"时不时保持沉默,以及人要学会言谈,以
便恰当地保持沉默。一个人置身背景之中,是需要有所突出的。无论
是对于他人来说,还是对于自己来说,都是这样。这是因为,人需要有
所突出,以便自己恢复正常,并让他人有可能同我们共同生活"(第 14

卷第 348 页）。自此之后，他便懂得，"凡深沉之物，都喜爱伪装……有一些事情是如此之柔弱，以至于人如果用粗鲁的方式处置它们，令它们变得面目全非，这样做是对的……任何深刻的思想都需要某种伪装。此外，围绕任何一种深刻的思想，总会形成某种伪装，而这靠的是，有史以来的所有言辞、所有步骤、所有生命的标志都始终是虚妄的，即肤浅的解释"（第 7 卷第 60 页）。爽朗就是这样一种伪装："我们带有某种极易破碎之物……看起来，我们是爽朗的，这是因为我们无比悲哀吗？……我们讥笑在审美趣味上多愁善感之人，……因为我们并非快乐得足以接受他们的柔和伤感……我们拥有这样一种知识，我们惧怕它，不想同它独处……让我们更为勇敢地保留讥讽而漫不经心的心情吧……我们想把伪装当作我们最终的神祇与救世主来加以祈祷。"（第 13 卷第 385 页）

如果说尼采希望有伪装，那么他随即与此相反地否定做戏。做戏令真实之物沉沦："我们在演员身上识别出狄奥尼索斯式人物……却是扮演出来的狄奥尼索斯式人物。"（第 9 卷第 87 页）"内心深信不疑的演员从口中讲出听起来含义深刻的思想，这可比喻为实质上所有言辞都形同遭到削弱和亵渎……通常作为对世界最为深刻的阐释而触动我们的，此刻在我们看来则是令人反感的化妆演出"（第 9 卷第 247 页）。

做戏作为蠢人（丑角与插科打诨之人）的表演，本身可以成为伪装的某种方式，只是它分为蠢人的存在与蠢人的表演这两种情况。对于做戏的人自己的眼光来说，这种模棱两可的情况是不可理解的："我们不得不时而放松一下自己，即我们……嘲笑自己，或为自己哭泣。我们既要发现英雄，又要发现蠢人，他们隐藏在我们的认识激情中……再也没有比插科打诨之人对我们更有益的人了。我们需要一切高傲的、手舞足蹈的、讥讽的艺术，以免丧失超出种种事物之上的自由……我们怎么能够缺少这种艺术及蠢人呢。"（第 5 卷第 142 至 143 页）尼采不仅是为艺术家起见,才讲述存在与假相、真正的存在与愚蠢的存在不可分离——这种艺术家是"丑角与上帝的邻人"(第 16 卷第 244 页),而且看到存在的至深之处:"我据此来评价人的价值,即他们是如何必然懂得,不能脱离上帝去理解萨蒂尔。"(第 15 卷第 35 页)

看起来,尼采涉及作为伪装的蠢人这一问题时,是最为自相矛盾的。插科打诨之人、丑角、蠢人、玩世不恭之人既与他构成反差,又与他相一致,总是显得极为模棱两可。

插科打诨之人看上去就像查拉图斯特拉的孪生兄弟,他与查拉图斯特拉极其相近,却又由于与查拉图斯特拉构成反差而恰恰显得不具有真实的真相(参见本书序言)。在查拉图斯特拉要真正"克服"人之际,插科打诨之人狂妄而惬意地想到,人是可以被"越"过去的(第 6 卷第 291 页)。查拉图斯特拉对大众无能为力,看到"故作郑重的插科打诨之人"取代他的位置(第 6 卷第 74 页)。而"更为高超的人"则批评性地呼吁查拉图斯特拉说:"噢,你们这些爱开玩笑的人,你们这些插科打诨之人。"(第 6 卷第 458 页)

就尼采始终反对的苏格拉底来说,"凡是权威依然从属于良好习俗的地方,凡是人不是做论证,而是下命令的地方,辩证法学者就是某种丑角。人们在嘲笑他,不把他当回事——苏格拉底是个引起人重视的丑角"(第 8 卷第 71 页)。但是,尼采又觉得自己接近苏格拉底,他写道:"我相信自己感到,苏格拉底是深刻的(他的讽刺之处尤其在于,强迫自己表现得很肤浅,以便能够同人们打交道)。"(第 13 卷第 327 页)然而,听起来很坚决的,是这样一种拒绝态度:"一切都是夸张的、古怪的,这是苏格拉底的漫画像,是带有活灵活现的伏尔泰式本能的丑角。"(第 15 卷第 461 页)

玩世不恭是受承认的,但它显然不具有接近尼采实质的意义:"玩世不恭是平庸的心灵借以把握诚实性的唯一形式。"(第 7 卷第 45 页)

而在其他思想层面上接近玩世不恭，便可切中玩世不恭："有些自由而放荡的人……想掩盖自己拥有的破碎、高傲、无可救药的心灵（像哈姆雷特的玩世不恭以及伽利略的情况）。迄今为止，蠢行都是对某种不幸过于确定的知识的伪装。"（第7卷第259页）

莎士比亚在《尤利乌斯·凯撒》中"两度表现一位诗人，又两度最终对他表示轻蔑……当这位诗人登场时，……当一个人看上去好像正派高尚，包括在道德上正派高尚，但在行动与生活的哲学中难得做到一般的诚实正派时，就连布鲁图也失去了耐性。布鲁图喊道：'要是他了解时代，我就了解他的情绪了——让这该挨耳光的丑角滚开！'人们将这归咎为从事创作的诗人的心灵"（第5卷第129页）。"我没见过比莎士比亚的作品更令人撕心裂肺的作品：一个人要受多少难，才需要做个丑角！——人们理解哈姆雷特吗？令人疯狂的，不是怀疑，而是确定性……但是，为了如此感受，人们必须走向深渊、做哲学家才行……我们畏惧真相……"（第15卷第36页）

将这一切概括起来，他后来所做的自我阐释便获得了重要性。他谈论自己的书籍说，"它们要么在这里、要么在那里达到了这世上所能达到的至高之物，即玩世不恭"（第15卷第54页）；他谈论自己说，"我不想做圣人，而宁愿做丑角……也许我就是个丑角……尽管如此……我仍表述真相"（第15卷第116页）；他致信阿文纳里乌斯（艺术鉴赏家）谈论自己说，"证明我的力量的是，我能够在如此程度上做丑角、萨蒂尔，或像您喜欢说的那样，做'粗制滥造的作家'，而且能够像我在《瓦格纳事件》中那样。至于最深刻的思想家必定也是最轻浮之人，这几乎是我的哲学的公式"。欧文贝克在都灵遇到疯癫的尼采后论述他说（贝尔诺力著述第2卷第234页）："他被自己选择的职业的表现彻底压倒了，即做个全新而永恒的插科打诨的人。"

无论这种表现如何，都不会是简单明了的。尼采既吸取了伪装与丑角的做法，又把它们当作对立物加以拒斥。有时，它们无足轻重，背后没有隐藏什么，是对自己与他人做表演的不真实的人在做戏——作为这样一种情况，伪装是同尼采在实质上相去甚远的。但是，它是某种怀有敌意的恐惧心理的对象，因为尼采深信自己被它欺骗过。它也是对绝望的保护，如果人不想知道自己知道什么的话："在上百次不确定的追忆之间……被自己的绳索所窒息。"（第 8 卷第 422 页）它最终是存在状况的可能性，看起来要表露最为深刻之物，却未做到这一点。它听任存在变为假相，注视着带有刺激人的真实性的虚无的存在，借此荒谬地把握存在。无论如何，对尼采来说，"对伪装的敬畏"属于"精巧的人性"（第 7 卷 259 页）。

伪装是必然存在的，这为人的作品的意义投下阴影：作品无法透过任何思想表述真相。一切特定之物俱不真实。其结果是，真实之物变得模棱两可。不可传达性的结果是，经过伪装呈现出来的，都是孤寂的。思想者体会到这种界限，将其当作自己的实质，他的作品仿佛打上这样一种标示的印记："人们在一位离群索居者的著述中总会同时倾听到寂静的回音……从他那最为强有力的言词中……传出全新而危险的沉默之声……谁形单影只……谁如临深渊——他会像一座迷宫，也会像一座金矿——谁就会变成穴熊和掘宝人……他的概念最终会带上特有的模棱两可色彩，带有泥沼深处的气息，是一种不可言传之物……离群索居者不相信，曾有一位哲学家在著作中表达了自己真正的、最终的观点……是的，他会怀疑，一位哲学家是否真正具有最终与真实的观点，是否在他面临的深渊背后，还有更深的深渊……即在一切根基背后的深渊……任何哲学都是一种表面性的哲学……任何哲学都同时遮蔽另一种哲学。"（第 7 卷第 268 页）

根据尼采对自己著作的理解，如临深渊的生命现实性体现在作品中，便成为模棱两可的现象。如果说尼采以"天才的诙谐方式"看出现代欧洲"精神的最高形式"（第 14 卷第 28 页），那么看起来这种形式只意味着精神实质的解体，即"为风格的统一色彩起见"而丧失了感情，只剩下"丑角的五彩衣裳"在"一切风格上均得心应手"（第 10 卷第 264页）。这看起来恰恰像尼采谈论自己的风格："考虑到我内心的状态是多种多样的，我便拥有诸多风格的可能性，即具有一个人所能具有的最为多重的风格艺术。任何一种风格，只要它真能传达出一种内心状态……便是良好的风格……而良好的风格本身——则是纯粹的蠢行、单纯的理想主义……"（第 15 卷第 56 页）人们可以将擅长一切风格的人同在一切可能的风格中均具创造性的思想家区分开，将虚假的伪装做法同本源性的、丰富的伪装性存在区分开。但是，在尼采那里，这种区分有时是最为明确地确定下来的，有时则是在表述中明显被忽略掉的。

比喻与吟唱——

传达并不局限于被思之物与被阐释之物。最初，比喻与吟唱是人出于自身的晦暗状态而做的传达。对于尼采在自己的著述中所做的自我理解来说，它们则成为最为真实的与最终的传达。尼采的诗作从属于他的哲学沉思，不是对同样可以用其他方式表述的思想所做的表达，而是对他的哲学思想运动最终的充实。它们并非源出于最终的思想，而是源出于直接由充实的沉默而来的思想起源。

真实地触及存在，便会感受沉默的可怕之处："此时一片沉寂！大海……寂静无言。天空……寂静无言。岩石与山崖……均寂静无言。这种突然间向我们袭来的巨大沉默既美丽又可怕……我同情你，大自然，因为你不得不沉默……噢，……心灵窒息……它同样寂静无言……我憎恨言谈、憎恨思想。难道我没有在任何言辞背后都倾听到迷误、梦想、妄念朗声大笑吗？……噢，大海！噢，夜晚！你们是最差的教员！你们教人不再做人！……难道人应当像你们眼下一样……无比安宁？

超出自身?"(第 4 卷第 291 页及以下几页)

对尼采来说,存在的开放性——摆脱了沉默——存在于比喻之中,如若"提升生命,会提升人的传达力"的话(第 16 卷第 238 页),正像查拉图斯特拉回到自己的洞穴时所感受的那样:"所有的人都热切地来倾听你的话语,都在奉迎你,因为他们都想依赖你。你的每一个比喻都接近一个真相。此时,一切存在都向我绽开了言语,都在喧嚣,一切存在都要表述出来,一切生成都要向我学习倾诉。"(第 6 卷第 270—271 页)他批评说,真相是"诸多变动的隐喻",真相是"虚幻……是用旧了的隐喻"(第 10 卷第 196 页),还说,"谁思考得更尖锐,便不喜欢诗人的描绘"(第 10 卷第 104 页),并说,"借助于描绘与比喻,人们是在说服,而不是证明。因此,在科学当中,人们如此羞于描述与比喻"(第 3 卷第 273 页)。尽管如此,他借助于比喻谈论存在本身时,讲的却不只是科学:"想了解比喻的人,是个蠢人。"(第 6 卷第 111 页)尼采论述自己的话是:"不由自主地做描绘与打比方,是值得注意的。人再也不明白,什么是描绘,什么是比喻。一切都呈现为最为切近的、最为正确的、最为简单的表述……"(第 15 卷第 91 页)这种创造的高潮是无可替代的,"只要你们的精神要借助于比喻做表述,就请随时随刻注意我"(第 6 卷第 111 页)。虽然查拉图斯特拉也会说,"我为自己不得不还在做诗人而感到羞愧"("我不得不用比喻做表述")(第 6 卷第 288 页),但他在这里指的是目前的憧憬同未来的现实性之间的矛盾。

吟唱不只是比喻。凡一切停顿之处,剩下的是"我不得不再度吟唱,我为自己寻找到慰藉与健康"(第 16 卷第 320 页)。在《快乐的科学》束笔时(第 5 卷第 344 页),尼采写道:"我的书籍的幽灵向我袭来","我们再也无法承受……是谁在向我们吟唱一首歌,一首上午之歌……?"在后来为《悲剧的诞生》而做的新序中,他坦诚地说:"您这'全新的心灵'似乎应当吟唱,而不是言谈!"(第 1 卷第 5 页)尼采尽可承认:"我这般阅读思想家的著作,吟唱他们谱写的歌曲,因为我清楚,在所有这些冷静的言辞背后,活跃着一个饥渴的心灵。我倾听到它在吟唱,因为当我自己的心灵有所感触时,它便吟唱起来。"(第 11 卷第 386 页)

论战——

尼采走上论战之路,为的是更为确定地触及以受攻击者面目出现的他人。人攻击他人时,强迫他人倾听。只有当人受到攻击时,才会意识自身的真相。尼采的自我理解指明了他的论战的意义。论战的实质不在于消灭无足轻重之人(自欺欺人与本末倒置、空洞无聊与强词夺理之人)这一现实斗争——尽管这一斗争也有其作用——,而在于同最优秀之人展开的斗争。"我只攻击那些胜利之事……我只攻击让自己找不到同盟、让自己形单影只之事……我从不攻击某个人,我只是像个高倍放大镜一样服务于人,借助于这一放大镜,一种普遍的危急状态便清晰可见"(第 15 卷第 21 页)。尼采意在尊敬自己的对手。对尼采来说,理查德·瓦格纳的伟大之处恰恰在于,尼采终生都在同他斗争。尼采只攻击那些有水平的人;他要求对手同他势均力敌;他不同平庸之人斗争。有些事情可以是非同寻常的,却不是真实的。尼采并不将它们一笔抹去,因为它们是从属于存在状况的现实性的伟岸之处的体现。在他那里,真实之物要以可表达的形态呈出来,却要在斗争中呈现出来。不经过斗争,真实之物便不会呈现在意识与现实之中。在斗争中做传达,这本身就是真相的一种形态,这一真相就性质而言绝不会被简单地提示、表述与固定下来。

如果说对尼采而言,实质上要克服之物不可取消,反而要加以肯定,那么尼采本人实质上就是竞技场,他的对手就是他本人的各种形态,可传达的真相并非在对手之彼岸的某种静止性持存,而只是用传达的形态表露出来的驱动力,其中之一就是斗争。

尼采是如何意识自己的

尼采在总体上是如何意识自己的，这不可能简单明了。将他的各种表述概括起来，则既显示出他确定自我时的明确性，又表现出他不断地将自己置于疑问之中。

他的自我确定性流露在他对自身使命的意识中。这一使命不是可用思索来把握的事情，而是他的实质本身。在某个历史性瞬间，这种实质可代表一切，而无需他做预言家和创始人。

尼采一向有对尚不确定的使命的意识。自1880年起，这种意识上升为对认识到的使命的无情而专一的奉献。早在1872年，他就致信洛德道："在我就此(《悲剧的诞生》)做思索时，一种巨大的严峻感抓住我，因为这些声音透露出我设想的事物的未来。这种生命还会愈发严峻。"(1872年1月22日)当他于1877年认识到，自己的教职必定结束时，这条道路愈发明确了："我知道也感觉到，较之我在巴塞尔的如此受尊重的职位来说，我有着更高的命定"(1877年8月30日致M·鲍姆加登纳夫人的信)。后来他意识到自己从前的情况："我当时不理解自己，但驱动力却像一道命令。看起来，我们遥远的未来的命定控制着我们。"(第14卷第387页)"选择人与物，排斥最令人惬意之事，并常常排弃最令人敬仰之人——这令我们惊惧，就好像我们会像火山爆发一样，时不时迸发出偶然与任意性。但是，这是我们未来使命的最高理性之所在"(第13卷第33页)。

自1880年起，他不断意识到，是什么迫使他，投身于自己的全部存在状况。那是"隐秘而专横之物，很久以来我们都无从称呼它，直至它最终表明是我们的使命之所在"(第3卷第8页)。自此以后，尼采便知道，担心"无法完成这重大的使命"是怎么一回事了。"至于我能否完成自己的重大使命,这取决于各种状况,这些状况不取决于我,而取决于'事物的实质'"(1881年11月29日致妹妹的信)。"这一进程是如此危险!我不能像个夜游者一样,向自己发出呼吁"(第11卷第385页)。

无论这一使命是什么,对尼采来说,它都同人在这一世界历史瞬间的使命相一致。他在青年时代写道:"我的使命是把握任何一种真实的文化的内在联系及其必然性,把握对文化的保护与救助手段、这种文化同民族的天才人物之间的关系……"(第10卷第116页)后来,这一使命则是不确定的:"自由精神的目标在于人类之未来。"(第11卷第39页)最后他说:"我的使命是,为人类形成最高自我意识这一瞬间做好准备,为伟大的午日做好准备,以便让人类做出回顾与憧憬,让人类提出为什么、为何目的这类问题,并首次在总体上提出这一问题。"(第15卷第82页)

在实现这一使命时,尼采本人是怎样一种真实情况,他直至临终对此也是有疑问的,虽然说他至少明确自身的历史性,即"是价值判断危机中的一个重大事件"(第14卷第361页),但他愈发强烈地感受到,在作为未来大政治之思想起源这一转折点上,自己属于世界历史性实质。他就是这一世界历史性转折本身,因为他是把握住这一点的第一人:"如果我未做到,让这一千年能以我的名义来郑重发誓,那么我就什么也没有看到。"(1884年5月21日致欧文贝克的信)他是价值的重估者,因而是未来的立法者,因为他针对转折时期的虚无主义发起了反运动。尼采以形而上学的方式意识到,不仅要站在人类历史的转折点上,而且要站在世界进程的转折点上。他是持永恒轮回思想的思想家,因而具有世界万物在总体上循环往复的观点。(参见本书第400页及以下几页)在循环往复中,存在状况在了解到自身之际回归自身。可是,当尼采同样意识到自己是个重大事件时,他并未仅仅为此欢呼雀跃,而是为自身的人性存在感到痛苦。他是怎样一个人,才成其为这一危机,这一点罕见却实质性地体现在一系列比喻中：

> 听起来就好像他要讥讽地轻视自己重估价值的思想起源似
> 的,他说,"而我本人,我的愚蠢的朋友们! ——如果我不是引起纷
> 争的东西,即一种品味,我又是什么!"(第 12 卷第 256 页)

他对自己的批评与对自己的痛苦所具有的划时代意义的意识汇合
在一起,表露在下述比喻中："总体说来,我常常觉得自己像潦草的笔
迹,一种陌生的力量将它画在纸上,为的是试一枝新笔。"(1881 年 8 月
致加斯特的信)他还说："我自 1876 年以来就做了许多观察,观察人的
肉体与灵魂,觉得他们与其说像人,不如说像一个竞技场!"(1882 年 7
月 25 日致加斯东的信)

他将消耗自己存在状况的那种不停歇的思想运动比作火焰、光芒、
烈火、闪电：

"我的生命是一场熊熊大火……"(第 11 卷第 352 页)"我希望所有
干枯的心灵都经受一场烈火,一场危险……"(第 12 卷第 253 页)"我想
消失在黑暗的暴风雨中:为我最后的瞬间起见,我想同时做人与闪电"
(第 12 卷第 256 页)。尤其是,他对自身实质最为高贵的表述是：

> 是的! 我清楚自己来自何处!
> 像火焰一般永不知足,
> 我燃烧与消耗着自己。
> 我所拾起的,都是光芒,
> 我所丢掉的,都是煤炭：
> 我必定就是火焰!
>
> (第 5 卷第 30 页)

第二章　我们如何理解尼采

如果人们以为看透了尼采，那么他并非如此这般，而是另外一副样子。但是，就连这另外一副样子看起来也总在变化。他的实质的基本特征在于其表现变化多端。尼采的这样一种要求既特点鲜明，又真实无妄："尤其不要混淆我。"（第 15 卷第 1 页）"人们习惯于混淆我，我接

受这一点；同样，如果另有人针对这种混淆的情况来维护我、界定我，则是为我做的一件大好事。"(第 14 卷第 360 页)

尼采的多变不仅表现于他的所有表述之中，而且表现于他的全部为人之中。正像苏格拉底与智者在大众面前虚假地表现得一般无二那样，真实之物总是不可轻易为每一个人的理智所一致地理解，而是同其对立面混淆在一起的

但是，尼采的多变并不具有这样一种特点，即似乎人们在扬弃各种变化之后，便可将他当作不变者来加以把握。不解之谜与困难之处恰恰在于，他表现出的无尽的含混之处似乎源出于他的实质。没有这种模棱两可与变化多端的情况不可扬弃这一点，尼采便不再是他自己了。

我们首先来考察对尼采的批判的典型方式，直至我们看出，它们均未达到真正把握尼采这一目标。但是，只有意识到这些方式何以无济于事，才可以为可能的把握做好准备。

对尼采的批判之路

任何陈述都间接地、不由自主地受制于陈述的结构，即使这种陈述来自不确定的判断。而促成判断的自觉的批判采取的是下述途径：

逻辑性批判——
首先，批判是沿着逻辑的思路进行的。尼采所说的，是自相矛盾的。

有一种仅属表面上的困难是，同样一句话，尼采依据思维联系来说，意味着完全不同、甚至彼此相反的意思(如假相、伪装、真相、存在、人民、意志，他仅在一时间像术语一样使用的所有实质性词汇几乎都是这样)，而他很少意识到这一点，因而也几乎从未做过纠正。尽管如此，

尼采对真相的直觉令他做到,在种种思想联系中切中既符合又属于他总体思想的各种观点。单纯的用语上的矛盾不是真正的矛盾,是可以剔除的。

真正的问题在于,尼采始终留有的矛盾性意味着什么。难道尼采一直是凭一时的情绪写作吗?难道他的所思之物表露了紊乱的、多种多样的情绪吗?还是说这种自相矛盾有一种必然性,各种情绪汇合在一起,并且是由某种仅呈现于整体之中的法则汇合起来的?

这些问题很容易消除,如若人们接触理解尼采的前提:在他可得以毫无矛盾的理解时,他才得到正确的理解。矛盾作为迷误,是要排除掉的。这一前提使得尼采要么因其矛盾无处不在而最终变得无足轻重,因为他所想的,完全是矛盾的,即使他常常未自觉地考虑矛盾之物的联系;要么人们会随意挑出在尼采身上仅属个别的思想特征,随后不恰当地将这一特征用于某一固定的观点,排斥因为与此矛盾而不相符之物。

但是,我们要做的是,在陈述中把握基本思想,在矛盾之处看出,哪些不可能是尼采的意思,即排除其他意思来看待一种意思;随后将联系起矛盾的东西汇总起来,而无需尼采论述过这一点(或者换句话说,通过意识到在自我扬弃中显得无足轻重的语句,接触在矛盾中仍然内容丰富的思想);最后将真正的矛盾揭示出来,将其同虚假地、无止境地和解一切的辩证法两相对照。

尼采本人并未充分回答这些问题。正是在这些思想联系中才可感受到,尼采只是偶尔才将可在方法上得以澄清的逻辑当作课题。他从未意识到,在研究大思想家时,会有某个哲学学派同他毫无瓜葛。可以理解的是,当他愈发明确地立足于哲学沉思的起源之处时,这一点对他来说是无足轻重的。他自己思想的本源性令他对技术性工作的缺陷掉以轻心。但是,在无法驾驭矛盾性,并与此相关地失足于非辩证性理智思维形式时——他对这种形式同样掉以轻心——，对于我们理解尼采来说，便留下总体形式的灾难性缺陷。

这样，他愈发陷入对他本人来说是错误的对象化、固定化、绝对化、自然主义化的做法，而他随后又要在其他思想联系中消除这些做法，却不建立彼此间的明确关联。未考虑思想联系（即仅看到尼采实际的做法）的读者如果诚实的话，就会被随处可见的不一致性、矛盾、随意性搞得晕头转向。我们一再得以证实的基本信念是，尼采不是靠自觉的方法，而实际上只是靠对真相闻所未闻的直觉建立哲学的思想联系的。没有这种信念，尼采的哲学思想想必就丧失了一切价值，降低到富有思想的格言大师的层次上了。如果我们成功地揭示出必要的矛盾的积极意义，那么仍然不容否认的是，还有相当数量的不可再被理解为必要的矛盾存留下来。

逻辑性分析既要限定知识的范围，使得简单明了的陈述作为对通常真相的表露，有可能不带有矛盾，又要澄清哲学的领域，使得陈述为了能够承载真相而必定是模棱两可的，或者借助矛盾在思想运动中传达出来。

尼采本人把握与造成的矛盾的一个实例，即对表面上相同之物的双重评价，依据是出于强力感还是出于虚弱感做理解，悲观主义与怀疑主义得到积极的与消极的评价。有两种同情（第 7 卷第 269 页及以下几页）、两种颓废（第 15 卷第 454 页）。趋向存在的要求（永恒的意志）与趋向生成的要求（毁灭的意志）这两者都具有双重意义（第 5 卷第 326 页）。

一个实质性的困难在于，这些矛盾不仅可被把握为存在于同一个层面上的相反命题——在这一层面上，思想运动只会令矛盾相互转化——，而且这些矛盾又被置于从一个思想层面到另一个思想层面的第二重思想运动中——在这第二重运动中建立起多重相反的命题。这样,在第二重运动内部,便产生出一种分裂,一方面是以前的思想层面上的因素保留到第二重运动中,并同其矛盾汇合起来(例如,主人与奴隶作为性质不同的人彼此区分开来,而在人类完善的全部存在状况的更高层面上,这两者是彼此从属、相互积极印证的);另一方面是思想运动所不可或缺却被排除之物(例如,不正当、柔弱、固定之物都是没有持存下去与充实自身的力量与必要性的),因为它们未以同样的方式同对立面汇合起来。在某种并非逻辑性的,而是生存性的抉择中,这种对立只可用来澄清关于存在与非存在的决断,而不会带来可致思之物的和解。

谁针对做逻辑、辩证性理解这一使命,拘泥于寻找固定的公式,并在抉择中寻找特定观点,谁便不会理解尼采。他不会感受到事物本身内在的辩证法,而这是尼采所遵从的,尽管尼采并不总是了解它(他听任这种辩证法发挥作用,因为它存在于事物之中)。这样的读者也不会有所体验地吸收尼采自觉的思想运动,从而生成自我。他必定会错误地将尼采自然是以毋庸置疑的方式讲述的话当作教条,并将充其量是尼采的一个步骤当作永久的公式接受下来,必定滥用惯用语,将其当作行话、教条式的发挥作用的手段或新闻式的耸人听闻之物。

由于尼采不注重方法,阅读他的著作之初便可能出现的情况会一再重复出现:人们会碰表面上片面与非辩证事物之壁,即碰上简单的如何存在与应当如何存在。只有在对尼采做哲学研究的途中——这种研究同时是一种内心行动,带有在思维中塑造自我的意义——他的全部深刻性才会呈现出来。为了保留这种深刻性,就需要不断克服尼采的思维在合理性上纯属片面的理智形式,尽管尼采本人认识到这种形式是片面的,它却愈演愈烈。

尼采合乎方法的哲学沉思带有明显的缺陷,造成他的思维的理智形式在表面上易于理喻。这种缺陷既是他的思想得以进一步传播的条件,又是他遭到误解的缘由。与此相反,尼采的真正哲学像所有其他哲学家的情况一样,很少得到理解。

内容上的批判——

其次,对尼采的批判针对的是实际内容:人们指出他实际论断中的错误。尼采虽然无条件地肯定真正的科学,就像他出于"对科学与科学家具备的最大用处抱有的信心"而要求人"对科学家给予更多的敬畏(第 3 卷第 155 页)那样,或者说像他所要求的那样,为了成为我们这样的自我创造者,"我们必须做这世上一切符合规律与必然之物的学习者与发现者"(第 5 卷第 258 页)。但是,他意识到,知识与研究方法都带有一种缺陷,这种缺陷作为障碍令他痛苦不堪(第 9 卷第 81 页):"我受到的教育是如此糟糕!——必须真正了解如此之多的东西!"(1881 年9 月致欧文贝克的信)他还说:"我充满学习的渴望,想真正了解自己要学习的东西藏在哪里,我要让生命如此延续下去——就像我高贵的器官、头脑、双眼所要求的那样!"(1881 年 3 月 30 日致加斯特的信)他一再想回大学重新学习。阅读自然科学与文化史方面的书籍,会令他流连忘返。

以前他患病的命运造成的缺陷,对于他真正的哲学来说意义甚微。尼采讲述各种内容时——这些内容取决于科学方法的意义——,当他形成各种思想时——这些思想取决于做传达时合乎方法的形式——,他常常想借助憧憬式看法,从很少的信息中展望非同寻常之事(甚至在物理学问题上也是这样)。只有当人们用内容的广泛性来衡量他讲的内容时,尼采的知识才同样是贫瘠的。

然而,在研究尼采时,人们会意识到他的知识的局限。尼采在青年时代研究古代语言与古典文献,把语文学当作科学方法来深入学习,对人类现实做了丰富的描绘。但是,他缺乏对于自然科学、医学、经济学、技术的深刻认识，简而言之，缺乏对于可加以因果式研究的现实之物的认识，而他也感到这是一种缺憾。他也缺乏对法学、神学、可作批判性研究的世界历史的了解。

尼采如此强调这些缺陷，对这些缺陷又是多么地不管不顾，这一点流露在他后来的自觉的话语中："我无知的情况更糟糕，我毫不隐瞒自己的无知。有时，我对此感到羞愧。当然，有时我也对这种羞愧感到羞愧。也许我们今天这些哲学家的知识全都很糟糕……我们要做的事情首先是也始终是，要有自知之明。我们不同于学者，尽管不可回避的是，我们同样是博学的。"（第 5 卷第 341 至 342 页）

理所当然的是，凡尼采在生物学、社会学、物理学等意义上论述这世上可加以研究的事物之处，读者都不能简单地接受他讲的话。由于尼采本人的驱动力，他会趋向合乎方法的知识的形式，只要这种形式是可能的话。必须借尼采来反对尼采，如果这后一个尼采因判断过于轻易之故而诱使读者去做尼采自己试图去做之事的话。只有生物学式认识才能厘清尼采的自然主义式抽象性，只有从简明扼要、合乎方法的社会学认识出发，才可检查尼采的社会学式判断。

生存性批判——
再次，对尼采的批判涉及可加以阐释的生存，无论生存是体现在他的著作、信札中，还是体现在他的生平事实中。虽然生存作为认识对象是不可理喻的，任何生存性阐释——它同时也是批判——并不表露有关他人的知识，而是阐释者的交往行为，它既源出于阐释者的可能性与无望状况，也源出于被阐释之物的实质。

如此形成的批判虽然不具有普遍性，却是实质性的，如果说它有可能是极其严肃的、明确果断的话。至于这一点在尼采那里是无济于事的，则使他变得极其不可理喻。在对他的生存采取批判态度时，人们会被驱动着,克服并不严肃的片面性、半真半假的真相、并不令人信服的可能性。如果人们不陷入盲目——这种盲目性无法认清真正的尼采——,最终认定他是虚无的无可救药的体现,就会看出他是将一切与我们自身不断置于疑问之中的例外人物。

我们应当看到并扬弃某些生存性批判的方式,但也应当感受到,尼采的情况具有这样一种特点,即他本人令这类不着边际或有一半中肯的阐释成为可能。这些阐释并非完全随意的,并非偶然的。人们只能在最为宏观的意义上把握尼采,尼采只能在对自己的使命形成高度自觉时生活与思考。凡在这一使命不为他明确意识,或对他遮蔽起来时,那些以心理学方式表述出来的对他的生存性批判也就会变得既缠人又虚假。尼采生活得非同寻常,这种非同寻常的特点不允许他有一瞬间放弃这种生活。因此,尼采总是深不可测地有问题的。但是,生存性批判的所有方式最终都是不真实的。如果没有这些方式,如若因质疑就否定尼采的生存,那么对这种否定持信任态度之人就会难以理解尼采的实质,也就无需再在哲学上研究尼采了。

我们首先抽取出对尼采的生存的局部性批判,以便表明,正如这种批判是虚假的一样,它们不会是真实的。随后,我们构想出以他的生存整体为目标的各种思想结构,以便表明,它们何以在总体上是无法达取尼采的。

人们批评尼采奉行个人主义、疏远人民。在他的著作中,对伟大的个人的讴歌与对过多之人、对大众的轻蔑俯拾皆是。但是,如果人们拘泥于文字的话,就会欺骗自己。

他说"无私是没有价值的"(第5卷第76页),"人必须牢牢依靠自我"(第15卷第361页),"崇敬自我"(第12卷第395页),"创造、意欲、评价的自我"是"事物之尺度与价值"(第6卷第43页),"希望有个自我"(第3卷第173页)。如果说上述表述似乎简单明了地表露了个人不受限制的绝对性的话,那么与此截然相反的表述是,他那"沉重、严峻、花岗岩一般的自我"对自己说:"有什么取决于我!"(第 11 卷第 386 页)他谈论人们说:"我们是一株树上的花蕾……自我本身是一个谬误……不要再感受这类虚幻的自我了!"(第 12 卷第 128 页)

实际上,尼采既不是个人主义者,也未相反地迷失在整体之中。两者择一的做法以及由此而来的质疑都不适合他,也不包含在我们援引的语句中。他的个人主义是对事业的献身,仅在存在之必然性表露在他身上时,他才感到自身有价值。在任何时候,他都对以自我为中心的个人存在状况感到陌生,并报以轻蔑态度。只有在真正的自我存在这一基础上,他的存在状况才具有实质性。

与此相应的是,在他对大众做的无数批评性表述中,无法寻找到不具有生存性的对人民的陌生感。他意指大众时,常常说的是人民。这一点作为语言的使用是不容误解的。对他来说,真正的人民的实质不仅不是陌生的,而且是对他的渴望的不断的意识。这种渴望是不容混淆、自欺欺人的。他的痛苦在于,我们不具备"人民在文化上的统一性"(第 10 卷第 186 页)。"伟大的、创造性的精神如何能忍受人民……如若人民的感受丧失其统一性"(第 1 卷第 317 页)。他认为"新的文艺复兴式文化不具有人民的特点,这是个可怕的事实"(第 10 卷第 410 页)。

尼采的个人主义及其疏远人民的情况可以借助于无数断章取义的语句得以印证,并为其他语句所证伪。关键在于,要看出何以尼采并不具有人们强加于他的那种态度,何以他恰恰想真正生活在通常被称为整体与人民的事物之中。凡在表述中遭到如此之多滥用的,都是尼采在现象中而非在思想起源中加以克服的。他并不是在自己真实的现实中和不断的可能性中对此加以批评,而是在自己向不真实的现实情况、向不真实性逆向转变这一次要的思想起源中对此加以批评。因此,在尼采的表述中有某种真正的自行转变之物。

他"对人民的陌生感"就是趋向他心目中的真正的人民的意志："人民能够给自身的经历打上多少永恒的烙印，它就恰恰具有多少价值。"（第 1 卷第 163 页）"人民的特点并不在于，它既有自己的伟人，又有对这些伟人的认识与崇敬"（第 10 卷第 14 页）。他认为，人民有少数因其创造性实质而被召唤来立法的主人，有因人与人不平等而彼此制约和相互肯定的可能性，以及由此形成的等级。尼采在青年时代坚信、后来放弃、最后绝望地呼吁着寻找自己在遥远未来的人民。他知道，与人民密切相关的，不仅有引导人民的人、不好高骛远而是作为守卫者接近人民的人、保持自身当下的现实性的人，而且还有匆忙向前的人、尝试各种可能性的人，他们向人民指明目前尚未对总体发挥影响之物。人民若当真是人民（这就是说，不是在一时间出现的大众），并因此而生活在最为广泛的追忆与未来之可能性中，就会造就这些形同蜂拥而出的人们，这些人民之精神的冒险者，这些孤寂地提出质疑和做出发现的英雄们，这些真实人性的尝试者、实现者、思考者，这些审察者与无情的揭示者。人民成就了他们，人民对他们有一种忍耐与畏惧心理，如果说人民注意到他们，却未有意追随他们的话。或许正是这些人，在死后很久，被人们当作真正的活人来追随。而他们如未遭误解，会发生变化的。尼采密切关切的，是这种人民，即人民的实质。只有出于这种对自我的认定，无情的、表面看来不过是怀有敌意的、对他同时代的德国人的批判才可被理解为真正的自我批判。

对于他远离人民、持个人主义的批评只是个别之词，扩充到全部生存之后，它就成为尼采思想及尼采本人缺乏实质性这一论断。尝试毫无顾忌的批评性构想的可能性，是有意义的。将批评推行到极致，为的是促使人在研究尼采时出于自己的生存体验做出抉择。

尼采的思想是无所畏惧的。"在每一个个人面前，我们有上百重顾虑。可当人们写作时，我就不理解，人们为什么不将自己的诚实性发挥到极致"(第 11 卷第 124 页)。然而,这种诚实性采取的,是这样一种形态,它让尼采去尝试与传达任何思想。对尼采来说,再也没有界限,再也没有不可能、不允许之事。这种无节制性促使他以简单的正、反命题将事物简单化了,使得他对伟人缺乏敬畏(例如,说康德是哥尼斯堡的中国人,席勒是塞京根的道德鼓吹者,等等),以至于在他眼里,对精神实质与人的描绘都变形了。他变本加厉的表述、刺人的价值判断、自我意识、趋于稀奇古怪的要求要么是在愚弄人,要么令人反感。

尼采虽然很早就知道"两种极其高贵的事物:节制与中庸"(第 3 卷第 129 页),他常常流露出对狂热者的批评,但仍有可能去批评节制,即使他对某种不希望遇到的命运抱有畏惧之情:"我们承认,自己对节制是陌生的,我们的欲望恰恰是无限者、不可衡量者的欲望……"(第 7 卷第 179 页)在他看来,他的"现代性存在状况纯粹是亵渎神灵的……亵渎神灵即我们对上帝的全部态度,它要对藏在因果律这张巨大谎言罗网背后、编织目的与道德的人讲述什么……亵渎神灵是我们对自身的态度,因为我们拿自身做试验,而我们是不会允许人这样对待动物的……我们的内心哪里还想着'获救'! 在这背后,我们自己拯救自己:患病是富于教益的……"(第 7 卷第 420 页)最终,听起来像高奏凯歌的话是:"我们这些非道德论者——在今天我们是唯一的力量之所在,无需同盟军——,我们还会无需真相地取得权力与胜利。为我们作战的魔术师,……即极端之物的魔力,即将一切做得最为出格的诱人之计。我们这些非道德论者,——我们是非同寻常之人。"(第 16 卷第 194 页)

问题是,超出尝试无节制之物以外,对无节制持肯定态度,是否在他的思维总体中还有其可能的生存性根据。这一可能性可阐释为例外现象:谁在一个陈旧的、直至任何细节之处依然理所当然有所表述的、只是对他而言假相已被戳穿的世界上,出于新的思想起源而落实在存在状况中,并要表白自身,谁就由于不为人所知和遭人误解而一贯为令人窒息的情况所威胁,就会声嘶力竭地表明自己在这黑暗的世界上毫无防御、受伤致命,就会毫无节制地发出攻击。他虽然在实质上、意识上、目标上并不狂热,却总表现出不同的狂热情况。尼采不可能做到一个非革命性之人在客观上可能的明智性,他从不会做毫无益处的深思熟虑。他折磨自己、暴露自己,感到自己的深奥智慧——像普罗米修斯一样——成为罪孽。无节制性是他的存在状况中无法完成的使命的表露。

但是,例外的存在不可避免地令人感到陌生,对此形成认识错误的阐释。这样,令无节制性得以可能的根据有可能看起来是另外一副样子,就好像做限定、设定界限的挚爱并未充实尼采的存在状况一般。正像他的精神气质会起到一种冷漠的作用一样,甚至他的激情都是冰冷的。"我是光芒:噢,但愿我是黑夜! ……但是,我生活在自己的光芒之中,我啜饮回自己迸发出的火焰"(第 6 卷第 153 页)。正像他生命的气息看起来不带有性欲效果,在具体的历史性中的那种对挚爱不可动摇的、珍贵的意识看起来永远不会成为他生存的基础。

如若活生生的、历史性的现实不可动摇的基础再也无从谈起,那么对尼采来说,凡具有人性价值的一切,以及每一个人的内心就都成问题了。这样,无节制性事实上便令一切特定存在分崩离析。当尼采耸人听闻的表述与判断消除了他以前期待的节制时,他似乎毫不畏惧。虽然尼采亲身体验自己感受的而非仅仅致思的辩证法,他无所不及的存在因而流传下来了,但这种全身心的投入所带有的严肃性会带着这样一种特点,即他因折磨自己而看起来在生存上魂消魄散。

尼采是在接触现实时形成严肃性的,而实际上,他总是在思维中愈发远离现实,只是在思维中将现实置于近乎想象出来的存在状况所带有的那种并非有意为之的遁世之中。看起来,他仅仅为了有所认识才有所体验。看起来,他像憧憬未来一样憧憬现实,却从未等同于自己的历史现实性。在此意义上，"原则"会形同象征性的一般，而这位有两个学期偶尔从属于青年人组织的大学生已然流露出这一点："我超越了自己的原则，在我认清事物与人之前，不再献身于他们。"（1865 年 8 月致穆斯哈克的信）令人困惑的是，尼采虽然从未做过审美直观与享受，而是痛苦得几乎绝望，却无法为自己有所依靠而找到理由，因而从未能同一个人、同一种职业的观念、同祖国融合为一体。他仅仅同自己的著作相伴。

追踪这些设想，随后看出，尼采的广博知识所涉及的，恰恰是这些设想因变得僵化而从尼采那里剥落的，即充实的历史性生存。最终就会产生一个荒谬的问题，即缺乏生存性实质，是否在总体上决定了一种全新的、我们所陌生的生存，而这种生存就是对人性存在忧心忡忡？尼采排斥的那种遥远事物是否就是他形成那样一些认识的场所与媒介，这些认识对我们这些他人来说具有无可替代的价值：由于阐明生存可能性之人并不享有这种生存，却是借另外的深刻之处——生存性的例外——形成那些认识的，这些认识就如此明确与清晰地切中了生存的可能性。尼采的非凡之处似乎在于对虚无的感受，并借此充满激情与敏锐地论述与此不同之物，论述存在，可以较之或许从未自觉、始终含含糊糊之人更好地认识存在。尼采的遁世与他求真的热情一经体现出来，就是合在一起的。同邻人、友人、同志、伙伴及人民的交往所具有的特定意义，就尼采而言恰恰由此而呈现出来，即他在现实中对一切均感缺憾。

为了意识到这类可能性，并随后弄清楚人们相信这些可能性与否，就有必要做出这些设想。如果人们错误地指望尼采超出自己的能力，给予更多时，即不是做推动、提要求、提出置疑，而是给予肯定性的充实，那么人们在研究尼采时，就会有空虚感突然袭来，而这想必会令这些设想一度显得令人信服。但是，这些设想并不牢靠：在揭示尼采缺乏生存性时,它们主张有一种空泛的可能性的幻象式生存。在对尼采的实质提出任何批评时,它们都不得不承认,尼采本人是接纳对立观点的。较之无节制的尼采来说,没有人更明确地看到与提出过有分寸与审慎的做法,没有人更为深刻地领会交往与非交往性,没有人更为无情地抉择过自身的使命,没有人能够更为尖锐地质疑认识性生命,而他宁愿为认识而牺牲生命。在他的无节制性中,就像在一切有问题之处一样,存在的不是意志与固定的观点,而是命运。在接触存在无法得以充实的临界处时,他还在以插科打诨的方式显露自己的真实面目。针对人们对他的挚爱所抱有的怀疑,他的话听起来既令人毛骨悚然又无从确定:"一切伟大的爱都不希望有爱——它希望得更多。"(第 6 卷第427 页)他反其道而行之的说法则形同将一切置于疑问之中:"不曾被迫恰恰轻视自己所爱之物的人,懂得什么爱?"(第 6 卷第 94 页)无论他讲什么,都不仅要在思想联系中,而且也要在总体联系中去理解。

但是,整体并非已然有效于我们。如果怀有一颗愚蠢而未经深思熟虑的高傲之心,要最终有效地把握与概观尼采,那么尼采呈现出来的样子,并非无可置疑地就是他本人。任何一种设想都必定错失他的实际情况,因为人们愈是认为对他的认识丰富多彩、对他的看法多种多样,他的实际情况就愈是不解之谜。任何对尼采的成问题之处的尝试性模仿都会随即为他人所磨灭,为相关意识的可识别的结构所调整。而在尼采本人那里,一切都融入更为广大的事物之中。他保持为一种历史唯一性,历经一切令人惊讶之处、歧义偏颇之处之后,依然故我地将自己奉献给所有严肃对待他的思想的人们。

有的哲学家断言,理解愈是深入,一切就愈是陷入相互对立的关系。最终,人们会寻找到一个基础。在此基础上,一切俱已完结,最终的就是整体。另有一些哲学家很吸引人,但会让受吸引的人们陷入一无所有的虚无境地。真正的哲学家既无基础亦无虚无,而只有自我启示的深度,以至于永无止境。他总是引人深入,不会弃人于不顾。看起来,尼采拥有所有这些情况:概念会在突然间令人轻松地变得平庸无奇。在他那里,这在表面上就是终点与欺骗人的基础。无限性的空洞视域,即虚无,会令人陷入无根无基的境地。他只是在思想萌芽中达到了思辨性哲学沉思的创造这一水平,这是他自己的水平与全新的哲学沉思。

所有这些批判都未切中尼采的实质。它们告诉人们,要真正接近这位哲学家,是多么困难与棘手。反驳他的思想、指出他的内容不甚正确、对生存提出建设性的质疑,向来都是不够的。他总有不容辩驳之处,并只有经过批判才会得以——即使是间接地——正确的阐明。超出一切批判的,是一贯并不断更新的阐释尼采这一任务。最后,将这些概括起来予以审视,从中感受到这种哲学沉思发挥作用的力量,我们首先便会意识到尼采的主导性基本态度,即趋向纯粹此岸性的意志。这种意志用学院的话来说即"内在性的观点",它对时代转折的了解可表述为"上帝死了",而这是人们批评他不信上帝之处。其次,我们会意识到这种哲学沉思的崭新方式。最后,我们会意识到吸收尼采思想的可能性。

趋向纯粹此岸性的意志

尼采重估价值的基本思想看起来仅来自唯一一个思想源头:推翻迄今有效的一切价值,是上帝之死的结果。由此,以前的一切信仰内容就都变得虚假了。揭示这一假相,便启示出现有的灾难。对上帝的信仰首先是这样一条历史之路的起源,在这条道路上,人的地位不断下降,在信仰失却之后,如今则成为眼下的灾难的间接起源。

但是,尼采的思想触及人的真正存在,这种存在摆脱了对上帝的信仰所带有的虚幻性，愈发强有力地从灾难中脱颖而出。对尼采来说，上帝之死不仅仅是个可怕的事实而已，尼采具有无神论的意志。由于他探寻人的存在可能达到的高度，而这种存在是唯一可以真实地实现的，所以他就在自己的思维中演绎出趋向纯粹此岸性的意志。

在尼采那里，这不仅是诸种基本思想中的一种，而是占主导地位的驱动力。一切基本思想都围绕着它，就仿佛它是各种基本思想的基本思想。它体现在各个章节中，可以在总体性思想联系中得以认识与阐释。

无神论的立场——

在尼采看来，对上帝之存在的信仰起到贬抑尘世（参见本书第 356 页及以下几页）、贬抑现实之充盈生命的作用，因而是一种逃逸，以便借助于自己的重大使命来摆脱现实世界。但是，凡在这世上可能的，都应当做出来，实现出来。可能之物有其来源，并仅存在于创造性意志之中。查拉图斯特拉要求，一切思考都要把握这一界限："上帝是一种臆想，我希望你们的臆想不要超出自己的创造性意志……我希望你们的臆想局限在可致思性的范围内……你们既不是天生就不可理喻的，也不是天生就不合理性的。"（第 6 卷第 123 页）因此，上帝是"最大的危险"，必须死去（第 6 卷第 418 页）。仅上帝被想象为"人的作为与疯狂"（第 6 卷第 42 页），就会成为对存在状况的最大非议（第 8 卷第 101 页）。但是，上帝不仅是一种虚幻，而这种虚幻是对事实上有可能实现之物的偏离。上帝的存在对于创造者来说也是无法忍受的："如果有神的话，那么我怎能做得就好像没有神一样！所以说神是不存在的。"（第 6 卷第 124 页）

如果说统率尼采思想的基本方向是，无需上帝而在现实中尽可能提升人，那么他既不心甘情愿又不自觉地愈发明确地表明，没有超越，人的有限存在状况是行不通的。拒绝超越，会令超越随即再度呈现出来：对思维而言，它呈现在虚假的替代性做法之中；对真正的自我存在而言，它呈现在由真正的超越反对一切虚假的超越而来的、尚未得以理喻的震撼之中。在这样一个普遍不信神的时代里，尼采的实质及其诚实性表现出，这种无神论在他身上呈现出不安宁的形态。正如我们可以看出的那样，这些形态既表现为极其虚假的思想，又表现为从超越那里受到的最为纯正的触动。这两种情况皆清晰可见。

对超越的替代及其无济于事之处——

人总是同超越相关联，因而成其为人的。超越是存在状况中这样一种现象的形式，只有依靠它，人才可意识到存在的内容，意识到人自身。人无法摆脱这种必然性。如果人否认这一点，那么只会有别的什么替代了被否认之物。尼采想不依靠上帝来生活，因为他凭着诚实确信自己已经看出，不自我欺骗，生命便再也不可能同上帝相伴。正如他对现实的交往感到缺憾，便同自己创造出来的友人查拉图斯特拉打交道一样，如果他否认上帝，那么就会有别的什么来取代上帝。需要问一问的是，这种情况是如何形成的。

尼采在其形而上学学说中表述，作为纯粹的此岸性，存在本身到底是什么：它是万物的永恒轮回。对轮回的认识及其对自我意识、行动与体验的影响取代了对上帝的信仰。存在是强力意志。一切无非是强力意志的方式，强力意志体现在无尽的形式之中，是生成的唯一驱动力。存在就是生命。它被称为狄奥尼索斯这一神话式象征者。存在的意义在于超人："超人的美景像阴影一般向我袭来：诸神与我何干？"（第 6 卷第 126 页）

无论如何，存在都不是上帝的超越性，而是我能够发现、研究、创造的内在性。尼采想对永恒轮回做物理学式证明，对强力意志与生命做经验性观察，并创造出超人来。但每一次，这都不再是他以形而上学的方式意指的世上的特定而唯一的存在。因此，只要这种思想内容没有同世上的任何特定对象相混淆，它实际上便趋向超越，却是以绝对化了的内在性的语言趋向超越的。尼采如何看待这种存在，只可借助于世上实际的个别对象来得以洞观或致思。因此，每一次，超越性的完整内在性都会随即转变为自觉的内在性，这种内在性实际上仅属于涉及世上个别存在状况的特殊性。而这之所以可能，是由于对存在之实质的形而上学式论断来自此前对个别世间存在的绝对化，因而要不断退回到个别世间存在中去。由此，在超越性思想与在世上有所认识的思想之间，思维便摇摆不定，而这是这种思维的方法混淆不断的结果。

一、存在作为循环往复中的无限生成，轮回作为生命与强力意志，可凭借一系列思想飞跃而达取：从切身与现实地经历的事物飞跃入遥远而可能的事物，飞跃入全部自然的世间存在的生成。这些飞跃每一次都保留在世界之中，不是向超越的飞跃。但是，这种飞跃本身已然是一种超越，因为它们不再以有约束性与经验性的方式认识世间事物。然而，它们是超出一切特定事物的、向内在性存在状况之整体对象的超越，而非从生存的自我存在向超越者而做的超越。它不是关联着超越者、通过历史性的抉择和已然实现的自我存在、在不可理喻之物中寻求对超越的意识，而是在某种所谓得以把握的整体中，将个别之物纳入无限的生成。其重要性仅仅在于，它是永恒轮回的，意味着强力的某种等级，是真正的生命。由于尼采这种颠倒性的超越实际上同样保持为真正的超越进程，他就常常在心境中触及这类超越的意义，尽管这类思想本身归属于单纯的对象性。

二、这种超越忽略了去区分可加以对象性研究的真相——它适于为这世上有所规划的行动提供有效手段——与有所澄明的真相——它唤醒驱动力，而无需为有所规划的理智指明特定道路，要么就是解读密码,而并不把握某种存在——。有所澄明的思维并非可得以应用的人为性知识,可应用的知识始终不可避免地有所限定而缺乏为自身奠定自我意识的力量。如果一方混淆性地替代另一方,那么在这种混淆中就有可能出现由根本不存在的使命而来的陶醉感,而这只能被理解为自我欺骗。

例如,某种幻想式的创世会替代超越。超人会成为在这世上有计划地培养人的理想,超人优越于诸神,是因为超人应当存在于人的创造行动的范围之中:"你们能否创造出一位神祇来?——那么就不要对我提诸神!或许你们会创造出超人。"(第 6 卷第 23 页)如果有诸神的话,就什么也无需创造了。而如今,"我的热切的创造欲总是一再驱动我趋向人,就像驱动铁锤趋向石头一般"(第 6 卷第 126 页)。但是,如何创造呢?是依靠思想,即我促使他人致思创造,还是类似培训动物地培养人,即筛选出某些价值高的、有用处的、便于认识的素质来?在任何情况下,人只能实际地认识到某种有限目的,人永远不会知道,自己的行动的结果是什么。或许,他便自以为是超出人之上的创造性神祇,但这只是幻想。

如果说在超人身上,一时间还会显露出形同某种使命的内容,那么留存于世的驱动力的内容——它替代了神性的超越性——最终越过了一切规定性,迷失在虚无之中:"迄今已有上千个目标,因为迄今已有过上千个民族……欠缺的是某一个目标。人类尚没有目标。"(第 6 卷第87 页)然而,神性也许会拥有人类的某个目标。没有人能够识别这一目标,并富有意义地将其把握为使命。替代超越的思维的结果是,它迷失在想象之物中,这种想象之物仿佛是最高的、可能的世界之现实,但它什么也不是,并不是超越。

确立不可能的使命,会让人遗忘自身的有限性及其局限,因为它让人想到的,是渗透一切的上帝能够实现什么,而不是一个人能够实现什么。例如，尼采高傲地教诲人说："在恰当的时候死去。"此时他讲得就好像一个人能够为某项事业和他人牺牲生命，并超出自己的生命，去洞察生命，并在总体上评价生命，就可以知道自己应当何时死去，或何时应当自行了断似的。

三、混淆可加以对象式研究的真相与澄明性真相，或混淆始终是局部性的、相对性的对于世间万物的认识与超越，其结果就是模棱两可的情况。如果有所表露的超越利用自然性认识、心理学、社会学概念做表述，就会出现这种模棱两可的情况。尼采将生物学、心理学、社会学当作手段，用来呼吁人上进、澄明密码，因而一再陷入谬误。例如，他除了以高超的人作典范，充满激情地奋发向上之外，在平静地承认人的天性时，采取无所谓的态度；除了要求人克服一切心理因素之外，持有心理上的齐同均一看法。颠倒性地混淆做判断的心理学与做呼吁的生存阐明，最终来自趋向纯粹内在性的意志。这种意志要对任何超越均加以谴责，却既未留下生存，又未留下超越，而这种意志本身又不可避免地不断做出超越。

保持为内在性的概念是世间万物的概念。这样，它们才是有规定性的、有效的。它们指的或许是存在整体。这样，它们就是无规定性的、无效的，除非它们成为促使混淆它们的人有所行动的缘由。而这种行动要么达到通常完全意想不到的目标，要么径直走向毁灭。在任何有关世界之知识的意义上，拒绝超越并替代超越的概念是空洞的，不会表露超越。人类思维的所有内容要么来自有关特定现实存在状况的可资证明的知识，要么来自超越之语言，这种语言指向的，是同它一样不可证明的自我存在的生存。因此，尼采的空洞观点恰恰来自于，他要留存在世上，却要遗弃这世上的可知之物。

不容否认，尼采的读者会在关键之处仿佛遭到一片空虚的侵袭，即终结一切之物的那种无所表露的象征会令他倍感失望，一种空洞的生成、空洞的运动、空洞的创造、空洞的未来看起来像是最终的哑然无言。

但是,这种假相并非关于尼采的最终真相。如果人们批评尼采持有无神论,指出他是个"敌基督",那么尼采的无神论既不是对上帝简单而平庸的否认,也不是疏远上帝的无所谓态度。这种态度认为上帝什么也不是,因为它根本就不寻觅上帝。尼采为他那个时代做出判断,即"上帝死了",而这种方式已然表露出,他深受震撼。正如他的非道德论要通过真实的激情来扬弃欺骗人的、不严肃的、通行的道德,他的"无神论"也要反对所谓的信神态度所带有的平庸而剥夺人激情的谎言,主张与存在的真正关联。如果说对他而言,他的无神论中有激发他的人性存在奋发向上的无情驱动力,他所要求的诚实性令他愈发彻底地否定任何对上帝的信仰,那么尼采在反对基督教的同时,还神奇地保留有同基督教相近之处:"这是我当真认识到的最理想的生命。我从幼年起就在许多方面追随它,我相信自己在内心深处从未反对过它。"(1881 年 7月 21 日致加斯特的信)

所有这些都表明,如果说尼采批判对上帝的信仰,创造出纯粹内在性这一替代物,不想超越,那么在实际上,他始终是渴望超越的。

尼采的超越——

尼采的超越最明确的标志是,他区别于一切实证主义、自然主义、唯物主义的学说,其否定性是无所不及的。上述学说的特点是,总有一种固定的自我确定性被限定在其对象中,以对象为真正的存在。尼采的论点想必带有某些实证主义的形式,而他对实证主义不屑一顾。尼采的思想运动并不起源于通常的无神论,通常的无神论满足于将世上的经验对象当作研究与假设的对象,满足于任何一种迷信,如果它想知道什么是存在的话。尼采的思想运动起源于面对任何向他呈现出来的存在形态展现出的无限不满足感。也许,尼采所否定的一切,通常同样是受否定的,但要么它们都像个别之物(而其他的则受到幼稚的肯定),要么就是它们受否定的方式并不损害否定者自身的生存,因为这背后有某种理所当然的存在状况的隐秘的可靠性。与此相反,在尼采那里,做否定的驱动力来自不满足,来自激情,来自牺牲的意愿,以至于它看起来同伟大的教徒与预言家的驱动力同出一源。

尼采的超越看起来像是虚无主义,他承认自己要将虚无主义推行到极致。他认为自己的虚无主义是靠强力进行创造的虚无主义,区别于由柔弱而来的无创造性、仅仅是毁灭性的虚无主义:"人类任何富有成果与强有力的运动同时都带来了虚无主义运动。"(第15卷第223页)

他在重大历史现象与现代颓废状况中看出自己批评的虚无主义。他称婆罗门教、佛教、基督教为虚无主义式的宗教,"因为它们都将生命的对立面,即虚无,当作目标,当作最高的善,当作'神'来加以讴歌"(第14卷第371页)。在这种弱者的消极的虚无主义当中,一切价值都彼此矛盾,它是败坏人的。它的主要表现是:"借助于宗教的或道德的、政治的或审美的种种掩饰手法来窒息人、救赎人、安慰人、麻痹人的一切。"(第15卷第157页)"彼得堡模式的虚无主义(即对无信仰的信仰,乃至为此而殉难)"同样是虚弱的,"它总是首先表现出对信仰、支柱、支撑、依靠的需要"(第5卷第281页)。虚无主义是垂死的现象,虚无主义者的没落变本加厉地走向对自身没落的判决:虚无主义者"本能地感到,有必要采取行动,从而将强者当作自己的死敌"。他们身上留有经过变化的强力意志的残余,"他们迫使强者做他们的刽子手。继一切生命俱丧失意义之后,这就是佛教的欧洲形式,即无所作为"(第15卷第185页)。

与此相反,尼采的虚无主义与这些可能性针锋相对,它实际上是尼采的超越的某种形态,它那模棱两可的特点是难于理解的。在超越的虚无主义当中,存在必定向他昭示出来。但是,在旁观者看来,就好像这种超越是付诸阙如的。尼采克服了虚无主义,却是在从属于无法掌握的时间性存在的形态中克服虚无主义的,以至于虚无主义会一再冒头,并要再度得到克服。他的变得教条化了的观点(对超越的无济于事的替代)有可能看上去像一位不信神的人的信仰意志。尼采向信仰内容的思想飞跃不是奠定传统的思想飞跃(就像陀斯妥耶夫斯基或克尔凯郭尔那样),而是向自己设想的信仰的思想飞跃,向着自己所做的象征的思想飞跃(超人、永恒轮回、狄奥尼索斯等),而这些都缺乏具有历史约束性的氛围。这样,如果人们仅仅将目光限定于尼采的教条化学说,那么他就像这样一位思想家,他实际上是无法靠自己的结论来生活的。看起来,借助这些结论,他只能从自己所承认的虚无主义中强行找到一条出路,而不是像他所认为的那样克服虚无主义;看起来,他再也一无所有,要在世界之内在性的、却是臆想的空洞思想中把握存在之持存的假相;看起来,他的绝望的信仰的勉强之处在于,它要依靠某种人为地发挥作用之物。但是,只有当人们不是将完整的尼采孤立起来,而是将他的学说的实证之处孤立起来,他看起来才是这样的。他的虚无主义式的超越并未在存在中达到安宁。因此,尼采的无神论是或许再也无法理喻的对上帝的探寻带来的愈演愈烈的不安宁。

尼采的无神论表述含有一种无法言说的痛苦:放弃上帝,是必要的,其结果是"你再也不会祈祷……再也不会怀着无限的信任而感到安宁——你无法驻足于某种最终的智慧、最终的至善、最终的强力面前,无法放弃自己的思想……你这无济于事的人,你想在所有事情当中均无济于事吗?谁会给你这份力量?还从未有人有过这份力量"(第5卷第216页)。尼采的这种要求、见解与现实情况具有这样一个特点,即他不得不希望自己错了:"最终,对于所有无论如何都拥有一个上帝来相伴的人来说,还根本不存在我所认识的'孤寂'。此刻,我的生命在于这样一种希望,即所有事物都有别于我对它们的看法。但愿有人令我的'真相'变得不可信。"(1885 年 7 月 2 日致欧文贝克的信)他清晰而极其诚实地看到自己如临深渊:"深沉的人需要友人,除非他还拥有自己的上帝。而我既没有上帝,也没有友人!"(1886 年 7 月 8 日致妹妹的信)但是,尼采虽然感到震惊,却没有畏缩。这就可以理解,他在何处看到人的真正勇气:"你们有勇气吗?……不是在证人面前的勇气,而是孤寂者的勇气、高贵者的勇气,就连上帝也不再注视的勇气?"(第 6 卷第 419 页)

因此,最终可以从他的表述中直接寻找到他触及超越的迹象,就是不足为怪的。他在思想中已然要将自己不得不否定的上帝随即再度确立起来,如他讲道:"实质上只有道德性上帝被驳倒了。"(第 13 卷第 75 页)他明确地留有一片余地——即使他从未谈及唯一的上帝,而只是谈及诸神与神性:"还可能有多少新的神祇! 在我本人身上,不合时宜地活跃着宗教的,即塑造上帝的本能。而每一次,神性向我显示得是多么的另有别样、彼此不同……在生命中不分时间的诸多瞬间,如此之多的罕见之事在我面前一晃而过,……我不会怀疑,有各种各样的神祇存在。"(第 16 卷第 380 页)但是,同样明确的,又是这样一种思想运动,它将一切归结于人:"我认为重要的是,人要摆脱万物,摆脱统一。至于绝对者,人不会白白地将它当作最高机制,冠以'上帝'之名……我们赋予陌生之物和整体的,都要取回来赋予切身之物、属于我们之物。"(第 15 卷第 381 页)

如果这切身之物看起来始终是不够的,那么尼采最终会呼吁超越任何实质在一时间的持存,但他是在质疑中发出呼吁(并重又放弃这一点):"或许整体纯粹是由不令人满意的各个部分组成的,而这些部分统统是人头脑里所期望的? 或许事物的进程就是'远离切身之处! 远离现实!',就是永远的不满足? 或许期望就是驱动性力量? 难道它是——神?"(第 15 卷第 380 至 381 页)

我们仅在一处看到,尼采似乎息止于超越之中了。他不自觉地创造出有关风景的新神话,就像创造出纯粹内在性的神话一样。(参见本书第418页及以下几页)尼采的高贵心性在自然中寻找到逃逸之地,这逃逸之地向无神论者启示出,他的实质同事物之存在的密码语言是一致的。这是孤寂者捕捉到的神话式自然灵感,是神话式风景,无需人作为倾听者。如果说这种神话表露了人际交往的匮乏,那么对尼采之实质的局限所提出的问题就是:无神论与交往的匮乏是否有彼此间的联系。实际上,他致思与创作的著述流露出这样一种意义上的联系。如果说他未绝对地爱过任何人,因而在他看来,上帝死了,他的彻底的无神论在生存上关联彻底的交往的匮乏,那么这当然是将支配他思维的某一特征错误地推论到其整体性上了。他对交往充满激情的渴望令他永远不会完全抹去不确定的神性,他的无神论即深入他生存之核心的不安宁。尼采的生存与思维远非人能够以这种方式捕捉到的。但是,它标志着同替代神性的思想密切相关的各种可能有的意义。如果将这些意义绝对化,就会在瞬间对无神论与交往之匮乏的统一性做出不真实的解释。

参照无神论的哲学沉思——

尼采当作无神论表述的,就内容而言不可能简简单单地就是谬误或真相。这是因为,没有关于上帝之存在的证明,也没有相反的对无神论的证明。对于人只是一种动物这一说法,同样没有或正或反的证明。如果人能够做到的话,是否感觉自己像动物,则完全取决于人。在这类问题上,论证什么也解决不了,最多只能做解释。在此——在普遍有效的可知之物范围的彼岸——,真相是由现实决定的。在尼采那里,既不可以说真相缺乏生存上的严肃性,也不能说真相作为现实是现成的。无神论是世上的一种力量。尼采所看到、所表述的,就是这种现实。而且不限于此,他将这种现实推到无法衡量的高度上。这种无神论不是因虚无而来的精神贫瘠,而是魔鬼般的激情。尼采对这种无神论的无法把握的多种情况做了非凡的表述。

如果说就上帝之信仰或无神论的真相而言,没有什么普遍有效的、通过认识对一切理性之人均有约束力的决定,那么对真相的要求就是:看出现存无神论的现实性及其力量的实际作用。对于保持真诚的哲学沉思来说,必要的是保持同现实性的联系。如果说在自我存在的超越之中,真相是哲学沉思的根据,那么这种真相仅仅在于它经受住他者——无神论——的质疑,而且在经受质疑时不仅承认他者的现实性和力量,而且同时承认他者的牺牲勇气、对生命的消耗、充分的强力。

对任何人来说,具有生存必要性的,仅仅是这样一种决断,即人想依靠无神论来生活,还是依靠同神性的关联来生活。这不是可以言说的有关自身之知识的决断,而是在内心行动中、在评价事物时、在勇于冒险与对存在的体验中所做的决断。

哲学沉思自知不是一切,它不经他者便无法确定自身。这他者就是它永远无法达取的天启宗教。因为这种宗教,哲学沉思保持为有疑问。而它自身无法采取、无法理解这种宗教。尼采全面攻击的无神论又是另一个他者,这一他者同样将哲学沉思置于疑问之中。哲学沉思因排他性而同自己要清除的天启宗教相近似。以自我存在为根据的哲学沉思既不克服天启宗教,又不克服无神论,只要这两者是现实的话。它要借这两者阐明自身、质询自身,并听任自身经受质询。它区别于无神论之处在于,它承认天启宗教——即使不是为自身起见——,这就是说,它不想清除天启宗教;它区别于天启宗教之处在于,它不会对无神论者发动灭绝人寰的战争。哲学沉思有赖于它在实际当中的软弱无力。在软弱无力时,它依靠的是独立的人的理性。它仅仅作为心灵的现实性,历经几千年宁静的历史传承,仍有其唤醒人、创造人的现实性。这种心灵的现实性为天启宗教与无神论的外界力量所容忍、促进或谴责，并被推进隐秘的境地。哲学沉思是软弱无力的，它只能在论证中揭示业已表述出来的、宗教教义式的，或无神论的论断的结论，在生存中揭示各种深渊与可能性。就实质而言，它处于无所顾忌地开放境况与心甘情愿的境况中，参照天启宗教与无神论，在关键之处，在同这两者交往的运动中保留自己的看法。人之为人，在于交往的可能性，在于人不是单纯的自然力量。而人造成实际当中的交往破裂这一令人畏惧的情况，则属于对哲学沉思最强有力的推动力。哲学沉思要唤醒人内心的所有力量，使之发挥作用。哲学沉思本身既不趋向上帝，亦不远离上帝，而是源出于自我存在同超越的关联。尝试着从理性与生存的深度中体现出来的，是人的现实性。这是哲学沉思的实际源头，而且是哲学思想几千年来或隐或显的对话的源头。

尼采无情地从自己的无神论中引申出思想内容的结论：基督教与对上帝之信仰的任何形态俱已被戳穿。一切人类行为都是以阐释世界的方式进行的，这种阐释不断变化，始终只是不同的幻想而已。任何幻想都是某种强力意志掌握的现象，就连对于作为强力意志的世界的阐释，也是强力意志做出的阐释。因此，此时通行有效的是：没有什么是真实的，一切都是许可的。强力意志要发挥作用，它最不可抗拒的作用并不存在于某种真相之中，而是存在于极端之物的魔力之中。除了实际力量的界限之外，再也没有什么界限，没有因绝对要求而来的限制。事物都是为斗争而斗争的。但是，一切都是模棱两可的，虚无主义始终是眼下的现实之物，它要在这种强力形而上学中得到克服。

凡看起来如此这般的，似乎都是随意之物与无规则之物的天性。但是，也有一种创造性法则的力量的现实性，它是非超越性的强力的节节胜利。这种法则即强力的法则。那种随意性的驱动力来自大众，这种创造性来自主人的优越性力量。前者是在顺从，并促使人顺从；后者则颁布命令,因为它能够也有力量这样做。前者需要虚幻,因为它过于软弱,无法肯定自身的现实;后者甚至为那些奴隶维系与创造虚幻,而它自己则毫无虚幻,并不为自己创造超越的幻境,而是以独立的优越性做出那样一种阐释,这种阐释是强力意志内在于世界的幻境。

尼采以诱惑人的力量、变化多端的方式表述的,是对无所畏惧的生命现实的有效流露。有一种哲学沉思,其力量在于,无所畏惧地引申出最终结论。由于尼采走上这条道路,他在认同这条道路的同时,看起来就是历史上最具代表性的无神论者。但是,由于他不限于此,即在无所畏惧的同时超越自身,而不在实际当中拘泥于这种无神论的形态,他就是这样的哲学家,这种哲学家参照无神论来做哲学沉思,而不仅仅持有无神论。因此,他一方面探求,仅仅将自己理解为一种动物性存在的人到底是什么;另一方面则批评性地超越于实证主义、自然主义、生物主义、实用主义之上。尼采在临界处做哲学沉思,这种哲学沉思——被列入上述内容——随即就转变为非哲学(即沉沦入这世上生物学的、自然主义的、合目的性的内容)。在他的思想中不断出现这种转变,以及向哲学沉思的回归:这是对同时一无所欲的无神的现实的体会。

不能说,没有上帝,哲学沉思就停顿下来了。想必应当说,没有超越,哲学沉思就停顿下来了。因此,不经质疑、平庸无奇的无神论与追求言辞之争的手段的诡辩论在接受尼采时,毋庸置疑会以简单明了地假定他的虚无主义式内在性为准绳,并且由此被标示为非哲学,即无所畏惧的情况——与尼采的情况相反——虽然在表述上有所收敛,在实际当中却必定无所顾忌。

将哲学转变为非哲学,即仅仅将非哲学当作单纯的思想内容保留下来,就误解尼采了,并被用来服务于尼采恰恰反对的各种力量。它可服务于仇恨之心,这种仇恨之心在对人与世界横加污蔑时,为软弱无力带来乐趣;可服务于暴力,这种暴力将区分人的层次的强力意志的思想混同为对残暴的辩护；可服务于对精神的敌意，这种对精神的敌意将生命当作单纯的存活之事加以讴歌；可服务于欺诈的做法，这种做法将尼采以假相为真相的看法转变为对一切谎言的纵容态度；可服务于漠不关心的无所谓心理，这种心理否定一切，为的是肯定自身单纯的存在状况是自然而然的。

由于尼采的思想活跃在哲学沉思向非哲学过渡的临界处，勇于致思一切，他便寻找到生存性无神论的非凡表述，并揭示出哲学沉思面临的其他真实之物。这样一来，他在自己的思想中同时采取诸多立场，再也无法深入下去。换句话说，在尼采思想的茂密大树上，绽开许许多多的花卉，却未结出果实。

但是，在尼采的无神论中，有着不可磨灭的持存之物的重要性。

尼采视真相为非持存性的，既不是上帝之存在，也不是上帝之不存在。他在超越中流露出真相，却不认为自己所流露的是持存的，这使得他成为不可战胜的。

尼采将无神论的存在状况憧憬为或许是统治地球的力量。这种不容否认的、在他看来一味壮大的力量使得尼采看起来再度成为不可战胜的。

如果说他由于无力做到超越而在彻底的临界体验中产生一种谬误，这种谬误因他体验的严肃性和表达的中肯性而出色地展现出来，那么这就是一种必然的、持久地富有成果的谬误，因为它间接地、以强制性力量指明真实之物。人把握真实之物，不是在其单纯的闪光之处，而仅仅是在了解谬误、经受谬误的考验之际——就像对我们来说，有黑暗，才会有光芒。这是尼采第三重不可战胜之处。

无论无神论在尼采的思想中占据怎样的主导地位，这都不是完整的尼采。他发挥的作用、想发挥的作用，是同这种存在状况的可能性不尽相同的。较之他思想的内容，这些虽然是主导性的，却只是个别性的表述形态，他的全新的哲学沉思要更加深刻。

新的哲学沉思

尼采的无神论是他同传统的历史实质彻底决裂的极端表露，因为他这种要求具有普遍有效性的语言说：在他看来，一切人类理想俱已沉沦，他要谴责道德，放弃理性与人文精神；他视真相为无所不包的谎言；迄今的哲学始终是自欺欺人的，基督教是被遗弃者、弱者、无能者的胜利；没有什么神圣之物、有效之物可以不经受他的批判。至少看起来是这样的。相对于一切以往的、他人所做的决裂来说——它们只是局部性的，因为有一种不言自明、未经质疑的有效基础保留下来了——尼采所做决裂的程度是无与伦比的。他考虑到这种决裂的最终结果：在这条道路上，几乎没有更进一步的可能了。自此以后，凡以否定性的、分解式的方式所做出、凡以对沉沦的预言所表露的，都不过是重复尼采的所作所为而已。他看到，欧洲不可遏制地陷于灾难之中。他的憧憬非凡绝伦、震撼人心，在他那里是本源性的、真实的。而在他之后，从其他人口中诉说出来的，大多带有虚假的非凡特点。这是因为，尼采在实质上区别于这些后人之处在于，他的震撼人心之处是真实的，他将自己全部思考性的生命投入通向未来之路，而这未来绝非人的沉沦。尼采讲的所有个别话语，并不像他同一切决裂的严肃生命一样具有实质性。存在于这种英雄般的决裂之中的，不是要决裂的意志，而是肯定驱动力的意志。

问题是，尼采是如何从实证性上把握这种肯定，并对其加以表述的。

超人、强力意志、生命、永恒轮回一经表述出来，就具有实证性，就好像人们可以平铺直叙地处理它们似的。但是，这些论点在尼采的演绎中具有多重意义：它们的直接的对象性令人失望，它们的深刻性令人神往。这种深刻性一经表述出来,随即又像被遮蔽了一般。就好像尼采在形成其形而上学——它的直接内涵已不再同我们相关——时,阐明了生存之物似的,即使这只是思想火花,而非安宁清晰地揭示存在的持久光芒。因此,我们的阐释尝试着,不仅仅将实际的思想内容联系起来,不仅仅揭示出直接确定下来的对象性——如有必要,也揭示其空洞之处——。这种对象性根本不能满足问题的要求,而是最大限度地揭示出,它们都隐藏有哪些意义的内涵。尼采常常是借附带性的、零散的语句来表述这些,它们较之固定的论点表述得更多。

尼采把握肯定之物,不是在变为平庸规定性的内在性中,而是在无尽的视域中,在不确定的、无界限之物中。随着一切联系俱已脱落,一切设定界限的看法皆被戳穿,思想便在实际上沦入虚无之中。

如果说尼采最终是在描绘与形象中探求实证之物,那么他做的,大多是徒劳的象征,它们虽然具有语言上的力量与憧憬上的透彻性,却不具有形而上学的密码所具备的强制性力量。

如果说尼采继决裂之后、继脱离一切基础之后,随波逐流地汇入思想的大海,把持着永恒轮回与其他变得教条化了的内容,那么这就好像他要依靠大块的浮冰来自救,而这些浮冰必定要融化。当他渴望无限时,就好像要飞翔在真空中一样。当他把握住象征时,就好像掌握了无生命的伪装方法。在这些道路上,他达不到自己的意愿。

但是,在尼采那里,这些道路并非无关紧要的,因为在这些道路上,生存的历史性始终是他的驱动力与目标。他有趋向那种本身不是思想却统辖一切思想实质的意志。至于这种实质是否会呈现出来,则是个别思想的标志,而不是始终只会模棱两可地传达出来的思想起源的标志。看起来,就好像尼采的哲学沉思不自觉地触及生存的历史性,而未明确地把握住它;就好像他尽力从有限的思想规定性与无限的不确定性中退回自身的历史性中去,但看起来也好像尼采常常不再是从历史性出发做思考。

趋向真实的、历史性生存的意志驱动尼采融解一切，以便达到新的思想起源。他在做揭示之际，即在批评虽不真实、表面化、空洞，却仍被臆想为固定性之际，他就像创造出一种纯净氛围的激流。他毁灭形形色色的道德的做法，是非凡的，也是境遇所要求的。他再次为生存哲学廓清了道路。只要生命是从未经质疑的理所当然的情况出发，而这种情况是不真实的、无需绝对信仰的，则哲学思想就是一种不和谐的活动，同其他出于偶然缘由选择"题目"的活动一样。只有放弃这样的生命，才能重新从整体出发，对生存之存在做哲学沉思。

尼采的决裂有别于法国大革命时期的态度，它虽更加彻底，却未失去趋于变化的传统的意志。这不仅是因为，尼采认为前苏格拉底的古希腊文化高不可攀，是人类的典范（仿佛对基督教《新约》的替代），而且他从未想到遗忘历史传统，从新的蛮荒的一片虚无中从头开启一切。他的全部著作都关联往昔的伟人，包括他所批判之人。

尼采这种全新的哲学沉思并未获得某种形态及其最终有效性，尽管它显得如此明确，具有如此的推动性，如此无情地令人不安宁，让持存之物再也不得安宁。它是感觉、体验、意欲的所有方式所做的一场闻所未闻的角逐，它在思想中表露出来，却未达到目标。

绝对的否定性——

尼采在其现实辩证法的进程中令深刻的矛盾愈演愈烈。在这种哲学沉思中，必然一切都颠倒过来，诚实性将自身置于疑问之中，有意为之的无神论并未取消塑造上帝的直觉，反对任何预言的意志却带来荒谬的预言，狄奥尼索斯同被钉上十字架的那个人针锋相对，这两个人都可成为尼采本人。

如果没有任何内容可以在整体上充当尼采原义上的学说，那么他的哲学沉思的关键并不在于某种特定内容,哪怕在他的著作中,这些内容是主导性的、最有效的。要看到,一切表述都重又被置于疑问之中,一切致思看起来——有意无意地——都在矛盾中自行扬弃了,这到底意味着什么?

尼采希望自己思维的广度及其存在的实质是真实的、无拘无束的。他认为通达之路即克服存在的任何形态、任何价值、世间实质之物的任何固定化:"我的著述讲的只是我所做的克服。"(第 3 卷第 3 页)有一种非同寻常的要求是,为了做到真实,就不能拘泥于任何固定之物。

有所克服靠的是"怀疑"与"背叛"。怀疑是这样一种态度,在它面前,再也没有什么是不受质疑的,并且没有什么可以在驳斥了怀疑之后重新确立起来,而是必定要发生转变,以便分享存在。尼采认为,从未"有人以如此深刻的怀疑态度审视过世界",并称自己的著作是"对怀疑的训练"(第 2 卷第 3 页)。他认为:"有多少种怀疑,就有多少种哲学。"(第 5 卷第 279 页)背叛不是不忠诚,即不名誉地弃人于不顾,而是出于某种必要性放弃变得空洞了的历史实质,而这种必要性是尚未得以理解的;背叛是在生存面临危险时向某个极端的他物的可能的飞跃。尼采很早就写道,我们"为精神所驱使,从一种看法过渡到另一种看法,变换着立场,作为一切可背叛的事物的高尚背叛者"(第 2 卷第 412 页)。

尼采揭示了诸多事物,借以着手指明,一切存在状况都是虚假的,这种虚假性即唯一的现实。一种无止境的辩证法不能够息止于任何地方,拘泥于任何持存之物。只要走上了揭示的道路,就会对真实与虚假做出区分。但是,只要有所克服不再是为真相起见所做的揭示,而是普遍地追溯一切现实现象,那么可背叛之物同持存之物便泯然无别了。应当说,一切都可背叛。尼采一向致思的,总要转变为一瞬间的单纯的可能性。而他本人真正的想法,则形同以往的超越,即他要超出世上任何可把握的形态、任何立场、任何目标。而他对立于以往的超越之处在于,最终看起来什么也剩不下来。

致思尼采的思想时,没有任何地方可以停顿。凡在我们把真相当作最终的,并要把握这种真相时,尼采总要逼迫我们前进。最终一而再、再而三总是虚无。绝对的否定性——不论它是怀疑,还是不信任感,抑或有所克服;不论它是矛盾,还是听任矛盾存留下去——就像一种趋向虚无的激情。正是在这种激情当中,有着勇于承受一切的、趋向真正存在的意志,而这种存在是无法获得某种形态的。这种意志要在无法再以无矛盾性来把握的思想深处获得真实之物,要将被掩盖了思想确定性的东西表述出来,实现出来,要回归自己的生存历史性的根据。

尼采渗透一切的肯定性意志就是对此的说明。如果说这一点在永恒轮回与爱的命定的思想中达到了巅峰,那么在尼采的思想中,这一意志在细微之处也随处可见,是始终伴陪他的标志,即对他来说没有什么虚无。在此意义上,查拉图斯特拉说:"有那么多的事情已然取得了成功! 这个世界多么富于微小、良好、完善的事情与人物!"(第 6 卷第 426 页)尼采的思维不是通过否定的阶梯走向最终的虚无,而是通过无数微小的肯定之阶梯走向最终的肯定。

尝试——

哲学沉思作为肯定性行动,只想做一种"尝试",这便属于绝对的否定性。(参见本书第 436 页及以下几页)对这种"危险的或许"式哲学而言(第 7 卷第 11 页),在无限之物的最终视域面前,一切都成为过眼云烟。因此,没有什么不可勇于做出之事:"这样一种尝试性哲学,据我对它的体会,甚至预先尝试了彻底的虚无主义的可能性。而这并不是说,它保留在……某种否定性之中。"(第 16 卷第 383 页)

这种哲学沉思尝试着致思与体验各种可能性,掌握一切被致思之物,而不为被致思之物所掌握。它没有沉沦入怀疑主义,而是要借助于独立与强有力的怀疑来为历史性生存的现实做准备,为行动做准备。而行动并不已然存在于对真相的单纯致思中,而是本身要成为真相。在这种真相面前,一切得以致思的真相都不过是尝试与可能性。

因此,尼采的尝试性思维的观念区别于任性之物、随意之物的无规则性、无约束性。尼采用他的尝试性哲学沉思做斗争,并不形同于用某种表述出来的学说反对他在这世上遇到的其他学说,并不形同于用教条反对教条,并不形同于用某种世界观反对其他的世界观。他并没有义无反顾地形成某种显而易见与可以言说的信仰,以便依据自己的一席之地来进行斗争,并扩充自己的地盘,或在斗争中检验为人们所相信的谬误是否富有成效。正像尼采终生几乎在所有境况中所做的那样,在思想中遍尝一切可能性,最终却什么也没有保留下来,而是受难、放弃、退缩。实际上他在哲学沉思中——正像他模棱两可地说的那样——同样是个"尝试者"。但是,这种尝试不是没有约束力的,而是立足于深刻的根据:这是完全另外一个层面上的斗争,有别于这世上存在物同存在物的斗争(这种斗争同样出现于以教条的方式宣称和阐发出来的真相这一形态之中)。它是尼采采取的实质性同虚无性之间的斗争。这一斗争在各处都发生在这样一个层次上,在此层次上不会产生存在状况的实际阵线。它是每个个人、每个民族内心进行的深刻而关键的斗争,是内在的、不可见其形、不可闻其声的斗争,尼采提供了争取其生存意义的武器,即尝试性的问题、误解的可能性、经受考验的可能性。对它们的传达是一种要求,即永远不停留于它们之中,也永远不将尼采的哲学沉思当作传达出来的真实的世界观而驻足于其中。

尼采作为牺牲者——

尼采的哲学沉思没有结果,但它像以往历史上对上帝的热忱探寻一样,知道自身注定要孤独与被遗弃。这是因为,用通常的、普遍的生命来衡量,这种哲学沉思是不自然的:"一种哲学如不做许诺,不令人更为幸福与有德,那么可以理解,人从事这种哲学,显然会走向毁灭,即在自己的时代孤独寂寞⋯⋯注定经受各种各样的误解与忌恨⋯⋯这样一种哲学不会轻易阿谀任何人,人必须生就适应这种哲学——而我还未发现这样的人⋯⋯"(第14卷第412页)

无节制地否定与尝试,作为单纯理智的不受约束的行动,涉及一切事物时,就像涉及某种与它自身的存在状况不同的他物。至于否定性与尝试到底是什么,它们现实地而非偶然地表露了什么,这只有在人形同全身心投入这一深渊、有代表性地——假如所有人都这样做的话——摧毁一切时,才可以看出来。这就叫作:做出牺牲。

首先,在尼采所意识到的时代转折点这一历史瞬间,尼采看上去是个牺牲者。他本人不可能再涉入这一时代的现实。由于离群索居,他不得不形同置身世外地看待自己对世界的感受。由于他实际上不得不在自己的时代中生活与思考,他的思想看上去像披上了一件不合身的外衣。由于局限于自己时代的行为与思维方式(甚至局限于自己反对的事情,如实证主义或瓦格纳派),由于脱离人群、日渐孤独、失去节制,他就容易被混淆。这便形成了这样一个人的哲学沉思,他勇于承受西方人最为重大的危机,在孤寂中体会自己只是断断续续地向我们传达的事情,如果只有失败者才可看出的事情显露出来的话。

其次,尼采作为牺牲者,看上去就像这样一个人,他通过无情地实现自我,对一切有限之物予以永恒的否定。有限性为未被牺牲者奠定了这样一个基础,即自我有可能出于当下的具体理由而存在于当下的界限之内,使得未被牺牲者可以在存在状况的历史特定性中感受密码。而尼采取得其历史性,不是靠同有限性合一,而是靠同否定性合一。这就像将通常受约束并通过约束才得以实现的人的存在扩充到这之外的自我毁灭过程中去,而这一过程什么也没有留存下来。

尼采因疯狂而变得毫无节制，后来为疯狂所击垮。疯狂作为经验事实残忍得毫无意义，形同这一牺牲者的神话式象征一般，再一次令尼采易于被混淆。尼采的本来面目变得真正极端之时，正值孤寂与疾病扭曲他之际，以至于若没有以疯狂而告终的生理过程，他的哲学沉思的极端可能性看起来就是不可想象的。这便将他的疯狂同样纳入牺牲，而这种牺牲揭示了他的全部生命与思想。

这种牺牲也表现在他的著述中：他的著述不带有庞大的体系以及康德的批判哲学所带有的那种持久形态。尼采的思想虽然具有无限的反思意识，却是无知无觉地做决断的。这样一种思想是不受约束的，因为它勇于承受一切，也会陷入谬误、陷入荒唐。尼采的思想尽管做到无止境地有所克服，尽管做出怀疑和批判式分解，却在康德的意义上是非批判性的，一再陷入教条。这种情况未得到控制，而只是在思想运动中一再分别得以克服。因此，尼采不得不提出如此之多的主张，以便随即将自己的主张转变为它的反面，就好像始终有一种思想的狂热性转变为另外一种思想的狂热性，而一切狂热性都被降低到单纯的尝试的层面上，并在这一层面上被扬弃掉。由于尼采所承认的谬误是自行产生的，所以没有人能像依赖一种批判性哲学沉思那样依赖他。其结果是，尼采的思想不断被混淆，而这种混淆的根据在于他的著述的思想核心。他的著述表露了牺牲，而不表示有什么在这世上得到了历史性实现。

尼采通过自己作为牺牲者的方式提出至高的要求，却使得任何人都无法遵循他的道路。作为哲学式生存，他像火焰一样，而他也是如此理解自己的。尼采的生存真实性表现为，他内心的火焰焚毁一切，未留下存在状况与任意性的不可焚毁的残迹，而他的生存则消失在缺乏交往的隐秘性之中。

如果说尼采是牺牲者，那么他就是不可理喻的。他不可归于人类存在状况的某一众所周知的类型中去。言语只表露例外之人的存在的不可理喻性,这种存在触动我们,呼唤我们的实质,而不是对我们来说无所谓。

尼采的所作所为是开放性的——

如果有人最终想听一句话,即尼采到底是怎样一种情况,以便人云亦云地将其四下传遍,而不是自己体会尼采的思想,那么就应当对他说:

希望可以做出最终有效地表述出来的有关存在的决断,并对此有所耳闻,这是一切虚妄的由来。只有在这世上,即认识特定对象,为特定目的而工作,为特定目标而行动,可表述的决断才是有可能的。同时,富有意义的行为的必然条件才是有可能的。这类行为本身必须带有生存对存在的意识,只有生存才承载一切可表述的意义。在同追本溯源式思想家的活跃性交往中——这不是最终有效的、封闭性的,并通过思维本身的运动——这种思维在任何语句中都找不到安宁与持存,对存在的意识会变得澄明起来。如此得以致思之物,是基本确定性的媒介。只有在这种确定性中,眼下的特定目的、行动与认识才得以形成。

尼采做的是全新的哲学沉思,它不是经过加工的思想整体。他的情况与他的意愿始终是开放性的。他像一个永恒的起点,由于这是他所理解的使命之所在,所以在这一使命当中,关键不在于著述,而在于生成之中的人。但是,在尼采那里,同时有一种仅属于他本人的哲学的不可言传性。这种哲学有所表述,却未指明道路。这种哲学倒是有的,却不是典范。

对尼采的吸收

尽管有大量的著作与信札流传下来,尼采的哲学沉思仍讳莫如深。

我们这些旁人虽不能够也不应该对这种哲学沉思亦步亦趋,却可感受到它的思想起源。正是出于这种起源,人的可能的生命才要根本上得以改观。这就要阐述我们对尼采思想的吸收有可能具备的特点。

当尼采被当作这样一个创造者,即他具有丰富的骇人听闻的观点,他的语言表达在审美态度上做得尽善尽美,而这种审美态度带有无约束性的感染力,此时尚未有上面所说的阐述。这是一种人惯常的做法,对他们来说,最终起决定作用的是尺度与形式。他们在青年时代曾欣喜若狂,后来则对没完没了的矛盾、无节制性,尤其是他晚期的谬误、夸张而冗长的描绘、明显变得盲目的教条、时不时变得可笑的歧义之处感到恼火与厌烦,经历了典型的失望,看不到事物的核心。最终,他们在细枝末节之处取得一些成果,认为他是批评家与塑造语言的作家、杰出的格言大师与散文作家,以及诗人。但是,如果在这条道路上,对尼采的吸收仅局限于汲取优美的文笔,享受语言及其给人的睿智触动,那么他的思想内容便消失得无影无踪了

只有当意义在于让尼采可能有的驱动力对我发挥作用,才不是在审美中,而是在哲学中认真接受尼采。如果——无论是在审美性的或思想性的、系统性的或随便什么意义上——部分地承认他,部分地批评他,就会同他失之交臂。针对这种以著作为准的观点,关键在于,要接触他的思想起源。这种起源存在于整体的媒介中,而不存在于个别思想中,不存在于审美式的优美文笔或批判性的真相之中。

由于在我们看来,尼采并非一个日渐丰满的形象,而是自我消耗的形象,并未建构任何世界,实质上什么持存之物也未留下来——他是纯粹的驱动力,没有我们能够接触的形态,所以他给我们留下吸收他、借以改变我们自身的使命。如果我们把握这一使命,借以展示我们的实质,那么无论这种实质是揭示性的还是创造性的,我们必定都不会做错。那时便不会再有无所顾忌与激进极端的陶醉感,不会再将短暂热

忧同宁静而无情地起作用的驱动力混为一谈。尼采会成为教育者。人们在何种程度上控制他诱发的虚幻感，他便在何种程度上成为教育者。

尼采带来的虚幻——

苏格拉底的疑问与对可能性的探寻令雅典人大为震惊：谁以为可以用通常的语句或新的话语来掌握真实之物，谁就会陷入困惑。有可能的只是，要么对讨厌之人横加斥责，并最终置其于死地；要么分享人的存在的深刻奋发向上，这种奋发向上可以克制因苏格拉底而变本加厉、令人眩晕的困惑。

如果读者在阅读尼采时，对完整的尼采加以质询与倾诉，那么就会以同样的方式为尼采所触动。这样便会出现那种困惑，但是，也有可能出现真正的严肃性，这种严肃性会超出任何表述的固定，真正面对在尼采那里尚属隐秘的要求。可能性生存的分量寄托于单纯的存在状况，成为现实的思维工作的重负。这种思维工作由生存的可能性所推动，是必定要做出的，这才为同尼采建立真实的联系奠定基础。

如果不仅仅由于轻易拒绝尼采，而且恰恰同样因认可尼采而同他失之交臂，如果困惑大行其道，那么就会产生对尼采思想的误解与滥用。尼采便不是生存的唤醒者，而是无边无际的诡辩论的出路了。这是因为，凡尼采所致思之物，在客观上同样是诡辩论的媒介。诡辩论依据各种偏好与需要，矛盾性地利用所表述之物，而不分享思想运动的内涵（这表现为眼下所宣称之物被认定是唯一有效的，又是很快就被遗忘的），正像所表述之物可以做觉醒的、在自身的历史性中把握自身的生存的媒介。尼采在表面上接近诡辩论，在内心同诡辩论保持最大的距离，这是他不断被混淆的缘由。对这一点，我们可在一些思想联系中加以意识。

尼采的哲学带来了"情致"，它不是在观点上，而是在情致中告终的。只有在尼采的全部思想运动中保留下这一情致，证明这一情致，并再度创造这一情致，情致才是清清楚楚的，才可摆脱混淆的情况。但是，情致会导致单纯的情绪，作为随意的、多义性的包装，用于各种任意、冲动、愚昧的情况。情致适用于尼采所反对的情况：虚伪、凭印象行事、为愚昧所战胜。

尼采作为非道德论者，谴责特定的道德，因为他希望的，不仅是道德。他解除了约束，因为他在寻找囊括一切约束之物（但是，他的语句每一次都被用于更为狭隘的意义：一种不承认任何法则的不受约束的做法似乎要把他当作证人，以便能够为自己伦理上的混乱之处做辩解）。尼采肯定谎言、强力意志、无神论、质朴自然（每一次，他的话语都适于为这世上的实际谎言、残忍的权力欲、暴力事实、无神论运动、对一切虚幻与欲望的简单化肯定这些做法带来良心上的安宁）。但是，尼采的意愿是相反的：谎言即真正的真相。这就是说，它不只是通常的所谓真相。存在不具有强力，便不具有价值，或者说强力是靠自身内涵的价值而取得等级的。无神论令更为高超的人成为可能，较之对上帝的信仰更为真实、冷静、富有创造性，更为道德。自然具有丰盈的生存与严格的秩序，同样是一切自然之主，它远离不自然的渴望、希望与谎言。

尼采尝试一切可能性。他以生存为目的的尝试会径直成为非生存性的无约束性，会转变为对各式各样的存在状况、体验、可致思之物的享受。研究尼采，会令人产生对容忍一切的态度的厌倦感，以及凭活生生的印象致思某物的舒适感，随后却陷入无所谓的境况，对什么都无动于衷。人们会对矛盾采取漠不关心的态度，而不是在矛盾中感受刺激、语言与使命。如果说虚无主义者随意地将尼采的表述、毫无顾忌的论断、极端的立场变本加厉，那么尽管虚无主义者同尼采在实质上相去甚远，表面上的论述会虚假地显示出他们之间的相近性，乃至同一性。尼采的否定性可能具有的深度会掩饰自身的虚无特点，为虚无主义所讲的虚无而欢欣鼓舞，并且为了掩饰这令人无法忍受的情况，同时伴随着麻痹人的喧嚣，产生憧憬式梦想。似乎尼采就是为这种梦想而著书立说的。

人们可以在看待尼采的方式中观察到这种令人苦恼的误解情况。看起来，就好像尼采自己诱骗读者，扭曲读者，剥夺读者的自我，将读者置于虚幻与狂热之中，煽动读者或令读者束手无策，令读者自作聪明，从而令读者丢脸，像尼采一样说同样的话："不是每个人都能讲每句话的。"（第6卷第420页）尼采了解这些虚妄与误解，恐惧地预见到它们。但是，在一瞬间，他是希望有虚妄与误解的："我不想做今天的人们的光芒，不想被叫作光芒。我想灼伤他们——我的智慧是闪电！刺瞎了他们的眼睛！"（第6卷第421页）

在接触尼采时，生存问题在于，要同他交往（以便提高自己在现实中交往的可能性），而不是陷入诡辩论；要分享他的思想运动的纯正性、真实性，而不是用可能的诡辩式思想运动服务于有限目的、我的强力意志、我的存在状况；要认识尼采哲学思想运动的手段与必然性，而不是一再以不同的方式受到其影响；要让存在状况服务于超越，而不是靠超越一切可能性、堕入虚无——假装尝试着——实际上服务于如此这般的单纯的存在状况；要保存真实的思想运动的自由，而不是反对这种运动，屈从于强制性力量，而这种力量被单纯的理智当作无条件地接受下来的教条，随即又同其反面混为一谈。

哲学式教育者——

所有伟大的哲学家都是我们的教育者。在研究他们时，我们借各种驱动力、价值评价与目标、我们的变化与状况、我们所作的自我克服这些形态来形成自我意识。当我们指望从哲学家们那里得到有关世上万物的知识时，哲学家们是无动于衷的。当我们将他们的看法与判断当作可以学习的有效之物顺从地接受下来,并在日常中加以应用,就好像这是合乎理智的正确之物或合乎信仰的理所当然的内容时,他们便遭到滥用。哲学家唯一而不可替代的价值在于,他们指出我们在哲学沉思中借以确定自身的思想起源。这是因为,自我生成——只要它在思想与内心行动中对自身发挥作用,并创造自身——并不存在于留待认识的观点带来的迅速飞跃之中,而存在于同走上这条道路、在思想中揭示这条道路的人的共处中。

能够在近乎全部存在的可能范围内、在人的起源与界限处对我们发挥影响的最后一位哲学家,就是尼采。作为我们的切近之人,他是最为我们所熟悉的,即使按照我们这个世界的方式方法与可能性来说,他是最容易被误解的。至于他既有廉价的陶醉感,又有终生探索与予以内心化的严肃性,这是他区别于以往所有人的标志所在。极其明显的是,尼采的代表作在印刷数量上是以往任何哲学家的许多倍。

尼采成为教育者的方式也是由西方世界转折的历史瞬间确定下来的:他不是靠学说与绝对命令、靠始终保持的标准,或作为我们可以在模仿中追随的典范人物成为教育者的,而是靠他自己经过质询和考验而成为教育者的。这一点靠的只是思想运动。我们同他相处时,便有所体会。他揭示了人的存在状况的各种可能性,在思想中形成了自身的人性,尝试了各种可能的价值判断,提高了人对价值的感受程度。由此,我们接触到某种独立性存在意识的界限及其起源。但是,这靠的不是对整体的清晰指引,而是对我们的要求,即用他的思想来进行自我教育。没有什么是现成地给予我们的,有的只是我们自己要去争取的。

这种自我教育靠的是对尼采的研究。为此,需要有深受触动的严肃性,同时需要概括性思想所做的耐心的努力:

严肃性体现于接受尼采的方式之中。它不能是理智的游戏,而要成为"思维着的感受"。它不是单纯的直观,而是借自身可能有的激情所做的尝试。通过自我教育，我应当发掘出自己的真实性。尼采要唤醒我们内心不可仅仅靠形式性原则获取，而要在同自己的不断斗争中产生之物，即在倾听存在之根据时作为激情之秩序而产生之物。恰恰是不可依据简单明确的规定而获取之物，才会真正产生于愈发敏锐的哲学感受力之中。在研究尼采时，要不断投入自己的实质，就像经受炼狱之火一般纯粹地塑造自身。

如若任何所表述之物都转变为反面，一切既是真实的，又是虚假的，在思想运动中成为单纯的可能性，那么不依靠思想的努力与力量，便无可救药。只有竭尽全力进行自我教育，才能做到在尼采魔幻般的、变化无尽的思想的零散喷涌中把握实际性思想联系，而不是随意断章取义。恰恰由于他缺乏系统性思想演绎，深思熟虑的读者才不得不联系同尼采对立的思想，对自己进行训练。如果同尼采共处以及弃他于不顾的激情诱使人彷徨无主，那么由尼采造成的思想上的陶醉感所驱使，自我教育会出于历史性生存的力量，在整体之秩序中寻求克服一切之路。尼采体会到突如其来的思想——他的个别表述最初会诱人产生这种突如其来的思想——而他恰恰可以依靠他的思想联系最为明确地阻止这种突如其来的思想。他是以自己所要求、所采取的广阔视野间接地教人形成深思熟虑的思想的。

通过自我教育，对矛盾的思考尤其会得以认识，并发挥作用。在黑格尔那里，危险在于，和解性地取得一切辩证之处的均衡，便掩盖了存在状况中的生硬决裂与飞跃，以及生存性的非此即彼的情况。而在尼采那里，危险在于，简单地对矛盾采取无所谓态度，并滥用各种可能性。

谁内心毫无冲突与矛盾地自认为掌握真相，谁便对这种思想毫无防御能力。谁误以为凭着辩证法的完满形式掌握并且完善了真相，谁就同样是毫无抵御能力的。谁利用对立与矛盾蒙骗他人，以达到自己的目的，谁就是不真实的。只有把握矛盾、实质一贯的思维训练，才会将人引向真相,而不致令人毫无防御能力。需要体会的是,在各种事物当中,思想运动的辩证性是如何奠定起来的,以至于思想运动的奋发向上与诡辩论的可能性是同时并存的。

只有借助于我们自行概括的思想,才可能成功地做到,同尼采一道在思想中做自我教育训练。因此,自然而然的是,尼采早期的个别著作很少受人关注,大多要么不为人所闻,要么遭到误解。由于思想不是在个别之处,而是在总体中才保持其真实意义的,所以只有待遗著发表出来之后,这些思想才会起到真正的作用。在思想中做自我教育时,通过这种吸收尼采的方式,我们被纳入思想运动。这不是停留于尼采的思想中,不是停留于最终真相与可信性之中。这条道路会毫无结果地告终,但作为一条道路,它既有意义,又有作用。尼采挑起与保留不安宁,由于求真的驱动力与真正的存在愿望,这种不安宁就是思想进步的起源。因此,接受尼采所给予的教育,特点就在于这样一种体会,即人们似乎在"肯定之物"中会沉沦,而在"否定之物"中会奋发向上。

依靠这种思想运动,尼采作为教育者得到无限扩展:他指明通向无限之物的方向,教人致思矛盾之物,致思矛盾性价值判断的可能性,教人保留矛盾性,但也要保持辩证的思想联系,只是不要终止塑造形式的认识。谁不能勇于冒研究尼采的危险,并因此而尝试做训练,谁或许在眼下的历史瞬间就不能自由地置身于可能之物的广阔天地。他会流于在表面上对尼采有一知半解,要么陷入教条上的狭隘之处,要么陷入诡辩论,要么则同时陷入这两者之中。

谁廉价地逃避令人眩晕的思想运动,从而拘泥于孤立的公式、极端的表述、特定的立场,谁就是狭隘的。他就没有把尼采当作教育者来影响自己。较之将尼采的思想变得教条化而言,拘泥于古老的教条式说法,至少还做得更为真实一些。

谁在无约束性意义上理解尼采所做的思想解放,谁就是在诡辩。

他想同尼采一样，却没有力量、权利和义务这样做。无论尼采做什么，他都不是个诡辩之人。他代表所有人，在这个时代致力于实现生存性真理。

诡辩论者随意地把握教条上的狭隘之处，惯于将它们彼此混淆，因而诡辩论同思想狭隘是联系在一起的。在研究尼采时，我们受到教育，最终控制自己不断产生的一种偏向，即流于表述的字面意思。我们受到教育，克服断章取义地做生硬论证、给伟大思想贴标签、做分类的做法。这种教育在于我们既看到思想狭隘的可能性，又看到诡辩论的可能性，并从根本上体会、认识和控制这些可能性。

尼采给人的教育带来了令人眩晕的广阔性，这样才会唤醒人的生存性根据的全部力量。这种教育就像一种模棱两可的训练，模棱两可之物可得以肯定性理解，被当作真实、明确的自我存在的媒介。而自我存在虽然可凭借生存而避免模棱两可的特点，但经过表述，要得以无尽的反思。它可被否定性地理解为可能的诡辩论的媒介，而诡辩论依据境遇和有效的生命动力而定，凭情绪上的好恶与本能的暧昧态度来随意利用各种可能性。这种教育在我们这个时代是不可丧失的，也是危险的，它意味着没有人能够无需尼采就真正了解存在状况，真正地做哲学沉思。但是，同样没有人能够仅仅停留在尼采那里，就感受到充实。

对于个人的生存来说，这就意味着尼采要求的那种态度："谁只有自行改变，才是同我亲和的。"（第7卷第279页）尼采明白，这不是接受什么，而是自我创造。这也意味着，人永远不会最终完成这种创造。能够自我变化，意味着对这样一种始终可能的危机做好准备，即人自身的实质会得以转化与重生。在自我变化中同他人"亲和"，尤其意味着同任何可能的自我存在交往，即使这种自我存在陌生得像"例外"一样。这种教育谴责这样一种自我转变，它只是变成他样，始终只是要换个新面目。因为这种教育要促使人从自身的生存起源出发实现转变，趋向自我存在中的亲和性这一目标。

尼采从属于当今时代，是代表当今时代之变迁的思想家。在研究他时，他给予的哲学式教育的特点在于：他不可被理解为如以往的任何一位大哲学家那样，可致思之物在存在整体中，就像在自己的家园中一样得以完善，明确性可在人类不可触动的法则中得到理解。只有当人们在别的地方获得系统性的、抽象的训练，形成思维的坚韧性与准确性，就像形成了辩证的头脑一样，才可以真正把握尼采。但是，反过来说，在今天，或许只有通过尼采，才可以理解以往独一无二的大哲学家。没有尼采，这些大哲学家会轻易地僵化为教科书里流传的样子。关键在于，要提高哲学沉思层次，不至于丧失以往之物、已经赢得之物，在重新发现以往之物与已经赢得之物时，衬托着尼采来吸收尼采。

我对尼采这位教育者深有感触，因为他指明了未来，同他的接触起到了一种无可替代的推动作用。他回避最终的规定性，但在思想起源上是不容置疑的，对于一度分享他的思想的人来说，他是不可磨灭的。

对例外的态度——

如果说尼采并未为自己创造出一种充实的、当下的氛围，而似乎将自己的纯洁性魅力当作一种普遍的精神性来把握，如果说他的火焰似乎起到冷却的而非温暖的、仅仅是焚毁性的作用，如果说他高贵的目光看起来就像"睁着双眼的死神"一样空洞，如果说他游历现代心灵的一切角落，却未找到家园，而走向了无根无基的自由，那么这一切不过是对例外性存在的矛盾式表露。我们不打断切中我们内心的同他的交往，便不会拒绝这样的例外人物。这就是说，我们接近这种例外，却未同其合一，或哪怕愿意与其合一。

问题是，从普遍性与交往的可能性出发，人们如何对待尼采这个例外人物。在他身上,由于自身的生命已经牺牲掉,普遍性与交往这两者都丧失掉了。像尼采这样脱离世界、走向孤寂的人,其自身的现实性看起来最终只不过是这种思维本身,这样的人对于并非例外的人们来说意味着什么?

换句话来表述这一问题:尼采思想的毁灭性的力量,他将模仿他的任何他人都带入无约束的虚无性这一"尝试",果真是尼采的实质,抑或恰恰是尼采的反面,因为他意识到,我们的世界已普遍地分崩离析,只有他才有可能对无可毁灭的真实之物、对人的存在获得可能的思想萌芽与驱动力?

同尼采一道做哲学沉思,是在可能性中所采取的行动。对于并非例外人物的人来说,只有以自身的历史性生存联系为基础,采取真正的方式,才能做到这一点。不能以追随尼采、摆脱自身的各种联系、在虚无的基础上有所建树为目的。要把握包括一切联系的可能之物的自由空间,以便在生存中唤醒真正深刻的自由,才是意义所在。

一切相对于尼采来说都是开放的,他不可为人所拥有,只可为人所准备,并恰恰因此而为每一个人确立使命:在生存历史性中建立同超越的联系,以此来赢得自己的思想基础。尼采的思想为他始终否认的超越所震撼,他为自己并未指明的超越廓清了道路,为自己并未指明的生存历史性廓清了道路。

但是,将尼采思想束之高阁、不严肃对待它这一做法始终是不真实的。对可能之物做出危险的体验,严格地维系一切,创造出令我恰如其分的媒介,这是尼采本人在暗地里的要求。他摒弃学生,没有将自己的道路当作适合于所有人的道路,表述出自己的哲学沉思的目标:"任何一种哲学都必须做到我所要求的,即浓缩为一个人,而如今还没有一种哲学能够做到这一点。"(第 10 卷第 297 页)

尼采或许会将拒绝他奠定的思想基础(永恒轮回、强力意志形而上学、超人)的人推回自己所属的基础上去,让这样的人出于自身的根据生活在这一基础上。只有当我们出于自身的实质面对尼采时,他才会准确无误地向我们倾诉。尼采到底是怎么回事,这只有在他人对他的态度中才会最终得以明确。

但是,没有人会完满地采取这种吸收的方式。这是因为,人在阅读尼采而未能把握整体时,总会感到不满,要么就是理解得过于简单、孤立,将所阅读之物弄得本末倒置。在这种不可避免要对伟大的例外人物采取模棱两可态度的情况下,尼采会形同消失得无影无踪一般。但是,他有一种本源性挚爱,它可以失去其对象,而尼采的不确定的、敏感的高贵气质却会保留下来,即使一切所表述之物在一瞬间看起来消失殆尽。这是生存与超越无法权衡、绝不虚妄之处,它不容遗漏地倾诉给一度感受到它的人。

同尼采一道做哲学沉思,意味着不断反对他的主张。人自身的存在状况经受尼采的质询所带有的无限真实与危险的考验,在他的思想火焰中升华为对真正的自我存在的意识。这种自我存在不可在任何存在状况、任何世间存在的客观性与主观性之中,而只能在超越之中得以体会。尼采并未直接讲述超越,反而想摆脱超越。但是,就像尼采所做的那样,完整地奉献自身,这一严肃性,——尽管对超越多有责难——仿佛无意地比喻与描绘出为超越而殚精竭虑的那种深刻性。面对尼采产生畏缩,就像面对无可理喻者产生畏缩一样。只是相对于思想起源而言,而非相对于我们而言,不可理喻者才会是明澈的。

正文注释

[１] 引文的卷次和页码依据尼采妹妹委托出版的彼此一致的大八开本和小八开本版本。

[２]（正文第 6 页）译注：尼采的妹妹泰蕾兹·伊丽莎白·亚历山德拉·福斯特-尼采（Therese Elisabeth Alexandra Förster-Nietzsche）掌握设在瑙姆堡和魏玛的尼采档案馆，她委托编辑了 20 卷本的《尼采全集》（*Nietzsches Werke*），该全集于 1894 至 1926 年间在莱比锡先后分别由瑙曼出版社和克罗纳出版社出版。正文中括注所列出的卷数和页码，如无特别说明，均出自该《尼采全集》。

[３] 需要明确承认的一项棘手之事是，摘引语句，就要将语句从其上下文中摘出来。这样一来，它们就丧失了其意义关联，同时具备了其他意义关联。任何一次摘引也是一次强暴。关键仅仅在于，不要添加随意性关联，而要让个别的强暴同时导致人们更为恰当地认识尼采的整体思想。谁习惯于从一页纸中汲取并附会出近乎无边无际的东西，从而在沉思中沉浸于文本，或将关联个别文本本身的观点当作最终目标，想必谁就会不情愿地反对这样一种做法，即借助于从彼此极其不同的段落中摘引语句，取得思想联系。逐一做这一探讨，会无穷无尽。但是，暴力的界限——我希望自己永远不会违背意愿跨越这一界限——就在于，颠三倒四的意义歪曲情况和明显的错误一定要排除掉。与此相反，无可避免且不妨一试的是，用全部文本的任何一种内在联系来衡量，摘引既有可能削弱意义，又有可能扩充意义。而扩充出来的意义，并非出自尼采自己的文本本身。

[４] 生平资料来源：真正具有实质性的，只有尼采著作和信札研究。此外，对他经验性生活的认识并不能得自于某一部示范性著作，而只能得自于全

519

部资料来源。第一手资料从未简洁而全面地介绍他的生平事实。流传下来的资料一方面为人们的沉默所妨碍,另一方面为各种判断和观点所搅扰。因此,我们只能反反复复去阅读,时不时发现实质性的东西。其代价就是,我们不得不作各种争执的见证人,参与各种评价。而这些争执和评价看上去并不符合尼采,却属于他的命运。无论如何,我们只能从这些材料中读出,谁已然从尼采著作和信札中得出自己关于尼采实质的真正看法,既不会为种种美化的手法所左右,也不会为孤立的客观性所左右,以至于偏离与尼采相符的水平。

有两部代表作是:伊丽莎白·福斯特著《尼采——弗里德里希·尼采的生平》(Elisabeth Förster-Nietzsche, *Das Leben Friedrich Nietzsches*),1895 年至 1904 年莱比锡版(缩写与改版为两卷本《青年尼采——孤寂的尼采》[*Der jünge Nietzsche. Der einsame Nietzsche*]);C. A. 贝尔诺力著《弗兰茨·欧文贝克与弗里德里希·尼采的友谊》(Bernoulli, *Franz Overbeck und Friedrich Nietzsche*),1908 年耶拿版。

尤其是在书写尼采童年的第一卷里,尼采妹妹的著作提供了不可替代的关于尼采气质的看法。——然而,如果没有欧文贝克、巴塞尔的传统和贝尔诺力,尼采的实际情况就会始终被掩盖着。这里流露出一种注重事实的意识,这是我们要感激的,尽管我们未必始终采纳其发挥的观点和树立的标准。

关于魏玛与巴塞尔之争的文献有:C. A. 贝尔诺力著《复函(针对公开发表加斯特致欧文贝克书信的诉讼的相关材料)——文献的回声》(C. A. Bernoulli, *Zuschrift. Dokumente anläßlich des Prozesses gegen die Veröffentlichung der Briefe Gasts an Overeck mitgeteilt. Das literarische Echo*),1907 年第 10 卷第 1170—1177 页;尼采档案馆对此的回复第 1325—1330 页;约瑟夫·霍夫米勒著《尼采与其妹妹》(Josef Hofmiller, *Nietzsche und seine Schwester*)(载于《南德意志月刊》[*Süddeutsche Monatshefte*],1909 年 2 月第 6 期,第 395—403 页)。

除上述两部大部头代表作之外,我们可以列举一系列短文。它们提供的,既有感人事迹,又有琐碎之事:保尔·多伊森著《回忆弗里德里希·尼采》

（Paul Deussen, *Erinnerungen an Friedrich Nietzsche*），1901 年莱比锡版；J. 梅里著《回忆弗·尼采》（J. Mähli, *Erinnerungen an Fr. Nietzsche*）（载于《当代》[*Gegenwart*]第 58 卷（第 42 期），第 246 页及以下几页，1900 年柏林版）；玛尔维达·冯·梅森布克著《那些人》（Malvida von Meysenbug, *Individualitäten*），1901 年柏林版（里面讲到那些人与尼采关系的是第 1 至第 41 页）；梅塔·冯·萨里斯-马尔施林斯著《哲学家与高贵的人》（Meta von Salis-Marschlins, *Philosoph und Edelmensch*），1897 年莱比锡版；阿图尔·艾基蒂著《与尼采的谈话》（Arthur Egidy, *Gespräche mit Niettsche*）（载于《音乐》[*Die Musik*]年刊第 1 期，第 1892 页及以下几页）；尤里乌斯·卡夫坦著《摘自超人的工作坊》（Julius Kaftan, *Aus der Werkstatt des Übermenschen*），1906 年希尔布隆版；阿文纳里乌斯著《论尼采与艺术的关系》（Avenarius, *Über Nietzsches Beziehungen zum Kunstwart*），安德勒版第 4 卷，第 564—567 页；卡尔·施皮特勒著《我与尼采的关系》（Carl Spitteler, *Meine Beziehungen zu Nietzsche*），1908 年慕尼黑版。

重要的资料包括下述出版物：

O. F. 邵伊尔著《弗里德里希·尼采作为大学生》（O.F.Scheuer, *Friedrich Nietzsche als Student*），1923 年波恩版；约翰尼斯·施特罗克斯著《尼采在巴塞尔的教席》（Johannes Stroux, *Nietzsches Frofessur in Basel*），1925 年耶拿版；戈特弗里德·伯嫩布鲁斯特著《尼采对日内瓦人的热爱》（Gottfried Bohnenblust, *Nietzsches Genferlieber*）（载于《编年史》1928 年苏黎世版年刊第 2 期，第 1 页及以下几页）；E. F. 波达赫著《尼采身边的人物》（E.F.Podach, *Gestalten um Nietzsche*），1932 年魏玛版。

［5］关于尼采作为教员的报道见于贝尔诺力的著述第 1 卷第 66 页及以下几页。

［6］尼采 1869—1879 年在巴塞尔图书馆借出的图书书目见于阿尔伯特·雷维著《施蒂纳与尼采》（Albert Lévy, *Stirner et Nietzsche*），1904 年巴黎版，第 93—113 页；弗里德里希·尼采的藏书书目见于阿图尔·贝尔托尔特著

《书籍与通向书籍之路》(Arthur Berthold, *Bücher und Wege zu Büchern*)，1900 年斯图加特版，第 429—456 页。

［7］弗里茨·克罗克尔著《尼采引发的欧洲自我意识——其在法国道德学家中的传播》(Fritz Krökel, *Europas Selbstbesinnung durch Nietzsche. Ihre Vorbereitung bei den französischen Moralisten*)，1929 年慕尼黑版。

［8］关于对尼采发生影响的一切，关于他阅读、熟悉、使用的一切，阿德勒做出了最为详尽的阐述。

［9］伊莎贝尔·冯·乌格恩-施特恩贝格著《亲身笔迹反映出的尼采》(Isabelle von Ungern-Sternberg, *Nirtzsche imSpiegelbilde seiner Schrift*)莱比锡版，无出版年代（尼采平生各个时期的大量字样尤为重要）。——路德维希·克拉格斯著《尼采及其笔迹》(Lugwig Klages, *Nietzsche und seine Handschrift*)，载于《论文集》，1927 年海德堡版。

［10］关于尼采回顾性的自我理解，还可参阅《序言》（载于《全集》第 1 卷第 1 页及以下几页、第 2 卷第 3 页及以下几页）和《看啊，这人！》（载于《全集》第 15 卷第 1 页及以下几页）。

［11］两人的通信见于《全集》第 2 卷；欧·克路西乌斯著《埃尔文·洛德》(O.Crusius, *Erwin Rohde*)，1902 年图宾根版；贝尔诺力著述第 1 卷，第 259 页及以下几页；波达赫著《尼采身边的人物》，1932 年魏玛版，第 34 页及以下几页。

［12］（正文第 61 页）译注：古希腊罗马神话中的孪生神灵。

［13］尼采论瓦格纳：《理查德·瓦格纳在拜罗伊特》(*Richard Wagner in Bayreuth*)，1876 年；《瓦格纳事件》(*Der Fall Wagner*)，1888 年；《尼采反对瓦格纳》(*Nietzsche contra Wagner*)，1888 年；此外还有《全集》第 10 卷第 427 至 450 页（1874 年），第 451 至 469 页（1875 至 1876 年）；第 11 卷第 81 至 102 页，第 340 至 344 页；第 12 卷第 182 至 184 页；第 14 卷第 149 至 171 页，第 377 至 379 页；伊·福斯特-尼采著《瓦格纳与尼采的友情时代》(E. Förster-Nietzsche, *Wagner und Nietzsche zur Zeit ihrer Freundschft*)，1915 年慕尼黑版。

瓦格纳接触尼采时,有两篇论文可资比较:《贝多芬》(*Beethoven*)(1870年)与《论歌剧的目标》(*Über die Bestimmung der Oper*)。其对尼采的公开拒绝态度(未点名)见于《观众与通俗性》(*Publikum und Popularität*)第3部分。

关于尼采与瓦格纳关系的文献:路德维希·克拉格斯著《笔迹学反映的尼采与瓦格纳事件》(Ludwig Klages, *Der Fall Nietzsche-Wagner in graphologischer Beleuchtung*)(1904年),载于《论文集》,1927年海德堡版;库尔特·希尔德布兰特著《瓦格纳与尼采:其针对19世纪的斗争》(Kurt Hildebrandt, *Wagner und Nietzsche. Ihr Kampf gegen das neunzehnte Jahrhundert*),1924年布雷斯劳版;贝尔哈特·迪波尔特著《瓦格纳事件:一次审查》(Bernhard Diebold, *Der Fall Wagner. Eine Revision*),1928年法兰克福版。

关于瓦格纳:卡尔·弗·格拉森纳普著《理查德·瓦格纳的生平》(Karl Fr, Glasenapp, *Das Leben Richard Wagners*),1908年及此后几年莱比锡版,第4、5、6卷;居依·德·博塔勒著《瓦格纳作为常人与大师》(Guy de Pourtales, *R. Wagner als Mensch und Meister*)。关于柯西玛:迪·莫兰-埃卡特伯爵著《柯西玛·瓦格纳》(Graf Du Moulin-Eckardt, *Cosima Wagner*)。

[14](正文第69页)译注:古希腊悲剧作家。

[15]库尔特·科勒著《关于保尔·雷的札记》(Kurt Kolle, *Notizen über Paul Rée*),载于《人类学杂志》(*Zeitschrift für Menschenkunde*),1927年第3期,第168页。《尼采档案馆通讯》(*Mitteilungen aus dem Nietzsche-Archiv*),1908年魏玛版(私人刊印)。

[16]介绍路·安德雷亚斯-莎乐美的著作《弗里德里希·尼采的著作》(*Friedrich Nietzsche in seinen Werken*)(1894年维也纳版)除了一些已经刊印的尼采书信外,未介绍他们的私人关系。尼采的妹妹在其传记(《痛苦的经历》一章)以及尼采与母亲和妹妹的书信往来(1909年第1版,第486至506页)中对此做了陈述。尼采档案馆做了数次报导(1908年魏玛版,私人印刷),这方面不可或缺的是贝尔诺力论述欧文贝克的著作。此外还有:贝尔诺力著《尼采与

路的经历》(Bernoulli，*Nietzsches Lou-Erlebnis*)(载于《拉舍尔年鉴》第 1 期，第 257 页)；波达赫在《尼采精神崩溃》(*Nietzsches Zusammenbruch*)中的论述。

[17] 尼采与冯·施泰因男爵的通信：《书信集》(*Briefe*)1905 年莱比锡第 2 版，第 3 卷，第 219 至 264 页。

[18] (正文第 77 页)译注：在《伊利亚特》中，菲罗克忒斯是特洛伊战争中希腊联军的将领，精通箭术，是希腊第一神箭手。按照神谕，只有在涅俄普托勒斯参加特洛伊战争的情况下，联军才会取胜。

[19] 尼采致加斯特书信：《书信集》(*Briefe*)第 4 卷。《彼得·加斯特致弗里德里希·尼采书信集》(*Die Briefe Peter Gast an Friedrich Nietzsche*)两卷集，1923 至 1924 年慕尼黑版。约瑟夫·霍夫米勒著《尼采致加斯特书信》(Josef Hofmiller，*Nietzsche Briefe an Gast*)，载于《南德意志月刊》1909 年 2 月第 6 期，第 300 至 310 页)。霍夫米勒著《尼采》(Hofmiller，*Nirtzsche*)，载于《南德意志月刊》1931 年第 29 期，第 84 页及以下几页)。波达赫著《尼采身边的人物》，第 68 页及以下几页。

[20]《书信集》第 5 卷。波达赫著《尼采身边的人物》，第 7 页及以下几页、第 125 页及以下几页。路易斯·马雷利著《妹妹伊丽莎白·福斯特-尼采》(Luise Marelli，*Die Schwester Elisabeth Förster-Nietzsche*)，1933 年柏林版。

[21] (正文第 81 页)译注：原文中看不出"他们"与"她们"的区别。

[22] 消极的看法：1882 年 9 月、1883 年 2 月 11 日、1883 年 3 月致欧文贝克的信；1883 年 8 月致母亲的信；1884 年 5 月 2 日致欧文贝克的信。此后就是积极的看法了：1884 年 9 月 14 日、1884 年 10 月致欧文贝克的信；1883 年 3 月、1885 年 12 月、1887 年 12 月 26 日、1888 年 3 月 31 日、1888 年 12 月致妹妹的信。

[23] 参见 1884 年 11 月 15 日致欧文贝克的信。

[24] 参见保尔·多伊森著《回忆弗里德里希·尼采》(Paul Deussen，*Erinnerungen an Friedrich Nietzsche*)1901 年汉堡版(其中包括书信)。此外是保尔·多伊森著《我的生平》(Paul Deussen，*Mein Leben*)1922 年莱比锡版。

〔25〕参见《书信集》第 3 卷,贝尔诺力著述第 1 卷第 51 页及以下几页。

〔26〕《书信》(载于 C. 克鲁西乌斯主编《南德意志月刊》1909 年 2 月第 6
期)。《不合时宜的考察》(*Unzeitgemäße Betrachtungen*)一出版,席勒布兰特就
评论了其中的前三篇,既有所肯定,又有所批评,且批评得既有节制,又切合实
际。上述评论再次刊印于席勒布兰特著《时代、民族与人们》(Hillebrand,
Zeiten, Völker und Menschen)1892 年施特拉斯堡第 2 版第 2 卷,"第一章:论
德意志语言与德意志意识的失落"、"第二章:论历史知识与历史意识"、"第三
章:叔本华与德国观众"。

〔27〕《尼采与欧文贝克通信集》(*Der Briefwechsel Nietzsches und
Overbecks*)1916 年莱比锡版;贝尔诺力论述他俩的著述;瓦尔特·尼克著《弗兰
茨·欧文贝克》(Walter Nigg, *Franz Overbeck*)1931 年慕尼黑版。

〔28〕参见上文所引艾基蒂著述及其关于博格特(Bougert)的论述,见于
1883 年 3 月 7 日至 1883 年 4 月 2 日致加斯特的信。

〔29〕参见贝尔诺力著述第 1 卷第 25 页及以下几页(此人为舍弗勒
[Scheffler])。

〔30〕参见 1876 年春他的求婚;上文所引伯嫩布鲁斯特著述,以及布兰著
《尼采与女人》(H.W.Braun, *Nietzsche und die Frauen*)1931 年莱比锡版。

〔31〕(正文第 94 页)译注:古希腊神话中的人物。

〔32〕我们在此有步骤地考察按照时间顺序整理出来的遗著和书信材料,
由此仅仅能够暗示出来的,需要得以有步骤的研究。而仅在新的大规模全集
提供遗著材料和(按照时间顺序编排的)完整书信时,这一研究才有可能取得
充分成果。

〔33〕参见我的论文《斯特林堡与凡·高》(*Strindberg und van Gogh*)1922
年苏黎世版,1926 年柏林第 2 版。

〔34〕尼采在此补充说:"因此,真相比谬误要命多了。"此时需要回忆的
是,联系尼采做出的哲学呼吁来说,"真相"与"谬误"这些词汇可以互换其词
义。虽然在他看来,真相作为一种持存,无论如何都是"谬误",可如若在高水

准生命的意义上,这种持存决定着生命,它就尽可称为作为有益生命的谬误的真相;如若这种持存妨碍生命,它就尽可在最为底层的或者说没落的生命的意义上称为真相。而这后一种生命就是得过且过、浑浑噩噩地如此看待真相的。

[35] 关于尼采的自我认识,见于本书第三卷第一章。

[36] 我省略对柯西玛·瓦格纳有意在《阿里阿德涅》中做的传记性论述的研究。毋庸置疑,尼采在讲到阿里阿德涅时(在《全集》第 13 卷第 219 页上尤其明确),对柯西玛的记忆时不时也起到作用。他给她写了一张疯狂至极的字条:"阿里阿德涅,我爱你,狄奥尼索斯"。但是,对于我们理解这一象征的哲学含义来说,这些情况什么也说明不了。这一象征实质上未越雷池一步,无论是在理性中,还是在心理中,都不可解,只有借助于尼采出于对真相抱有的激情的生存性临界体验,才可昭示出来。

[37] 质疑古希腊,意味着尼采致思自苏格拉底以来的古希腊。在他看来,前苏格拉底世界是难以触及的。

[38] 参见尼采阐释世界的章节。

[39] (正文第 281 页)译注:指普法战争。

[40] 尼采说:"身体现象是更为丰富、明确、可把握的现象",它可以"合乎方法地得以突出",或者说重要的是,从身体出发,将其当作线索来利用,因为对它可以做更为明确的观察(第 16 卷第 44 页),或者说以身体为线索,可以显示出无限林林总总的情况。因此,"要利用更为丰富的现象作线索,来理解更为贫瘠的现象"(第 16 卷第 31 页)。而并不清楚的是,"身体"指的是什么,因为它随即总是又被当作活跃的躯体,即生物学的对象。这样一来,它就失去了统摄的特征。将身体当作线索来使用,依然是个单纯的方法论要求。这是因为,尼采仅仅在非常泛化的思想中利用了这一线索。例如,"身体与生理学"的出发点告诉他,"关于我们这类主体统一体——作为位居共同体之巅的统治者——的正确观念……即统治者同样依赖于被统治者,依赖于等级秩序与劳动分工这些条件……臣服听命与发号施令之间也表现出斗争"(第 16 卷第 17 页及以下几页)。尼采只是重复了古老的思想,未加进一步演绎,即"可见的有

机生命与不可见的、创造性的内心活动以及思维保持彼此并行不悖"(第13卷第58页)。这一思想作为认识方法是有问题的,尼采的确绝没有从中得出相近的理解,而想必倾向于将某种生物学言论当作所谓的见解。

[41]"坟墓之岛"(第6卷第160页)并非反例,因为充斥此处的,是这一单纯比喻的完全不同的含义。

[42]这一表述是误导人的,如果人随即想到心理甚至心理病理状态的话。但是,当人说起经历、情绪、感觉、真实感、存在意识、氛围、心境、现身情态、心绪等时,是并不怎么清楚的。要取得规定性,从而取得更高层面上似是而非的确定性,更多地会令人失望的。或许恰恰由于"状态"这一词汇质而不文,它才适合于用这样一种语言标签来匹配这一无法描述的"统摄"。尼采选择这一词汇,近乎将其当作一个术语来使用,是有充分理由的。

[43]这里指的不是出于空虚、蠢笨、狡诈的缄默,这样一种缄默毋宁说意味着"那些缄默的人几乎总是缺乏内心的细致与礼貌。这样一种缄默是一种抗拒,隐忍不发必定造成糟糕的性格"(第15卷第18页)。

[44]这一思想的物理学-机械学形态并非尼采所独有。同样的论证见于他之前不久的布朗基(Blanqui)和勒・庞(Le Bon)(参见贝尔诺力关于欧文贝克与尼采的著述第1卷第381页及以下几页)。按照通常的理解,作为万物缘起之循环,这一思想在历史上历经几千年,总是一再出现(参见安德勒版第4卷第225至259页,第6卷第60至76页)。关于相关问题,参见阿贝尔・雷伊著《永恒轮回与物理哲学》(Abel Rey, *Le Retour Éternel et la Philosophie de la Physique*)1927年版(引文摘自安德勒版);保尔・蒙格雷著《圣伊拉里欧》(Paul Mpongré, *Sant Ilario*)1897年莱比锡版第349页及以下几页。关于对永恒轮回的"证据"做的简单的数学式反驳,参见齐美尔《叔本华和尼采》(Simmel, *Schopenhauer und Nietzsche*)1907年莱比锡版第250页注释。

[45]这些表述是:青年时代的札记见于《传记》第1卷第15页及以下几页、第225至245页,此外见于第107至126页、第189页及以下几页、第210页及以下几页。著作中考据性的本人注释见于第2卷第116至125页、第378

至 392 页,第 12 卷第 211 至 225 页,第 14 卷第 303 至 306 页。1886 年新写的序言见于第 1 卷第 1 至 14 页,第 2 卷第 3 至 14 页,第 3 卷第 3 至 12 页,第 4 卷第 3 至 10 页,第 5 卷第 3 至 11 页。序言的素材见于第 14 卷第 347 至 420 页。《看啊,这人!》载于第 15 卷第 1 至 124 页。致勃兰兑斯的生平载于《书信集》第 3 卷第 299 页及以下几页。此外还有零散而未集中的注释。自传性札记集中刊印于穆萨里翁版(Misarion)第 21 卷,只是该版欠缺第 1 卷刊载的生平,以及第 14 卷刊载的序言素材和致勃兰兑斯的生平。

　　[46] 这自然有效于他的思想发展(本书第 44 页及以下几页)、他的孤寂(本书第 90 页及以下几页)、他的历史意义(本书第 405 页及以下几页、第 273—274 页)、他的非道德观(本书第 166—167 页)。

　　[47] 相关论述有:奥古斯特·霍内佛著《尼采作为道德论者和作家》(August Horneffer, *Nietzsche als Moralist und Schriftsteller*)1906 年耶拿版第 58 页及以下几页;恩斯特·霍内佛著《尼采最后的创作》(Ernst Horneffer, *Nietzsche letztes Schaffen*)1907 年耶拿版;《传记》第 2 卷第 67 至 74 页、《全集》第 9 卷第 XV 页。

年　表

1844 年 10 月 15 日作为一名牧师之子出生于洛肯（卢赛恩地区）；

1849 年父亲去世；

1850 年举家迁居瑙姆堡；

1858—1864 年就读寄宿学校；

1860—1863 年参加日耳曼尼亚文学学社；

1864—1865 年就读于波恩（读了两个学期语文学和神学），参加法兰克尼亚学生社团；

1865—1867 年就读于莱比锡（读了四个学期语文学），做李奇尔的学生，同洛德缔结友谊；

1867—1868 年在瑙姆堡服兵役；

1868—1869 年就读于莱比锡；

1868 年秋结识理查德·瓦格纳；

1869—1879 年在巴塞尔任教授；

1869 年结识雅各布·布克哈特；

1869—1872 年在卢赛恩地区的特里布申拜访理查德·瓦格纳；

1870 年 8 月至 10 月作为志愿救护员参战；

1870 年 10 月再度前往巴塞尔，结识欧文贝克；

1872 年 5 月拜罗伊特奠基；

1875 年结识科索里茨（彼得·加斯特）；

1876 年 8 月拜罗伊特举办首场演出，结识雷；

1876—1877 年休假一年，居住在玛尔维达·冯·梅森布克位于索

伦特的家中,同瓦格纳最后一次谈话;

1878 年瓦格纳同尼采关系终结,1 月《帕西法尔》寄给尼采,5 月
《人性的,太人性的》寄给瓦格纳;

1879 年 5 月因患病而离职;

1879—1889 年为退休教授,漂泊不定,1883—1888 年冬季在尼斯,
夏天在西尔斯-玛丽亚,春秋变换地点,其中威尼斯是其最喜欢的城市,
1888 年喜欢上都灵;

1879 年在维森、圣莫里茨、瑙姆堡;

1880 年在瑙姆堡、里瓦、威尼斯、玛丽恩巴特、瑙姆堡、施特里查、
日内瓦;

1881 年在日内瓦、雷克阿罗、西尔斯-玛丽亚、日内瓦(去听比才的
《卡门》);

1882 年在日内瓦、梅西纳、罗马、卢采恩、巴塞尔、瑙姆堡、陶滕堡、
瑙姆堡、莱比锡、拉帕罗;

1882 年 5 月至 11 月同路·莎乐美建立联系;

1883 年在拉帕罗、日内瓦、罗马、西尔斯-玛丽亚、日内瓦、尼斯;

1883 年 5 月理查德·瓦格纳去世;

1884 年在尼斯、威尼斯、西尔斯-玛丽亚、苏黎世、门托内、尼斯;

1884 年 8 月海·冯·施泰因在西尔斯-玛丽亚来访;

1885 年在尼斯、威尼斯、西尔斯-玛丽亚、瑙姆堡、莱比锡、尼斯;

1886 年在尼斯、威尼斯、莱比锡(最后一次同洛德会面)、西尔斯-
玛丽亚、路塔、尼斯;

1887 年在尼斯、卡诺毕欧、苏黎世、库尔、西尔斯-玛丽亚、威尼斯、
尼斯;

1888 年在尼斯、都灵、西尔斯-玛丽亚、都灵,勃兰兑斯在哥本哈根
大学举办关于尼采的讲座;

1889 年在都灵，自 1 月起患病，居住巴塞尔和耶拿的疗养院；

1890 年在瑙姆堡由母亲伴陪，1897 年母亲去世，在魏玛由妹妹护理，1900 年 8 月 25 日去世。

著作与遗著写作年表

	著作（括号内为首版）	遗　著
1858—1868 年		青年时期著述
1866—1877 年	《语文学著述》	
1869—1872 年		论述古希腊著述：载于《全集》第 9 卷；《论我们的教育机构的未来》
1870—1871 年	《悲剧的诞生》（1872 年 1 月）	
1872—1875 年		第 10 卷著述，包括古希腊悲剧时代的哲学
1873 年	《不合时宜的考察 I》：大卫·施特劳斯（1873 年 8 月）	《论超道德意义上的真相与谎言》
1873—1874 年	《不合时宜的考察 II》：论历史对于生命的益处和害处（1874 年 2 月）	
1874 年	《不合时宜的考察 III》：叔本华作为教育者（1874 年）	
1875 年		《我们语文学家们》
1875—1876 年	《不合时宜的考察 IV》：理查德·瓦格纳在拜罗伊特	
1875—1881 年		第 11 卷：出自《人性的，太人性的》与《曙光》时期
1876—1878 年	《人性的，太人性的》（1878 年 5 月）	
1878—1879 年	《杂感与格言》（1879 年 3 月）	

（续表）

	著作（括号内为首版）	遗　　著
1879 年	《漫游者与他的影子》（1879 年 12 月）	
1881—1886 年		第 12 卷：出自《快乐的科学》与《查拉图斯特拉如是说》时期
1880—1881 年	《曙光》（1881 年 7 月）	
1881—1882 年	《快乐的科学 I—IV》（1882 年 9 月）	
1883 年 2 月	《查拉图斯特拉如是说 I》（1883 年 5 月）	
1883 年 6/7 月	《查拉图斯特拉如是说 II》（1883 年）	
1884 年 1 月	《查拉图斯特拉如是说 III》（1884 年）	
1884—1885 年	《查拉图斯特拉如是说 IV》（1892 年）	
1883—1888 年		第 13—16 卷，包括《强力意志》
1885—1886 年	《善与恶的彼岸》（1886 年）	
1886 年	《序言》（1887 年）、《快乐的科学 V》（1887 年）	
1887 年	《论道德的谱系》（1887 年 11 月）	
1888 年	《瓦格纳事件》（1888 年）、《偶像的黄昏》（1889 年 1 月）、《敌基督》（1902 年）、《尼采反对瓦格纳》（1901 年）、《看啊，这人！》（1908 年）	
1884 年以后	《狄奥尼索斯颂歌》	

生　平

著作

为研究目的起见，本书引文最为便捷地摘自尼采妹妹编纂的 16 卷本《全集》（该《全集》采用小八开本形式，页码与行数同大八开本一致。在最新的低价版本中，克洛纳版因其完整性而值得首选，尤其是其各卷次可单独采购，只不过遗著要有所选择）。

谨此列举的是：《语文学著述》（*Philologika*）（1866—1877 年）第 17—19 卷仅用大八开本出版（莱比锡 1910—1913 年版，霍尔茨、克路西乌斯、内斯特勒主编）；青年时期著述（1858—1868 年）载于穆萨里翁版第 1 卷，作为特刊卷于 1923 年在慕尼黑出版（如今新的尼采档案的历史考证版篇幅扩充了一倍）；《诗作与箴言》（*Gedichte and Sprüche*）分门别类地出版了完整版本（莱比锡 1898 年版，C.C.瑙曼主编，其大部分而非全部刊登于《全集》，各卷次的出版地见于《全集》第 8 卷第 449 页）。

尼采的音乐作品《生命颂歌。为乐队和合唱队而作》（*Hymnus an das Leben. Für Chor und Orchester*）（1887 年）；《友谊颂。合唱队与钢琴双人伴奏》（*Hymnus an die Freandschaft. Chor mit Klavier vierhändig*）（1874 年）；《曼弗雷德。双人伴奏的冥想曲》（*Manfred. Medifation für Klavier vierhändig*）（1872 年）；17 首钢琴曲及一系列钢琴曲片段。

零散的著述：《弗里德里希·尼采为比才的〈卡门〉做的旁注》

(*Friedrich Nietzsches Randglossen zu Bizets Carmen*)（胡果·达夫纳主编，雷根斯堡出版，无出版年代）;《尼采为居约做的旁注》(*Nietzsches Randbemerkungen zu Guyau*)（《无义务的道德》[*Sittlichkeit ohne Pflicht*]德文译本附录，莱比锡 1909 年版）。

尼采档案馆为其著作和书信历史考证版全集做了准备，其中三卷已经出版（《青年时期著述》慕尼黑自 1933 年起出版）。这一版本会含括全部遗著，按照时间顺序编排所有保存下来的书信。这一版本如若按计划出版，才会为尼采研究奠定基础。

要了解迄今的各个遗著版本（以及尼采手稿的产生方式），除了了解各个版本的前言与附录之外，尤其要了解奥古斯特·霍恩内佛著《尼采作为道德论者与作家》(*Nietzsche als Moralist und Schriftsteller*)（耶拿 1906 年版）和恩斯特·霍恩内佛著《尼采最后的创作》(*Nietzsches letztes Schaffen*)（耶拿 1907 年版）。

要研究尼采，不可或缺的是理查·奥勒(Richard Oehler)著《尼采索引》(*Nietzsche-Register*)（莱比锡 1926 年版）。这份索引涉及的卷次编号与页码来自上文所述彼此一致的大八开本和小八开本《全集》。这份出色的索引不包括青年时期著述、语文学著述和书信。人们不能指望一份索引详尽无遗。谁自己做研究，谁就要扩充这份索引。现有的索引涉及各项条目的情况是：凡在内容上而非文字上从属于它的，都未开列出来。凡一项条目内容广泛的素材具备子条目之处，常常缺乏概括性。取自遗著的段落尤为丰富，而遗著因此更为通达。涉及尼采后期哲学的文字与内容时，著作第 1 卷未得到很好的关注。有些条目很重要，而看起来各卷只有一部分浏览过了。但是，鉴于索引可为搜寻线索节省时间，这些缺陷算不上什么。索引后来附加在穆萨里翁版中，有两卷得到扩充，并因处理了青年时期著述和书信而得以完整化。

书信

《弗里德里希·尼采书信全集》(*Friedrich Nietzsches Gesammelte Briefe*)(莱比锡因泽尔出版社版)第 1 卷：致品德、克鲁格、多伊森、格尔斯多夫、福克斯等人(1902 年第 3 版)；第 2 卷：尼采与埃尔文·洛德通信(1903 年第 2 版)；第 3 卷：与李奇尔、布克哈特、泰纳、凯勒、海·冯·施泰因、勃兰兑斯、汉斯·冯·布洛夫、森格、玛·冯·梅森布克通信(1905 年第 2 版)；第 4 卷：尼采致彼得·加斯特书信(1908 年第 2版)；第 5 卷(2 分册)：尼采致母亲和妹妹书信(1909 年第 2 版)。此外还有尼采与弗兰茨·欧文贝克通信(莱比锡因泽尔出版社 1916 年版)。有些这里遗漏的段落发表在波达赫的著述中。

其他零散的书信：致路(载于路·安德雷亚斯-莎乐美著《弗里德里希·尼采》[*Friedrich Nietzsche*]维也纳 1894 年版)；致斯特林堡(载于卡尔·施特雷克著《尼采和斯特林堡》[*Nietzsche und Strindbeng*]慕尼黑 1921 年版)；致席勒布兰特(载于 O.克鲁西乌斯著《弗里德里希·尼采和卡尔·席勒布兰特未发表的通信》[*Friedrich Nietzsche und Karl Hillebrand. Unveröffentliche Briefe*]，《南德意志月刊》1909 年 2月第 6 期第 129—142 页)；致克鲁格(载于《尼采致一位年轻友人(古斯塔夫·克鲁格)的 12 封书信》[*Zwölf Briefe Nietzsches an einen Jugendfreund (Gustav Krug)*]，《南德意志月刊》1930 年 8 月第 27 期)；致布克哈特最后一封书信(1889 年 1 月 6 日)的手迹复制件(载于波达赫著《尼采的精神崩溃》[*Nietzsches Zusammenbruch*]海德堡 1930 年版)；致安·豪埃斯勒(载于《两份未刊载的尼采著述片段》[*Zwei ungedruckte Schriffstücke Nietzsches*][尼采 1888 年 12 月致安德雷亚斯·豪埃斯勒]，《瑞士政治与文化月刊》[*Schweizer Monatsh. f.*

Politik und Kultur]苏黎世 1922 年 4 月第 2 期）；致出版商（载于《弗里德里希·尼采 1880 年书信》[*Friedrich Nietzsche, Briefe aus dem Jahre 1880*]［尤其是致出版商瑙曼以及致梅塔·冯·萨里斯-马士林]，《新评论》[*Die neue Rundschau*]柏林 1907 年第 18 期第 1367 页及以下几页》）；致汉斯·冯·布洛夫最后一封书信（载于安德雷著述第 4 卷第 530 页）。

对编辑工作的企望

自从尼采妹妹于 90 年代出版尼采遗著版本，才令尼采著作真正可以接触，自从今日最为价格低廉的各个著作版本和书信与遗著文选令读者的渴望得到满足，未来的大规模版本可以作为真正的版本为尼采研究奠定如今可能的，因而也是必要的基础。

尼采研究靠的是分享他的思想运动——这同时是他的实质的内在运动，不是沉湎于始终零散的语句或个别的论述，而是追踪每一措辞、每一隐匿想法、每一勉为其难之处。因此，深入其思想深处的可能性通常就取决于，源出于尼采的思想如何落实在刊印物中。借助于直接的现实之物完整无缺，借助于尼采所述当真历历在目，那些殚精竭虑的夸夸其谈永远无法揭示的，便会一览无余。因此，对各个版本的要求如下：

一、作为一切研究的基础，素材要分三组完整地汇集起来。正如所期望的那样，这一期间公之于众的新的尼采著作版本会满足第一与第二条表达出来的希望。

1. 尼采自己出版的著作，如今全部可轻而易举地获取。这里没有困难。但是，由于分量同样重要的遗著只是暂且出版了，其编排大多出自编者（《强力意志》的编排部分是例外），所以这里的困难显然是难于彻底解决的。它们如何处理，只能分别依据手稿而定。或许这对于手稿来说是好坏不一的。但值得期望的，是明明白白的：无论如何理解，一切都要忠实地、无任何添加地付印，只要按照时间顺序编排是可能的，或在写作时间不确定的情况下，可以遵照文字落在纸张上的偶然顺序。只有分别根据材料本身，才可确定可能情况的界线。尼采书写自己思想的前后顺序，才是实质性的。只要有可能一眼看透，就不应当受到影响。如果说语文学家以前将这些要求视为一派胡言，那么这种看法低估了尼采思想的价值（像洛德的情况一样）。

无论如何，支配如今刊印遗著的那些实际编排，大部分都要取消，为的是编纂出尽可能可读的著作。依我看，甚至将《强力意志》同刊印于第 13 和 14 卷的遗著分开，乃至这些卷次内的编排，作用都不是清晰的。尼采本人规划的编排，应当一如他所描绘的那样刊印出来，但不是采用一种或另一种编排方法，因为对某种编排有所偏好的理由似乎在于编者，而不在于尼采。

出版遗著的手迹复制版，由于难以识别，事实上是毫无意义的。但是，不经编排地刊印可靠的读物，仅仅追求写作时间顺序——而这样必定常常因认识和判断的可能性不充分而变得断断续续——只是给出了似乎作为出发点而不可或缺的尼采思想的一幅真实而直接的画面。而问题并不多多少少取决于这样一些卷次。

像尼采妹妹在第一版中所做的那样，将著作与遗著分开，看起来是富有意义的。新的著作版本不必有所顾忌（除非迄今为止，真有一些言词和语句被掩埋下去了，例如就像霍夫米勒所说，《敌基督》埋没了"白痴"这个词）。但是，遗著的新版本要让人为尼采研究期待实质上更好的基础。

2. 全部书信与书信草稿最好按照时间顺序刊印。为此，最好搜集所有可获取的可供理解书信的事实情况的说明，而不做解释与判断。

　　只有借助于这些广泛的说明,才有可能深入尼采的心路历程,在做研究时随时形成具体的确定性。而像眼下这样的书信往来杂乱无章的情况会将在时间上彼此相关之物撕扯开来,并始终有所忽略。

　　3. 最好搜集所有同时代人在同尼采打交道时形成的对他的报导与评论。许多顺带一提的语句眼下是分散的,而将它们汇集起来,是不无意味的。为发表而做筛选,其标准就是尼采的具体经验的内容。只有由此得出的,而非同时代人从著作中读出来的,才是旨趣所在。

　　二、这三重总括性的、具有完整性要求的版本为规范的版本奠定了基础。为了能够研究全集中未必充分体现出来的各种实际的和私人的联系,规范性版本是不可或缺的。在这种编排中,任何选取出来的内容都要达到完整性。现有的版本都有自行选择的条理,但都从未达到过完整性,无论是自传性著述,还是涉及尼采与瓦格纳的关系,抑或其他什么,都是这样。

　　1. 凡涉及尼采与各个人物关系的,都要以档案资料的方式汇总起来。这不仅指书信,而且指可证明事实情况的一切,以及著作中与此直接相关的一切(尤其涉及瓦格纳)。

　　2. 所有可获取的关于尼采病症的说明,最好汇集在有关全部生平的一卷中(这些似乎比病症更为重要):尼采书信论述病症的一切、其他人的全部说明、有可能涉及病症的所有说明性的特定看法。要致力的,是一份纯粹档案资料式汇编,不是判断,不是诊断(除非诊断是尼采健在时由医生开具的)。档案资料式说明的最大的精确性才是关键所在。

　　3. 根据对事实的理性意识,以及语文学方法(后者也是基于心理分析与医学经验),迄今做出的编排可谓悉心且出色的。而最后一种编排方法则在更高程度上关联着模仿性思维:这就是援引尼采发表的著述及其遗著来对相关思想做出实际编排,这样才会揭示隐藏在巨大遗著废墟下的建筑与道路。这是伴随尼采做思考的研究，它达到自身的目标，依据的是哲学认识的尺度。这种认识非暴力性地、并非仅仅做甄别性考据地将各种思想如此联系起来，以至于内在的辩证法会呈现出来。相同的思想彼此并列，显示出其变化运动，以及相互关系。各种矛盾大白于天下，思想飞跃清晰可见。要做到这种编排，只有靠以下三点：第一，着眼于尼采全部思想的工作；第二，出自尼采思想本身并与其一起运动的观点；第三，与这样一种意志的关联，这种意志要保持真实无妄，因而听任思想断裂之处、零散之处流露出来，既将其当作自己所取得的认识的尺度，又将其当作他人或许更好的理解的萌芽。

仅仅在尼采这里才有一项真正的使命：不是从思想震荡中创造体系，并将其他的一切当作废墟，而是将尼采苦苦寻觅的整体呈现出来。由于这一整体不可能是完满的，所以一味要求用黑格尔式头脑将尼采思想置于某种唯一性辩证性整体联系中，就是狭隘的做法。

处理尼采的语句，形同拼凑一幅马赛克，可以尽兴而为、随意为之，且做得没完没了。但是，长久地研究尼采，就会产生一种信念，即这幅马赛克的拼凑并非随意为之且没完没了，如若出于哲学基本可能性的内在性，如此来切中整体或任何一种整体的自我相关性，令随意性编排的缺陷一目了然。这只能靠在接下来的日子里开展共同的、彼此纠正的研究才可做到——但愿我的研究是这条道路上的一个步骤——，而绝不靠匆忙的、外表的条理和模式，因为这种条理和模式因其合理性上的片面性和体系上的单线性而保留为非辩证性的，虽然令人舒舒服服，对尼采来说却是毁灭性的。

三、涉及某一问题或事情的选择是完整的，并有其意义，而要出自整体、汇总得最好的各项选择却是有问题的。这在尼采那里较之在其他大思想家那里有过之而无不及。认识的关键在于，不是为审美直观起见获得一幅愈发令人困惑的总体形象，而是首先在思想上全面考虑种种思想联系，并完整地认识各种偏差，直至有可能的认识界限处，以便感受总体概念性的起源；其次研究生平，类似于建立某种友情，直至具体到特点和细节，以便尽可能地接近现实。只有出自这一现实，无法掩饰的生存性语言才会可见可闻。

研究尼采的著述

迄今为止，完整的文献索引（弗里德里希·威尔茨巴赫制作）是"尼采。迄今的尼采文献概览"，载于《哲学领域文献报导》（阿图尔·霍夫曼、爱尔福特、K. 施腾格主编，第 19/20 期，第 26 页）。

下述说明仅仅列举少数著述（补充性说明见于第 32、37、40、59、65、66、72、77、81、82、84、92 页）：

一、总体性论述。查尔斯·安德勒著《尼采的生平与思想》（*Nietzsche. Sa vie et sa pensée*）（巴黎 1920—1931 年版）6 卷本：1.《尼采的先驱》，2.《尼采的青年时期》，3.《尼采的审美悲观主义》，4.《尼采从成年至去世》，5.《尼采与思想转变》，6.《尼采最后的哲学》。在这六卷当中，安德勒通过出色的、经过批评性考虑的、认识丰富的陈述，对素材做出了准确的介绍，采取一种文献史态度而非哲学态度，实事求是、不为尼采所感染地用传统哲学范畴对尼采生平与著作做了历史分析。其考察的一定广度与自由、其对思想之由来与影响的恰当判断的探索、其彻底的诚实性令这份成果具有充分价值。尤其是，这是唯一一份总括性介绍。但是，它无法掩饰缺乏哲学感受这一情况。而这想必让作者在有待阐述的纯思想层面上看到这位伟大的作家、诗人和思想家，却未看到真正的哲学家。

二、总体性观点。路·安德雷亚斯-莎乐美著《弗里德里希·尼采的著作》（*Friedrich Nietzsche in seinen Werken*）（维也纳 1894 年版），

阿鲁阿斯·里尔著《弗里德里希·尼采作为艺术家与思想家》
(*Friedrich Nietzsche，der Künstler und Denker*)(斯图加特 1901 年第
3 版)，卡尔·约尔著《尼采与浪漫派》(*Nietzsche und die Romantik*)
(耶拿 1905 年版)，E.贝尔特拉姆著《尼采》(*Nietzsche*)(柏林 1918 年
版)，卡尔·尤斯图斯·奥本瑙尔著《弗里德里希·尼采作为心醉神
迷的虚无主义者》(*Friedrich Nietsche，der ekstatische Nihilist*)(耶
拿 1924 年版)，路德维希·克拉格斯著《尼采的心理学成就》(*Die
psychologischen Errungenschaften Nietzsches*)(莱比锡 1930 年第 2
版)，阿尔弗雷特·巴埃乌姆勒著《尼采作为哲学家与政治家》
(*Nietzsche der Philosoph und Politiker*)(莱比锡雷克拉姆出版社 1931
年版)，约瑟夫·霍夫米勒著《尼采》(*Nietzsche*)(载于《南德意志月刊》
1931 年第 19 期第 73 页及以下几页)，霍夫米勒与巴埃乌姆勒的论争
(载于《南德意志月刊》1930/31 年第 28 期第 536 页、第 607 页及以下几
页、第 685 页及以下几页、第 758 页及以下几页)。

其中最为重要的是贝尔特拉姆、克拉格斯、巴埃乌姆勒的著述。

三、个别问题。马科斯·舍勒著《道德建设中的怨恨心理》(*Das
Ressentiment in Aufbau der Moralen*)(载于《论文与文章》第 1 卷)，此
外有第 2 卷中刊载的《生命哲学的尝试》(*Versuche einer Philosophie
des Lebens*)，巴埃乌姆勒著《巴霍芬与尼采》(*Bachofen u. Nietzsche*)
(苏黎世新瑞士出版社 1929 年版)，此外有巴埃乌姆勒的著述(载于《巴
霍芬、东方与西方导论》[*Bachofen，Orient and Occident，Einleitung*]
1926 年版第 241—255 页)，弗里德里希·梅斯著《尼采作为立法者》
(*Nietzsche der Gesetzgeber*)(莱比锡 1930 年版)。

此外还值得一提的是：尤里乌斯·蔡特勒著《尼采的美学》
(*Nietzsches Ästhetik*)(莱比锡 1909 年版)，尼古拉·冯·布普诺夫
著《弗里德里希·尼采的文化哲学与价值重估理论》(*Nietzsches

Kulturphilosophie und Umwertungslehre）（莱比锡 1924 年版），维尔纳·布洛克著《尼采的文化观念》（*Nietzsches Idee der Kultur*）（波恩1930 年版），埃利卡·埃末利希著《尼采哲学中的真相与真理性》（*Wahrhaftigkeit in der Philosophie Nietzsches*）（哈雷 1933 年版，波恩博士论文），埃里希·豪克斯著《尼采的认识与世界之无限性的关系》（*Das Verhältris der Erkenntnis zur Unendlichkeit der Welt bei Nietzsche*）（莱比锡 1914 年版），卡尔·洛维特著《尼采的相同者永恒轮回哲学》（*Nietzsches Philosophie der evigen Wiederkunft des Gleichen*）（柏林 1935 年版），恩斯特·霍瓦尔特著《弗里德里希·尼采与古典语文学》（*Friedrich Nietzsche und die klassische Philologie*）（哥达 1920年版），古斯塔夫·瑙曼著《查拉图斯特拉注释》（*Zarathustra-Kommentar*）4 篇（莱比锡 1899—1901 年版）。

四、诽谤性著述。从属于每一位伟大的思想家的，是他遭到诽谤的方式。了解这些诽谤，对于无拘无束的读者来说是必要的。这首先是为了自己经受住考验，即自己是否有能力彻底做出反驳或辨析，其次是为了注意那些常常只有怀着仇视之心才看得到的事实情况，再次是为了询问，这种诽谤方式有可能起源于被诽谤者本人身上的什么地方。我列举如下：路德维希·施泰因著《弗里德里希·尼采的世界观及其危险》（*Friedrich Nietzsches Weltanschauung und ihre Gefahren*）（柏林1893 年版），约翰尼斯·施拉夫著《尼采事件及其克服》（*Fall Nietzsche，eine Überwindung*）（莱比锡 1907 年版），古斯塔夫·布舍著《尼采的真实面孔》（*Nietzsches wirkliches Gesicht*）（苏黎世 A.鲁道夫出版社 1928 年版）。

解　说

　　《尼采——其哲学沉思理解导论》一书是雅斯贝尔斯研究尼采哲学时写下的，正像他研究从前苏格拉底到康德的一系列西方哲学家，乃至东方思想家，从而写下《大哲学家》一书一样。雅斯贝尔斯也写下过《谢林》、《海德格尔札记》等专人研究成果，《尼采》一书情况相仿。

　　《尼采》一书的写作体现了雅斯贝尔斯的治学方法与特点。他首先从尼采的生平入手，包括援引前人对尼采笔迹的分析，来分析尼采的性格，然后涉入尼采哲学。通过他对尼采生平的介绍，尼采这一人物形象活灵活现地跃然纸上。映入读者眼帘的，是一个真实的尼采，是尼采那种打动人心的真实性，以至于在读者心目中，尼采居无定所、漂泊不定的身影仿佛永远定格在阿尔卑斯山的峰峦叠嶂之中，令人魂牵梦萦；尼采全身心地渴望与他人真挚交流，并为此而饱尝痛楚，这份童稚般的纯真及其在世间遭遇的不幸感人至深，足以令细心体会的读者潸然泪下。

　　雅斯贝尔斯对尼采性格的刻画是成功的，但他不会止步于文学家的手法，而会展现出一名哲学家从事研究工作的方式方法。雅斯贝尔斯本人是从精神病理学转入哲学研究的，因而他尤其注重精神病理学这一审视尼采的角度。这一特点体现在本书中，就是雅斯贝尔斯花费大量篇幅专门研究尼采的精神病理和心路历程，包括尼采本人对患病的认识，分析尼采的病情与其创作的关系，或曰生理因素对于尼采从事创作的影响。其所述所论饱含真知灼见、令人信服。而通常说来，这一认识角度是西方哲学家们少有的，除非他们特地对尼采患精神病做专门研究。

雅斯贝尔斯研究尼采时体现出的另外一个特点是,他格外注重尼采的语言。而这一点,他研究西方哲学史上的其他哲学家时,并未特别关注、大书特书。想必这是因为,尼采的语言具有非同寻常的冲击力,给雅斯贝尔斯留下了深刻的印象。因此,在本书中,雅斯贝尔斯摘引的尼采独具特色、振聋发聩的语言俯拾皆是。

尼采论述正义:"正义"仅仅源出于"几乎势均力敌的各种力量……只要没有可明确看出的占优势的力量,斗争会毫无结果地造成彼此间的伤害,就会出现相互谅解的想法……正义是在各种力量势均力敌这一前提下的相互报复与彼此交换"。

尼采评论道德:"或许是一个魔鬼发明了道德,为的是用高傲之心来折磨人,而第二个魔鬼不知什么时候又给了人一份道德,为的是用自轻自贱来折磨人。"

尼采揭露划分真假两个世界的理论:"划分两个世界,其作用是玷污世界与生命。恰恰是人栖居、适应于其中的那个世界,在人看来是不洁的。"那个"真实的世界极大地怀疑与贬低我们这个世界,它是我们迄今对生命最为致命的行刺"。

尼采批评宣传:"搞宣传是不正派的,但很机智。"尤其在今天,有必要至少"时不时说说大话","委婉与沉默再也不会为人理解,甚至不为同我们相仿的人理解。凡没有声嘶力竭地讲出与喊出的,都不存在"。

……

尤其醒目的,是雅斯贝尔斯介绍尼采对人的研究时摘引的一些尼采的至理名言:

"地球有一层表皮,这层表皮患有疾病,疾病之一就叫作人。"

"值得怀疑的是,一个走南闯北的人是否在这世上随便哪里找到过比人的面孔更难看的地方。"

"你们终生像喝醉了一样晃来晃去,并沿着台阶摔下去。可是,幸亏你们喝醉了,才没有摔断四肢……"

"我摔倒在你们的平庸之岸上,就像一层汹涌的波浪不由自主地浸透进沙土之中。"

……

雅斯贝尔斯之所以重视尼采的语言非同寻常的特点,是因为在他看来,这是理解尼采的语言的捷径,而理解语言是理解一切的前提。但是,雅斯贝尔斯随即指出,阅读尼采,关键不在于对他的文字的审美享受,而在于体会其思想。相反,如果一味沉浸于尼采耸人听闻的言辞,反而会错失尼采的真实思想。雅斯贝尔斯这一认识符合他与此相关的另外一种认识,即不能拘泥于尼采的只言片语,因为尼采在不同场合讲出的话,往往自相矛盾。因此,只有将尼采视为一个整体,将尼采看问题的不同角度相互叠加,才能发掘出尼采的完整思想,而这才是尼采的真实思想所在。

进而言之,雅斯贝尔斯传授了阅读尼采哲学的方法:与尼采一道进行哲学沉思,而不是将尼采当作一个研究对象,将尼采思想当作一个封闭的体系。也就是说,要在尼采的启发下,独立地进行哲学沉思。他援引尼采的话说:"我嫌恶读书懒汉。""我只想同这样的人交往,他们有自己的榜样,而不是把我当作榜样。这是因为,后一种做法让我替他们负责,把我当成了奴隶。""仅仅忠实于你自己:这样你就是在追随我。"雅斯贝尔斯转述的尼采这一思想与雅斯贝尔斯自己的哲学不谋而合,因为雅斯贝尔斯就是借助于自己的内在行动观念要求人,不是将哲学当作书斋式知识,而是将其当作内心行动。

雅斯贝尔斯的尼采研究还有一个特点,他是从自己的生存哲学出发来理解和阐述尼采哲学的。雅斯贝尔斯自己的哲学是生存哲学,生存哲学的特点在于:超越存在者层面,上升到存在层面。相形之下,尼采哲学是生命哲学,而生命哲学尚未超越存在者层面。有鉴于此,雅斯贝尔斯将尼采哲学界定为一种非超越性哲学,并一再对尼采哲学的非超越性做出评价:"他的形而上学将世界的存在把握为纯粹的内在性。"可以说,这是雅斯贝尔斯对尼采哲学的总体性批评。

在这样一种总体性批评之下,雅斯贝尔斯还出于自己的具体哲学概念来认识尼采。例如,他出于自己的临界境遇观念来理解尼采不合常理的情况,认为尼采之所以表现得极端偏激、异样陌生,是因为尼采体验到临界境遇。毕竟,临界境遇是一种极端的境遇。同样,雅斯贝尔斯出于自己的交往观念来衡量尼采与他人的交往,揭示尼采所意愿的交往并非严格意义上的交往,因为它并非平等的、以他人为目的的交往。借此,他也就揭示出尼采陷入孤寂的真实原因。

从自身的哲学出发阐述尼采哲学,这一治学方法尤为突出地体现在雅斯贝尔斯对尼采与瓦格纳的关系的论述中。他讲道:"(尼采)这种思想斗争原本并非意在摆脱瓦格纳,而是为争取瓦格纳而做准备。尼采在全身心地倾向于瓦格纳之后……,便寄希望于对瓦格纳施加影响。这是一种要在抗争中进行交往的意志。"鉴于雅斯贝尔斯在 1931 年便已出版自己的代表作《哲学》,并在代表作中明确地阐述了"爱的斗争"的观念,可以说在这部出版于 1935 年的《尼采》中,雅斯贝尔斯是从自己已经形成的"爱的斗争"观念出发,来解释尼采与瓦格纳的关系的。

最后,雅斯贝尔斯从自己关于失败的观念出发,对尼采及其哲学做出了最终总结。在雅斯贝尔斯自己的思想中,失败不是个消极的概念,而是个积极的概念。失败意味着生存不满足于任何个别而具体的成功,而永远趋向于无限。据此,雅斯贝尔斯认为,尼采是在失败中显示出自己的思想的开放性,并走向无限的,尼采思想也因此而成为后人的思想起点。就此而言,雅斯贝尔斯对尼采哲学做出了充分的肯定。

与雅斯贝尔斯处于同一时代并且齐名的哲学家是海德格尔,也许比较一下雅斯贝尔斯与海德格尔各自的尼采研究，会对我们理解雅斯贝尔斯的尼采研究不无益处。海德格尔同样写过一本专著《尼采》，可以用来对照着衬托雅斯贝尔斯的尼采研究的特色。

海德格尔开门见山地直接涉入《强力意志》一书，不同于雅斯贝尔斯从尼采生平入手，随后涉猎尼采哲学这样一种全面的研究。由于尼采讲，一切存在者从根本上说就是强力意志，因而海德格尔认识到，强力意志表达一切存在者之基本特征。这就形成了与雅斯贝尔斯近似的关于尼采哲学的内在性的观点。但是，雅斯贝尔斯不但全面研究尼采哲学，而且是严格依据尼采著作全集与尼采书信来研究尼采的。就此而言，雅斯贝尔斯涉猎面更广。

《强力意志》的副标题是：重估一切价值的尝试。海德格尔认识到，强力意志与永恒轮回思想联系在一起，共同实现了价值重估。由此，海德格尔批评雅斯贝尔斯，认为他在论述尼采时，没有将强力意志与永恒轮回联系起来。但是，一方面，海德格尔也在其所著《尼采》中明言，尼采本人从未明确地深思轮回思想与强力意志的本质统一性；另一方面，实际上雅斯贝尔斯意识到了海德格尔指出的这种联系。例如，他在本书第二部第四章结尾处讲到，尼采致力于"思辨的神秘论（永恒轮回）、对存在的形而上学式解释（强力意志）同影响深远的对超人的未来式憧憬的统一"。也就是说，雅斯贝尔斯将强力意志、永恒轮回和超人联系在一起。无论这是尼采本人的明确认识，还是说这是雅斯贝尔斯对尼采思想的发挥，仅就此话题而言，雅斯贝尔斯较之海德格尔反而多出超人这样一个参考角度。由此可以看出，海德格尔对雅斯贝尔斯的不准确的批评反衬出，雅斯贝尔斯对尼采哲学的理解是深刻而到位的。

雅斯贝尔斯在书中对尼采涉及的虚无主义、人的未来等问题都有论述，而这些都是读者可以自行品味，无需译者赘言的。尽管尼采研究汗牛充栋,但雅斯贝尔斯这部专著不失为具有独到价值的一本。它并非就尼采论尼采的单纯研究,而可理解为生存哲学与生命哲学的一场对话。

鲁　路

2020 年 9 月于北京

人名索引

事项索引

D

E

F

G

N

内心皈依(Innere Umkehrung) 169

内在性(Immanenz) 133,174,231,318,319,355,356,358,360,363,367,404,
455,484,486,487,489,490,492,494,497,500,540,547,548

P

培养(Züchtung) 75,79,184,260,277,300,302,306,309－312,404,407,488

偏激性(Radikalität) 15

Q

歧义性(Zweideutigkeit) 5,18－21,253,355,360,454

起源(Ursprung) 7,8,48,74,89,116,129－131,139,141,148,152,154－157,
159,161,164,167,169,171－175,187,190,195－197,201,203,207,208,
213,216,220,222,234,236,238,240,241,244,254,262,263,271,276,
278,280,281,283,288,304,305,307,310,311,314,322,323,358,361,
369,370,373－378,385,386,389,390,400,411,412,417,422,430,431,
433,435,436,441,443,444,446,457,458,464,468,469,472,478,480,
484,490,500,501,508,512,514－516,518,541,543

强力(Stärke) 153,165,184,227,230,261,281,310,318,327,329－332,334－
342,345－349,352,354,355,367,391,473,487,491,492,495,496,510

强力意志(Wille zur Macht) 3,5,43,111,132,144,149,150,152,158,166,
213,235,254,278,281,317－319,323,324,326－334,336－342,344－355,
358,369,375,393,394,422,423,457,486,487,491,496,497,499,510,
511,517,533,537,538,548

切身之物(Nächste) 220,423,493

亲和(Verwandt) 82,87,327,354,355,369,515,516,523,536

情绪(Stimmung) 10,33,36,38,39,43,65,70,81,94,99,100,103,105－109,
112,117,119,146,155,189,210,227,281,290,296,305,329,341,357,

R

S

X

殉道精神（Martyrium） 215

<h2 style="text-align:center">Y</h2>

湮没（Erlöschen） 63,121,176,211,214,269,273,308

严肃（Ernst） 8,9,33,40,48,55,56,73,80,113,132,153,168,273,287,359,
371,372,374,438,439,476,477,481,483,490,494,498,499,509,512,
517,518

要求（Fordern） 1,8,11－13,16,19－24,30,33,40,41,45,48,50,57,62,63,
66,86,89,91,116,126,131,133,135,136,143,151－155,157,159－164,
166,168,169,171－173,176,178,184,189,194,196,199,203,205,207,
210－212,214,215,219,220,222－224,226－228,235,236,239,240,243,
244,250,253,260,262,263,267,272,273,275,278,279,286－289,291,
295,296,298,304－306,308,310,313－315,321－323,325,329,339－341,
353,357,360,363－367,369,374,375,378,379,381,382,385,397,402,
403,405,407,410,414,430,437,441,443,444,448－452,458,466,470,
473,475,480,482,485,489,490,492,495,496,499－502,504,506,509,
512,513,515,517,526,537－540,546

一无所知的愿望（Nichtswissenwollen） 247

易逝（Vergänglichkeit） 356,359,386,405,407,409

意识（Bewußtsein） 11,20,21,29－31,35,40,41,44,47－55,57,58,64－66,
68－71,73,74,77,84,86,88,89,97,98,100,101,106,107,116,125,129－
131,136,137,142－144,148－151,153,154,159－163,166,174,181,186,
187,190,192,196,199,205,209,212,217,220,221,223－226,231,232,
235,236,238－242,246,253－259,262,263,265,267,273,275,278,279,
281,284,288,291,293,297,298,302,306,310,313,318,320,322,323,
328,333,334,340,345,348－355,359,365,366,369,370,372,373,375,
378,382,386－390,393,395,396,400,405－409,411－413,415,417－420,
422,424,425,431,433,434,436,438,446,448－450,452,454－458,466－

Z

译后记

《尼采——其哲学沉思理解导论》一书原本是译者于 20 年前根据德国德古意特出版社 1981 年在柏林、纽约出版的德文原文第四版翻译的,中文版由社会科学文献出版社于 2001 年初出版,书名定为《尼采——其人其说》。记得当年出版社准备举办一次尼采研究国际研讨会,要赶在研讨会召开之前付印译著,所以留给本文译者的翻译时间很短,结果出了一本赶任务的译著。如今,借华东师范大学出版社出版《雅斯贝尔斯著作集》之机,本书译者将 20 年前为赶时间而草草翻译的译文从头至尾逐字逐句校订一遍,希望译文有所进步。

按照译著翻译的惯例,译者有必要向读者说明一些译文或曰译名问题,本书也不例外。

雅斯贝尔斯使用 Dasein 这个术语,意思同广为读者熟悉的海德格尔使用的同一术语意思截然相反,指的是人在现实时空世界中的经验性、有条件性、非超越性存在。至于海德格尔借这一术语表达的生存含义,雅斯贝尔斯则另用 Existenz 一词来表达。所以,鉴于雅斯贝尔斯讲的 Dasein 恰恰不意味着"亲在"、"缘在",而意味着其反面,本书译者通常将其译为"在此之在",取其局限于时空之中的有条件性存在、非超越性存在,也即不够活跃生动的实实在在之意。但是,在本译著的上下文中,采用"在此之在"的译法,往往显得文字不够通顺。所以,本书译者根据具体语境,将其大多翻译为"存在状况",个别情况下则翻译为"存在物"、"生命",以期达到既忠实于原文意思,又做到中文文从字顺的效果。

按照雅斯贝尔斯的理解,Gegenwart 并非指由过去、现在和未来组成的时间之流中我们眼下正在经历的一个有限的时间段,而是指充实以生存内涵的现在这一瞬间。这一瞬间容纳永恒的因素,是瞬间中的永恒,是永恒的现在。雅斯贝尔斯在其代表作《哲学》一书中明言:"生存是对瞬间的深入,使得时间性现在得以充实。这种充实容纳着过去与未来,既不导向未来,也不导向过去。导向未来,就仿佛是现在仅仅是用来服务于未来的过程与手段似的;导向过去,就仿佛仅仅保留和重复以往的完善才是我生命的意义所在似的。"所以,本书译者以为,应当在 Gegenwart 的译文中体现生存因素,因而以前撰文论述雅斯贝尔斯相关思想时,曾采用"现时"这一译名。但是,译著不同于论文和著作,译者在译文中并没有解释"现时"这一生僻译名的余地。所以,为了译文通俗起见,译者将其翻译为更为通俗易懂的译名"当下"或"在场"。毕竟,"当下"和"在场"可以体现出生存的主动性含义。

Ereignis 这个术语,有时可以译为"事件"。而在有的场合,"事件"这个译名显得过于简单,无法含括 Ereignis 从无到有、涉及始末缘由的动态含义。这个词国内大多译为"发生"或"生发",只可惜同样略显生僻。好在中文译文可以参照中国传统文化,故本书译文将其大多译为"缘起",偶尔根据上下文译为"事件"。

肯定哲学(positive Philosophie)为谢林晚期所提倡,并且是谢林针对自己早年的否定哲学(negative Philosophie)提出的。Positiv 固然也有实证的意思,但主要含义还是肯定,而且 positive Philosophie(肯定哲学)不同于 Positivismus(实证主义)或 positivistische Philosophie(实证哲学)。因此,本文将其译为肯定哲学。这样也可如实显示雅斯贝尔斯哲学在精神实质上的真实传承。

雅斯贝尔斯总结,尼采的观点是,真相具有虚假性,而在许多情况下,虚假反倒是生命的真相。例如,雅斯贝尔斯在本书中谈道:"如若真实之物并不径直存在,那么伪装就从属于存在状况。这并不是指一味欺骗的伪装,而是指保护性伪装,它只想让切中真相的真实目光看透它。间接性不再是传达的技巧,而是存在状况中的存在之真相,以及表述本身的真相。在伪装中,既有通常所讲的谎言,又有真正的真相。"这种"真作假来假亦真"的看法令本书译者在翻译 Wahrheit 这个词时总是举棋不定,最后只能决定依据不同的语境,分别将 Wahrheit 翻译为"真相"与"真理",即在关联假相时将其译为"真相",在关联绝对真实性时将其翻译为"真理"。

国内通常将尼采界定为生命哲学家,所以在大多数场合下,本书将 Leben 译为"生命"。而当 Leben 在中文译文中呈现为动词时,则译为"生活"。

康德曾讲要"扬弃知识,给 Glaube 留下地盘"。这里的 Glaube 不好译为"信仰",而应译为"信念",因为它并非涉及宗教,而是涉及伦理道德。触类旁通,本书大多在伦理性语境中将 Glaube 译为"信念",仅在涉及基督教的语境中将其译为"信仰"。

另外,就本书涉及的其他书名而言,Antichrist 不译为《反基督者》,而译为《敌基督》,因为"反基督者"可以理解为人数众多,而"敌基督"则指基督唯一的死敌。

Der Wille zur Macht 不采用"权力意志"的译法,而译为"强力意志",因为"权力"更多地属于社会学、政治学语汇,含义略显狭窄,而"强力"更多地属于哲学语汇,尤其是生命哲学的语汇。按照雅斯贝尔斯的理解,强力意志绝不是某个个别的现实之物的意志。不能说一切存在者都追求权力,但不追求权力,仍是追求强力的。

华东师范大学出版社出版《雅斯贝尔斯著作集》,是一项颇有见地且功在千秋的文化义举,谨此向译丛策划和责任编辑表示敬意!

鲁　路

2020 年 9 月于北京

《雅斯贝尔斯著作集》(37卷)目录